JN434440

국외여행인솔 업무

Tour Conductor

하인수 · 윤종운 공저

기문사
www.kimoonsa.co.kr

머리말

관광은 20세기 후반 이후 인류문명의 주요 경향들이라고 할 수 있는 탈산업화와 소비혁명, 정보화와 세계화 등을 함께 아우르는 막강의 키워드가 되었다. 이러한 흐름의 주요 원동력된 것은 19세기 중반 이후 여행의 일반대중화를 이끌어 낸 패키지 투어로서 여행객의 안전, 비용과 기회 등의 측면에서 지속적으로 발전해 온 결과라고 볼 수 있다.

이러한 발전의 중심에 여행사가 있었고 TC가 있었음은 부인할 수가 없다. 그러나 여행사들 간의 과당경쟁으로 야기된 저가 상품의 등장은 건전여행, 여행객의 안전과 권익 등에 대한 문제로 확산되어 사회적으로 이슈화되고 있다. 그 결과 국외여행인솔자 역할의 중요성이 더욱 더 부각되고 있다.

2000년 이후 해외여행수요의 급격한 증가와 더불어 2017년 6월 현재 여행사의 업체수도 20,000여 개를 넘어섰고 국외여행인솔자격을 갖춘 자도 2만여 명에 이르고 있다. 양적으로 엄청난 성장을 계속하고 있지만 질적인 문제에 있어서는 그러하지 못한 것 같다. 쾌적하고 보람된 여행으로 만들어 내어야 하는 국외여행인솔자의 인솔능력에 대해 많은 여행자들이 의문을 제기하고 있는 것이다. 다시 한번 인솔자 양성에 대한 체계적인 교육시스템의 점검과 인솔자 사후관리에 대한 정부당국의 정책의 점검이 필요한 시점이다.

본서는 총 5장과 부록으로 구성되었다.

제1장은 국외여행인솔자의 개요에 관하여, 제2장은 국외여행인솔자가 여행 전에 준비하고 확인하여야 할 업무내용에 관하여, 3장은 국외여행인솔의 핵심업무인 출국, 기내업무, 입국업무, 호텔체크인, 현지관광일정 등의 업무에 관하여, 제4장은 국외여행인솔 시 발생할 수 있는 사고유형별 사고대책 및 응급조치에 관하여 정리하였으며, 제5장은 여행인솔업무 종료 후의 업무로 보고서작성, 정산업무, 사후고객관리업무 등에 관하여 살펴보았다.

본서는 향후 국외여행인솔자를 염두에 두고 있는 사람들에게 국외여행인솔업무의 실무지침서로서의 역할을 기대하면서 저술하였다. 탈고하고 나니 솔직히 부족함을 떨쳐 버릴 수 없다. 앞으로 독자제현의 충고와 지도편달을 기대하며, 계속 보완해 나갈 것임을 약속드리는 바이다.

본서가 나오기까지 늘 말없이 지켜보시는 부모님과 가족들에게 감사드린다. 아울러 기꺼이 출판을 맡아주신 기문사 한인환 사장님 이하 관계자 분들께도 감사를 드린다.

2018년 8월

저자 일동

C·o·n·t·e·n·t·s

차 례

제1장

국외여행인솔의 개요

1 국외여행인솔자의 의의

1) 국외여행인솔자의 정의

여행은 20세기 후반 이후 인류문명의 주요 경향들이라고 할 수 있는 탈산업화와 소비혁명, 정보화와 세계화 등을 한데 아우르는 막강의 키워드가 되었다. 이러한 흐름의 주요 원동력된 것은 여행의 일반대중화를 이끌어 낸 패키지 투어로서 여행객의 안전, 비용과 기회 등의 측면에서 지속적으로 발전해 온 결과라고 볼 수 있다.

그러나 그 이면에는 여행업자들의 자정 노력에도 불구하고 소비자를 현혹하는 저가상품들이 지속적으로 등장하여 여행객의 안전을 위협하고 있고 바가지 쇼핑, 옵션 강요 등 문제들이 끊이지 않고 있다. 그로 인해 여행 중에 여행객들과 많은 갈등을 야기시키고 있고 법적 분쟁으로까지 이어지고 있다. 또한 여행객의 일탈욕구를 자극하기 위한 퇴폐향락적인 요소들이 여행상품에 가미됨으로서 각종 질병에 노출되는 등 여행의 본질을 위협하고 있다.

그 결과 건전여행, 여행객 안전과 권익의 문제 등에 대한 문제가 사회적으로 이슈화되면서, 내국인의 단체 국외여행 시 제반 여행서비스를 제공하는 국외여행인솔자 역할의 중요성이 상대적으로 증가되었다. 여행사의 미션과 인솔자의 역할에 따라 쾌적하고 보람된 여행이 담보될 수 있고 이를 통해 여행객의 만족도와 삶의 질이 향상될 수 있다는 점이 부각된 것이다.

우리나라 관광진흥법에 의하면 안내하는 지역 및 관광객유형에 따라 국내를 관광하는 외국인관광객의 국내여행을 위한 안내를 행하는 자를 관광통역안내사로, 내국인의 국내여행을 위한 안내하는 자를 국내여행안내사로 명명하고 그 업무내용을 안내에 초점을 맞추고 법적으로 자격화하고 있다.

반면 국외여행인솔자는 관광안내가 그 목적이 아닌 인솔에 초점을 맞추고 인증제로 자격화하고 있다. 관광진흥법은 국외여행인솔자를 '내국인의 국외여행 시 여행자의 안전 및 편의제공을 위하여 당해 여행을 인솔하는 자' 로 규정하면서 국외단체여행 시 일정한 자격요건을 갖춘 자(국외여행인솔자 소양 및 양성교육을 필한 자, 관광통역안내원)가 수행하도록 하고 있다. 그 업무를 안내가 아닌 인솔업무 다시 말해 고객 및 여정관리업무에 무게를 두고 그 개념과 역할을 정의하고 있는 것이다. 아마 이는 대부분의 해외여행목적지에서 현지 가이드가 안내를 맡고 있다는 점이 이러한 인식의 차이로 나타난 것으로 사료된다. 그러나 일반적으로 현지 가이드와 인솔자는 상호보완적 관계로 작용하고 있음에도 불구하고 그 역할들이 각각 안내와 인솔이라는 절대적 개념으로 간주하고 있는 것은 무리가 있어 보인다. 예컨대 현지가이드가 없는 지역의 경우에는 어떡할까? 역할개념에 대한 논란의 여지를 남겨 놓고 있다.

현재 국외여행인솔자(overseas tour escort)라고 불리는 명칭의 역사는 국민해외여행자유화의 기조 아래 1982년 4월 1일 국외여행안내원 자격시험을 실시한 것으로 거슬러 올라간다. 당시에는 국외여행인솔자가 아니라 국외여행안내원으로 불렸다. 이후 1987년 7월 1일 국외여행안내원 및 통역안내사를 관광통역안내사로 단일화시키는 과정 속에서 국외여행안내원이라는 명칭이 폐지되었다가 1993년 12월 12월 27일 관광진흥법 개정 때 '국외여행인솔자' 라는 이름으로 다시 제정되었고 이를 근거로 하여 1997년 12월 1일 국외여행인솔자의 자격요건이 마련되었다. 그 후 '국외여행인솔자 양성기관의 지정 등에 관한 요령' 이 1998년 1월 7일 문화관광부 고시령으로 제정되었다.

통상적으로 우리나라 여행업계에서는 국외여행인솔자를 투어 컨덕터(tour conductor : TC)라고 명명하고 있으며 유럽, 미주, 일본(TC의 다른 표현으로서 첨승원(添乘員)이라고 불리기도 한다) 등지에서도 가장 일반적인 용어로 사용되고 있다. 유럽의 일부 국가와 동남아에서는 투어 리더 또는 투어 마스터(tour leader, tour master)로, 우리나라 관광진흥법에서는 현재 국외여행인솔자(tour escort)로 명명하고 있다. 이외에도 미주지역에서는 투어 매니저(tour manager), 투어 디렉터(tour director) 등의 다양한 용어로 사용되고 있지만 이들이 여정관리업무를 주목적으로 한다는 점에서는 같은 개념으로 보아야 할 것이다.

본 서에서는 국외여행인솔자를 다음과 같이 정의한다. 국외여행인솔자란 내국인의 국외단체여행(기획여행 및 수배여행)에 동행하여 소정의 일정과 수배내용, 여행계획에 의거하여 여행의 원활한 진행을 도모하기 위해 제반업무를 수행하는 자이다.

표 1-1 주요 학자의 정의

연구자	정의
Cohen(1995)	여행자나 관광자를 안내하고, 흥미 있는 대상을 알려주기 위하여 고용된 사람
박시사(1997)	여행의 출발준비로부터 여행 종료까지 고객관리업무를 수행하는 사람
이정훈(1999)	여행자들의 안전을 위하여 여행자들을 관리, 지휘하며, 여행의 쾌적성과 서비스제공의 정확성을 위하여 투어를 진행하며 내용을 감독하는 사람
정익준(1999)	해외여행의 출발준비로부터 여행종료까지 여행자들을 관리하고 지휘하는 사람
서학영(1999)	소속된 여행사를 대표하여 관광의 여정을 진행하고 필요경비를 지출하며, 여행자를 관리할 책무를 띠고 여행의 준비로부터 종료시점까지 고객관리업무전반을 담당하는 자
김선희(2003)	내국인 단체여행의 국내출국에서부터 귀국까지 여행자의 안전 및 편의제공을 위해 당해 여행을 인솔하는 여행사의 직원
임용식(2006)	패키지여행과 같은 단체여행에 있어서 여행의 출발부터 귀국 시까지 단체여행객들을 돌보아 주는 사람
박시범 외(2007)	단체 출발에서 귀국까지의 모든 여행일정이 원만히 진행될 수 있도록 관리, 리드하는 여행의 간사역할을 하는 자

2) 국외여행인솔자의 유형

국외여행인솔자의 유형은 여행사소속 전문TC, 여행사 직원으로서의 TC, 촉탁(전속)직원으로서의 TC, 프리랜서로서의 TC, 협회소속으로서의 TC 등의 여러 유형들이 있다. IMF 이후에는 우리국민의 해외여행 빈도가 높은 근거리 지역(일본)을 중심으로 여행상품의 품질관리, 현지가이드 비용절감과 회사의 수익성 제고라는 차원에서 현지안내원 겸 TC(여행업계에서는 through guide로 불리움)의 형태가 등장하게 되었다.

최근에는 국외여행인솔자도 전문성을 확보하여 지역 및 업무중심으로 세분화되고 있다. 유럽전문, 미주전문, 중국전문 등 특정지역을 중심으로 세분화되고 있으며 배낭여행TC, 크루즈전문TC 등과 같이 업무중심으로도 그 세분화가 진행되고 있는 추세이다.

한편 대형단체 인솔의 경우 2인 이상의 인솔자가 필요한데 이때 행사 총괄 TC를 선임TC(chief or main conductor 혹은 사수)이라고 하며 나머지 TC는 보조 TC(sub or assistance conductor 혹은 부사수)라고 한다.

표 1-2 국외여행인솔자의 유형

구분	TC 종류	비고
여행사 소속유무	• 여행사소속 전문TC, 여행사 직원, 촉탁(전속)직원으로서의 TC, 안내사 겸 TC • 프랜랜서로서의 TC, 협회소속으로서의 TC	
업무중심	배낭여행 TC, 크루즈전문 TC, 테크니컬 비지트 TC, 산악전문 TC 등	
특정지역중심	유럽전문TC, 미주전문TC, 중국전문TC, 일본전문 TC 등	

(1) 여행사 일반직원

평상시에는 여행사에 소속된 직원으로서 자신에게 주어진 업무를 수행하다가 단체가 조직되면 회사 내부의 의사결정에 따라 TC업무를 수행하는 형태이다. 과거에는 대부분의 여행사가 직원의 경험축적 및 대고객 서비스의 일환, 자사의 상표 충성도를 높여 리피터(repeater) 고객을 확보하기 위해 많이 행한 형태이다. 근자에 와서는 숙련된 직원의 장기간 공백이 회사업무에 막대한 지장을 초래함에 따라 이 형태는 지금은 감소하고 있는 추세이긴 하나 아직까지 지방의 중소여행사를 중심으로 많이 이용되고 있는 유형이다.

(2) 전문 TC

전문 TC는 여행사로부터 급여를 받는 정규직원으로서 주 업무는 국외여행안내업무이고, 단체가 없을 때는 수속이나 영업업무 등을 보조하는 형태이다. 우리나라에서 초창기 대형 패키지 업체에서 채택한 유형이지만 현재 재정상의 문제로 거의 소멸된 상태이다.

(3) 전속 또는 촉탁 TC

한 여행사에만 소속이 되어 기본급만을 받으며, 상근하지는 않고 단체가 발생하면 그때그때마다 회사의 결정에 따라 출장비를 받고 TC업무를 수행하는 형태이다. 이러한 유형의 인솔자는 우리의 경우 대형 패키지 여행업체에서 볼 수 있다. 회사 측 입장에서 볼 때는 정기적인 급여가 나가고 있으나 일반 직원에 비해서는 낮은 수준이고, 항상 필요할 때 쓸 수 있다는 장점이 있다.

(4) 프리랜서 TC

어느 한 여행사에 소속이 되어 있지도 않고, 또한 기본급도 받지 않고 본인과 여행사와의 계약이 성립되면 그때마다 TC업무를 수행하는 형태이다. 이 유형의 TC는 경험이 풍부한 사람들이 많으며 여행사의 신뢰관계가 중요하게 작용한다. 개별적으로 자신의 능력과 경력에 대해 여행사를 상대로 마케팅하고 홍보해 나가야 한다. 주 수입원은 출장비와 현지 커미션이다.

(5) 협회소속 TC

국외여행인솔 자격을 갖춘 자들이 모여 설립한 TC협회■에 여행사가 인솔업무를 의뢰하는 형태이다. 의뢰를 받은 협회는 등록된 인솔자(회원)에게 인솔요청을 하게 되며 의뢰를 받은 TC는 여행사 또는 인센티브, 인피니티 그룹 등을 대신하여 국외여행인솔업무에 임하게 된다.

■ 외국의 경우 전문TC권익, 전문TC교육, 자격증관리, 바른 여행문화개선을 위해 협회가 설립되어 있음. 2007년 현재 우리나라에는 국외여행인솔 자격을 가진 자가 25,000여 명이 있으나 국외여행인솔자 인정증을 소지한 TC협회는 없는 상황이며 통역안내사협회만 존재한다.

(6) 안내사 겸 TC(through guide)

출발에서 단체여행객과 동행하여 TC업무를 수행하면서 현지에서 가이드 없이 본인이 직접 현지가이드 역할까지 수행하는 유형이다. 훌륭한 어학능력과 현지사정에 대해 상당히 밝아야 한다. 이제까지는 지상수배업자들이 이러한 업무를 수행해 오고 있으나 최근에는 도매업체에서 중국, 일본 등 지역에 쓰루가이드(through guide)시스템을 도입하여 운영하고 있다. 앞으로 이러한 현상은 늘어날 것으로 예상된다.

Tip 면접상식

자격증이 TC를 하기 위한 1단계라면 면접은 2단계 관문이다. 여행사 입사를 위해 가장 중요한 테스트이다. 면접의 유형은 일 대 일 면접, 면접관 여러 명에 지원자 한 명, 집단식, 집단 토론식이 있다. 보통은 일 대 일로 많이 하지만, 여행사에 따라서 면접관이 여러 명에 지원자 한 명, 집단식으로 보는 경우도 있다.

회사 규모가 작으면 일 대 일, 규모가 크면 여러 면접관들이 있는데 여행사에서 면접관은 보통 TC 담당자, 회사 간부들과 간혹 TC팀장이 참석하기도 한다.

TC 면접에서 중요한 것은 원만한 성격, TC로서의 자질, 외국어 실력, 서비스 마인드, 해외여행경험, 직업관 등이 중요한 것들이다.

① TC면접은 특히 첫 인상이 중요하다.

가장 나를 보여 주기 쉬운 것 중에 하나가 바로 복장과 헤어스타일이다.

■ **여자일 경우**

- 커트나 단발로 활동적이고 직업여성의 이미지를 보여준다. 긴 머리는 뒤로 묶는 것이 좋은 인상을 준다. 앞머리는 눈을 가리지 않고, 강한 웨이브는 삼간다. 진한 향수는 자신의 이미지에 해가 된다. 은은한 향수로 선택해야 한다.
- 화장은 자신의 분위기에 맞게 하고, 자연스러우면서 밝은 이미지를 표현하는 것이 중요하다. 자신의 피부보다 약간 밝은 톤으로 하고, 특별히 립스틱은 진한 것과 어두운 것은 피해야 한다. 전체 이미지가 밝으면서 침착한 분의기로 연출하는 것이 좋다.
- 의상은 단정한 투피스 정장이 좋다. 색상은 차분하면서 밝은 색을 선택하라.
- 구두는 굽이 높은 것은 피하고, 핸드백은 너무 화려한 색깔은 삼가고, 스타킹은 밝고 차분한 색깔로 연출하는 것이 좋다.

■ **남자일 경우**

- 헤어스타일은 약간 짧고, 자연스럽게 하라. 젤이나 스프레이는 너무 많이 사용하지 않는 것이 좋다.
- 양복은 상하 한 벌이 바람직하고 곤색 또는 회색이 무난하다. 전체적으로 밝고, 차분하게 연출하라. 셔츠는 흰색이 무난하지만 푸른색이나 베이지색도 좋다.
- 넥타이는 양복과 셔츠와 잘 어울리도록 연출하라. 화려한 색깔은 피하고 밝으면서 차분한 것으로 선택하라.
- 구두는 검은 색깔이 무난하고, 흰 양말은 피하라. 구두는 한 번 반드시 닦고 오는 것이 좋다

② 경력자의 경우, 전 여행사에서 그만 둔 배경을 물어보기도 하는데 재치 있게 답할 것을 사전에 준비하라

③ 요즘에는 인솔업무에 따른 실제상황을 예시하고 당신이 그런 경우에 처해있을 때 어떻게 대처하겠느냐?라는 식의 질문이 많다. 사전에 마음의 준비를 해 두어야 한다.

④ H사는 간단한 영어 독해테스트를 갖는데 면접 시 영문신문을 보여주면서 해석을 요구하는 경우가 많다. 따라서 사전 마음의 준비를 해 두는 것이 좋다

⑤ 면접이나 자기소개서에 자신의 외국어 실력을 무리가 가지 않게 보여주는 것도 좋다. 아무나 TC를 할 수가 있다. 하지만 아무나 TC를 하는 것이 아니기 때문이다.

3) 국외인솔자의 자격요건

(1) 법적 자격요건

관광진흥법에서는 여행업자가 내국인의 국외여행을 실시할 경우 여행자의 안전 및 편의제공을 위하여 당해 여행을 인솔하고자 할 때에는 다음 중 하나의 자격을 갖춘 자를 두어야 한다고 규정하고 있다.

[국외여행인솔자를 위한 교육과정]

소양교육
자격대상 : 여행업체에서 6개월 이상 근무하고 해외경험이 있는 자
교육시간 : 15시간 이상

교육내용

필수교육 : 여행사 실무, 관광관련법규, 국외여행인솔자실무, 관광서비스실무, 세계관광문화, 해외여행 안전관리 중 선택

선택교육 : 교육기관 자유선택(단, 국외여행인솔자 교육과정과 관련된 교과과정으로 편성)

외국어교육 : 실무영어, 실무일어, 실무중국어 등

양성교육

자격대상 : 관광관련 실업계고교 졸업예정자 이상, 관광관련 전문대 3학기 이상자 또는 졸업자, 관광관련 대학교 5학기 이상자 또는 졸업자, 관광관련 복수전공자, 부전공자, 학점은행제 관광관련 전공자 60학점 이상 이수자, 관광관련학과 석박사 과정 수료예정자 이상

교육시간 : 80시간 이상(단, 외국어시험의 점수 및 급수를 제출한 경우 외국어교육기관 면제 가능, 관광진흥법시행 규칙 제47조 및 별표 15-2를 기준으로 함)

교육내용

필수교육 : 여행사 실무, 관광관련법규, 국외여행인솔자실무, 관광서비스실무, 세계관광문화, 해외여행 안전관리 중 선택

선택교육 : 교육기관 자유선택(단, 국외여행인솔자 교육과정과 관련된 교과과정으로 편성)

외국어교육 : 실무영어, 실무일어, 실무중국어 등

보수교육

자격대상 : 국외여행인솔자 자격증 소지자 및 여행사 임직원

교육내용 : 해외안전사고 관련 사고대처능력 및 서비스 교육 등 TC실무교육

(2) 업무자격요건

❶ 훌륭한 서비스정신

서비스는 친절한 마음씨를 바탕으로 타인의 신변에 필요한 것을 주선하여 기쁨을 주는 것이며, 타인의 인격을 존중하고 상대방의 입장이 되어 주는 것이다. 국외여행인솔자 업무를 수행하기 위해서는 환대산업과 마찬가지로 좋은 서비스가 요구된다. 인솔자는 서비스정신의 구성요소라고 하는 sincerity(성실), smile(미소), smartness(단정함과 세련), speed(신속), sureness(확실)라는 5S 자세를 견지하여 인솔업무에 임해야 하며 또한 고객을 케어해 나가야 한다.

❷ 세련된 커뮤니케이션 기술과 행동

화자의 세련된 의사소통 과정이나 행동은 상대방을 편하게 하고 신뢰하게 만든다. 인솔자의 경우도 예외는 아니어서 인솔자가 어떠한 말을 하느냐, 어떠한 행동을 보이느냐에 따라 여행객들의 신뢰감과 만족도는 다르게 나타난다.

커뮤니케이션은 오감을 통해 측정된다. 가장 많이 영향을 주는 것이 시각 그 다음이 청각이다. 일반적으로 여행객은 시각을 통해 인솔자의 태도, 몸짓, 동작, 표현 등을 분석하고 청각을 통해 인솔자의 부드러움, 정중함, 공손하며 센스 있는 의사표현, 긍정적인 의사표현, 명령보다는 신뢰가는 음성 등에 호감을 느끼게 된다고 한다.

그런 점에서 인솔자는 단순한 말에 집착하기보다 자신의 음성을 가꾸고 표정과 제스처 등의 비언어적인 부분에 대한 훈련과 유머감각을 키우거나 칭찬화법 및 동기부여적인 화법을 더 많이 구사할 수 있도록 노력해야 한다.

❸ 풍부한 여행업무 지식

인솔자는 풍부한 여행업무지식이 요구된다. 여행객은 방문국에 대한 호기심이 많다. 인솔자는 이러한 여행객의 호기심을 충족시켜줄 수 있는 적극적인 자세가 필요하다. 풍부한 여행업무지식이야말로 인솔자에 대한 신뢰와 능력으로 돌아온다. 예컨대 여행객을 위한 방문국의 정보인 기후, CIQ, 통화, 환율, 시차, 유명요리, 음료수, 정치, 경제, 문화, 종교, 관습, 쇼핑, 치안과 최근의 뉴스와 화제뿐만 아니라 방문국의 현재 생활사정까지도 파악해 두는 것이 좋다.

❹ 좋은 언어 능력

국외 여행 시 의사소통의 기본이 되는 언어능력의 중요성은 아무리 강조해도 지나치지 않다. 언어능력의 문제는 자신의 문제(출입국 등)이기도 하지만 여행에 참여한 여행객의 전체의 문제가 되기도 하기 때문이다. 특히 교통기관의 파업, 사망사고 등 비상사태 발생 시 인솔자의 커뮤니케이션 능력이야말로 전 일정의 분위기를 좌우할 수 있고 일정의 차질을 초래할 수 있다. 그런 점에서 국외여행인솔자는 국제공용어로 통용되고 있는 영어에 대한 커뮤니케이션능력 하나쯤은 갖고 있어야 한다.

❺ 강한 책임감

강한 책임감이란 맡은 일에 최선을 다해 해내려는 적극적인 의지와 자기 역할에 대해 자각함으로서 생성된다. 책임감이 있는 사람이란 주어진 일을 설사 100% 완수하지는 못하더라도 최대한 그에 가깝게 정확히 하려고 노력하며 자신의 잘못으로 인해 회사와 조직에 손해를 끼치지 않으려고 노력한다.

인솔자는 여행사의 채무에 대한 대리인이다. 대리인 행위에 대한 법적 효과는 해당 여행사에 귀속된다. 인솔자의 실수, 고의 또는 과실로 인해 입은 여행객의 피해는 물론이고 현지여행사의 잘못이라도 그 효력은 해당 여행사에 미치게 된다. 그런 점에서 회사나 현지여행사의 잘못에 대해서도 전적으로 책임지려는 마음으로 문제해결에 임해야 한다. 강한 책임감이야말로 여행객의 만족도와 여행사나 인솔자의 법적 · 도의적 책임을 줄여줄 수 있는 강력한 수단이 된다.

❻ 활동적이고 적극적인 라이프스타일

인솔자는 여행 중 에너지가 넘쳐흐르는 활동적이고 적극적인 라이프스타일을 견지할 수 있어야 한다. 대부분의 여행자는 인솔자의 제의 없이는 아무것도 안 할 가능성이 높기 때문에 추천과 권고를 적극적으로 해야 한다. 여행객들에게 새로운 음식을 먹어보라고 권하기도 하고, 간략한 현지 언어를 배우게도 하고, 많은 이국문화체험을 하게 하는 것이 좋다. 그런 점에서 인솔자는 즐거운 여행이 될 수 있도록 항상 고민하고 연구해 나가야 한다.

❼ 여행에 관한 열정

인솔자는 여행에 관해 열렬한 애정을 가지고 열중해야 한다. 같은 일정의 상품이더라도 다른 여행사의 상품과 차별화를 시도하려는 여행에 관한 열정으로 업무를 수행해 나가야 한다. 프로페셔널리즘(professionalism)이야말로 최고의 인솔자로 대우받게 해 줄 것이다.

❽ 좋은 건강상태유지

인솔자의 업무는 여정관리가 주 업무이기에 항상 긴장의 연속이다. 24시간 인솔여행객들과 같이 있어야 하는 인솔자는 고객들의 불편사항과 고충을 해결해야 하는 입장에 서 있어 정신적인 노동뿐 아니라 시차극복, 수면시간의 부족 등 육체적 노동과도 싸워야 하는 입장이다. 인솔자의 나쁜 건강은 여행참가자들에 대한 올바른 서비스 제공뿐만 아니라 일정에 차질을 초래하여 회사에 피해를 줄 수 있다. 그러므로 인솔자의 건강이 대고객 여행서비스에도 큰 영향을 미친다는 점을 인식하고 건강상태의 유지 · 관리에 진력해 나가야 한다.

❾ 원만한 성격

패키지의 경우 여행에 참여한 여행객들은 다양한 참여계층, 각기 다른 성격과 인구통계학적인 특성, 라이프스타일을 소유하고 있다. 이렇게 다양한 사람들이 모여 팀을 이루고 있는 상황에서 인솔자는 여행객 하나하나를 여행일정 동안 상대해 나가야 한다. 팀원이 많을수록 인간관계 형성은 더더욱 힘들다. 이런 조건 하에서 인솔자는 당해 여행이 쾌적하고 즐겁게 진행되도록 조정해 나가야 한다. 그러한 과정 속에 인내는 필수적이다. 이러한 일을 수행하기 위해서는 긍정적이고 적극적이어야 하며, 다양성의 조화를 찾아낼 수 있는 원만한 성격의 소유자여야 한다.

❿ 합리적 리더십과 사고대처능력

국외여행인솔자는 보람 있고 즐거운 여행이 되게 하기 위하여 여행참가 구성원들의 참여와 협력을 이끌어내야 한다. 그리고 자발적 적극적 행동을 하도록 동기를 부여하고 영향력을 미치며 개인과 집단의 조정을 통하여 협동적 행동을 촉진 · 유도하도록 하여야 한다.

인솔자의 역량에 따라 여행분위기가 고조되기도 하고 가라앉기도 한다. '리더가 잘못된 오케스트라는 없다. 다만 무능한 지휘자가 있을 뿐이다' 라는 말을 명심하면서 단체를 이끌어 간다면 고객만족을 넘어 고객감동이나 고객행복으로 이어질 것이다.

그리고 여행 중에 여행계획과 달리 운송기관의 결항 · 파업, 자연재해, 초과예약, 여행객의 사고 등 인솔자가 통제하기 힘든 요소들이 나타나곤 한다. 특히 여행자의 신변에 이상이 생겼을 경우 심각한 문제를 야기시킬 수 있다. 여행사의 면책사항으로 다 밀어 붙일 수 있는 것은 아니다. 이들 상황에 대한 신속한 대처능력과 순간적인 결단력이 요구된다.

4) 국외여행인솔자의 역할

국외여행인솔업무는 여행상품과 서비스 질의 유지 못지않게 여행객의 안전을 책임지기 위한 최소한의 필요조건으로 작용하며 또한 여행을 쾌적하고 가치 있게 만들어내는 업무라고 볼 수 있다. 이러한 역할은 결코 쉬운 것은 아니다. 이러한 역할을 수행하기 위해서는 인솔자로서의 기본자세, 능력과 경력이 중요시된다. 그 이유는 해외여행 시 소비자는 이러한 요소들을 가정하고 상품을 구매하기 때문이다.

인솔자는 단체여행에 동승하여 여정의 관리자와 지휘연출가로서, 때로는 여행전문가로서 상담역할을, 때로는 여행객과 현지인들과의 의사소통을 위한 통역사로서, 여행객의 질병 시 간단한 응급조치능력을 가진 간호사로서, 쓰루가이드가 없는 상황에서의 안내해설자로서, 때로는 세관통관 시 관세사로서의 역할을 여행 중에 수행하게 된다. 이렇게 볼 때 인솔자는 여행이 종료될 때까지 인솔이라는 하나의 역할이 아닌 여러 역할을 무난히 소화해낼 수 있는 멀티 플레이어(multi player) 또는 올 라운드 플레이어(all round player)로서의 역할이 중요시된다.

(1) 사업대리인

국외여행인솔자는 여행사를 대신하여 사업대리인으로의 역할을 한다. 대리인이란 조직을 대표하거나 대신하여 업무를 수행하는 자를 일컫는다. 사업대리인으로서의 역할은 여행사가 왜 계약을 했고 또한 여행객은 왜 여행요금을 지불했는지에 대한 이해에서 출발해야 한다. 이 의미는 국외여행인솔자는 여행사의 이익을 대변하고 여행자의 기대심리를 만족시켜줄 의무가 있다는 것을 함축하고 있는 것이다. 이런 점에서 인솔자는 비록 대리인이긴 하지만 여행기간 동안 회사를 대표하는 역할을 하게 되며 효력 또한 그렇게 나타난다. 인솔자는 회사의 얼굴로서 여행객들과 상호작용하게 된다는 것이다.

(2) 정보제공자

인솔자는 인솔 업무 전에 여행지정보, 흥미꺼리, 기타 여행지에 관련된 브리핑 정보를 준비하고 있어야 한다. 그리고 이러한 정보를 언제 이야기하고, 무엇에 대하여 이야기하고, 언제 침묵해야 할지를 알아야 한다. 뿐만 아니라 여행 중 여행정보와 오락을 적절하게 배분하여야 하며 여행객들이 빈번하게 질문하는 내용들에 대해 충분히 알고 있어야 한다.

그리고 여행사에게는 현지에서 알게 된 새로운 정보를 정리하여 다음 여행상품기획이나 똑같은 일정의 행사준비에 정보를 제공해줄 의무가 있다.

(3) 여행분위기 연출자

인솔자의 역할과 태도에 따라 여행의 좋고 나쁨이 결정된다고 볼 수 있다. 인솔자는 휴양, 사파리투어, 위락, 교육 등의 여행목적에 맞추어 여행의 효과를 극대화시키기 위해 일정을 관리하고 분위기를 연출하고 조정해 나가야 한다. 여행객의 기분을 고취시키고 즐거운 여행으로 이끌어내려는 노력을 게을리해서는 안 된다.

인솔자는 단체구성원들이 행복한 가족여행처럼 모든 여행객들이 여행한다는 느낌을 가지도록 일행을 하나로 통합해야 한다. 여행자 사이의 긴장감을 제거하고 생기 넘치고 활기 넘치는 여행이 될 수 있도록 분위기를 조성해 나가야 한다. 패키지의 경우 다양한 구성원들이 모여 하나의 팀을 형성하고 있다. 개인 하나하나를 단체의 구성원으로 참여할 수 있도록 조직화하여야 하며 이를 통해 여행기간 내내 구성원들 간에 화기애애하고 좋은 시간들이 될 수 있도록 해야 한다. 이는 쉬운 작업이 아니다. 고객들의 참여와 융화를 이끌어내기 위한 기술과 인내가 필요하다.

(4) 여정관리자

인솔자는 계약상의 일정과 여행조건에 대해 대고객 약속 의무가 있다. 여행기간 동안 일정이 원활히 이루어질 수 있도록 사전에 운송기관을 재확인하고 그날그날의 일정들이 계획대로 진행될 수 있도록 여정을 관리해 나가야 한다. 그리고 인솔자는 불가항력적인 상황에서도 본래의 여정에 가까운 것을 여행참가자들에게 제공할 수 있도록 최선을 다하여야 한다.

여정관리는 판매결과에 대한 최종 마무리단계의 업무로서 여행객의 기대를 충족시켰을 때 비로소 완전한 것이 된다. 그런 점에서 인솔자는 현지 가이드와 상호협력을 통해 여행을 관리하고 통제해 나가야 한다.

(5) 문화체험전도사

인솔자는 여행객들이 휴가를 마음껏 즐길 수 있도록 동기화해주고 도와주어야 한다. 다시 말해 투어를 자신의 이름을 걸고 창조적으로 이끌어내라는 것이다. 전술한 바와 같이 여행자는 인솔자의 제의 없이는 아무것도 안할 가능성이 높다. 여행객들에게 새로운 음식을 먹어보라고 권하기도 하고 간략한 현지 언어를 배우게 하거나 여행지역의 특색을 반영하는 선택 관광에 참여케 하거나 자유시간을 활용하여 다양한 이국문화체험을 하게 하는 것이 좋다. 그런 점에서 인솔자는 여행객들이 현지의 문화를 많이 체험할 수 있도록 이끌어내는 문화체험 전도사로서의 역할을 수행해야 한다.

2 국외여행인솔자의 금지행위

1) 관광진흥법상의 금지행위

(1) 금지행위

문화관광부장관은 관광종사원이 하기 각 호 1에 해당하는 때에는 문화관광부령이 정하는 바에 의하여 그 자격을 취소하거나 6개월 이내의 기간을 정하여 자격의 정지를 명할 수 있다.

① 사위 기타 부정한 방법으로 자격을 취득한 경우

② 금치산자, 한정치산자, 파산자로서 복권되지 아니한 자, 이 법에 의해 등록 또는 영업소가 폐쇄된 지 2년이 경과되지 아니한 자, 이 법을 위반하여 징역 이상의 형을 선고받고 그 집행이 종료되거나 받지 아니하기로 확정된 후 2년이 경과되지 아니한 자 또는 형의 집행유예기간 중에 있는 자 등의 결격사유에 해당한 경우

③ 관광종사원으로서의 직무를 수행함에 있어 부정 또는 비위사실이 있는 경우

④ 이 법 또는 이 법에 의한 명령이나 처분에 위반한 경우

(2) 행정처분기준

관광종사원에 대한 행정처분 기준(제56조 관련)

1. 일반기준

가. 위반행위가 2 이상일 경우에는 그 중 중한 처분기준(중한 처분기준이 동일할 경우에는 그 중 하나의 처분기준을 말한다)에 따르며, 2 이상의 처분기준이 동일한 자격정지일 경우에는 중한 처분기준의 2분의 1까지 가중 처분할 수 있되, 각 처분기준을 합산한 기간을 초과할 수 없다.

나. 위반행위의 횟수에 따른 행정처분의 기준은 최근 1년간 같은 위반행위로 행정처분을 받은 경우에 적용한다. 이 경우 행정처분 기준의 적용은 같은 위반행위에 대하여 최초로 행정처분을 한 날을 기준으로 한다.

다. 처분권자는 그 처분기준이 자격정지인 경우에는 위반행위의 동기 · 내용 · 횟수 및 위반의 정도 등 다음 1)부터 3)까지의 규정에 해당하는 사유를 고려하여 처분기준의 2분의 1 범위에서 그 처분을 감경할 수 있다.

1) 위반행위가 고의나 중대한 과실이 아닌 사소한 부주의나 오류로 인한 것으로 인정되는 경우
2) 위반의 내용 · 정도가 경미하여 소비자에게 미치는 피해가 적다고 인정되는 경우
3) 위반 행위자가 처음 해당 위반행위를 한 경우로서 3년 이상 관광종사원으로서 모범적으로 일해 온 사실이 인정되는 경우

2. 개별기준

위반행위	근거법령	행정처분기준			
		1차 위반	2차 위반	3차 위반	4차 위반
가. 거짓이나 그 밖의 부정한 방법으로 자격을 취득한 경우	법 제40조제1호	자격취소			
나. 법 제7조제1항 각 호(제3호는 제외한다)의 어느 하나에 해당하게 된 경우	법 제40조제2호	자격취소			
다. 관광종사원으로서 직무를 수행하는 데에 부정 또는 비위(非違)사실이 있는 경우	법 제40조제3호	자격정지 1개월	자격정지 3개월	자격정지 5개월	자격취소

2) 국외여행인솔 시 업무수칙

Phillips, Ralph G. & Webster, Susan의 저서 〈Group Travel Operating Procedures, 1983〉에 따르면 단체여행 수배 시 "10 Dos(10가지 이행사항)"과 "10 Don' ts(10가지 금기사항)"에 대해 설명하고 있다.

(1) 10 Dos(10가지 이행사항)

❶ **Smile-everyone enjoys its warmth and it is contagious.**
(미소 지어라. 모든 사람은 미소의 따뜻함을 좋아하고 그것은 전염된다)

❷ **Dress appropriately and be immaculately groomed at all times. It helps to reinforce your professionalism and the needed authority over the group.**
(항상 단정하게 옷을 입고, 깨끗하게 몸치장하라. 그것은 당신의 전문성과 단체에 있어 필요한 권위를 강화하는데 도움을 준다)

❸ **Be patient. Traveling can be a very difficult adventure to the uninitiated.**
(참을성을 길러라. 여행은 초심자에 있어 매우 어려운 모험이 될 수 있다)

❹ **Be prepared to have things go wrong-with a little common sense and patience everything can be overcome.**
(불행한 사태에 대비하라. 약간의 상식과 인내로써 모든 일은 극복될 수 있다)

❺ **Be friendly, courteous, calm, and most of all positive.**
(친절하고, 예의 바르고, 침착하고, 그리고 무엇보다 적극적으로 하라)

❻ **Be prepared-research the destinations, hotels, etc.**
(목적지, 호텔 등을 조사하여 준비하라)

❼ **Study the group so as to gear the trip around their interests.**
(여행이 단체여행객의 이익에 부합하도록 하기 위하여 단체여행객에 대하여 연구하라)

❽ **Protect the sightseeing guides and bus drivers if their tips are not included in the package price by reminding the participants of this fact.**
(만일 패키지 여행요금에 관광가이드 및 버스 운전사의 팁이 포함되어 있지 않다면 패키지 여행참가자에게 이 사실을 상기시켜 관광가이드와 버스 운전사를 보호하라)

❾ **Learn the names of each tour participant.**
(각 여행객들의 이름을 외워라)

❿ **Be understanding but firm regarding rules, etc.**
(현지 법규 등에 관하여 아주 확실히 이해하라)

(2) 10 Don't ts(10가지 금기사항)

❶ Don't forget they are on vacation-you are on the job!
(관광객은 휴가 중, 당신은 근무 중이라는 것을 잊지 말라)

❷ **Don't play favorites-try to appear to like them all equally.**
(마음에 드는 사람들만 상대하려고 하지 말라. 그들을 모두 평등하게 좋아하고 있다는 것이 나타나도록 노력하라)

❸ **Don't develop emotional attachments.**
(감정적인 집착으로까지 발전시키지 말라)

❹ **Don't patronizing or flippant.**
(위선적이거나 경솔하지 말라)

❺ **Don't talk too much or feel you have to be the center of attention.**
(말을 너무 많이 하지 말고, 당신이 관심의 초점이 되어야만 한다는 생각을 버려라)

❻ **Don't recommend stores or restaurants unless you are asked.**
(당신이 요청받지 않은 한 상점이나 식당 등을 추천하지 말라)

❼ **Don't inform them of possible beforehand if there is nothing they can do about them anyway. The problem might not materialize and there is no need to upset the ground for nothing.**
(만일 단체여행객들이 발생 가능한 문제들에 대하여 해결할 수 있는 것이 아무것도 없다면, 미리 이것들을 그들에게 알리지 말라. 문제가 실체화되지 않을 수 있고, 까닭 없이 단체여행객을 혼란시킬 필요가 없다)

❽ **Don't lie if you do not know something; admit it and find the answer.**
(당신이 어떤 것을 모른다면 거짓말을 하지 말라. 모른다는 것을 인정하고 해답을 찾아라)

❾ **Don't be late for anything.**
(절대로 늦지 말라)

❿ **Don't drink too much.**
(과음하지 말라)

이외에도 인솔자는 여행참가자들을 대상으로 지켜야 할 업무수칙이 있는데 다음과 같다.

- 고객과 투기적인 노름에 참여하거나 금전적인 관계를 맺어서는 안 된다.
- 고객과 이성문제로 갈등을 초래해서는 안 된다.
- 현지 업체로부터의 금품을 수수하거나 쇼핑을 강요해서는 안 된다.
- 자의적으로 여행조건 및 일정의 변경을 하여서는 안 된다.
- 고객과 필요 이상으로 농담을 해서는 안 된다.

Tip 국외여행인솔자 자격제도 연혁

1982.04 관광사업법에 '국외여행안내원' 자격제도 도입

1987.07 관광진흥법 시행령 전문 개정 시 '국외여행안내원' 제도가 폐지 ('관광통역안내원' 이 국외여행인솔자 역할을 수행하도록 변경)

1993.12 관광진흥법 개정 시 '국외여행인솔자' 제도가 재도입(관광진흥법 시행규칙 개정 시 국외여행인솔자 자격요건을 '관광통역안내원자격증 취득한 자' 또는 '여행업체에서 2년 이상 근무하고 국외여행경험이 있는 자로서 외국어를 구사할 수 있는 자' 로 규정)

1997.12 98년부터는 '관광진흥법 시행규칙(1997.12.1)' 및 '문화체육부고시 제1998-1호(1998.1.14)' 에 의거, 국외여행인솔자로서 일정 자격 요건이 있는 자일지라도 소양교육을 이수하여야만 국외여행인솔자 자격 요건이 성립하고, 자격 인정증을 교부받을 수 있도록 규정

2011.10 관광진흥법 제13조 제2항 및 제3항, 관광진흥법 시행령 제 65조 제1항 제1호의 2, 관광진흥법 시행규칙 22조의 2, 22조의 3에 따라 국외여행인솔자의 등록 및 자격증 발급기관을 한국여행업협회로 지정

2011.10 국외여행인솔자 자격인정증에서 자격증으로 변경

■ 관광진흥법 시행규칙 [별지 제24호의3서식] <신설 2011.10.6>

(앞쪽)

제 호

국외여행 인솔자 자격증
TOUR CONDUCTOR LICENSE

사 진
3cm×4cm
(모자 벗은 상반신으로 뒤 그림 없이 6개월 이내 촬영한 것)

홍 길 동
Hong, Gil Dong

○○협회장

55mm× 85[PVC(폴리염화비닐)]

(색상: 연하늘색)

(뒤쪽)

국외여행 인솔자 자격증
TOUR CONDUCTOR LICENSE

자격증번호:
ID No.

생년월일:
Date of Birth:

발급일:
Date of Issue:

위 사람은 「관광진흥법」 제13조에 따라 국외여행 인솔자 자격이 있음을 증명합니다.

년 월 일

○○협회장 직인

1. 이 자격증은 국외여행 인솔 시 항상 소지해야 합니다.
2. 이 자격증을 습득한 경우에는 가까운 우체통에 넣어 주십시오.

제2장

국외여행인솔자의 여행 전 업무내용

기본적으로 국외여행인솔자의 업무는 크게 여행 전, 여행 중, 여행 후로 구분하나 첨승 업무인 여행 중 업무가 국외여행인솔업무의 핵심이 된다고 볼 수 있다.■

출발 전 행사진행에 필요한 수배확인 · 계약검토 · 제반서류준비 · 개인휴대품준비 등을 검토하고 준비하는 것이 이 단계에서의 인솔자업무내용이다. 통상 출장 하루 전날 실시한다.

여행계약 · 일정과 여행참가자의 신상 및 목적파악에 관련하여서는 판매담당자와 상의하게 되는데 여행계약내용과 여행일정표를 사전에 주의 깊게 검토하여 여행 중에 문제점이 발생하지 않도록 주의를 해야 한다.

방문예정지의 숙박시설, 식사, 항공탑승권의 예약관계 등의 수배나 객실배정표, 고객명부, 여권 및 비자, 여행자보험증권, 단체행사일지, 각종 바우처 등 제반서류에 대해서는 수배담당자와 검토하여야 한다. 수배사항과 제반서류는 수배담당자에 의해 1차적으로 확인된 사항이긴 하나 교차점검차원에서 다시 검토하는 것이 필요하다.

그리고 유익하고 즐거운 여행을 위한 방문지의 지리나 역사 등에 대한 정보의 수집, 자유 시간에 관광객들이 값싸고 알찬 쇼핑을 하기 위한 관광 주변지역에

■ 본서에서는 출발지 공항에서 고객과의 미팅에서 시작하여 입국 시 공항에서 나와 해산하는 과정까지를 국외여행의 시간적 범위로 규정하며 국내교통수단 이동이 있을 경우 교통수단이 목적지에 도착하여 해산하는 과정까지를 포함한다.

대한 정보의 수집 등의 방문여행지에 관한 정보파악업무와 더불어 업무용 물품 · 개인휴대품 준비과정들이 포함된다.

1 행사관련내용의 검토

(1) 여행일정표와 수배내용의 검토

❶ 여행일정표와 확정서

판매담당자로부터 최종확정서상에서의 여행 일정이 모집광고, 브로슈어 또는 설명회 당시 자료 등에 나와 있는 여행일정과 어떻게 다른지를 확인한다. 그리고 일정에 무리가 없는지를 확인하고 현지 가이드 및 비상연락처 등도 함께 확인한다.

❷ 호텔

투숙할 숙박시설의 등급, 입지 및 위치, 객실의 조건(형태, 욕조유무 등) 등을 확인한다.

❸ 식사

여행요금에 포함되는 식사의 종류(한식 또는 현지식인가), 식사횟수와 내용 등을 확인한다.

❹ 운송서비스

여정기간 동안 어떤 교통수단(항공기, 선박, 열차, 버스 등)이 포함되어 있는지를 확인한다. 교통기관의 경우 교통회사의 이름, 좌석이나 등급, 이동소요시간과 거리, 출발 및 도착시간 등에 대해 파악한다.

기타 현지 운송업체의 운송조건과 제약 등에 대해 확인한다.

오거나이저더 투어(organized tour)나 수배여행(주문 상품)일 경우 옵션관광, 특별관광이나 현지에서의 팁 등이 계약 시 여행경비 속에 포함되어 있는지 여부를 확인한다. 통상 이들은 동질집단이므로 현지안내원이나 운전사의 팁, 옵션내용들이 여기에서는 여행경비 속에 포함시키는 경우가 많다.

(2) 여행참가자에 대한 검토

① 판매담당자 또는 고객관리 프로그램을 통해 개인이나 단체의 성격(패키지 참가자, 인센티브 단체), 여행경력, 어학능력 등과 여행자의 성별, 연령, 직업, 경력, 성격, 취미, 기호 등 파악할 수 있는 가능요소들을 파악한다.

② 여행참가자의 지병유무를 확인한다.

③ 참가자 중 VIP유무에 대해 확인한다.

④ 특별요구사항이 있는 여행객(현지에서의 호텔독실사용, 기내 특별식, 개별 쇼핑동행 등), 병무신고 해당자 등을 확인한다. 그리고 오거나이저더 투어(organized tour)나 수배여행(주문상품)일 경우, 의견 선도자(opinion leader)로부터의 특별희망사항의 유무를 확인하고 그 해결방안에 대해 생각해 둔다.

(3) 여행지 정보의 검토

① **방문국의 정보** 기후, CIQ, 통화, 환율, 시차, 유명요리, 음료수, 정치, 경제, 문화, 종교, 관습, 치안과 최근의 뉴스와 화제 등

② **방문도시의 정보** 도시의 지리, 호텔 · 상점가 · 식당의 위치 및 영업시간, 토산품, 유명요리, 교통기관이용 등

(4) 자유 시간 활용방안 마련

① 공식적인 여행일정 이후의 자유 시간 활용방안 강구해 둔다.

② 선택 관광(optional tour)의 유형, 요금, 소요시간 등에 대한 정보를 파악한다.

(5) 도항서류의 체크

① **여권 및 사증**　여권 및 사증의 유효기간과 여권상의 영문이름과 항공권의 영문이름이 같은지를 체크한다.

② **항공권**　항공권의 탑승구간, 탑승일자, 좌석예약상태, 항공편명, 출발시간, 비행소요시간, 현지도착시간 등에 대해 체크한다. 그리고 경유(transit)와 환승(transfer) 유무(직항인지 경유지가 있는지)와 연결편일 경우 연결편과의 최소연결시간(MCT : minimum connecting time)을 파악한다.

③ **기타 서류**　항공을 제외한 타교통기관이나 호텔 등의 바우처, 출입국신고서, 세관신고서 등의 서류가 있는지 체크한다.

(6) 여행보험

보험가입회사명과 해외지사 유무, 보험비, 보상범위 등 여행보험에 관한 내용을 확인한다.

(7) 지상경비

지상수배업자 연락사무소에 미리 지불되었는지 아니면 현지직불인지를 파악한다. 현지직불인 경우 여행자수표인지 현금인지 등에 대해 확인한다.

(8) 이탈자 처리와 미수배 사항

① 단체여행 도중 이탈자에 대한 정보가 있으면 전달받는다.

② 수배가 완전히 이루어지지 사항에 대한 정보가 있으면 전달받는다.

■항공권 보는 법 : 전자항공권 발행확인서/(e-Ticket Itinerary & Receipt)

e-Ticket Itinerary & Receipt
Provided by **TOPAS**

(주)네이버 네트워크

02-720-8876 , Fax 02-2179-9481

1733 / 08MAR17

승객성명	Passenger Name	[illegible]
예약번호	Booking Reference	2720-8813
항공권번호	Ticket Number	**1801257461696**

인천공항점 $1이상 구매시 증정 (~2017.3.31)
신라면세점 선불카드 2만원
42GATE 안내데스크에서 증정 (1인 1회)
담배/일부 품목 제외, 타 행사 중복 불가
지급된 선불카드는 수령 당일만 사용가능

여정 Itinerary

편명 Flight **KE0121** (예약번호:**447I3K**) Operated by **KE(KOREAN AIR)**

출발 Departure	**서울(ICN/Incheon intl)**	**23MAR17(목)**	**18:45**	**Local Time**	Terminal No. : -
도착 Arrival	시드니(SYD/Sydney)	24MAR17(금)	06:55	Local Time	Terminal No. : 1

예상비행시간	Flight Time	10H 10M	SKYPASS 마일리지	SKYPASS Miles	5184
예약등급	Class	E (일반석)	항공권 유효기간	Not Valid Before	-
좌석 타입	Seat Type	-		Not Valid After	23MAR18
예약상태	Status	OK (확약)	수하물	Baggage	1PC
운임	Fare Basis	ELEKZ	좌석번호	Seat No.	48F
기종	Aircraft Type	AIRBUS INDUSTRIE A380-800			

편명 Flight **KE0122** (예약번호:**447I3K**) Operated by **KE(KOREAN AIR)**

출발 Departure	**시드니(SYD/Sydney)**	**30MAR17(목)**	**08:45**	**Local Time**	Terminal No. : 1
도착 Arrival	서울(ICN/Incheon intl)	30MAR17(목)	17:45	Local Time	Terminal No. : -

예상비행시간	Flight Time	11H 00M	SKYPASS 마일리지	SKYPASS Miles	5184
예약등급	Class	E (일반석)	항공권 유효기간	Not Valid Before	-
좌석 타입	Seat Type	-		Not Valid After	23MAR18
예약상태	Status	OK (확약)	수하물	Baggage	1PC
운임	Fare Basis	ELEKZ	좌석번호	Seat No.	52E
기종	Aircraft Type	AIRBUS INDUSTRIE A330-300			

* 할인 또는 무임 항공권의 경우 예약 등급에 따라 마일리지 적립률이 상이하거나 마일리지가 제공되지 않습니다.
* 항공기 기종은 사전고지 없이 항공사 사정으로 변경될 수 있으니 탑승수속 시 재확인해 주시기 바랍니다.
* 모든 정보는 항공사나 공항 사정에 의해서 변경될 수 있습니다.

항공권 운임정보 Ticket/Fare Information

연결항공권	Conj.Ticket No.	-
운임산출내역	Fare Calculation	SEL KE SYD513.80KE SEL513.80NUC1027.60END ROE1167.753000
산출운임	Fare Amount	KRW 1200000 (Paid Amount KRW 1200000)
지불화폐	Equiv. Fare Paid	
세금/항공사 부과 금액	Taxes/Carrier-imposed Fees	Paid Amount KRW 144500
* 세금	Taxes	KRW 28000BP 54000WY 48100AU * 한국 출발 세금(BP)에는 국제여객공항이용료(인천/김포공항 17,000 원, 기타 12,000원), 출국납부금 10,000원, 국제질병퇴치기금 1,000원이 포함되어 있습니다.
* 유류할증료	Fuel Surcharge	KRW 14400YR
부가수수료	Service Fees	0
총산출금액	Total Amount	KRW 1344500 (Total Paid Amount KRW 1344500)
지불수단	Form of Payment	CASH
발행일 발행처	e-Ticket Issue Date/Place	06MAR2017 / 17328452 / SELK1321C

* 지불금액은 (Total Paid Amount)에 표기된 금액을 확인하시기 바랍니다.

▶ 본 e-티켓 확인증과 함께 제공된 법적 고지문을 반드시 참고하여 주시기 바랍니다.
▶ e-티켓 확인증은 탑승수속시, 입출국/세관 통과시 제시하도록 요구될 수 있으므로 반드시 전 여행 기간 동안 소지하시기 바랍니다. e-티켓 확인증의 이름과 여권상의 이름은 반드시 일치해야 합니다.
▶ 대부분의 공항에서 **탑승수속 마감시간**은 해당 **항공편 출발 40분 전(미주, 구주, 중동, 아프리카 출발편은 1시간 전)** 으로 되어있으나, 해당 **출발** 예정시각 최소 2시간 전에는 공항에 도착하시기 바랍니다.
▶ 일부 공동운항편의 경우 운항 항공사 규정에 따라 탑승수속 마감시간이 다를 수 있으니 반드시 확인 바랍니다.
▶ 사전에 좌석을 배정받으신 고객께서는 항공기 출발 1시간 30분 전까지 (일등석 및 프레스티지석 이용 고객께서는 1시간 전까지) 탑승권을 발급 받으시기 바랍니다. 해당 시각까지 탑승권으로 교환하지 못하신 고객은 사전 배정된 좌석 번호가 본인에게 배정되지 않을 수도 있습니다.
▶ 대한민국 항공보안법 규정에 따라 탑승구에서 여권과 탑승권을 확인하고 있사오니 협조하여 주시기 바랍니다.
▶ 공동운항편의 경우 운항사에서 구입 시와 운임이 다를 수 있습니다.

항공권 제한사항 Ticket Restriction

항공권 유효기간	› 2018년 03월 23일
타 항공사로 항공권 양도	› 본 항공권은 타 항공사로 양도하여 사용할 수 없습니다.

환불

환불위약금 (Penalty)은 구매 항공권의 운임 규정에 따라 부과 됩니다.

단, 한국 출발의 경우 환불위약금 (Penalty)은 전체 미사용 항공권의 경우 환불 접수 시점 별로 차등 부과되며, 부분 사용 항공권의 경우 항공권의 운임 규정에 따라 부과됩니다.
2017년 1월1일부 신규 발권된 항공권부터 적용

[환불 접수 시점 별 환불 위약금 금액]

<table>
<tr><th rowspan="2">예약 클래스</th><th rowspan="2">거리별</th><th colspan="6">출발일 기준 환불 접수일</th></tr>
<tr><th>~91일 이전</th><th>90~61일 이전</th><th>60~15일 이전</th><th>14~4일 이전</th><th>3일 이내~</th><th>부분환불 /재발행</th></tr>
<tr><td rowspan="3">D,I 클래스</td><td>단거리</td><td rowspan="9">무료</td><td rowspan="9">3만원</td><td>10만원</td><td>12만원</td><td>15만원</td><td>10만원</td></tr>
<tr><td>중거리</td><td>10만원</td><td>12만원</td><td>15만원</td><td>10만원</td></tr>
<tr><td>장거리</td><td>30만원</td><td>36만원</td><td>45만원</td><td>30만원</td></tr>
<tr><td rowspan="3">M 클래스</td><td>단거리</td><td>5만원</td><td>6만원</td><td>8만원</td><td>5만원</td></tr>
<tr><td>중거리</td><td>7만원</td><td>9만원</td><td>11만원</td><td>7만원</td></tr>
<tr><td>장거리</td><td>15만원</td><td>18만원</td><td>23만원</td><td>15만원</td></tr>
<tr><td rowspan="3">S,H,E,K,L,U,Q,N,T 클래스</td><td>단거리</td><td>7만원</td><td>9만원</td><td>11만원</td><td>7만원</td></tr>
<tr><td>중거리</td><td>10만원</td><td>12만원</td><td>15만원</td><td>10만원</td></tr>
<tr><td>장거리</td><td>20만원</td><td>24만원</td><td>30만원</td><td>20만원</td></tr>
</table>

- 결합 항공권인 경우 높은 환불위약금이 적용됩니다.
- 재발행된 항공권은 부분 환불위약금과 동일하게 적용 됩니다.
- 장거리 : 미주, 유럽, 대양주, 중동, 아프리카행
  중거리 : 동남아, 서남아, 타슈켄트행
  단거리 : 일본, 중국, 홍콩, 타이페이, 몽골, 이르쿠츠크, 블라디보스톡행

재발행

› 재발행 수수료가 부과됩니다. (수수료 **KRW 120,000**)

예약부도 위약금

› 항공편 출발 이전까지 예약취소 없이 탑승하지 않거나 탑승수속 후 탑승하지 않는 경우 예약부도 위약금이 부과됩니다. (재발행수수료 또는 환불위약금은 별도 규정에 따라 적용됩니다.)

지역별 적용 금액
>[장거리 - 미주/유럽/중동/대양주/아프리카] : **KRW 120,000**
>[중거리 - 동남아/서남아] : **KRW 70,000**
>[단거리 - 한국/일본/중국/홍콩/대만/몽골/블라디보스토크/이르쿠츠크] : **KRW 50,000**

* 예약부도 위약금은 출발지국에 따라 다르게 적용 될 수 있습니다.

마일리지

› 마일리지 좌석승급이 불가합니다.
› 대한항공편 탑승 시, 예약 등급별 마일리지 적립률
R 200%, P 165%, F 150%, J 135%, C/D/I 125%, Z 100%, Y/W/B/M/S/H/E/K/L/U 100%, G 80%, Q/N/T 70%, 적립불가 A/O/X 50% 이상 할인된 항공권 (A: 보너스 항공권 혹은 적립 불가 조건인 경우 적립 불가)

기타 제한사항	1.
예약 변경	동일한 조건 (운임, 유효기간, 예약등급) 내 날짜 변경 및 편명 변경
재발행	예약변경 이외의 항공사 변경, 구간 변경, 도중체류 변경, 유효기간 연장 등 기타 변경

※ 항공권의 변경은 운임규정을 따릅니다.
변경이 가능한 항공권이라도 첫 구간을 변경(예약변경 포함 모든 변경)할 경우에는 변경일에 유효한 운임 및 요금 (유류 할증료 포함)에 따라 재계산 후 재발행되어, 기존 운임 및 요금과의 차액 및 재발행 수수료가 발생 할 수 있습니다. 기 징수된 재발행 수수료는 환불되지 않습니다. 재발행이 불가한 경우, 환불 위약금 또는 환불 수수료 공제후 항공권 환불 및 신규 항공권을 구매하셔야 합니다. 일부 특별 운임으로의 재발행은 불가합니다.

※ 구매 후 항공권의 결제 수단 변경은 불가합니다.

※ 좌석승급 보너스의 예약 변경 및 환불 수수료는 유상 항공권의 재발행 및 환불 수수료와 별도로 부과됩니다.
> 좌석승급 보너스 변경 시에는 예약 변경(재발행) 수수료 30,000원이 추가로 부과됩니다.(예약 변경일 기준 2017년 8월 1일부터)
> 좌석승급 보너스 취소 시 환불 수수료가 추가로 공제됩니다.
[환불 접수일 기준 2017년 7월 31일까지] 유효기간 이후 10,000마일
[환불 접수일 기준 2017년 8월 1일부터] 유효기간 이내 3,000마일, 유효기간 이후 10,000마일

Excellence in Flight
KOREAN AIR

※ 상기 이외의 제한사항이 있을 수 있습니다. 상기 제한사항 및 기타 제한사항에 대한 문의는 항공권 구입처나 대한항공으로 문의하여 주시기 바랍니다.

인천국제공항 출국장이 해외여행을 떠나는 인파로 북적이고 있다.

개인 실손의료보험에 가입한 고객은 국내 및 해외 여행자보험에 가입할 때 의료실비 특약에 추가 가입할 필요가 없다. 하지만 실손보험에 가입하지 않았다면 여행 시 특약을 통해 해외 치료비까지 보장받을 수 있다.

보험개발원은 30일 여행자가 급증하는 황금연휴를 앞두고 여행 중 위험에 대비할 수 있는 각종 여행보험 상품의 보장내용과 가입방법 등을 안내했다. 인천국제공항공사에 따르면 이달 28일부터 다음달 8일까지 197만 명이 해외여행을 떠날 것으로 예상된다.

여행자보험은 상해위험 보장 외에 의료실비, 배상책임손해, 휴대품손해, 여권재발급비용, 여행취소비용 등을 특약으로 제공한다.

우선 여행 중 상해 · 질병으로 인한 치료비는 의료실비 특약으로 보장받을 수 있다.

개인 실손보험에 이미 가입한 계약자는 해당 상품으로 보장 받을 수 있어 따로 여행자보험의 의료실비 특약을 추가 가입할 필요가 없다.

실손보험에 가입하지 않았다면 특약에 가입해야 한다. 5월 1일부터는 여행자보험도 개인 실손보험과 마찬가지로 3개 특약(도수치료, 비급여 MRI, 비급여 주사제)을 구분해 담보하고 기본형으로 가입하는 경우 국내 의료실비 보험료가 약 30% 인하된다.

단 해외여행 중 해외에서 발생한 치료비는 별도 추가 가입해야만 해외에서 발생하는 의료실비 보장이 가능하다. 특히 해외발생 의료실비 특약은 보장금액의 제한을 두지 않아 미국 등 의료비가 비싼 국가로 여행할 때 보험혜택을 누릴 수 있다. 여자 40세 기준, 7일 해외여행 시 약 4000원 정도의 보험료로 해외에서 발생한 치료비를 상해 및 질병 각각 1000만원까지 보장받을 수 있다.

배상책임특약은 여행 중 사고가 났을 때 피해자에게 지급할 법률상 배상금을 담보하고 핸드폰, 카메라 등 휴대품의 도난, 파손 등 손해(분실 제외)는 휴대품손해 특약에서 보장한다.

또 여권분실비용특약 가입으로 해외여행 중 여권분실 시 여행증명서 및 여권재발급 비용을 보상받을 수 있고 여권취소비용 특약은 해외여행 중 피보험자나 동반자의 사망 등의 사유로 여행이 중단돼 귀국할 때 추가로 발생하는 항공운임 등을 보상한다.

보험개발원 관계자는 "여행상품이나 항공권을 구입할 때 서비스로 제공되는 여행자보험은 보장범위나 한도가 적어 실제 사고발생 시 어려움을 겪을 수 있다"며 "가입여부뿐 아니라 보험보장내역을 꼼꼼히 비교해 본 후 본인에게 적절한 보장상품을 선택할 필요가 있다"고 말했다.

머니투데이 전혜영 기자 2017.04.30

2 업무관련 서류의 준비

출국 전 국외여행인솔자가 준비해야 할 업무관련 서류로는 항공권과 그 예약번호(PNR), 지상경비, 객실배정표, 여권 및 항공권 복사본, 비자(단체발급국가의 경우), 확정서, 비상연락망, 수하물꼬리표, 여행자보험증권, 단체행사일지, 각종 교통기관이나 호텔 바우처 등이 있으며 필요에 따라 행사평가를 위한 설문지를 준비하는 경우가 있다.

표 2-1 행사관련서류 체크리스트

행사 출발 전 점검사항 및 확인사항

상품명		결재	T/C	관리
행사기간				
행사일				
점검일				

NO	점검사항	확인	비고
1	여권 – 회사소지(　　), 고객소지(　　), 사본(　　)		
2	입국 국가별 비자 여부 :　　비자		
3	항공권 : 20　년　월　일 발권		
4	당사 일정표 & 확정서		
5	비상연락망		
6	NAME LIST & ROOMING LIST		
7	여행자보험 & 증서		
8	출입국 카드 & 검역카드		
9	병무신고 해당자 :　　　명		
10	명 함		

NO	점검사항	확인	비고
11	BAGGAGE TAG		
12	최종명단		
13	집결지 :		
14	출국시간 :		
15	입국시간		
16	SENDING		
17	목걸이형 TAG		
18	안내책자		
19			
20			

표 2-2 NAME LIST

NO	한글이름	영문이름	여권번호	만기일	생년월일	메일주소	전화번호	비고
1								
2								
3								
4								
5								
6								
7								
8								
9								
10								
11								
12								
13								

표 2-3 ROOMING LIST

NO	NAME	ROOM NO	REMARK
1	PARK, CHUN SIK(MR)		
	HA, YOUNG OK(MRS)		
2			
3			
4			
5			
6			
7			
8			TRIPLE
9			SINGLE
10			

<table>
<tr><td rowspan="2">전화거는 방법</td><td>국제전화</td><td></td></tr>
<tr><td>객실과 객실</td><td></td></tr>
<tr><td colspan="2">기상시간</td><td></td></tr>
<tr><td colspan="2">식사시간</td><td></td></tr>
<tr><td colspan="2">출발시간</td><td></td></tr>
</table>

3 업무용 물품 및 개인휴대품 준비

1) 업무용 물품 준비

단원용 뱃지, 구급함(감기약, 지사제, 소화제, 해열제, 반창고, 물파스, 생리용품, 연고 등), 회사 깃발, 전자계산기, 카메라, 테이프, 안내원용 명찰, 호치키스, 계수기, 자명종시계, 끈, 수하물꼬리표 여유분, 게시용지, 명함, 볼펜, 봉투, 클립, 매직, 실, 바늘, 전자사전, 여행책자, 지도 등

2) 개인휴대품 준비

의류(겉옷, 속옷, 모자, 잠옷, 바지, 수영복 등), 세면도구(치약, 칫솔, 면도기, 화장품, 헤어드라이어, 썬스크린 등), 잡화(선글라스, 카메라, 필름, 우산, 슬리퍼 등) 등의 순수 개인용 휴대품

■호텔바우처 견본

HOTELPASS.com **voucher** *(호텔제출용)*

Tel : Fax :

to 귀하	예약번호(booking no.) **1608021030** WHC OP :
tel fax	예약 담당자

hotel	Red Roof Plus(Ex.Floral Inn Namba Osaka) 1-9-7 Sennichimae, Chuo-ku, Osaka, Japan 542-0074 tel - +81 6 6484 0339 fax - +81 6 6484 0223
guests	(Last, First Name) Adult (2) Child (0) TWN Mr. JEONG, JONGHA, , (1) TWIN /
in/out	2016-08-09 / 2016-08-10 (1) nights
conditions	tax & svc incl. Breakfast Included / Twin Room, Non-smoking (Shower Booth, Reno
issued by	Hotelpass Global Ltd. Seoul, Korea op : Park Ji Hee (82-2-2266-3100)
request (not guarantee)	
remark	

booked by Please contact our local agent below IMMEDIATELY if you encounter any problem in our guest's reservation.

Local Agent : **HotelPass/EAN** Guest Ref# : **270462368/131530920367,**

Tel : 영어(미국)1-888-933-7768: 근무시간 외 체크인시 투숙불가로 안내받은 경우에 해당

표 2-4 일반여행자가 알고 싶어 하는 정보

항목	세부내역	비고
1. 비용(가격)	• 판매가격(이 중 무엇이 포함이며 무엇이 불포함인가) • 판매가격 이외의 여행자의 필요경비 – 어느 정도의 용돈이 필요한가 – 외국화폐와의 교환비율	– 판매가격 이외의 필요경비 등 명확한 설명이 적다. – 현지화폐에 대해서도 정보 불충분
2. 교통기관	※화폐단위, 일용품 등의 현지가격 • 항공사의 명칭 • 탑승기간(탑승소요시간) – 기타 교통기관의 종류와 회사명 – 승차구간, 시각, 승차예정 등급 ※환승장소 · 횟수 ※현지택시 등의 이용방법과 요금 ※도보의 경우 거리와 환경 ※구경장소까지의 교통기간	발착시각은 명시되어 있지만 소요 시간 기재는 드물다.
3. 언어	• 무슨 말을 사용하고 있나. – 통역이 나오는가(상시 또는 임시) ※간단한 용어의 지식	어떤 여행사의 브로슈어에 각국의 인사말이 기재되어 있는데 이는 친절한 표시이다.
4. 식사	– 식사의 내용(기내식의 내용과 횟수, 시간) – 어디서 식사 하는가 ※자유행동시의 식사장소와 가격 ※한국식사가 되는가 ※빵 등을 간단히 살 수 있는가	식사의 질, 양 모두 마음에 걸리는 점이다. 개략적으로 그 내용을 알고 싶다.
5. 하물	• 반드시 지참해야 하는 것 • 하물의 취급방법	불필요한 것을 의외로 가지고 가는 사람이 많다.
6. 치안 범죄	– 짐의 도난 방지법 – 범죄 등의 위험은 없는가, 그 방지책은? • 출입금지장소의 명시 ※政情 불안은 없는가(현지정보)	목적지의 상황판단 필요
7. 복장	• 기후에 필요한 복장 – 매너에 필요한 복장	기후풍토를 잘 알고 준비해야 한다.
8. 건강	• 건강보전의 주의사항 – 의료관계는 어떻게 되어 있는가 – 지참해야 할 의약품 ※의사, 간호사의 동행 유무	
9. 기타	– 쇼핑 장소와 주의점 – Tip 관계의 주의점 – 안내원에 대해서의 설명 – 어린이 동반에의 주의 ※미술관 등 견학장소의 입장료 • 한국으로의 전화방법 – 한국에서의 연락방법 등	(註) • : 꼭 알고 싶다 – : 알고 있으면 안심 ※ : 참고사항

자료 : 官内輝武, "旅行商品の 品質表示" トテベル ジャ・ナル, 1984.1.9

제3장 국외여행인솔업무의 실제(여행 중 업무)

1 출국업무

1) 여행객 도착 전 업무

(1) 공항도착

출발당일 인솔자는 집합장소까지의 교통기관, 소요시간을 사전에 확인하여 단체 집합시간(비행기 출발 약 2시간 전) 30분 전까지는 반드시 공항의 집합장소에 도착해야 하며 성수기인 경우 혼잡하여 탑승수속시간이 오래 걸릴 수 있음으로 1시간 전에 도착하여 탑승수속준비를 하여야 한다.

(2) 사전준비업무

① 인솔자는 집합장소에 도착한 후 우선적으로 미팅보드 또는 여행사안내판이나 클립보드를 걸어두어 일찍 공항에 도착한 여행참가자가 우왕좌왕하는 불편을 해소시켜 주고 사전준비업무에 임해야 한다.

인천공항의 경우 단체여행객 만남장소를 3층에 별도로 지정하여 운영하고 있다.

② 국외여행인솔자 인정증 또는 관광통역안내사 자격증을 가슴에 패용한다.

③ 해당 항공사의 그룹 체크인 카운터로 이동하여 출발시간의 변동유무를 체크하고 사전 단체 탑승수속을 받는다. 일반적으로 단체석의 경우 항공사에서 임의로 좌석배정을 실시하여 탑승권을 준비해 두고 있다. 항공좌석의

여유가 있다면 탑승권을 열람한 뒤 고객의 구성과 특성에 맞게 좌석의 배치를 다시 조정해 주어야 한다.

④ 공항 내의 편의시설과 부대시설(은행환전센터, 병무신고서, 휴대폰 로밍서비스 장소, 약국, 편의점, 항공사 마일리지 데스크, 화장실 등)의 위치를 확인해 둔다.

⑤ 위탁수하물 운반을 위한 카드를 준비하고 고객이 집결할 때까지 대기한다.

2) 여행객 도착 후 업무

(1) 여권 및 위탁수하물 수거

① 여행참가자명부를 꺼내 놓고 여행참가자가 도착하면 이름을 확인한 후 여행참가자명부와 대조한다. 여행참가고객일 경우 여권을 회수하여 유효기간 등을 확인한다.

환전을 하지 않은 고객이라면 여권을 건네주고 환전을 할 수 있도록 안내한다.

② 그 다음 위탁수하물을 수거한 후 카드에 싣는다. 수거 시에는 여행사용 수하물꼬리표를 주어 여행객 자신이 직접 부착하도록 한다.

위탁수하물에 운송금지물품, 위탁수하물 탁송제한물품이 있는지? 그리고 자신이 복용하는 약품이나 비행 중 필요한 물품 등이 들어 있는 않은지를 파악한다. 있으면 휴대하도록 조처한다.

■ 병역의무자 국외여행허가

• 병역의무자로서 군복무를 마치지 아니한 사람이 국외여행을 하고자 할 때에는 "병역법" 등 관계법령에 의거 병무청장의 국외여행허가를 받아야 한다.

허가대상	-25세 이상의 병역준비역(징병검사 대상, 현역입영 대상) -25세 이상자로서 보충역으로 소집되지 아니한 사람 -산업기능요원, 전문연구요원, 공익근무요원, 승선근무예비역 -공중보건의사, 국제협력의사, 징병검사전담의사, 공중방역수의사, 공익법무관 ※공익근무요원 등 대체복무자는 24세 이하자도 국외여행 허가를 받아야 함. 단, 승선근무예비역 및 해운·수산업 분야 산업기능요원은 병무청에서 직권허가하고 의무자에게 통보
구비서류	-병역의무자 국외여행(기간연장)허가 신청서 1부 -입학허가서 등 여행목적을 증명하는 서류(단기여행은 제외) 1부
출원기관	지방병무(지)청

■병역의무자 국외여행기간 연장 허가

• 국외여행허가를 받고 출국한 사람 중 허가기간 내에 여행목적을 다하지 못하고 계속 국외에 체재하고자 하는 사람, 24세 이전에 출국한 사람, 국외에서 출생한 사람으로서 25세 이후에도 계속 국외에 체재하고자 하는 사람은 국외여행기간연장허가를 받아야 합니다.

국외여행기간연장허가서 제출시기 및 제출기관

- 25세가 되기 전에 출국한 사람은 25세가 되는 해의 1월 15일까지 재외공관장을 거쳐 지방병무(지)청장에게 출원
- 국외여행 허가를 받은 사람은 허가기간 만료 15일 전까지 재외공관을 거쳐 지방병무(지)청장에게 출원

국외여행 기간연장 허가에 필요한 구비서류

- 병역의무자 국외여행 기간연장 허가 신청서 1부(재외공관에 비치)
- 체재목적 인정증명서 1부

※유학의 경우 재학증명서, 입학허가서 또는 재외공관장의 재학사실 확인서, 영주권신규취득은 가족거주사실확인서 등

(2) 병무신고

만 18세 이상 만 35세 미만의 군 미필자 남자의 경우에 한하여 공항청사에 있는 병무청 사무소에서 병무 신고를 하도록 조처한다.

병역을 마친 사람, 제2 국민역, 병역이 면제된 사람(영주권 취득 등 국외 이주사유 병역면제자 제외)은 2000년 1월 1일부터 출국확인 제도 폐지

Tip **병무신고**

병무신고대상

25세 이상 병역미필자

나이와 관계없이 병역 근무 중인 자(공익근무 중인 자, 공중보건의사, 공익수의사, 전문연구요원, 징병전담의사, 산업기능요원, 국제협력요원 등으로 의무기간을 마치지 아니한 자)

출국 절차는 간단하다.

항공사에서 일반인과 같이 수속을 마치고 법무부에서 출국심사 시에 국외여행허가증명서를 제출하면 된다.

국외여행허가증명서를 발급받았으나 소지하지 않았다면 출입국재심실에서 허가 내용을 유선으로 확인하여 출국이 가능하나 시간이 지연될 수 있고 병무신고사무소의 근무시간이 아닐 경우 당일 업무가 안 될 수도 있다.

병역의무자 출국신고 관련 업무처리 민원실

위치 : 여객터미널 3층 G 탑승구 부근

영업시간 : 06:30~22:00(연중무휴)

그러면, 국외여행 허가는 어떻게 받을까? 국외여행 허가를 받는 데에는 두 가지 방법이 있다. 첫 번째로 방문접수가 있다. 모든 지방병무청 민원실과 인천공항 병무민원센터에서 방문접수할 수 있다. 단, 전문연구요원, 산업기능요원, 사회복무요원은 관할 지방병무청 민원실에서 접수해야 한다.

두번째 방법은 직접 방문하지 않아도 되는 인터넷접수이다. '병무청 홈페이지 → 병무민원포털 → 국외여행/체제민원' 으로 접속하여 증빙서류를 이미지파일 전송, FAX, 우편송부하면 된다.

국외여행허가를 받은 사람은 '국외여행 허가서' 를 인터넷(병무청 홈페이지 → 병무민원포털 → 국외여행/체재 → 국외여행증명서/허가서 출력)에서 직접 출력 가능하다.

[출처] 인천공항 병역의무자 출국신고 (병무신고대상)

해외여행 시 출국심사, 더욱 빨라진다

-11월부터 출국심사인 날인 생략 및 여권 재발급자의 자동심사대 이용을 위한 지문 재등록 절차 폐지-

법무부는 출입국자 7,000만 명 시대를 맞아 대민 맞춤형 서비스 제공을 위해 2016. 11. 1. 부터 출국하는 모든 승객(내 · 외국인 모두 포함)을 대상으로 여권에 찍던 출국심사인을 생략한다.

- 이번 조치로 승객 1인당 3초 정도의 심사시간이 단축되어 승객들의 대기시간이 줄어들게 됨에 따라 출국심사장 혼잡으로 인한 불편이 완화될 수 있을 것으로 기대하고 있다.

※ 1인당 평균 출국심사시간이 국민은 18초에서 15초, 외국인은 23초에서 20초로 각각 3초 단축

- 그 동안 출입국절차 간소화를 통한 승객들의 편의 제고를 위해 국민 입국신고서와 외국인 출국신고서 제출 생략('05년 11월), 국민 출국신고서와 등록외국인 입국신고서 제출 생략(' 06년 8월), 국민 입국심사인('11년 2월)을 날인을 생략한 바 있다. 이번 출국심사인 날인 생략으로 출입국절차가 한결 간소화된다. 또한 그동안 자동출입국심사대를 이용하는 국민이 유효기간 만료로 여권을 재발급받은 경우 자동심사대 이용을 위해 다시 지문 및 얼굴을 등록해야 하는 절차를 폐지함으로써 더욱 편리하게 자동심사대를 이용할 수 있도록 한다.

※ 다만 성명, 주민등록번호 등 인적사항이 변경된 경우는 재등록이 필요함

- 금년 1월부터 9월 말까지 총 출입국자 59,574천명 중 자동출입국심사대 이용자는 12,823천명(전체 출입국자의 21.5%)으로, 출입국자 5명 중 1명이 자동출입국심사대를 이용하고 있다.

인천국제공항 2016년10월31일

3) 탑승수속(check-in)

① 여행객의 집결이 완료되면 최종 위탁수하물 개수를 파악한다.

② 여행객들은 집합장소에 대기하도록 하고 인솔자는 탑승수속을 위해 수거한 여권과 위탁수하물을 가지고 해당항공사의 그룹 체크 인 카운터(group check-in counter)로 옮긴다.

탑승수속을 위해 항공사카운터로 이동할 시 출발서비스(departure service-helper)를 보조하기 위해 나온 직원이 있다면 도움을 받으면 된다. 센딩직원이 없을 경우 수하물카트는 손님의 도움을 받아 이동시킨다.

③ 이용 항공사의 카운터 직원에게 단체명, 인솔자성명, 참가인원 등을 알리고 여권, 사증(visa), 항공권과 같은 다큐멘트를 제시하여 항공회사 직원에게 체크를 받는다.

④ 수하물을 해당항공사에 위탁한다.

⑤ 여권 및 탑승권과 수하물 인환증을 항공사 직원으로부터 인수한다. 이때 여권 및 탑승권 매수가 전체인원수와 맞는지와 수하물 인환증의 개수가 위탁한 수하물의 수와 일치하는지를 확인한다.

좌석배정 시 인솔자는 항공기의 기종과 좌석배열상태를 숙지하여 좌석을 배정하여야 한다. 단독여행자는 비슷한 연령층의 병렬석에, 고령자와 어린이는 가급적 창가에, 부부 · 가족 · 친구 · 연인은 병렬석으로 배정하는 것이 좋다.

• 항공기 좌석구조

A330 : 2-4-2(□ □ - □ □ □ □ - □ □)

A350 : 3-3-3(□ □ □ - □ □ □ - □ □ □)

A380 : 3-4-3(□ □ □ - □ □ □ □ - □ □ □)

B737 : 3-3(□ □ □ - □ □ □)

B747 : 3-4-3(□ □ □ - □ □ □ □ - □ □ □)

B777 : 2-5-2(□ □ - □ □ □ □ □ - □ □)

B777 : 3-3-3(□ □ □ - □ □ □ - □ □ □)

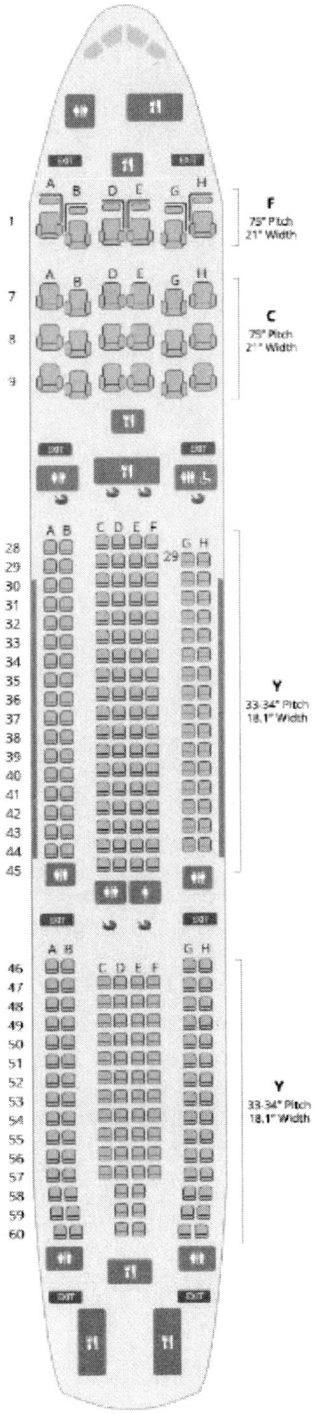

■Airbus 330-300

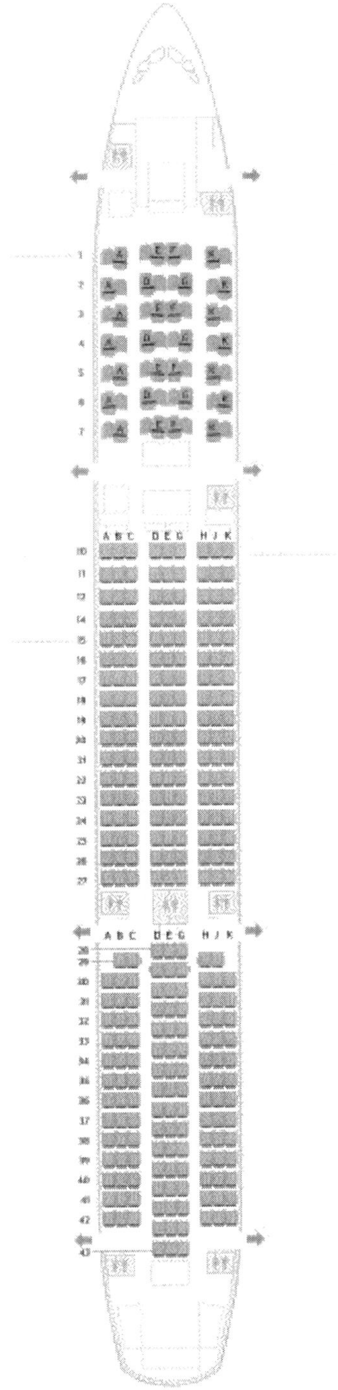

■Airbus 350-900

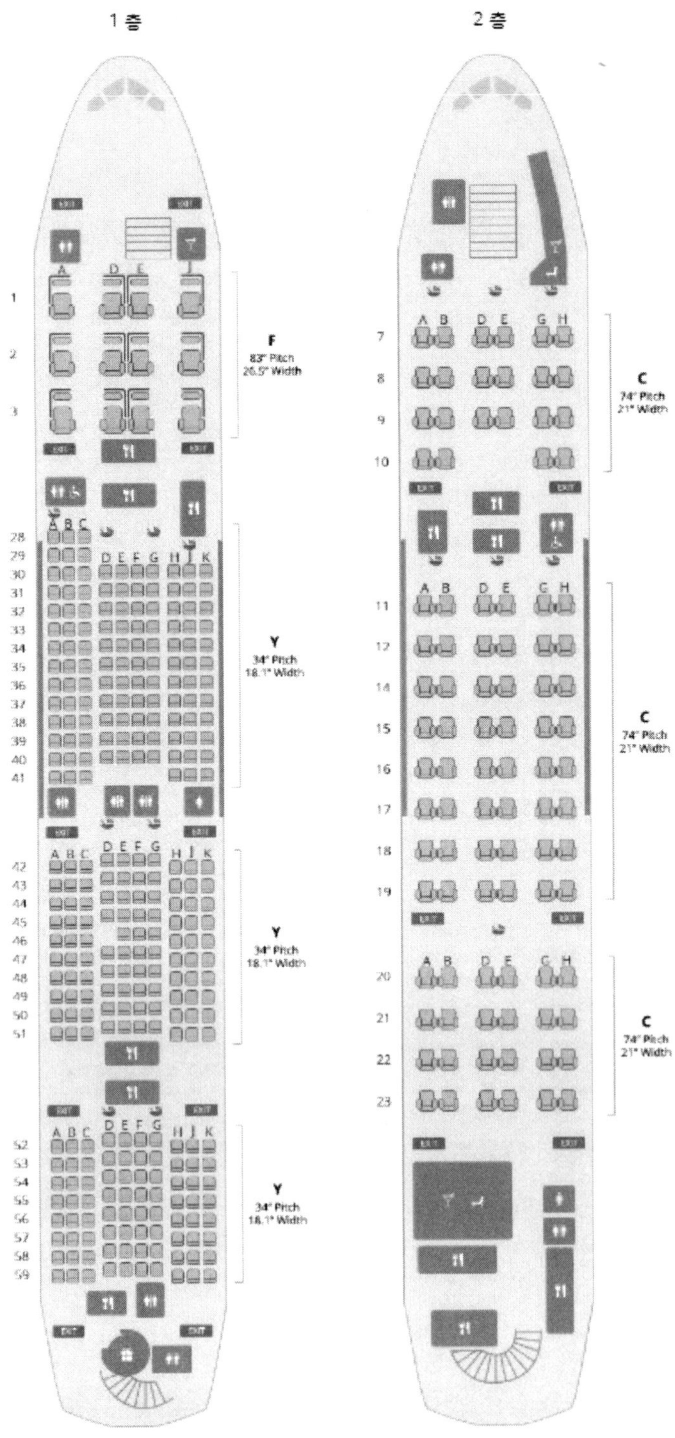

■Airbus 380-800

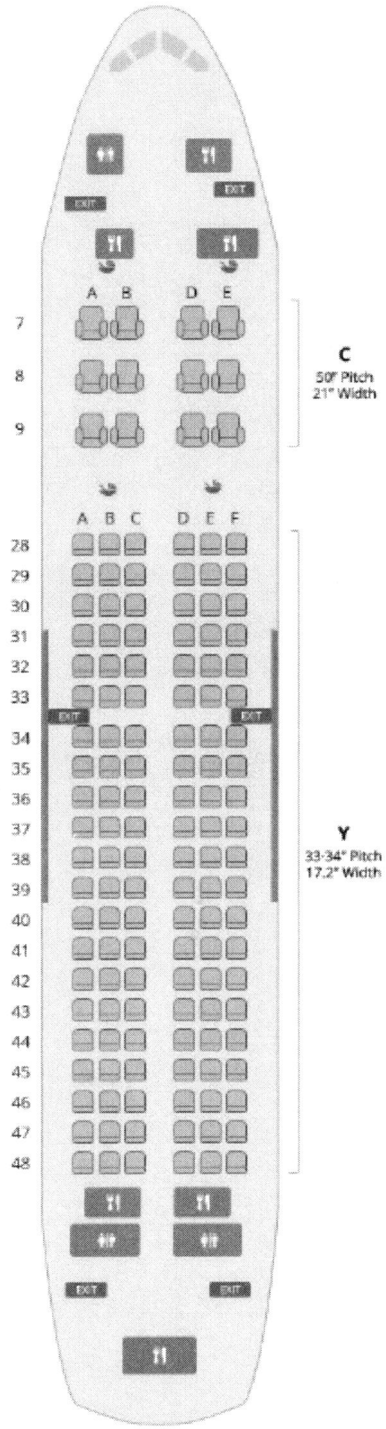

■Boeing 737-800

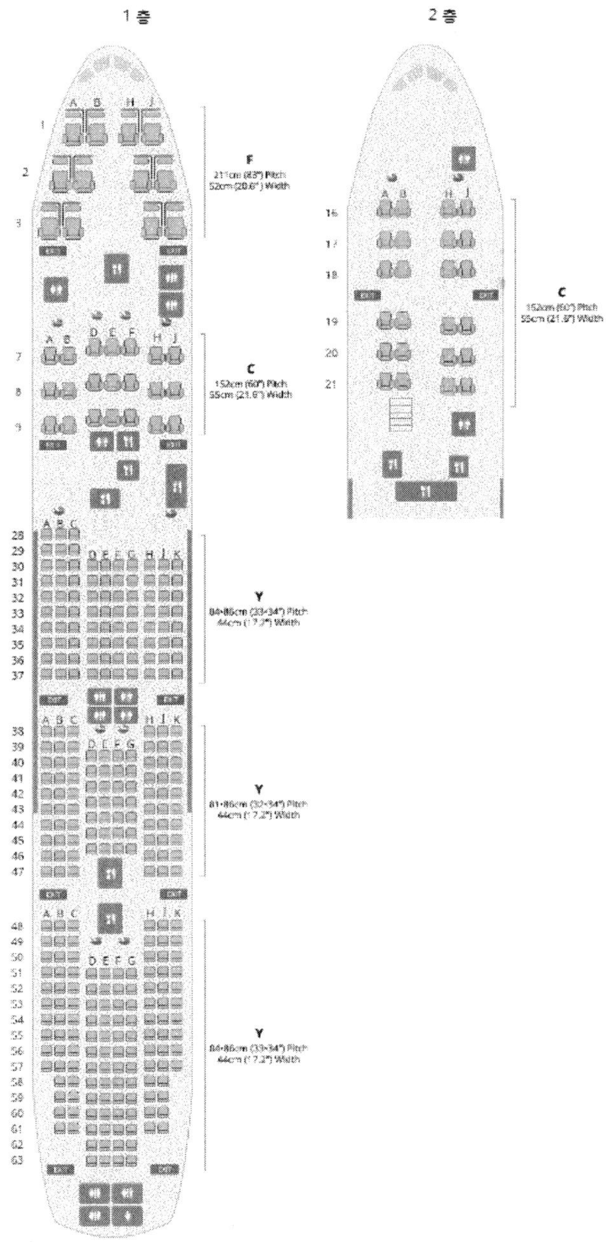

■Boeing 747

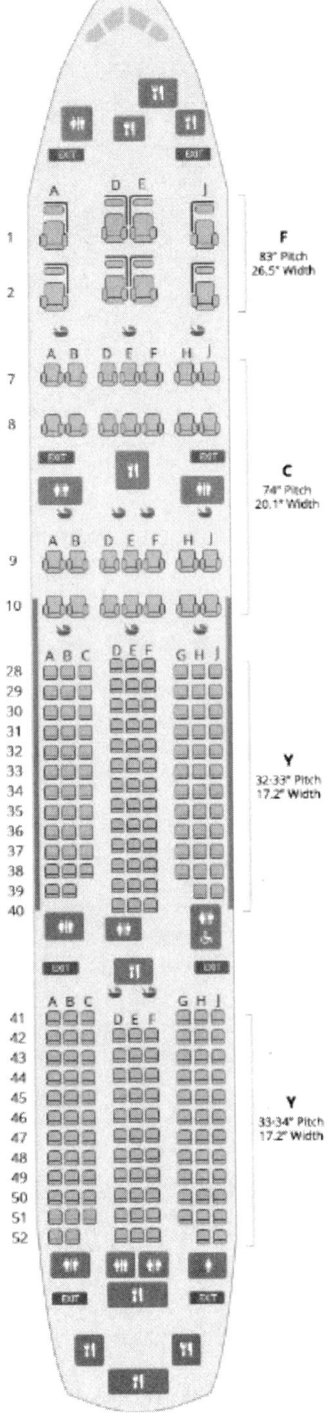

■Boeing 777-200 ER

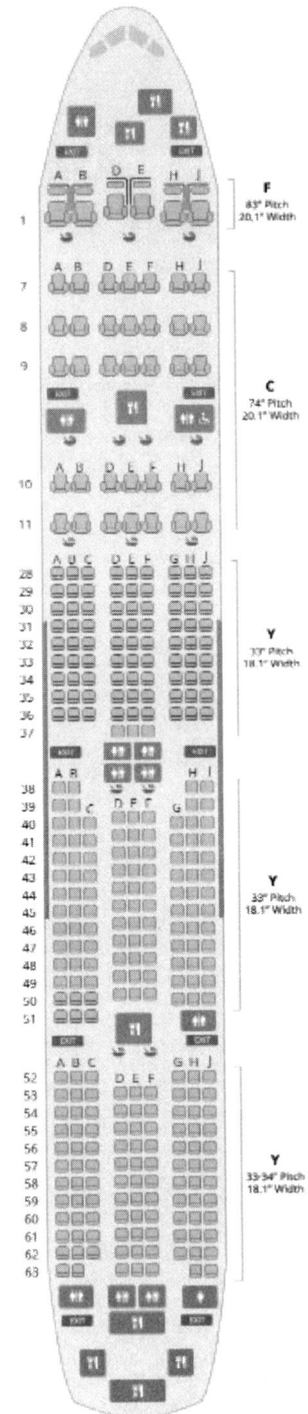

■Boeing 777-300

표 3-1 위탁수하물에 있어서의 무료수하물 허용기준

※ 미주구간 : 캐나다, 미국 및 미국령, 멕시코, 중남미 출도착편 등 태평양 횡단 구간
미주 외 구간 : 한국 지역 국내, 일본, 유럽 등 미주 구간을 제외한 전 구간

■미주 구간을 탑승하실 때 무료로 부칠 수 있는 수하물의 규격 및 개수

좌석 등급	퍼스트클래스 (성인, 소아*)	비즈니스클래스 (성인, 소아*)	이코노미클래스 (성인, 소아*)	Infant(유아)
허용량	 무게 : 32kg(70lbs) 이내 크기 : 삼변의 합 158㎝ 이내 허용개수 : 3개	 무게 : 32kg(70lbs) 이내 크기 : 삼변의 합 158㎝ 이내 허용개수 : 2개	 무게 : 23kg(50lbs) 이내 크기 : 삼변의 합 158㎝ 이내 허용개수 : 2개	 무게 : 23kg(50lbs) 이내 크기 : 삼변의 합 158㎝ 이내 허용개수 : 1개+접을 수 있는 유모차, 유아 운반용 요람, 유아용 카시트 중 1개 추가 가능

※ 소아의 경우, 휴대용 유모차, 보행기, 카시트, 운반용 요람 중 1개 추가 가능(아시아나항공 기준)

■미주를 제외한 구간을 탑승하실 때 무료로 부치실 수 있는 수하물의 규격 및 개수

좌석 등급	퍼스트클래스 (성인, 소아*)	비즈니스클래스 (성인, 소아*)	이코노미클래스 (성인, 소아*)	Infant(유아)
허용량	 무게 : 32kg(70lbs) 이내 크기 : 삼변의 합 158㎝ 이내 허용개수 : 3개	 무게 : 32kg(70lbs) 이내 크기 : 삼변의 합 158㎝ 이내 허용개수 : 2개	 무게 : 23kg(50lbs) 이내 크기 : 삼변의 합 158㎝ 이내 허용개수 : 1개	 무게 : 10kg(22lbs) 이내 크기 : 삼변의 합 158㎝ 이내 허용개수 : 1개+접을 수 있는 유모차, 유아 운반용 요람, 유아용 카시트 중 1개 추가 가능

※ 소아의 경우, 휴대용 유모차, 보행기, 카시트, 운반용 요람 중 1개 추가 가능(아시아아이항공 기준)

■나라별 수하물 허용 기준(미국/브라질 제외)

무료허용량 (일반석)	개수초과요금(개당)	무게요금		사이즈요금
	3개부터	24~32kg	33~45kg	158~203cm
23kg + 23kg	200,000원 USD200 CAD200 IDR2,860,000	100,000원 USD100 CAD100 IDR1,430,000	200,000원 USD200 CAD200 IDR2,860,000	200,000원 USD200 CAD200 IDR2,860,000

출처 : 대한항공

■아시아 내(한국↔일본/중국/홍콩/대만/마카오/몽골 제외)

무료허용량 (일반석)	개수초과요금(개당)		무게요금		사이즈요금
	2개	3개부터	24~32kg	33~45kg	158~203cm
23kg	100,000원 USD100 CAD100 IDR1,430,000	150,000원 USD150 CAD150 IDR2,140,000	75,000원 USD75 CAD75 IDR1,070,000	150,000원 USD150 CAD150 IDR2,140,000	150,000원 USD150 CAD150 IDR2,140,000

출처 : 대한항공

■유럽/중동/아프리카/대양주 출/도착

무료허용량 (일반석)	개수초과요금(개당)		무게요금		사이즈요금
	2개	3개부터	24~32kg	33~45kg	158~203cm
23kg	130,000원 USD130 CAD130 IDR1,860,000	200,000원 USD200 CAD200 IDR2,860,000	100,000원 USD100 CAD100 IDR1,430,000	200,000원 USD200 CAD200 IDR2,860,000	200,000원 USD200 CAD200 IDR2,860,000

출처 : 대한항공

■휴대수화물 허용량

좌석등급	개수	총무게
일등석 프레스티지석	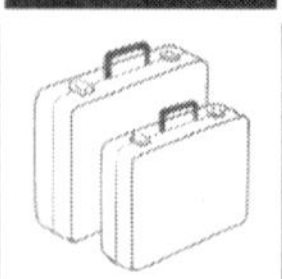	18kg/40lb
일반석		12kg/25lb

가방 하나의 규격은 세 변의 합이 115cm/45in 이내이어야 하며, 각 변은 각각 A 40cm, B 20cm, C 55cm를 초과해서는 안 된다.

추가 휴대수하물 규정

일반석을 이용하는 경우 노트북 컴퓨터, 서류가방, 핸드백 중 1개를 추가로 휴대할 수 있다.(가방 1개와 합해 총 무게는 12kg 이하)

기내휴대제한품목

기내로 악기를 반입하는 경우 : 바이올린 등 세 변의 합이 115cm(45in.) 이내인 소형악기는 무료로 기내에 반입할 수 있다. 규정보다 큰 대형 악기는 별도의 좌석을 구입해야 한다.

기내에서 휴대수하물 보관하기

- 기내에 반입된 모든 수하물은 반드시 기내선반 또는 좌석 밑에 보관해야 한다.
- 내리기 전, 두고 내리는 물건이 없는지 확인해야 한다.
- 수하물을 올리고 내리실 때, 수하물이 떨어지지 않도록 주의해야 한다.

※공동운항편 휴대 수하물 허용량은 운항사에 따라 상이할 수 있다.

(대한항공 기준)

Tip **운송제한물품**

① 운송금지물품

- 페인트, 라이터용 연료와 같은 발화성/인화성 물질
- 산소캔, 부탄가스캔 등 고압가스 용기
- 총기, 폭죽 등 무기 및 폭발물류
- 기타 탑승객 및 항공기에 위험을 줄 가능성이 있는 품목

② 기내반입제한물품

모든 종류의 도검류, 골프채, 곤봉, 가위, 손톱각기, 배터리 등과 같이 타 고객에게 위해를 가할 수 있는 품목의 경우 휴대하고 탑승할 수 없으며, 이러한 품목은 위탁수하물에 넣어 탁송

③ 제한적으로 운송이 가능한 물품

- 소량의 개인용 화장 용품, 1개 이하의 라이터 및 성냥, 항공사의 승인을 받은 의료용 품목, 가스고데기, 의료보조기구, 건전지 등
- 2007년 8월 5일부로 미국 출도착 노선(괌 포함) 라이터 기내 휴대 재허용(단, 토치라이터는 불가)

④ 위탁수하물 탁송제한물품

노트북 컴퓨터, 핸드폰, 캠코더, 카메라, MP3 등 고가의 개인 전자제품, 화폐, 보석류, 귀금속류, 유가증권류, 기타 고가품, 견본류, 서류, 파손되기 쉬운 물품, 부패성 물품 등

■반입 가능한 액체류

- 각각의 액체류 용기 용량이 100ml를 넘지 않아야 한다.
- 이런 액체류를 투명한 비닐(플라스틱) 봉투에 담아야 한다.
- 비닐에 담은 액체류 총 용량이 1리터를 넘지 않아야 한다.

주의할 것은 200ml 병에 1/3 정도만 담겨 있으니 70ml 정도 되는 것으로 판단하면 안 된다. 용기 용량이 100ml보다 큰 용량으로 표기되어 있으면 담겨진 용량과는 상관없이 기내 휴대가 불가능하다.

가지고 탈 수 있는 품목		가지고 탈 수 없는 품목	
	45ml 용기의 헤어스프레이		142ml 용기의 헤어스프레이
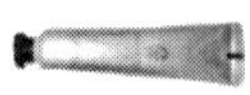	50ml 용기의 구강청정제	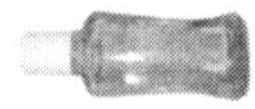	250ml 용기의 구강청정제
	75ml 용기의 핸드크림		125ml 용기의 핸드크림
	100ml 용기의 치약		130ml 용기의 치약
	100ml 용기의 젤류 음료	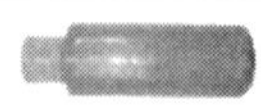	120ml 용기의 음료

그림 출처 : 국토교통부 교통안전공단

■항공위험물(Dangerous Goods)이란?

국제민간항공기구 부속서 18 및 항공법에 따라 폭발성, 독성, 부식성, 인화성 가스 혹은 증기를 방출할 가능성이 있어 사람이나 항공기에 해를 입힐 수 있는 물질 또는 물품을 의미한다. 또한 위험물은 항공법에서 정한대로 위험물임을 신고하고 포장, 표기 및 그 밖에 엄격한 절차에 따라 운송이 되어야 하며, 위반 시 2천만 원 이하의 벌금 또는 과태료에 처할 수 있다.

폭발물(Explosives)	가스류(Gases)	

탄약(Ammunition) 폭죽(Fireworks) 연막탄(Smoke Bomb)	가스 라이터 (Lighter : 휴대만 가능) 에어로졸(Aerosols) 캠핑가스(Camping Gas)	부탄가스(Butane Gas) 소화기(Fire Extinguisher) LPG(Camping Gas)

인화성 액체(Flammable Liquids)	인화성 고체(Flammable Solids)

페인터(Paint) 알코올(Alcohol) 신나(Thinner) 라이터기름(Lighter Fuel) 휘발유(Gasoline)	성냥(Match : 휴대만 가능) 고체연료(Solid Fuel) 번개탄(lgnition Cola) 바비큐 숯(Charcoal)

산화성 물질 (oxidizing Materal)	독성 및 전염성 물질 (Toxic And Infectious Items)	방사성 물질 (Radioactive Materials)

표백제(Bleaching Power) 락스(Crorox) 파마약(Permanent Agents)	제초제(Herbcide) 살충제(Pesticide) 전염성 물질 (Contagious Matter)	방사성 동위원소 (Radioisotope) 방사선 투과검사 장비 (Radiographic Test Equipment)

그림 출처 : 국토교통부 교통안전공단

Tip **액체 및 젤류에 관한 기내소지 제한규정**

인천국제공항에서 출발하는 국제선 모든 편을 대상으로 액체 및 젤류에 해당하는 제품에 대하여 기내반입을 제한하고 있다.

1. 액체 및 젤류에 해당하는 제품을 기내로 가지고 가시려면 용기당 100ml 이하(잔여량에 관계없이 용기사이즈를 기준으로 함)를 투명한 지퍼백(20cm×20cm)에 넣으신 상태로 1인당 지퍼백 1개만 기내소지가 가능하다.

기내소지가 불가한 액체 및 젤류에 해당하는 제품

- 액체류 : 술, 생수, 음료수, 쥬스, 향수, 스킨, 로션, 김치
- 젤류: 샴프, 린스, 치약, 헤어젤, 선크림, 립글로즈, 고추장, 된장 밑반찬의 경우 액체 및 젤 타입이 아니면 기내로 가지고 갈 수 있다.(예 : 오징어채, 마른멸치 등)
- 지퍼백을 준비하지 못했을 경우 : 미리 준비를 하지 못하셨다면, 공항 여객터미널 3층 중앙 편의점이나 공항내 서점에서 구입이 가능하다.
- 어린아이가 사용할 우유, 이유식 : 어린아이 용품(우유, 물, 주스, 모유, 물티슈 등)은 항공여행 중 사용할 분량에 한하여 객실소지 허용하고 있다.

2. 휴대반입 제한물품

• 무기로 사용될 수 있는 도검류(칼 등), 공구류, 스포츠 용품 및 폭발성, 인화성물품은 기내 반입이 금지된다.(단, 날길이 6cm 이하 가위, 총길이 10cm 이하 렌치, 스패너는 기내반입 가능)
• 맥가이버칼, 문구용 칼, 날길이 6cm 초과 가위 등은 휴대하여 기내에 반입할 수 없으니, 체크인카운터에서 부치는 짐(위탁수하물)으로 처리하여야 한다.
• 물, 음료수, 김치, 된장/고추장, 스킨/로션/크림, 치약, 젤, 샴푸, 스프레이 등의 액체, 젤, 에어로졸의 경우도 허용량 외에 휴대반입이 제한되오니 꼭 미리 확인하고 짐을 챙겨야 한다.

3. 향수, 스킨, 로션 등 화장품 및 개인위생용품(스프레이류) : 향수, 스킨, 로션 등 화장품 종류의 액체 및 젤류 기내 반입 시 다음 조건사항을 충족하는 경우에 반입가능하다.

• 용기당 100ml 이하이며, 승객 1인당 한개만 허용되는 1리터(L) 규격의 투명 지퍼락(Ziper lock) 비닐봉투 (약 20cm×약 20cm) 안에 보관하여 지퍼가 잠겨져야 하며, 비닐이 완전히 잠겨있지 않으면 기내반입 불가하다.
• 보안검색 받기 전 다른 짐과 분리하여 검색요원에게 제시해주시면 된다.
• 스프레이로 된 개인위생용품은(헤어 스프레이, 산소 스프레이, 몸에 뿌리는 해충 기피제 등) 100ml 이하 경우 휴대수하물로 소지가 가능하며, 위탁수하물로는(부치는 짐) 2kg범위 내에서 종류당 한 개씩(500ml 이하) 처리 가능하다.

■임산부 기내 탑승 가능 범위

• 임신 32주 미만(8개월 미만) : 의사로부터 항공여행 금지를 권고받은 경우를 제외하고는 여행이 가능하다.
• 임신 32주 이상 36주 미만 : 탑승일 기준 7일 이내에 산부인과 전문의 진료 후 작성된 진단서나 소견서(Medical Certificate)와 서약서를 제출하여야 한다.
• 임신 36주 이상(9개월 이상, 다태 임신 시 32주 이상) : 만삭인 경우 승객의 안전과 항공기 안전공항을 위해 기본적으로 여행이 불가능하다.

■유아 기내 탑승 가능 범위

• 유아는 보통 생후 7일 이후 여행가능하다.

• 대항항공은 생후 7일 이후 국내선, 국제선 여행이 가능하고, 아시아나항공은 국내선은 생후 7일 이내, 국제선은 생후 14일 이내는 비행기를 탈 수 없다.(단, 부득이한 경우에는 승인절차를 거쳐 탑승이 가능할 수 있다.)

Tip 특수수하물

① 악기

• 소형 악기 : 바이올린과 같이 세변의 합(가로+세로+높이)이 115cm 이하의 악기는 무료로 기내 반입이 가능하다.(기내 선반 혹은 앞쪽 좌석 밑 보관이 가능해야 함)

• 대형 악기 : 첼로, 기타(Guitar) 등 고가의 대형 악기를 기내로 휴대하고자 하는 경우 별도의 추가 좌석을 구매하면 반입이 가능하다. 별도의 좌석 구매와 기내 반입 악기 예약과 관련하여 문의해야 한다.

• 악기를 위탁수하물로 보내는 경우

- 악기류는 파손 가능성이 크기 때문에 기내 휴대 혹은 별도 좌석 구매 후 운송하거나, 화물 운송을 권장한다.
- 파손 위험을 최소화할 수 있도록 완충재 등을 내부에 넣고 반드시 하드케이스에 넣어서 운송하여야 한다.
- 총 수하물 개수(악기류+기타 위탁 수하물), 크기, 무게가 무료 수하물 허용량을 초과하는 경우에는 초과 수하물 요금이 부과된다.
- 세 변의 합(가로+세로+높이)이 203cm, 32kg를 초과할 경우 별도 좌석을 구매하여기내로 반입하거나 화물로 운송하여야 한다.(아시아나항공)

② 애완용동물

- 개, 고양이, 새를 애완용으로 휴대하고 여행할 경우 객실 내에 휴대탑승 또는 위탁수하물로 접수할 수 있으나 무료수하물허용량과 별도로 초과수하물 요금을 내야 한다.
- 케이지를 포함한 무게가 5kg 이상일 경우 수하물 칸으로 운송하여야 한다.
- 중량제도인 경우 케이지를 포함한 전 중량에 대해서 초과수하물 요금을 징수하며 수량제도인 경우 한 케이지당 기본단위 요금의 2배를 징수한다. 단, 장애 고객을 위한 인도견은 무료로 운송된다.

③ 귀중품

- 신고 금액은 증명할만한 근거가 있는 귀중품에 한하여 최대 신고액은 미화 2500달러로 한정된다. 요금은 신고 금액 100불당 0.5달러로 계산한다.

④ 스포츠장비

• 골프클럽

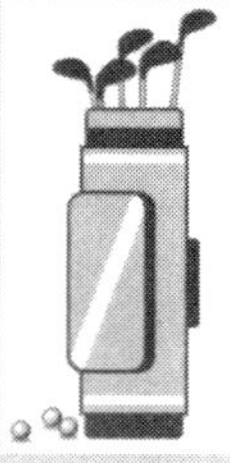

- 골프클럽은 낱개의 골프채라도 항공안전 및 보안에 관한 법률에 의거, 기내 반입이 금지되어 있으므로 반드시 위탁수하물로 처리해야 한다.
- 골프장비는 세 변의 합이 277cm/109inch 이내인 경우 사이즈 초과요금이 적용되지 않는다.

• 골프백 유예규정(대한항공 운항편에만 적용)

- [골프백 1개+일반가방 1개] 무게의 합이 23kg 이하 : 1개의 위탁수하물로 간주
- [골프백 1개+일반가방 1개] 무게의 합이 23kg 초과 32kg 이하
  : 1개의 위탁수하물로 간주되나 무게 초과 요금(23kg~32kg)부과
- [골프백 1개+일반가방 1개] 무게의 합이 32kg 초과 : 2개의 위탁수하물로 간주

• 스키/스노우 장비

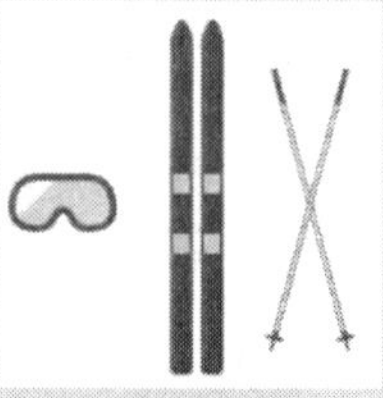

- 스키/스노우보드 장비는 운송 도중 파손될 가능성이 높으므로, 전용 가방에 안전하게 포장한 상태로 위탁해야 한다.
- 스키/스노우보드 장비는 가방 단위로 요금이 부과된다.
- 스키/스노우보드 장비는 277cm/109inch 이내인 경우 사이즈 초과 요금이 적용되지 않는다.

• 스키/스노우보드 유예규정(대한항공 운항편에만 적용)

- [스키/스노우보드가방 1개+일반가방 1개] 무게의 합이 23kg 이하 : 1개의 위탁수하물로 간주
- [스키/스노우보드가방 1개+일반가방 1개] 무게의 합이 23kg 초과 32kg 이하 : 1개의 위탁수하물로 간주되나 무게초과 요금(23kg~32kg)부과
- [스키/스노우보드가방 1개+일반가방 1개] 무게의 합이 32kg 초과 : 2개의 위탁수하물로 간주

• 스쿠버다이빙 장비

- 스쿠버다이빙 장비는 공기통이 완전히 빈 상태로 전용 가방에 안전하게 포장되어야 한다.
- 스쿠버다이빙 장비는 가방 단위로 요금이 부과된다.
- 스쿠버다이빙 장비는 세변의 합이 277cm/109inch 이내인 경우 사이즈 초과 요금이 적용되지 않는다.
- 1인당 하나의 스쿠버다이빙 공기통은 스쿠버다이빙 장비 가방과 함께 위탁하는 경우 무료로 위탁이 가능하다.
- [1개의 공기통+1개의 스쿠버다이빙 장비가방]을 위탁수하물 1개로 간주한다.

• 낚시 장비

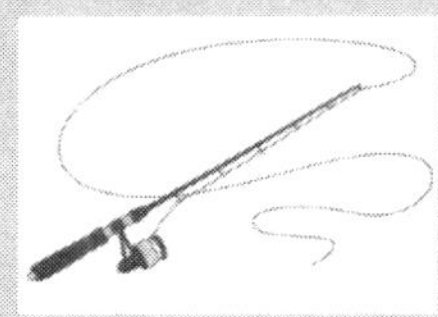

- 낚시용품이 따로 포장된 경우에는 각각의 가방을 위탁수하물 개수로 간주한다.
- 인당 1개의 낚시대는 낚시용품상자[Tackle Box]와 함께 위탁하는 경우 무료로 위탁이 가능하다.
- [1개의 낚시대+1개의 낚시용품상자]를 1개의 위탁수하물로 간주한다.

• 하키/라크로스 장비

- [1개의 장비가방+스틱(테이핑 처리하여 묶는 경우 최대 2개)]은 위탁수하물 1개로 간주한다.
- 장비가방 없이 스틱만 위탁하는 경우에도 위탁수하물 1개로 간주한다.

• 라켓

- 1개의 라켓(또는 가방)은 1개의 위탁수하물로 간주한다.
- 일반 위탁수하물 규정과 동일하게 적용한다.

• 자전거

- 바퀴나 프레임, 핸들 등이 휠 수 있으므로 반드시 페달을 분리하고 핸들을 고정시킨 후 완충제가 내장된 전용 하드케이스에 포장하여야 한다.
- 자전거 1대는 위탁수하물 1개로 간주한다.
- 자전거 가방(또는 용기)은 세변의 합이 277cm/109inch 이내인 경우 사이즈 초과 요금이 적용되지 않는다.
- 엔진이 장착된 동력 자전거나 스쿠터, 오토바이, 제트스키 등은 화재나 폭발 가능성이 있어 수하물로 운송이 불가하다.

• 서프보드

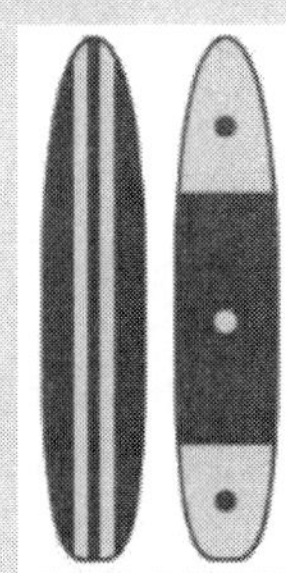

- 보드는 핀(Fin)을 탈착 후 서핑보드 전용 가방에 안전하게 포장한다.
- 서프보드 장비는 가방 단위로 요금이 부과되며 세변의 합이 277cm/109inch 이내인 경우만 운송가능하다.
- 국내선 : 세변의 합이 158cm/62inch를 초과하는 경우 별도의 수수료가 부과된다.
- 국제선 : 세변의 합이 277cm/109inch 이내인 경우 사이즈 초과 요금이 적용되지 않는다.

- 스케이트보드
  - 1개의 스케이트 보드(또는 가방)은 1개의 위탁수하물로 간주한다.
  - 일반 위탁 수하물 규정과 동일하게 적용한다.

- 총기 및 실탄
  - 총기 및 실탄은 탑승 수속 시 신고서를 작성하고 사전 신고해야 한다.
  - 총기 및 실탄은 장전되지 않은 상태로 위탁수하물로만 탑재 가능하다.
  - 개인이 직접 사용할 스포츠용 실탄만 허용되며 폭발이나 방화용 실탄은 운송불가하다.
  - 실탄은 1인당 5kg까지만 허용되며 안전하게 별도 포장되어야 한다.
  - [총기 상자1개+실탄 상자 1개]는 1개의 위탁수하물로 간주한다.

대한항공 기준

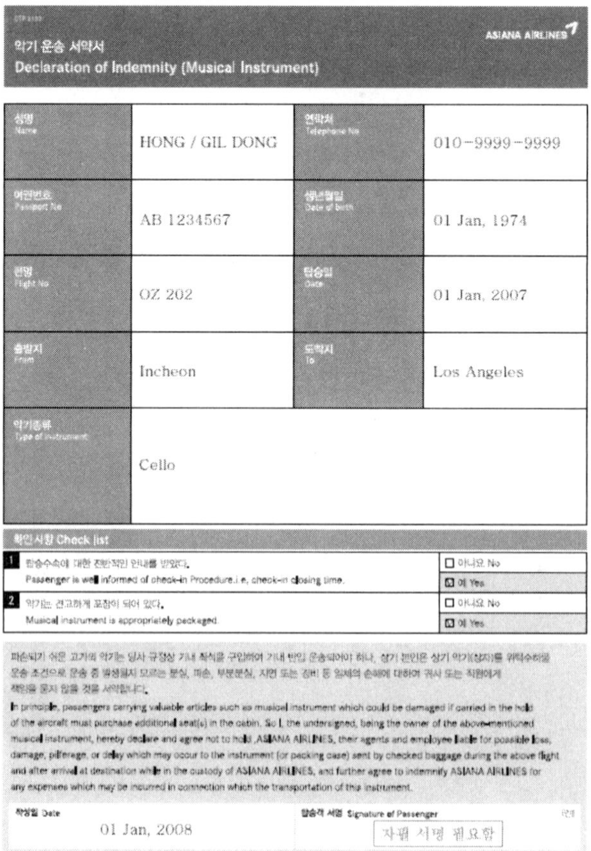

악기 운송 서약서
Declaration of Indemnity (Musical Instrument)

ASIANA AIRLINES

성명 Name	HONG / GIL DONG	연락처 Telephone No	010-9999-9999
여권번호 Passport No	AB 1234567	생년월일 Date of birth	01 Jan, 1974
편명 Flight No	OZ 202	탑승일 Date	01 Jan, 2007
출발지 From	Incheon	도착지 To	Los Angeles
악기종류 Type of instrument	Cello		

확인사항 Check list

1	탑승수속에 대한 전반적인 안내를 받았다. Passenger is well informed of check-in Procedure.i.e, check-in closing time.	☐ 아니요 No ☒ 예 Yes
2	악기는 견고하게 포장이 되어 있다. Musical instrument is appropriately packaged.	☐ 아니요 No ☒ 예 Yes

파손되기 쉬운 고가의 악기는 당사 규정상 기내 좌석을 구입하여 기내 반입 운송되어야 하나, 상기 본인은 상기 악기(상자)를 위탁수하물 운송 조건으로 운송 중 발생될지 모르는 분실, 파손, 부분분실, 지연 또는 [illegible] 등 일체의 손해에 대하여 귀사 또는 직원에게 책임을 묻지 않을 것을 서약합니다.

In principle, passengers carrying valuable articles such as musical instrument which could be damaged if carried in the hold of the aircraft must purchase additional seat(s) in the cabin. So I, the undersigned, being the owner of the above-mentioned musical instrument, hereby declare and agree not to hold ,ASIANA AIRLINES, their agents and employee liable for possible loss, damage, pilferage, or delay which may occur to the instrument (or packing case) sent by checked baggage during the above flight and after arrival at destination while in the custody of ASIANA AIRLINES, and further agree to indemnify ASIANA AIRLINES for any expenses which may be incurred in connection which the transportation of this instrument.

작성일 Date	탑승객 서명 Signature of Passenger
01 Jan, 2008	자필 서명 필요함

제공 : 아시아나항공

비행기 좌석등급 역사

미국 개척시대 역마차서 유래했다고 볼 수 있으며 최근엔 4~5등급으로 다양화되고 있는 추세이다. 역마차의 좌석등급은 일등석(퍼스트클래스), 이등석(비즈니스클래스), 일반석(이코노미클래스) 등 세 가지로 구분됐다. 좌석등급은 평소에는 별 의미가 없지만 마차가 진흙탕에 빠지거나 언덕을 오를 때 용도가 드러나곤 했다.

일등석 손님은 어떤 경우라도 마차에서 내리지 않고 좌석에 앉아 있을 수 있었다. 이등석 여행객은 무조건 내려서 마차를 따라 걸어가야 했다. 삼등석 이용자는 내려서 진흙탕에 빠진 마차를 꺼내거나 밀어야 했다. 좌석등급을 편의성이나 안전성이 아닌 승객의 역할에 따라 구분한 것이다. 당시에도 마일리지 서비스와 비슷한 제도가 있었다. 단골고객은 일반석 요금을 내고 이등석 승객과 같은 대접을 받기도 했다. 반면 비행기 좌석에는 1920~30년대까지만 해도 등급 구분이 없었다. 당시엔 비행기를 이용하는 계층 자체가 사회 지도층이나 부자였다. 당시 비행기 의자는 무게를 가볍게 하기 위해 등나무로 만들었다.

비행기 좌석등급은 1940년 미국 국내선에 처음 생겼다. 항공사 수가 많아지면서 고객들이 서비스가 좋은 곳을 찾기 시작했기 때문이다. 이때부터 좌석등급이 일등석과 일반석 두 가지로 구분됐다. 지금처럼 등급이 세 가지로 나뉜 것은 1980년대부터다. 세계를 누비는 비즈니스 승객을 잡기 위해 일반석과 일등석 중간 단계인 비즈니스클래스가 처음 등장한 것이다. 2000년 들어서면서 네 가지 좌석등급 시대가 열렸다. 영국항공이 일반석과 비즈니스클래스의 중간단계인 '월드트래블러클래스'를 선보이면서부터다. 대한항공도 2001년 일부 장거리 노선에 일등석 중의 일등석으로 불리는 '프리미엄 퍼스트클래스'를 만들었다.

Tip 개인용품통관안내

반출입금지물품(통관불가)

- 국헌 · 공안 · 풍속을 저해하는 서적 · 사진 · 비디오테이프 · 필름 · LD · CD · CD-ROM 등의 물품
- 정부의 기밀을 누설하거나 첩보에 공하는 물품
- 위조 · 변조 · 모조의 화폐 · 지폐 · 은행권 · 채권 기타 유가증권
- 반출입금지물품을 휴대반입할 경우 몰수되며, 세관의 정밀검사 및 조사를 받은 후 범죄혐의가 있을 경우에는 관세법위반으로 처벌될 수 있다.

반출입 제한물품 및 제한요건

총기 · 도검 · 화약류등 무기류(모의 또는 장식용 포함)와 폭발 및 유독성 물질류

* 총포 · 화약류를 수출입하고자 하는 사람은 그때마다 지방경찰청장의 허가를 받아야 한다

마약류관리에 관한 법률에서 규제하는 아편, 대마초, 마약류 및 이들의 제품

* 보건복지가족부장관의 허가를 받아야 한다.

멸종위기에 처한 야생동 · 식물종의 국제거래에 관한 협약(CITES)에서 보호하는 살아있는 야생 동.식물 및 이들을 사용하여 만든 제품 · 가공품 호랑이 · 표범 · 코끼리 · 타조 · 매 · 올빼미 · 코브라 · 거북 · 악어 · 철갑상어 · 산호 · 난 · 선인장 · 알로에 등과 이들의 박제 · 모피 · 상아 · 핸드백 · 지갑 · 액세서리 등

웅담 · 사향 등의 동물한약 등

목향 · 구척 · 천마 등과 이들을 사용하여 제조한 식물한약 또는 의약품 등

시장, 도지사(권한위임을 받은 시장, 군수, 구청장 포함)의 조수 등 수입(반입)허가증 또는 산림청장의 멸종위기에 처한 조수 등의 수입(반입)허가서를 제출하셔야 한다.

미화 1만불 상당액을 초과하는 대외지급수단(약속어음, 환어음, 신용장 제외)과 내국통화(원화) 및 원화표시

여행자수표(반출입제한물품)

- 입국 시 세관에 신고하여야 한다.

일반해외여행자의(외국인 거주자 제외) 미화 1만 불 초과 해외여행경비

- 출국 시 세관에 신고하여야 한다.

문화재(반출제한물품)

- 문화체육관광부장관의 국외반출허가증 또는 시 · 도지사의 비문화재확인서를 제출하여야 한다.

수산업법, 수산동식물 이식승인에 관한 규칙 제5조 및 제6조 해당물품(반출제한물품) · 국내의 수자원 보호유지 및 양식용 종묘확보에 지장을 초래할 우려가 있는 물품

- 천연기념물로 지정된 품종
- 우리나라의 특산품종 또는 희귀품종
- 수산자원보호령 제10조에서 정한 몸길이 이하의 것
- 국토해양부장관의 이식승인서를 제출하여야 한다.

폐기물의 국가 간 이동 및 그 처리에 관한 법률 해당물품(반출입제한물품)

- 유역(지방) 환경청장의 폐기물 수출(입)허가 확인서를 제출하여야 한다.

식물 · 과일채소류 · 농림산물류(반출입제한물품) · 농림축산검역본부장의 식물검사합격증을 제출하여야 한다.

- 반출입제한물품 등 식물검역에 관한 자세한 사항은 농림축산검역본부 홈페이지(www.qia.go.kr)를 참고하기 바란다.

동물(고기 · 가죽 · 털포함) · 축산물 (반입제한물품) · 애완동물 사료 · 농림축산검역본부장의 동물검역증명서등을 제출하여야 한다.

• 반출입제한물품 등 동물검역에 관한 자세한 사항은 농림축산검역본부 홈페이지(www.qia.go.kr)를 참고하기 바란다.

(관세청)

4) 출국수속에 필요한 서류준비

체크인 과정이 완료되면 인솔자는 여행객 각자의 여권 속에 탑승권을 끼워 출국수속을 준비한다.

"인천공항 출입국심사 빨라진다"

내년 4월부터 인천국제공항의 출입국 심사 소요시간이 크게 단축될 전망이다.
인천공항출입국관리사무소와 인천국제공항공사는 통합승객 정보시스템을 구축하고 2008년 4월부터 운영할 계획이라고 21일 밝혔다.
통합승객 정보시스템은 승객의 탑승권 발급부터 항공기 탑승까지 모든 과정을 출입국과 연계, 처리하는 것이다.
인천국제공항공사 관계자는 "이 사업이 완료되면 발권데스크에서 본인의 출국 가능 여부를 확인받을 수 있기 때문에 편리한 출국심사 서비스를 제공받을 수 있을 것"이라고 설명했다.
이와 함께 자동출입국심사시스템을 구축해 해외여행이 잦고 일정 기준을 충족하는 내국인 및 외국인을 대상으로 지문과 안면정보를 사전에 등록, 자동출입국심사대에서 출입국 수속을 받도록 할 방침이다.
자동출입국심사대를 통하면 1인당 출입국심사에 걸리는 시간이 현행 3분에서 20~25초로 크게 단축된다.
민광식 인천공항출입국관리소장은 "세계 최초로 구축될 출항APP(Advance Passenger Processing)를 포함한 이번 출입국체계 개선사업으로 출입국심사가 보다 빠르고 정확하게 자동으로 이뤄지는 전환점을 맞게 될 것"이라고 말했다.
이재희 인천국제공항공사 사장은 "최첨단 정보통신 및 생체정보 인증기술을 출입국심사에 접목시킴으로써 출입국절차가 자동화되고 간소화된다"고 강조했다.

(연합뉴스, 2007년 10월 21일)

5) 출국전 설명회

고객이 기다리는 집합장소로 이동한 후 공식적인 인사와 일정, 출국 등에 관한 사항을 간단하게 설명한다.

① 공식적으로 여행객들에게 자기소개와 투어 참가경력에 대해 간략하게 소개한다.

② 다큐멘트(document)의 반환과 탑승권을 배부한 후 본인 것인지를 최종적으로 확인하고 분실에 유의할 것을 당부한다.

③ 필요서류의 설명과 작성(외국제품 반출, 휴대품반출신고, 최초 도착지의 출입국신고서와 세관신고서 등)에 대해 설명한다.

④ 탑승 예정시간, 탑승구(gate number) 번호를 주지시키고 진로방향에 대해 설명한다.

⑤ 최초 도착지의 휴대의 제한(주류, 담배 등)사항과 그 외 주의사항을 간략하게 설명한다.

⑥ 세관 · 출입국 관리 · 환송객의 처리 · 면세품의 구입에 대한 안내를 한다.

기타 여행일정의 개요 설명, 선택관광안내, 여행 중의 주의사항 설명(기내, 호텔, 사진촬영, 시간의 엄수와 인솔자와의 연락방법 등), 여행 전의 지역사정 설명(기후, 치안, 식사시의 복장, 쇼핑, 팁 등), 항공기(도중 기항지 및 소요시간, 기내에서의 음료수 및 식사 등)에 관한 안내도 필요하다. 그리고 마일리지 등록을 원하는 고객은 해당 항공사 카운터로 가서 등록을 할 수 있도록 조처한다.

마일리지 제도

특정 항공사의 항공기를 이용하여 주행한 거리에 대해 포인트를 가산하여 제공하는 항공사의 고객보상제도를 말한다. 우수고객에 대한 차별화된 서비스를 위해 시행되었으며 렌트카, 호텔, 다른 항공사 등과 마일리지 제휴가 되어 있는 경우가 많다. 대한항공의 경우 멕시코항공, 델타항공, 프랑스항공 등과 마일리지 제휴가 되어 있으며 아시아나의 경우 스타얼라이언스 가입된 제휴항공사들 즉 타이항공, 싱가폴 항공, 유나이티드항공, ANA, 뉴질랜드 항공, 캐나다 항공, 오스트리아 항공, 루프트한자 등과 제휴되어 있다.

6) 출국수속(세관-출입국관리-검역)

출국수속 개시의 안내(통상 비행기 출발의 약 1시간 30분 전)가 있으면 인솔자가 선두에 서서 출국장으로 고객을 안내 유도한다. 이때부터 출국수속이 이루어진다.

① 보안검사 : 안전운항을 위한 기내휴대제한물품에 대한 체크가 이루어진다. 호주머니에 들어 있는 것들까지도 모두 꺼내놓도록 안내한다.

② 세관통관 : 휴대한 외국제품, 보석류 등의 귀중품 유무를 신고한다.

참가여행객 중 컴퓨터, 귀금속, 고급카메라, 비디오카메라 등 고가품이 있는 경우 중고이더라도 일단 세관원에서 상태를 보여주도록 하고 신고대상이 될 경우 휴대품반출신고를 하도록 안내한다. 그리고 이 신고증은 귀국 시까지 분실하지 말 것을 당부한다.

③ 출국심사 : 출국심사자에게 여권과 탑승권을 제시하고 출국 스탬프를 받는다.

④ 검역(전염병 발생지역을 제외하고는 통상적으로 생략됨)

⑤ 출국수속이 완료되면 출국라운지에서 바로 탑승게이트 대합실로 이동시킨다. 탑승안내가 있으면 전원을 안내 유도한다.

탑승시간이 많이 남았을 경우, 탑승게이트를 확인시킨 후 면세점에서 쇼핑이나 윈도우쇼핑을 하게 하고 출발시간 30분 전까지 탑승구로 다시 모여 줄 것을 요청하는 것이 좋다. 그리고 출국라운지에는 시내의 각 면세점에서 주문한 상품을 인도하는 곳이 있으므로 시내에서 면세품을 구입한 여행객이 있으면 이곳에서 인환증(exchange order)과 상품을 교환하도록 안내한다.

⑥ 인솔자는 출발인원을 다시 확인한 후 마지막으로 탑승게이트를 통과한다.

■출국수속절차

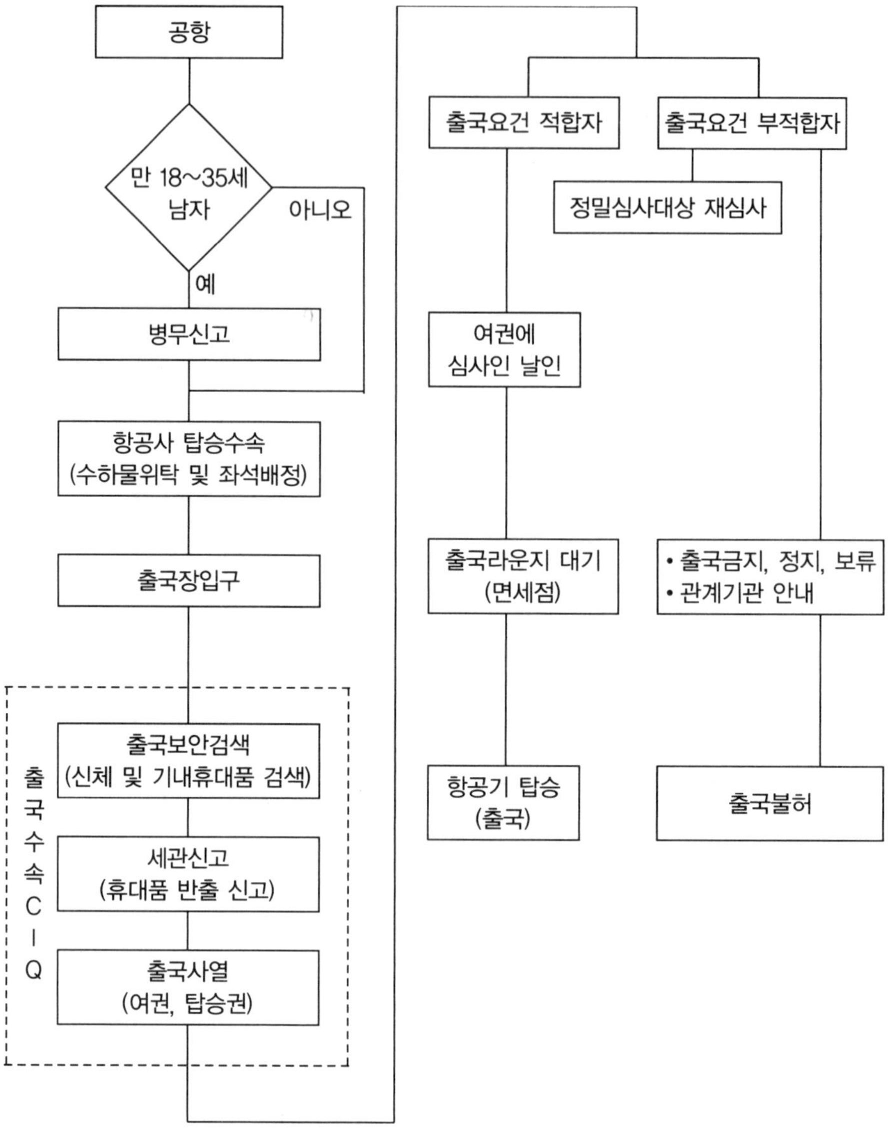
공항
만 18~35세 남자
아니오
예
병무신고
항공사 탑승수속 (수하물위탁 및 좌석배정)
출국장입구
출국수속 CIQ
출국보안검색 (신체 및 기내휴대품 검색)
세관신고 (휴대품 반출 신고)
출국사열 (여권, 탑승권)
출국요건 적합자
출국요건 부적합자
정밀심사대상 재심사
여권에 심사인 날인
출국라운지 대기 (면세점)
항공기 탑승 (출국)
• 출국금지, 정지, 보류
• 관계기관 안내
출국불허

7월부터 고가 휴대물품 반출신고 인터넷으로 한다.

악기나 카메라, 골프채 등 고가 물품을 들고 출국할 때 해온 휴대물품 반출신고를 다음달 2일부터는 인터넷으로 할 수 있게 된다.

관세청은 "고가 물품을 소지한 여행자가 출국할 때 휴대물품 반출신고서를 작성해야만 입국 때 관세를 면제받을 수 있었으나 내달부터는 출국 전 인터넷 신고를 하면 귀국 때 관세를 면제받을 수 있다"고 29일 밝혔다.

여행객으로서는 휴대물품 반출신고서를 작성하는 데 드는 수고와 출국수속 시간 지체 등의 불편을 덜게 됐다.

사전신고는 관세청 홈페이지에서 미리 신고내용을 등록하고 출국 때 해당 물품을 제시하고서 세관직원으로부터 반출신고서를 교부받는 형식으로 이뤄진다.

관세청은 여행자휴대품 통관 때 세금 사후납부 적용세액 한도를 납부세액 80만 원에서 100만 원으로 확대한다.

세금 사후납부제는 면세범위(미화 400달러)를 초과하는 물품을 반입한 내국인 여행자가 자진신고하면 먼저 물건을 찾아가고 세금은 15일 이내에 낼 수 있는 제도다.

관세청은 세금 사후납부 확대 및 휴대반출 사전신고제 도입으로 국외여행자가 더욱 편안하고 한층 높아진 여행자휴대품 통관 서비스를 받을 수 있을 것으로 기대했다.

연합뉴스 2012-06-29 13:48

No.

휴대물품 반출 신고서

품 명	규 격	수 량

위와 같이 반출함을 확인하여 주시기 바랍니다.

20 . . .

신고인

1. 이 확인서는 휴대반출한 물품을 재반입하는 때에 관세를 면세받을 수 있는 근거가 되는 것이므로 소중히 보관하시기 바랍니다.
2. 본 신고서를 입국 시 세관에 제출하시기 바랍니다.

2 기내업무

국외여행인솔자의 기내업무는 지정좌석 착석유도, 비행 중 고객과의 사교활동, 기내편의시설 이용 지도와 고객의 건강상태점검, 입국준비를 위한 입국신고서와 세관신고서의 작성과정으로 볼 수 있다. 기타 서비스부문은 항공사의 몫이다.

① 여행참가자 전원의 착석 여부를 확인한다.

인솔자는 여행참가자 전원이 잘 볼 수 있는 맨 앞 줄의 통로 쪽이나 여행참가자들이 잘 보이는 마지막 줄의 통로 쪽을 선택하여 앉는 것이 좋다.

② 객실 승무원에게 자신이 인솔자임을 알리고 여행참가자들의 좌석번호 범위를 알려준다.

③ 여행참가자들에게 기내에서의 에티켓, 기내시설물 사용방법에 대해 설명한다.

④ 기내를 돌면서 손님과 담소를 나누는 것은 친분을 깊게 한다. 담소를 나누는 과정 속에서 개인성향도 어느 정도 파악하고 특징적인 부분을 기억하여 여행참가자 이름과 연계시키는 노력이 필요하다.

⑤ 입국 전 E/D(출입국)카드 및 세관신고서의 작성하고 확인한다.

- 목적지 도착 30분~1시간 전에 입국하고자 하는 국가의 출입국 카드는 인솔자의 지도 아래 여행참가자 각자가 기입하도록 하고 현지시각에 시계를 맞추도록 안내한다. 출입국신고서는 모두 작성해야 하며 연장자, 소아 등은 인솔자가 모아 여행참가자명부(name list)를 참고하여 기입한다.
- 세관신고서는 개인당 1장, 가족의 경우 한 가족당 1장, 단체수학여행과 같이 대규모일 경우라도 대표자가 1장을 작성하면 된다.

Tip 기내에서의 에티켓

① 화장실의 사용 : 화장실은 비어있음(vacancy), 사용 중(occupied)이라는 표시등이 있으므로, 상대를 불안하게 하지 않도록 노크를 하지 않는 것은 물론 화장실 앞에서 대기하지 않는 것이 에티켓이다. 비행기 내 화장실은 남녀 공용인 경우가 많으므로 깨끗하게 사용해야 한다.

② 기내에서는 흡연금지 : 1~2시간 내외의 근거리 여행에서는 문제가 되지 않으나 장시간 여행 시 흡연에 대한 욕구를 참지 못하고, 화장실에서 조심스럽게 흡연을 시도하는 경우가 있는데 성공률이 낮고 추방이나 즉석 심판회부 등 강도 높은 법적 제재를 받을 수 있으므로, 취침을 시도해보거나, 사전에 껌이나 씹는 담배, 붙이는 니코틴 패취 등을 준비하여 사용하는 것이 좋다.

③ 등받이 : 등받이를 뒤로 젖힐 경우, 사전에 뒷사람에게 양해를 구해야 한다. 이코노미석은 좌석 간 거리가 협소하므로, 등받이를 뒤로 젖힐 경우, 뒷사람에 대한 사전양해는 필수이다. 또한 이 · 착륙 시는 등받이를 원위치하며 또한 기내식이 나올 경우, 등받이는 정위치해야 한다.

④ 전자기기 사용금지 : 핸드폰, MP3, 카메라, 노트북 등 각종 소형가전의 경우, 원칙적으로 사용해서는 안 된다. MP3보다는 기내에서 제공되는 방송이나 음악채널을 이용하고, 카메라의 경우, 기내에서 사용하지 않도록 해야 한다. 초행 여행자들에게서 가장 지켜지지 않는 부분이 카메라인데 이는 항공사 승무원에게 들키지 않고 사용한다는 문제가 아니라, 타인에게 불쾌감을 줄 수 있기 때문이다.

⑤ 이 · 착륙 시 안전벨트 및 이동금지 : 안전벨트 표시등이 꺼지기 전에는 안전벨트를 풀거나 이동해서는 안 된다. 또한 가급적 운항 중 선반을 열지 말아야 하며 이 · 착륙 시는 안전벨트 표시등이 꺼지기 전에는 절대 선반을 열지 말아야 한다.

⑥ 신발 미착용 : 신발은 벗지 말아야 하나 장거리 비행 시에는 승무원에게 부탁하여 덧버선을 착용하는 것이 좋다.

⑦ 승무원 호출 : 승무원에게 용무가 있을 때에는 호출 버턴을 이용하면 된다. 큰 소리로 부르는 일이 없도록 한다.

Tip 주요 국가별 면세 허용범위

- 호주 : 주류 1리터, 담배 1보루, 향수 일정량
- 독일 : 주류 2리터, 담배 1보루, 향수 50g
- 중국 : 주류 2병, 담배 2보루, 향수 일정량
- 홍콩 : 주류 1리터, 담배 방문객 1보루 · 자국민 100개피, 향수 60ml
- 일본 : 주류 3병, 방문객 담배3보루 · 자국민 2보루, 향수 2oz
- 싱가포르 : 주류 1리터, 담배 불허, 향수 일정량
- 태국 : 주류 1리터, 담배 1보루, 향수 일정량
- 캐나다 : 주류 1리터, 담배 1보루, 향수 일정량
- 미국 : 주류 1리터, 담배 1보루, 향수 일정량
- 베트남 : 주류 2리터, 담배 2보루, 향수 일정량
- 프랑스 : 주류 1리터, 담배 1보루, 향수 50g
- 영국 : 주류 1리터, 담배 1보루, 향수 2oz
- 이탈리아 : 주류 1리터, 담배 1보루, 향수 50g
- 네덜란드 : 주류 1리터, 담배 1보루, 향수 50g

Tip 기내식

국제선에서의 기내식은 2시간 이내 짧은 노선일 경우 별도의 조리가 필요하지 않는 간단한 기내식이 제공되나 비행시간 6시간 이내일 경우 1회, 6~12시간 이내는 2회, 12시간 이상 비행일 때는 3회 제공된다. 식사제공 시기는 첫 번째는 출발지 식사시간을 따르고 2번째부터는 도착지 식사시간에 맞추어 제공된다.

기내식은 정규메뉴 이외에도 특별 기내식이 있는데 종교식, 건강식, 유아식, 어린이용 기내식이 있다. 종교식으로는 쇠고기를 뺀 힌두교용 기내식, 돼지고기를 뺀 이슬람 기내식, 유태 정교도 음식인 코셔밀 등이 대표적인 종교식이다. 건강식으로는 저칼로리의 다이어트식, 저지방식, 유제품을 사용하지 않은 음식, 과일만으로 구성한 후르트식 등이 있다. 또한 당뇨병, 위궤양, 심장질환 등 환자를 위한 음식도 제공된다. 젖먹이 유아들을 위해선 분유 등 유아식이 제공되며, 4살 이상 어린이들을 위해서는 햄버거나 샌드위치 등이 서비스된다. 이들 특별식은 항공편 예약 시 신청하면 되지만 출발 하루 전이라도 가능하다.

Tip **비행 중 건강관리**

이륙 후 비행기는 빠른 속도로 상승하여 약 10,000m 정도의 고도로 비행하게 된다. 비행 중 높은 고도에서도 여러 장비를 이용하여 비행기 내부 환경을 지상과 가장 비슷하게 재현하지만 동일한 환경을 유지할 수 없다.

건강하고 쾌적한 여행을 위해 기내환경의 여러 특성과 이로 인해 발생할 수 있는 불편감 및 대처방법은 다음과 같다.

① 낮은 습도 : 차가운 외부 공기가 압축, 가열되어 기내로 공급되기 때문에 10~20%의 습도를 유지한다. 사람에게 가장 편안한 습도가 40~60%, 겨울철 난방 시 실내 습도가 10~20%인 점을 고려한다면 기내 환경이 매우 건조하다는 것을 알 수 있다.

- 기내에서 물이나 음료를 자주 마신다.
- 콘택트렌즈로 인하여 눈이 따갑고 아프다면 인공눈물을 사용하거나, 가능하다면 콘택트렌즈를 제거하고 안경을 착용한다.
- 피부 건조를 예방하기 위해 로션을 바른다.

② 기압의 변화 : 고도가 높아지면 대기압이 낮아지므로 비행 중에는 특수 장비를 이용하여 기내에 압축된 공기를 공급한다. 비행 중 고도에 따라 1기압(지상에서의 기압)에서 0.8기압(해발 2000m에서의 기압)까지 변화하며 대부분의 건강한 손님들은 특별한 불편감 없이 여행을 할 수 있다.

㉠ 귀의 통증 : 비행기의 이착륙 및 고도 변경 시 대기압의 변화에 따라 귀 속의 유스타키오관이 막히면서 귀가 멍멍하고 잘 안 들리며 때로는 아픈 증상이 생기기도 한다. 또 부비동염이 있는 경우 얼굴 안 부비동의 공기가 팽창하여 얼굴(대개 이마) 통증을 유발할 수 있다.

- 이착륙하는 동안 껌 씹기, 사탕 빨기, 침 삼키기, 물 마시기, 하품하기 등으로 불편감을 예방한다. 신생아나 유아의 경우 불편감을 표현하거나 예방하지 못하므로 우유를 먹이거나 인공젖꼭지를 빨도록 해준다.
- 코막힘 등의 감기 증상이 있는 경우 귀의 통증이 더욱 발생하기 쉬우므로 스프레이용 비충혈 제거제, 항히스타민제 등을 의사의 처방에 따라 준비하여 사용한다.
- 이러한 증상이 발생할 경우 입안 가득 공기를 물고 코를 손으로 잡은 다음 입을 다문 채 입안의 공기를 코로 불어내듯이 하여 고막이 밖으로 밀리게 한다. 단, 너무 세게 하지 않도록 주의한다.

㉡ 치통 : 기압변화로 인해 치아나 치아 내 공간의 공기가 팽창하거나 수축하여 통증이 생길 수 있으므로 심하다면 진통제를 복용하도록 한다. 충치나 기타 치과 질환이 있는 경우 비행 전 치과에서 치료받도록 한다. 비행 중 치통이 발생했다면 도착 후 치과를 방문하여 치료받도록 한다.

ⓒ 복통, 복부 팽만감 : 소화기관 중 하나인 위 안에는 1~2리터 정도의 가스가 있어 기압이 낮은 기내에서 팽창하게 된다. 이러한 현상 때문에 변비가 있거나 탄산음료를 많이 섭취한 경우 비행 중 복통이나 복부 팽만감을 느낄 수 있다.

- 허리나 복부를 조이는 옷을 입지 않는다.
- 비행 중 탄산음료를 많이 섭취하지 않는다.
- 비행 전 변비를 치료하여 해결한다. 비행 중 배변을 오랫동안 참지 않는다.
- 과식이나 과음하지 않는다.

③ 기체요동 : 비행기가 불안정한 기류를 지나갈 때 심하게 흔들리는 것을 느낄 수 있다. 대개 구름이 많은 곳을 지날 때 흔들리곤 하지만 구름이 전혀 없을 때도 일어날 수 있는 현상이기 때문에 예측할 수는 없다. 좌석에 앉아 있을 때에는 안전벨트를 착용하며, 비행기의 흔들림이 있을 것이라는 안내가 있을 경우, 즉시 좌석에 앉아 안전벨트를 착용한다.

- 비행멀미 : 배나 자동차 안에서 이동할 때와 마찬가지로 비행기 안에서도 멀미를 느낄 수 있다. 주로 어지러움을 호소하며 심하면 오심, 구토도 동반된다. 특히 기류에 의해 비행기가 심하게 흔들릴 때 더욱 발생하기 쉽다.
- 과식, 과음, 공복 상태에서 더 쉽게 나타나므로 비행 전부터 소화가 잘되는 음식으로 적당량 섭취한다. 흔들리는 비행기 안에서 너무 오랜 시간 동안 신문이나 잡지를 읽지 않는다. 좌석을 뒤로 젖히고 옷을 느슨하게 풀어주며 편안한 자세에서 천천히 심호흡한다. 이마에 시원한 수건을 올려두는 것도 도움이 된다.
- 시원한 물로 입안을 헹구어 준다.

④ 장시간의 부동자세 : 2~3시간 이상 버스를 타는 경우 하차 시 어지러우면서 다리가 저리거나 붓는 경험을 할 수 있다. 장시간의 비행 시에도 마찬가지로 오랜 시간 좌석에 앉아 자주 움직이지 않을 경우 비행 후 피로, 근육의 긴장, 다리 부종, 어지럼증, 혈전 형성 등의 증상이 나타날 수 있다.

㉠ 심부정맥 혈전증(속칭, 일반석 증후군)과 관련하여 항공여행 시 주의를 요하는 경우

- 과거에 본인 또는 가족이 심부정맥혈전증(DVT)이나 폐색전증을 앓은 경우
- 에스트로겐 치료를 받고 있는 경우(경구용 피임제 복용, 호르몬 대체 치료)
- 임산부
- 최근 수술이나 상해를 입은 경우, 특히 복부, 골반부 또는 다리 부위
- 암 환자
- 60세 이상
- 혈액 응고 이상의 가족력이 있는 경우
- 흡연자

㉡ 다리 부종 및 혈전을 예방하기 위하여

- 편안한 옷을 입고 몸이 꼭 조이는 상태로 잠들지 않는다.
- 음료나 물을 자주 마신다. 커피, 홍차, 알코올 등은 이뇨작용을 촉진시켜 탈수를 유발할 수 있으므로 피한다.
- 자주 일어나 기내 복도를 걸어 다니고 발과 무릎을 주물러 준다.
- 앉은 자세에서 발목을 위로 젖혔다 펴는 등 스트레칭을 매 시간 5분 이상 반복하고 다리를 꼬고 앉지 않는다.
- 평소 다리가 자주 붓는 경향이 있다면, 압박 스타킹을 준비하여 착용한다.(자료 : 아시아나 항공)

Tip 기내에서의 꼴불견

20여 년 전 한 국회의원은 맨발로 기내를 돌아다녔다는 이유로 국내 언론의 집중 포화를 맞았다. 당시 야당 소속이라는 정치적 이유도 작용했지만, 국회의원이라는 품위에 어울리지 않게 항공기 내 에티켓을 어긴 것도 엄연한 사실이다. 해외여행이 드물었던 당시 시대상도 이 소동을 증폭시킨 한 요인이었다.

지난해 한국의 해외 여행객은 1161만 명. 매년 4명 중 한 명 꼴로 해외여행을 다녀오는 셈이다. 해외 여행객 수는 매년 20%씩 증가하는 추세다.

5위 "지하철이나 버스가 아니잖아요?"

비행기 이륙을 전후해 빈 좌석을 찾아 헤매는 승객이 의외로 많다. 그런데 갑작스런 좌석 이동은 기내 에티켓에 어긋날 뿐만 아니라 항공기 안전 상의 문제를 야기할 수도 있다. 바로 무게 중심(weight balance) 때문이다. 작은 배를 탔을 때 승객이 한쪽으로 쏠리면 배가 기우는 것과 같은 이치다. 보잉747이나 에어버스 400과 같은 대형 항공기의 경우는 별 무리가 없지만 단거리용 항공기의 경우는 미묘한 문제가 생길 수도 있다. 가능한 지정된 좌석에 앉되, 자리를 옮길 경우 반드시 사전에 승무원의 양해를 얻어야 한다.

4위 앞좌석 팔걸이는 뒷좌석 발걸이?

장시간 여행에 피로해진 여행객들. 특히 창가 자리에 앉은 사람들은 다리를 펴고 싶은 마음에 앞좌석 팔걸이에 발을 올려놓는 경우가 있다. 그러나 앞좌석 승객 입장에서 고개를 돌렸을 때 누군가의 발을 보면 불쾌감은 극에 달하게 된다. 반면 앞좌석 승객은 기내식이 제공될 때 반드시 의자를 원래 위치로 돌려놔야 한다. 의자 뒤에 기내식용 테이블이 붙어있기 때문에 뒷좌석 승객은 식사에 어려움을 겪는다. 이런 상황을 승무원이 발견하고 의자를 원위치해달라고 부탁해도 간혹 못들은 체하는 승객들도 있다.

3위 '양말 신은 기봉이'는 왜 이렇게 많은지?

맨발로 기내를 돌아다니는 사람은 거의 없지만 양말만 신고 돌아다니는 승객은 많다. 그렇다고 10시간 이상 되는 비행시간 내내 신발을 신고 있는 것만 예의 바르다고 할 수도 없다. 기내에서는 기압이 낮아져 쉽사리 발이 붓기 때문이다. 신발을 벗되, 항공사들이 제공하는 양말보다 약간 두꺼운 덧신이나 얇은 슬리퍼를 준비해 신고 다니면 된다.

2위 "공짜라 많이 마시지만, 빨리 취합니다"

한국인들은 기내에서 제공되는 공짜 술을 지나치게 즐기는 경향이 있다. 기압이 낮은 기내에서는 체내 산소가 평상시보다 3~4% 떨어져, 음주 시 알코올 흡수가 급격히 빨라진다. 같은 양의 술을 마셔도 지상에서보다 빨리 취한다. 이런 상황을 고려하지 않고 술을 마시게 되면 옆 사람에게 피해를 주는 것은 물론 심할 경우 기내 소란죄로 체포되기도 한다. 일부 신혼부부들은 아예 지상에서 과음한 상태에서 탑승하는 경우도 많아 문제다.

1위 "'언니'라고 부르시면 안 되죠"

젊은 여자 승객들이 여 승무원들에게 '언니'라고 부르는 것쯤이야 애교로 봐주자. 나이 지긋한 중년 남성들이 식당에서처럼 '언니'라고 부르는 것은 그야말로 꼴불견. 여자 승객들이 '이모'라고 부르는 것도 부담스럽기는 마찬가지다. 또 '스튜디어스'라고 엉터리 영어로 부르는 경우도 많다. 여자 승무원에 해당하는 영어는 스튜어디스(stewardess)다. 심지어는 승무원 옆구리를 찌르거나 몸을 툭툭 치는 경우도 있다. 굳이 부를 일이 있다면 '승무원'이라고 부르는 것이 올바른 기내 에티켓. 아니면 그냥 승무원 콜 버튼을 누르는 것도 괜찮다.

(중앙일보, 2007년 6월 20일)

표 3-1 출입국카드에 많이 사용되는 용어

• 성(family name, surname) • 이름(first or given name, forename) • 성별(sex) • 여권번호(passport number, travel document No.) • 직업(occupation) • 이용항공편명 (airline and flight number) • 입국목적(purpose of entry/trip) • 처음 방문인가(first trip to) • 생년월일(date of birth, DOB, birth date, place of birth) • 국적(nationality, country of citizenship) • 입국날짜(date of arrival)	• 체류기간(how long do you intend to stay in, length of stay) • 탑승국명(country in which board this flight) • 현주소(address in country of residence, address, home address) • 동반자녀(number of children travelling on parent's passport) • 여권발급장소 및 유효기간 (place and date of issue) • 단체여행인가(travelling on group tour) • 출발지/도착지(departed from, origin/destination) • 여권발급기관(city where passport was issued) • 여권발급일/기간만료일(date of issue/expiration) • 숙박장소/전화번호(address in(hotel)/phone No.)

❶ 중국 입국신고서

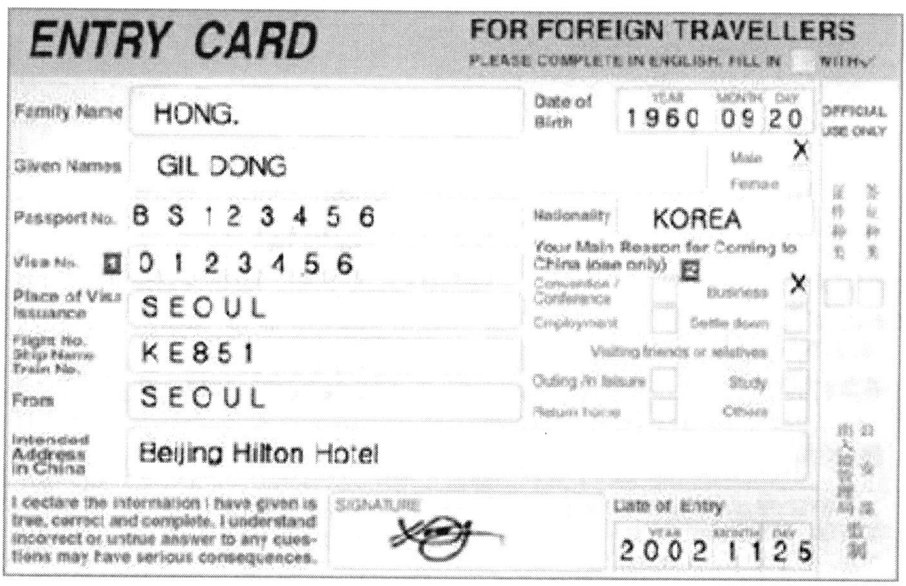

ENTRY CARD
FOR FOREIGN TRAVELLERS

Family Name: HONG.
Given Names: GIL DONG
Passport No.: B S 1 2 3 4 5 6
Visa No.: 0 1 2 3 4 5 6
Place of Visa Issuance: SEOUL
Flight No. / Ship Name / Train No.: KE851
From: SEOUL
Intended Address in China: Beijing Hilton Hotel
Date of Birth (Year Month Day): 1960 09 20
Male X / Female
Nationality: KOREA
Your Main Reason for Coming to China (one only)
Business X
I declare the information I have given is true, correct and complete. I understand incorrect or untrue answer to any questions may have serious consequences.
SIGNATURE
Date of Entry (Year Month Day): 2002 11 25

❷ 태국 출입국 신고서

บัตรขาเข้า
ARRIVAL CARD

Thai Immigration Bureau

PLEASE WRITE CLEARLY IN BLOCK LETTERS AND MARK ☒

Family Name: HONG
First Name and Middle Name: GIL DONG
Nationality: KOREA ☑ Male ☐ Female
Passport No.: BS 123456
Date of Birth (dd mm yyyy): 31 12 1970
Flight or Other Vehicle No.: KE 123
1 Visa No.:
Address in Thailand: kongboonma B/N 9th FL
3 699 silom Road
Signature:

For official use
BQ 74592

For non-Thai resident. Please complete on both sides of this card ▶

For non-Thai resident only

PLEASE MARK ☒

2

Type of flight
☑ Charter ☐ Schedule

First trip to Thailand
☑ Yes ☐ No

Traveling on group tour
☑ Yes ☐ No

Accommodation
☐ Hotel ☑ Friend's Home
☐ Youth Hostel ☐ Apartment
☐ Guest House ☐ Others

Purpose of visit
☑ Holiday ☐ Meeting
☐ Business ☐ Incentive
☐ Education ☐ Conventions
☐ Employment ☐ Exhibitions
☐ Transit ☐ Others

Yearly income
☐ Under 20,000 US$
☑ 20,000-40,000 US$
☐ 40,001-60,000 US$
☐ 60,001-80,000 US$
☐ 80,001 and over
☐ No income

PLEASE COMPLETE IN ENGLISH

Occupation: Businessman

Country of residence
City/State: Seoul
Country: KOREA

From/Port of embarkation: Incheon

Next city/Port of disembarkation: Bangkok

บัตรขาออก
DEPARTURE CARD

Thai Immigration Bureau

PLEASE WRITE CLEARLY IN BLOCK LETTERS AND MARK ☒

Flight or Other Vehicle No.: KE 123
Family Name: HONG
First Name and Middle Name: GIL DONG
Date of Birth (dd mm yyyy): 31 12 1970 ☑ Male ☐ Female
Nationality: KOREA
Passport No.: BS 123456

For official use
BQ 74592

Signature:

❸ 영국출입국신고서

LANDING CARD
Immigration Act 1971

성 Family name: HONG
이름 Forenames: GIL DONG
성별(남/여) Sex (M/F): M
생년월일 Date of birth: 2 0 0 9 6 0
출생지 Place of birth: SEOUL
국적 Nationality: KOREA
직업 Occupation: BUSINESSMAN
영국내 체류주소 Address in United Kingdom: HILTON METROPOLE HOTEL
서명 Signature
CSD 33 528
CAT
CODE
NAT
POL

세관 신고서

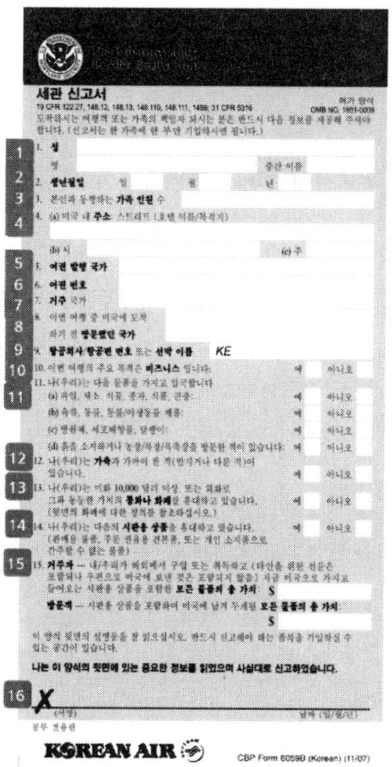
세관 신고서
1. 성
2. 생년월일
3. 본인과 동행하는 가족 인원 수
4. (a) 미국 내 주소
5. 여권 발행 국가
6. 여권 번호
7. 거주 국가
8. 이번 여행 중 미국에 도착하기 전 방문했던 국가
9. 항공회사/항공편 번호 또는 선박 이름 KE
10. 이번 여행의 주요 목적은 비즈니스 입니다:
11. 나(우리)는 다음 물품을 가지고 입국합니다
12. 나(우리)는 가축과 가까이 한 적(만지거나 다룬 적)이 있습니다.
13. 나(우리)는 미화 10,000 달러 이상, 또는 외화로 그와 동등한 가치의 통화나 화폐를 휴대하고 있습니다.
14. 나(우리)는 다음의 시판용 상품을 휴대하고 있습니다.
15. 거주자 / 방문객
나는 이 양식의 뒷면에 있는 중요한 정보를 읽었으며 사실대로 신고하였습니다.
16 X
KOREAN AIR
CBP Form 6059B (Korean) (11/07)

1 성명
2 생년월일
3 동행 (가족) 인원 수
4 미국 내 체류주소
5 여권 발행 국가
6 여권 번호
7 거주 국가
8 미국 도착 전 방문 국가
9 항공사 / 항공편명
10 여행 목적
11 소지 물품 확인
12 가축 접촉 여부
13 외화 소지 여부
14 시판용 상품 휴대 여부
15 (거주자/방문객) 소지 물품 가치
16 서명 / 날짜

❹ 미국출입국신고서

DEPARTMENT OF THE TREASURY
UNITED STATES CUSTOMS SERVICE

Customs Declaration

19 CFR 122.27, 148.12, 148.13, 148.110, 148.111, 1498; 31 CFR 5316

FORM APPROVED
OMB NO. 1515-0041

Each arriving traveler or responsible family member must provide the following information (only ONE written declaration per family is required):

1. **Family Name** HONG
   First (Given) GIL DONG Middle
2. **Birth date** Day 2 0 Month 0 9 Year 6 0
3. Number of **Family members** traveling with you
4. (a) U.S. Street **Address** (hotel name/destination)
   1813 WILSHIRE BOULEVARD
   (b) City LOS ANGELES (c) State CA90057
5. **Passport issued by** (country) KOREA
6. **Passport number** BS123456
7. Country of **Residence** KOREA
8. **Countries visited** on this trip prior to U.S. arrival KOREA
9. **Airline/Flight No.** or **Vessel Name** KE 017
10. The primary purpose of this trip is **business**: Yes ☐ No ☒
11. I am (We are) bringing
    (a) fruits, plants, food, insects: Yes ☐ No ☒
    (b) meats, animals, animal/wildlife products: Yes ☐ No ☒
    (c) disease agents, cell cultures, snails: Yes ☐ No ☒
    (d) soil or have been on a farm/ranch/pasture: Yes ☐ No ☒
12. I have (We have) been in close proximity of (such as touching or handling) **livestock**: Yes ☐ No ☒
13. I am (We are) carrying **currency or monetary instruments** over $10,000 U.S. or foreign equivalent: Yes ☐ No ☒
    (see definition of monetary instruments on reverse)
14. I have (We have) **commercial merchandise**: Yes ☐ No ☒
    (articles for sale, samples used for soliciting orders, or goods that are not considered personal effects)
15. **Residents** — the **total value of all goods**, including commercial merchandise I/we have purchased or acquired abroad, (including gifts for someone else, but not items mailed to the U.S.) and am/are bringing to the U.S. is: $
    Visitors — the **total value of all articles** that will remain in the U.S., including commercial merchandise is: $

Read the instructions on the back of this form. Space is provided to list all the items you must declare.

I HAVE READ THE IMPORTANT INFORMATION ON THE REVERSE SIDE OF THIS FORM AND HAVE MADE A TRUTHFUL DECLARATION.

X (Signature) 05 MAY 05 Date (day/month/year)

For Official Use Only

KOREAN AIR Customs Form 6059B (11/02)

❺ 호주 출입국 신고서

호주 입국 신고서
DISEMBARKATION CARD FOR AUSTRALIA

❻ 일본 출입국 신고서

外国人用

外国人出国記録 EMBARKATION CARD FOR FOREIGNER ②

GB 3951975 22

氏名 (漢字) 洪 吉童

(Name) Family Name HONG Given Names GIL DONG

国籍 Nationality KOREA 生年月日 Date of Birth 20 0 9 6 0

航空機便名・船名 Flight No./Vessel KE 722

乗機地 Port of Disembarkation INCHEON

署名 Signature

KA1GB395197522

外国人入国記録 DISEMBARKATION CARD FOR FOREIGNER ①

GB 3951975 21

氏名 (漢字) 洪 吉童

(Name) Family Name HONG Given Names GIL DONG

国籍 Nationality KOREA 生年月日 Date of Birth 2 0 0 9 6 0 男 1 女 2

住所 Home Address 1370 GONGHANG-DONG, GANGSEO-GU, SEOUL, KOREA 職業 Occupation BUSINESSMAN

日本の連絡先 Address in Japan HIMENO STATION KANSAI HOTEL

旅券番号 Passport No. BS123456 航空機便名・船名 Flight No./Vessel KE 721

日本滞在予定期間 Intended Length of stay in Japan 5 DAYS 乗機地 Port of Embarkation INCHEON

渡航目的 Purpose of visit BUSINESS 署名 Signature

KA1GB395197521

❼ 뉴질랜드 출입국신고서

New Zealand Passenger Arrival Card

1 flight number/name of ship K E 8 2 1

passport number B S 1 2 3 4 5 6

nationality as shown on passport KOREA

family name HONG

given or first names GIL DONG

date of birth day 2 0 month 0 9 year 1 9 6 0

occupation or job B U S I N E S S M A N

full contact or residential address in New Zealand CARTON HOTEL

country you were born in KOREA

overseas port where you boarded THIS aircraft/ship INCHEON

2a Answer this section if you live in New Zealand. Otherwise go to '2b'.

- How long have you been away from New Zealand? years months days
- Which country did you spend most time in while overseas?
- What was the MAIN reason for your trip? business / education/medical / other
- Which country will you mostly live in for the next 12 months? NZ / other

2b Answer this section if you DO NOT live in New Zealand.

- How long do you intend to stay in New Zealand? years months days permanently or 0 5
- If you are not staying permanently what is your MAIN reason for coming to New Zealand? visiting friends or relatives / business / X holiday/vacation / conference/convention / education/medical / other
- Where did you last live for 12 months or more? country K O R E A state, province, or prefecture zip or postal code

PLEASE TURN OVER FOR MORE QUESTIONS AND TO SIGN

3 See the Biosecurity Notes — yes no

Did you pack your own bags? X

Are you bringing into New Zealand:

- food of any kind? X
- animals or animal products* X
- plants or plant products* X
- other risk items* X

In the past 30 days, while outside of New Zealand, have you been:

- in contact with any animals? (except domestic cats and dogs) X
- to a farm, abattoir or meat packing house? X
- in a forest or hiking, camping, hunting in rural areas or parkland? X

List below all countries you have been in, in the past 30 days:

WARNING: Failure to make a correct declaration may result in an instant fine of $200 or prosecution resulting in a fine of up to $100,000 or imprisonment for up to five years.

4 See the Customs Notes — yes no

Are you bringing into New Zealand:

- goods that may be prohibited or restricted? X
- goods over the personal concession for alcohol and tobacco products? X
- goods over the NZ$700 personal concession, or for business or commercial use, or carried on behalf of other persons? X
- NZ$10,000 or more, or the equivalent in foreign currency? X

5 Do you hold a New Zealand passport or a New Zealand Returning Resident's Visa? Go to 8

Are you a New Zealand citizen using a foreign passport? Go to 8

Do you hold an Australian passport or an Australian Returning Resident's Visa? Go to 7

6 All others apply for one of these: I apply for: X visitor's permit / residence permit / work permit / exemption from holding a permit / student permit / limited purpose permit

You must leave New Zealand before expiry of your permit, or face removal.

7 All others please answer this: Have you ever been sentenced to 12 months or more in prison, or been deported or removed from any country? X

8 I declare that the information I have given is true, correct and complete.

signature X date 04/05/04

필리핀 입국 신고서
DISEMBARKATION CARD FOR THE PHILIPPINES

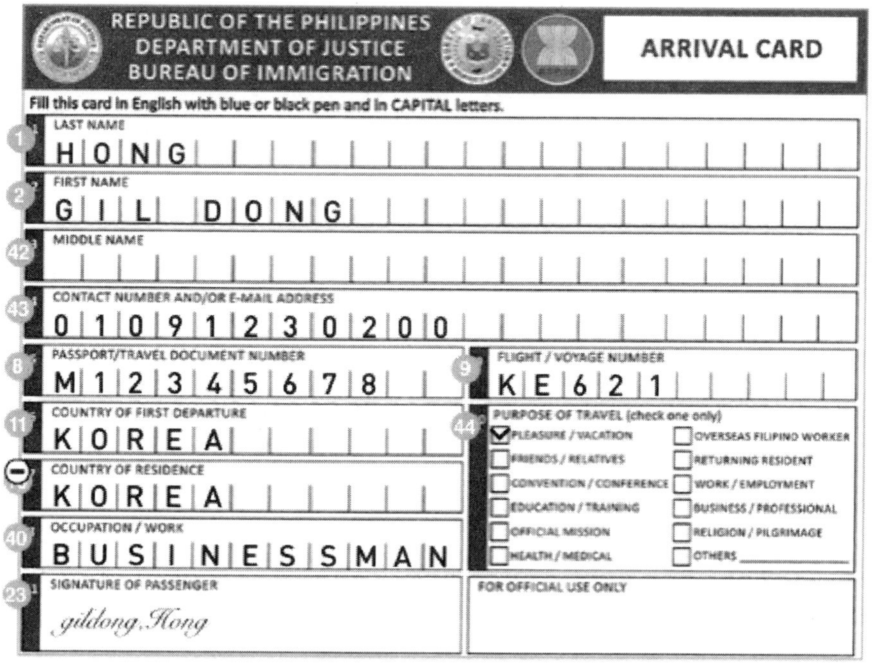
REPUBLIC OF THE PHILIPPINES
DEPARTMENT OF JUSTICE
BUREAU OF IMMIGRATION

ARRIVAL CARD

Fill this card in English with blue or black pen and in CAPITAL letters.

1 LAST NAME: HONG

2 FIRST NAME: GIL DONG

42 MIDDLE NAME:

43 CONTACT NUMBER AND/OR E-MAIL ADDRESS: 01091230200

8 PASSPORT/TRAVEL DOCUMENT NUMBER: M12345678

9 FLIGHT / VOYAGE NUMBER: KE621

11 COUNTRY OF FIRST DEPARTURE: KOREA

10 COUNTRY OF RESIDENCE: KOREA

40 OCCUPATION / WORK: BUSINESSMAN

44 PURPOSE OF TRAVEL (check one only)
- [x] PLEASURE / VACATION
- [ ] FRIENDS / RELATIVES
- [ ] CONVENTION / CONFERENCE
- [ ] EDUCATION / TRAINING
- [ ] OFFICIAL MISSION
- [ ] HEALTH / MEDICAL
- [ ] OVERSEAS FILIPINO WORKER
- [ ] RETURNING RESIDENT
- [ ] WORK / EMPLOYMENT
- [ ] BUSINESS / PROFESSIONAL
- [ ] RELIGION / PILGRIMAGE
- [ ] OTHERS ______

23 SIGNATURE OF PASSENGER: gildong Hong

FOR OFFICIAL USE ONLY

1. 성
2. 이름
3. 생년월일(일/월/년)
4. 국적
5. 성별(남/여)
6. 여권 발급일(일/월/년)
7. 여권 유효 기간(일/월/년)
8. 여권 번호
9. 항공기 편명
10. 거주 국가
11. 항공편 탑승 국가
12. 비자 발급 도시(필요시)
13. 비자 발급일(필요시)
14. 체재 기간 중 주소
15. 도시 및 주
16. 체재 기간 중 전화번호
17. 이메일 주소
18. 신고서 작성일(월/일/년)
19. 항공사명
20. 출발지
21. 출생지(도시)
22. 생년월일(월/일/년)
23. 서명
24. 기타 사용 이름
25. 출생지(도시 및 국가)
26. ~ 31 비자 발급 현황에 따라 작성
32. 신고서 작성일(일/월/년)
33. 체재 기간
34. 병력 및 전과
35. 휴대품 통관 및 검역
36. 주소
37. 비상 연락처 이름
38. 비상 연락처 이메일
39. 비상 연락처 전화/주소
40. 직업
41. 방문 형태
42. 중간 이름
43. 연락처 또는 이메일 주소
44. 여행 목적

괌 세관 신고서
CUSTOMS DECLARATION FORM FOR GUAM

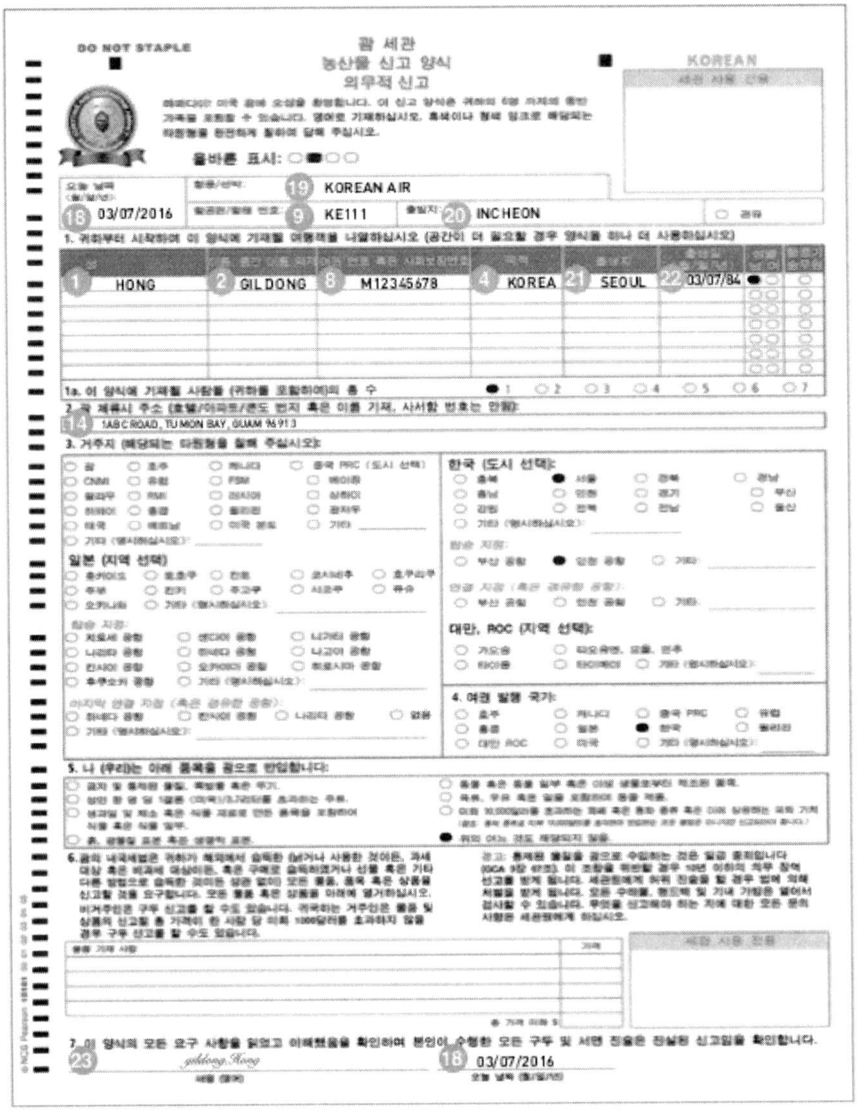

이 공간은 공용전용

U.S. Customs and Border Protection

세관 신고서

시식 승인됨

19 미국연방규정집 122.27, 148.12, 148.13, 148.110,148.111, 1498; 31 미국연방규정집 5316

관리예산처 번호 1651-0009

입국하는 각 여행자나 가족의 책임자는 다음의 정보를 제공해야 합니다 (가족당 한 부의 신고서만 작성하면 됩니다). "가족"이란 "같은 가정에서 함께 살고있으며 혈연, 결혼, 동거, 또는 입양관계인 구성원들"을 말합니다.

1 성

(성이 아닌) 이름 중간 이름

2 생년월일 월 일 년

3 함께 여행 중인 **가족 구성원**의 수

4 (ㄱ) 미국 내 **주소** (호텔 이름/목적지)

(ㄴ) 도시 (ㄷ) 주

5 여권 발행국

6 여권번호

7 거주국가

8 이번 여행중 미국에 입국하기 전에 **방문했던 국가**

9 항공사/항공편 번호 또는 선박명칭

10 이번 여행의 주 목적은 **사업**임: 예 아니오

11 본인(우리)의 반입 물품:

(ㄱ) 과일, 채소, 식물, 씨앗, 음식, 곤충: 예 아니오

(ㄴ) 육류, 동물, 동물/야생생물 제품: 예 아니오

(ㄷ) 병원체, 세포 배양물, 달팽이류: 예 아니오

(ㄹ) 흙 또는 농장/목장/목초지를 방문함: 예 아니오

12 본인(우리)은 **가축**에 근접한 적이 있음: 예 아니오

(예를 들어 만지거나 다룸)

13 본인(우리)은 미화 1만 달러 이상 또는 그에 상당하는 외국의 **통화 또는 지급수단**을 소지하고 있음: 예 아니오

(뒷면의 지급수단의 정의를 참조)

14 본인(우리)은 **상업용 물품**을 가지고 있음: 예 아니오

(판매용 물품, 주문을 유도하기 위한 견본, 또는 개인용품으로 간주되지 않는 제품들)

15 **거주자**—본인(우리)이 해외에서 구입 또는 취득하여 미국으로 가지고 오는 상업용 물품을 포함한 모든 재화(다른 사람에게 줄 선물을 포함하지만, 미국으로 우송한 물건은 제외)의 총가액: $

방문자—상업용 물품을 포함하여 미국에 남아 있을 모든 물품의 총가액: $

이 서식의 뒷면에 적힌 지시사항을 읽어보십시오. 귀하가 신고해야 하는 모든 품목들을 기재할 지면이 제공되어 있습니다.

본인은 이 서식의 반대면에 적혀 있는 중요정보를 읽었으며 사실 그대로 신고하였습니다.

16 서명 **17** 날짜 (월/일/년)

CBP Form 6059B (04/14) Korean

For Foreigners Only

A

14 02562293

BUREAU OF IMMIGRATION INDIA

ARRIVAL CARD FOR PASSENGERS

Please write in CAPITAL. One character in one box as shown below

Do not Write across the lines. leaves one box blank for space

A	B	C	D	E	1	2	3	4	5

1 Name (as in passport) leave one box blank after every part of the name/initial

2 Date of Birth (DD/MM/YYYY)

3 Passport Number

4 Flight Number

5 Date of Arrival (DD/MM/YYYY)

6 Countries visited in last six days

7 Address in India

8 Telephone Number

9 Signature of Passenger

Immigration Stamp

(5) 경유(transit)와 환승(transfer)

경유는 목적지로 가는 도중 근거리 승객의 하강(下絳)이나 새로운 승객의 승강(乘絳) 혹은 급유, 승무원의 교체, 기내청소 등을 위하여 착륙하는 경우를 말한다. 경유는 출발지에서 탑승했던 동일항공기에 동일좌석으로 재탑승한다. 그 형태는 기내에서 대기하는 경우와 내려서 경유구역(transit room 또는 lounge)에서 대기하는 형태가 있다. 다음은 경유구역에서 대기할 경우 인솔자의 유의사항이다.

① 도중 기항지에서는 여권, 귀중품 등은 반드시 휴대하고 다니도록 주의를 환기시킨다.

② 영접인(grand hostess)으로부터 반드시 경유카드(transit card)를 받아 탑승할 때는 반납하도록 한다. 재탑승에 착오가 없도록 고객에게 주의를 환기시키는 것이 필요하다.

③ 경유구역에는 간단한 경양식과 음료를 사 먹을 수 있는 시설도 있으며, 면세품 및 토산품을 구입할 수는 상점도 있다. 필요에 따라서는 여행객의 쇼핑에 대한 조언을 한다.

④ 통상 30~60분 정도면 재탑승의 안내방송이 있다. 인솔자는 전체여행객이 재탑승하는 것을 확인한 후 마지막으로 탑승한다.

한편 환승은 동일 또는 다른 항공사의 다른 비행기로 갈아타는 것을 의미한다. 동일 항공사라고 하더러도 비행기 편명이 아예 틀려지는 것이다. 트랜스퍼는 경우에 따라 경유지에서 숙박을 해야 하는 경우가 생기기도 한다.

① 인솔자는 항공기가 경유지에 도착하면 항공기 출구에서 일행을 집결시킨 후 선반이나 의자 아래에 보관한 휴대수하물을 모두 가지고 내렸는지 확인한다.

② 항공기 밖으로 나갈 때는 Transfer나 Transit 또는 Flight Connection이라고 씌어진 곳으로 고객들을 유도해야 한다. Arrival 방향으로 나가지 않도록 주의해야 한다.

■through check-in을 한 경우

이는 출발지 공항에서 최종목적지까지 탑승권과 수하물의 연결수속을 한 경우로서 경유지에서 다시 탑승수속을 할 필요가 없다.

① 항공기에서 내린 다음 전체 인원을 다시 한번 확인한다.

② 경유구역 내의 일정한 장소에서 여행객들에게 새로운 탑승권을 교부하고 탑승시간과 탑승구를 알려준다. 이때 일행들의 시계를 경유지의 현지시간으로 맞추도록 한다. 그렇지 않을 경우 탑승시각을 착각할 수 있다.

③ 탑승까지 시간적 여유가 있을 시 경유구역에서 쇼핑이나 휴식을 취할 수 있도록 조처한다.

④ 그리고 해당항공사 카운터에서 수하물 인환증을 제시하여 수하물이 제대로 연결되었는지 확인해야 한다.

■through check-in을 하지 않은 경우

① 항공기에서 내린 다음 Transfer 표지판을 따라 환승 체크인 카운터(transfer check-in counter)로 이동한다. 여행참가자들을 한 곳으로 인도하여 대기하도록 하고 항공회사 연결편(connecting flight) 카운터로 가서 항공권을 제시하고 탑승권을 교부받는다.

② 카운터에서 수하물 인환증을 제시하여 수하물이 제대로 연결되었는지 확인한다.

③ 교부받은 탑승권을 고객에게 분배하고 탑승시간, 탑승구(Gate No.)를 안내한 후 신속히 이동한다.

> 일반적으로 접속편으로의 최소연결시간(MCT)은 1시간에서 1시간 30분 정도이다. 접속편으로 탑승이 늦어질 상황이라면 항공회사 담당자에게 협조를 의뢰하여 접속편의 출발을 지연시켜야 한다. 20분 이내일 경우 단체에 한해서 연결편 항공사측에서도 기다려 주는 경우가 많다.
> 미국의 경우 경유지점이라고 하더라도 첫 입국지에서 입국심사와 세관심사가 이루어진다. 그러므로 첫 경유지에서 미국입국수속을 하고 위탁수하물 다시 찾아 항공사 탑승카운터에서 항공기를 갈아타기 위한 탑승수속을 해야 한다.

Tip 주요 공항별 환승법

• **홍콩 첵립콕공항(케세이패시픽, 영국항공, 스위스항공)**

비행기가 홍콩에 도착을 하면 공항청사 5층으로 내리게 된다. 이미 연결편의 탑승권을 소지하고 있다면 가장 가까운 통과여객 지점(transit point)을 통해 6층 출국장으로 올라가면 된다. 연결편 탑승수속을 해야 할 경우 T2 구역에 있는 통과여객 카운터로 가서 수속을 하고 6층 출국장으로 가면 된다. 출국장에서 해당 탑승구로 이동하면 된다.

• **북경 공항(스위스 항공, 영국항공, 에어차이나)**

항공기가 북경에 도착하면 청사의 2층에서 내려 3층에 있는 트랜스퍼 카운터에 가서 입국 및 출국 수속을 밟는다. 이때 비치되어 있는 입국증 및 출국증을 기입해야 한다.
트랜스퍼 카운터에 있는 검색대를 통과하여 출국장으로 가면 된다.

• **일본 나리타, 간사이공항(일본항공, 영국항공, 스위스항공)**

다행히 한글로 서비스가 잘 되어 있다. 큰 무리 없이 환승할 수 있고. 나리타공항의 경우에는 터미널 1,터미널 2로 구분되어 있으나 대부분 같은 터미널에서 출발한다. 터미널 간에는 버스로 이동가능하며, 갈아타려는 연결편의 탑승구로 이동하면 된다. 탑승 수속은 각 터미널 중앙부분에 환승 카운터가 위치하고 있다.
스탑오버 승객일 경우 입국 심사장 내에 있는 항공사 안내 카운터에서 항공사 직원에게 여권, 항공권, 입국신고서를 제시하고, "기항지 상륙허가 신청서"(shore pass)를 받아 가지고 입국 심사대에서 심사를 받으면 된다.

• **프랑크푸르트공항(루프트한자, 아시아나)**

프랑크푸르트 공항에 도착을 하면 각 터미널 중심부에 있는 환승카운터에서 보딩 패스를 받아(아시아나의 경우) 해당 게이트로 이동하면 된다. 터미널이 ABCDE로 나뉘어져 있고 각 터미널 간"Skyline"이라는 모노레일을 이용하여 이동할 수 있다.

Tip 무사증 통과상륙(TWOV)

목적지가 제 3국인 통과 관광자를 위해 비자 없이 항공권 소지만으로 입국을 허가하는 제도로서, ① 제3국으로 여행할 수 있는 예약 확인된 항공권 소지자 ② 제3국으로의 여행서류 구비자 ③ 외교관계가 수립되어 있을 경우에 한하여 정식비자를 받지 않더라도 일정 기간 동안 단기체재를 할 수 있는 제도를 말한다.

① 기항지상륙(shore pass) : 기항지 상륙은 72시간 내에 예약 확인된 연결편 항공권을 소지해야 한다. 현지공항에서 입국사열에 필요한 입국신고서를 작성하여야 한다. 반드시 도착지공항에서 제3국으로 출국해야 한다.

② 통과상륙(transit pass) : 통과상륙은 도착일을 제외하고 72시간 이내에 예약 확약된 연결편 항공권을 소지하여야 하며 반드시 동일그룹 군에 속하는 공항 또는 항구를 이용해서 제3국으로 출발해야 한다.

예) 일본

A그룹 : 나리타, 하네다, 나고야, 니가타, 코마츠, 요코타

B그룹 : 오사카, 나고야, 코마츠, 오카야마, 히로시마, 타까마스

C그룹 : 후쿠오카, 나가사키, 구마모토, 가고시마, 오이타

Tip 항공사의 우대서비스(STPC-Stopover On Company Account)

다른 항공사와의 연결편이 있는 승객들의 도중 체류지에서의 숙박 · 식사 등을 항공사가 부담하는 제도이다.

㉠ 서비스의 내용

- 호텔무료사용(day use)
- 지상교통편
- 공항세
- 숙박무료제공(custody layover)
- 식사
- 음료수

㉡ 제한사항

- 연결편에 대한 예약이 확인된 항공권 소지자
- 도착 후 24시간 이내에 출발하는 해당구간의 첫 항공편이어야 한다.
- 승객의 고의적인 중간체류 혹은 출발지로 되돌아가기 위한 체류(backhaul trip)의 경우여서는 안 된다.
- 탑승구간 요율이 NUC350이어야 한다.

㉢ 적용조건

- 도중하기 기점으로 항공권 상에 표시되어 있어야 한다.
- 환승편이 항공편 예약 필이거나 RQ 중이라는 것이 확인되어야 한다.

㉣ 지역제한 : 다음의 요건인 경우 STPC는 적용되지 않음

- 호주, 뉴질랜드 등의 남서태평양 발착여행으로 이들 지역에서의 체재비
- 제1지구 내의 여행
- 유럽지역에서의 여행
- 한국-유럽 간의 여행 중 북미지역에서의 환승에 따른 체재비

3 입국업무

1) 공항도착

① 보딩브릿지를 나와 고객들을 집결시킨 후 공항 내에서 도착(arrival)표시를 보고 그 방향으로 나간다. 공항의 내부위치를 잘 모를 때는 한국출발 전에 공항약도를 복사해 두는 것도 한 방법이다.

② 입국수속을 위해 여권과 입국서류를 준비토록 한다.

보딩브릿지를 이용하여 입국장으로 바로 연결되지 않은 경우 버스로 이동하는데 가급적 동일 버스로 이동할 수 있도록 조처한다.

2) 입국수속

입국절차는 QIC방법으로 행해진다.

(1) 검역

예방 접종증명서(yellow card)나 검역신고서를 제출하는 절차이나 통상 이 과정은 생략된다. 만약 예방접종서를 제시해야 할 상황에서 예방접종증명서를 분실했을 경우에는 공항 내 검역소에서 접종시킨다.

호주, 뉴질랜드의 경우 입국절차는 간단하나 음식물, 식 · 동물 검역은 엄격하다. 심지어 흙이 묻어 있는 신발까지 신고를 요구한다.

(2) 입국심사 – 신분확인 및 자격심사과정

① 외국인 심사대에 서게 한다. 인원이 적은 경우 한 줄로 서게 하고 인원이 많은 경우에는 분산하여 서게 한다. 사람이 줄을 적게 서 있는 레인이나 단체전용심사레인(group lane)이 있는 경우 빠른 수속을 위해 이 레인을 선택하는 것이 좋다.

일반적으로 입국심사레인은 내국인(nationals, residents 혹은 EU), 승무원(crew), 외국인(foreigners, aliens, others, other passport) 레인으로 표시되어 있다.

② 인솔자는 가장 먼저 입국수속을 밟고 입국심사대에서 대기하면서 여행참가자들의 입국심사의 편의를 도모해 주는 것이 좋으나 경우에 따라서는 입국심사대 부근에서 대기하는 것을 금지하는 국가도 있다. 이럴 경우 인솔자의 다음 업무인 수하물 인도준비를 하여야 한다. 수하물 인도를 위해서는 공항 내에 있는 수하물 찾는 곳(baggage claim)으로 이동해야 한다. 수하물 도착장소는 공항 내에 있는 TV모니터나 사인보드를 이용하면 된다.

괌, 영국 등지에서는 입국 시 귀국항공권 제시를 요구하는데 이를 때는 항공권을 미리 배포하고 입국심사가 끝난 후에는 바로 회수해야 한다. 중국의 경우 단체전용 심사대를 이용하여 입국수속을 해야 하며 이 때 단체비자를 제시해야 한다. 인솔자는 단체비자에 나와 있는 이름순서로 심사를 받게 하고 심사가 끝나면 단체비자에 스탬프가 찍힌 원본1매를 회수하여 보관하고 있어야 한다.

• 분실한 짐이 있을 경우

유실물센터(lost & found desk office) 또는 항공사의 카운터(claim checking counter : 분실한 수하물의 짐표준비)에 가서 수하물 사고보고서(property irregularity report)를 작성하여 1부를 하물을 찾을 때까지 보관한다.

• 파손의 경우

수리비 또는 동등한 옷, 가방류의 구입비, 배상방법을 항공사 직원에게 청구할 수 있도록 협의한다.

(3) 세관

① 세관통관에 앞서 수하물을 찾아 고객의 하물 수와 파손이 있는지를 체크해 고객들의 확인을 받는다.

② 단체객의 경우 신고물품이 거의 없음으로 인솔자가 앞장서서 면세출구로 이동한다. 만약 과세물품이 있는 여행객의 경우 과세출구를 선택하여 신고 후 나오도록 조처한다.

③ 세관통관을 마치면 입국장출구로 이동한다.

통관종료 후 수하물은 고객이 직접 대기 중인 차량으로 이동시키게 하거나 포터에게 운반하도록 한다. 이 경우 다시 한번 수하물의 수량을 확인하여야 한다.

세계 대부분의 국가에서는 세관검사의 소요시간을 단축하기 위해 입국자의 판단으로 적색(과세대상자)과 녹색(비과세대상자)출구를 선택하게끔 하는 자진신고검사제도(dual channel system)를 채택하고 있다.

(4) 현지가이드 미팅

① 공항을 나오는 즉시 현지의 Rep이나 현지가이드와 미팅한다. 여행사명이나 단체명이 적힌 안내판을 들고 있어 쉽게 찾을 수 있다.

국가에 따라서는 단체여행객 출구(group)와 개인여행객 출구(individual)가 따로 있음으로 단체여행객 출구를 선택해야 한다.

Rep이나 안내원과 목례 정도의 인사를 나눈 후 고객들에게 환전, 화장실 이용, 출발지와 목적지의 기온 차이에 의한 옷 갈아입기 등의 개인적인 시간을 주도록 한다(이때 수하물 분실에 유의해야 한다). 고객들이 개인적인 용무를 갖는 동안 현지 가이드와 명함을 주고받는 공식적인 인사를 한 후 팀의 특성에 대해 알려 현지안내를 함에 있어 도움이 되게 한다. 그리고 최종확정서상의 내용의 변경과 일정진행에 대해 간략하게 상의토록 한다. 상세한 협의는 호텔 체크인 후에 하는 것이 좋다.

② 일행이 집결하면 인원파악과 수하물 유무를 확인하고 차량이 대기하고 있는 승차장으로 이동한다. 이동 시 현지가이드가 앞장서고 인솔자는 맨 뒤에서 이탈자가 없는지 확인해야 한다. 그리고 고객의 수하물을 버스 수하물 칸에 싣는다.

관광일정인 경우 카메라, 개인 휴대품은 미리 챙겨두는 것이 좋다.

③ 버스로 호텔이동 시 인솔자가 마이크를 잡아 참가 여행객들에게 현지가이드를 소개하는 것이 좋다. 기타 전체 일정이나 제반사항에 대해서는 현지가이드를 통해 안내받게 하고 안내 내용 중에서 최종일정표와 다른 것들이 없는지를 확인한다. 기타 의문사항에 대해서는 질문을 통해 해결해 두어야 한다.

Tip 세계시간 지배해온 그리니치 표준시 사라지려나?

'지구촌의 시계' 로 오랫동안 권위를 누려 온 '그리니치 표준시(GMT)' 가 역사 속으로 사라질 운명을 맞게 될까.

지구에서 하루가 가장 먼저 시작하는 세계 표준시가 된 영국 '그리니치 시간' 에 대한 폐지 목소리가 높아지고 있다. 케임브리지대학 연구팀도 과학 전문지 네이처에 게재한 보고서를 통해 GMT 폐지로 막대한 경제적 이익과 온실가스를 감축하는 효과를 가져온다고 발표했다.

영국 가디언 인터넷판은 25일(현지시간) 영국 하원 환경위원장인 보수당 팀요 의원이 3년 동안 영국의 GMT 폐지 효과를 시험하는 법안을 제출했다고 보도했다.

이에 따르면 현행 3~10월에 적용하는 서머타임 방식이 아니라 1년 내내 시계를 1시간 앞당기고 3~10월에 추가 서머타임을 적용하는 것이다. 현 그리니치 표준시가 사라지고 영국이 독일, 프랑스 등 중부유럽과 동일한 시간대가 되는 것이다. 한때 세계를 지배했던 대영제국과 함께 시간을 지배해 온 그리니치 표준시도 쇠락의 길을 걷고 있는 셈이다.

케임브리지 연구팀은 영국이 GMT를 포기하면 해마다 4억 8500만 파운드가 절감되며 이산화탄소 배출량도 매년 17만t을 줄일 수 있다고 발표했다. 야간 조명 비용이 크게 줄어 에너지 사용도 떨어진다는 계산이다. 이는 매년 7만 명이 방출하는 것과 같은 분량의 이산화탄소다.

영국 과학원도 GMT의 문제점을 지적하고 있다. 지난 35년 동안 GMT와 여름철 서머타임이 전환되는 가을에 발생한 교통사고 사망자가 5000명이나 된다는 통계다.

세계 표준시간은 1884년 미국 워싱턴에서 열린 국제회의에서 결정됐다. 영국 런던 인근의 그리니치천문대를 통과하는 경선을 '본초자오선(경도 0도)' 으로 정한 것이다. 이때부터 본초자오선을 중심으로 경도 1도에 4분, 15도에 1시간씩 차이가 난다.

영국은 1968년에도 GMT 폐지를 시도했다가 1971년 반발이 커 중단했다.

현재 통신 · 기상 등 과학 분야에서는 태양시인 GMT가 아닌 세슘 원자의 진동 수로 결정하는 협정세계시(UTC)를 쓰고 있다. 영국 연방 국가인 호주와 뉴질랜드도 GMT를 버리고 UTC를 이용해 왔다.

그리니치 천문대에서 시간을 담당하는 데이비드 루니 학예사는 "매년 85만 명이 본초자오선을 보기 위해 방문한다."면서 "그리니치는 시간의 고향으로 여겨지며 많은 사람들이 GMT 폐지에 반대하고 있다."고 말했다.

(서울신문 안동환기자 sunstory@seoul.co.kr)

■입국수속절차

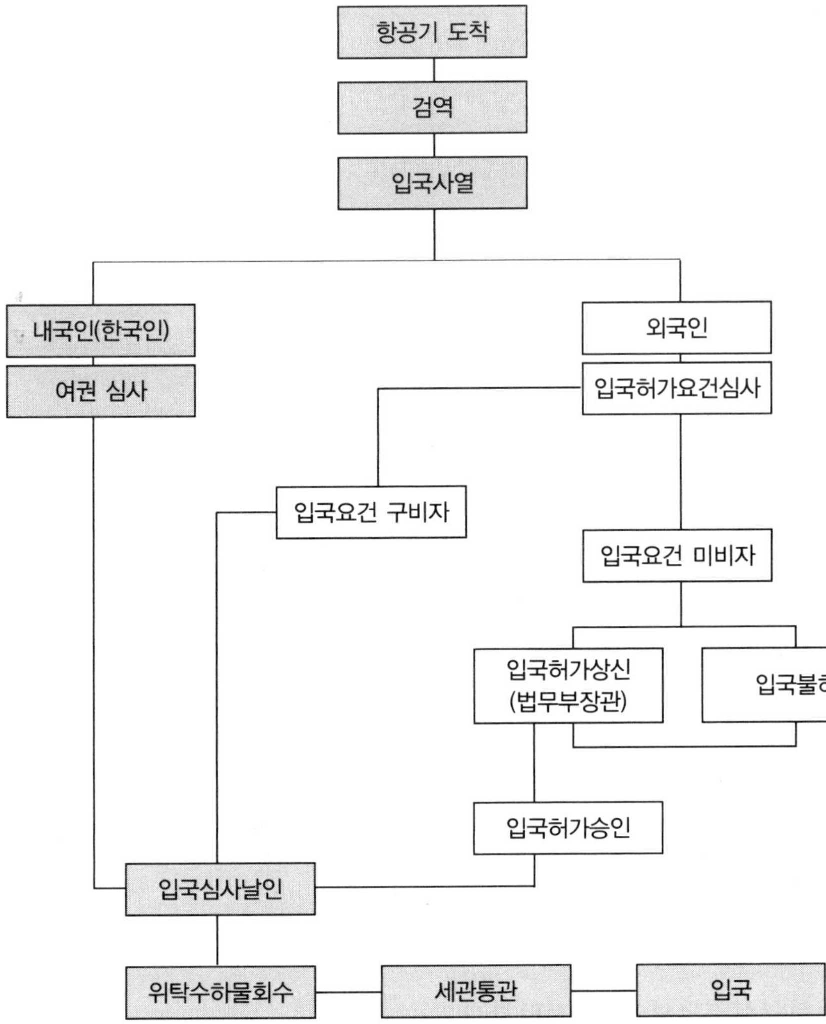

항공기 도착
검역
입국사열
내국인(한국인)
여권 심사
외국인
입국허가요건심사
입국요건 구비자
입국요건 미비자
입국허가상신
(법무부장관)
입국불허
입국허가승인
입국심사날인
위탁수하물회수
세관통관
입국

4 호텔업무

1) 호텔 체크인(Check-in)

① 포터서비스가 가능한 곳에서는 포터에게 수하물을 내리도록 하여 수량을 확인하고 로비의 일정한 장소에 모아놓게 한다. 포터 서비스가 없는 경우 여행객이 직접 짐을 로비까지 운반하도록 한다. 그리고 고객을 호텔로비로 안내하여 소파 등에 앉아 기다리게 한다.

동남아지역에는 포터서비스가 있으나 기타 대부분의 국가에서는 포터서비스가 없다.

② 현지가이드(또는 미팅직원)와 프런트로 이동하여 체크인을 받는다. 이때 호텔 측에 단체명, 인원을 알린 후 객실배정표(rooming list)를 제시한다. 객실배정이 끝나면 객실배정표와 열쇠를 인수받는다.

③ 인솔자는 현지가이드와 다음날 아침식사시간 및 장소, 다음 날 관광일정을 위한 웨이크업 콜(wake-up call)에 대해 협의한다.

객실배치 - 손님들의 취향을 고려하여 객실의 위치(신관, 구관, 바다 쪽, 산 쪽)를 특별한 신경을 써야 한다. 여유객실이 없을 경우 양해를 구해야 한다.

기타 침대형태(트윈, 더블베드)와 욕조의 유무의 확인

호텔 체크인 시스템의 경우 유럽형과 미국형이 있다. 미국형의 프런트는 통상적으로 registration으로 표시되는 반면 유럽형의 프런트는 reception으로 표시되어 있다. 동남아의 경우도 대부분 reception으로 표기하고 있다.

2) 객실열쇠전달과 주요 전달사항

① 열쇠를 나누어 주기 전에 다음의 사항을 안내한다. 다음 행사의 집합시간과 장소의 안내, 인솔자의 객실번호와 현지 가이드의 객실번호, 현지통화의 교환안내 및 호텔부대시설의 안내(수영장 · 사우나 · 피트니트 센터 등), 안전금고(safety box)의 안내, 방 열쇠의 설명, 알림사항의 게시장소, 호텔 · 엘리베이터 · 팁 에티켓 등에 대해 설명한다. 그리고 한국으로의 국제전화안내(person-to-person call, collect call), 객실 간의 통화에 대해서도 설명하고 익일의 기상시간 · 식사시간 · 투어출발시간을 알려준다.

② 그 다음 프런트로부터 전달받은 객실배정표, 객실열쇠 · 호텔명함 · 식사쿠폰을 여행객에게 배포한다.

③ 객실배정표(rooming list)를 벨맨에게 주어, 수하물의 수량을 확인한 후 짐을 방으로 옮기도록 한다(객실배정표에 나와 있는 고객의 번호와 수하물 꼬리표 번호를 일치시키면 된다).

인솔자 방은 고객들이 자주 드나들 수 있으므로 고객과 같은 등급으로 선택하는 것이 좋으며 고객객실의 중앙부에 위치하는 것이 좋다.

3) 수하물 배달확인 및 객실점검

① 여행참가자들의 짐이 객실에 도착하였는지 객실을 돌면서 수하물 도착 여부를 체크하도록 한다.

② 이때 객실점검도 병행하여 실시한다. 호텔 내의 편의시설 이용방법 즉 TV 사용방법, 전등 켜는 법, 미니바 이용방법, 냉난방기 조절방법, 문방구 이용방법, 욕조 · 샤워시설 이용방법 등에 대해 설명한다.

객실에 불만이 있는 경우 다른 방으로 교체하도록 한다.

4) 현지가이드와 업무협의

① 현지직불인 경우 수령해온 지상비를 전달하고 영수증을 수령한다.

② 여행객에게 추천할 선택 관광의 1인당 요금, 최저행사인원, 실시시기 등과 쇼핑의 횟수 등에 관해 의논한다.

③ 단체의 성격이나 특별히 관심을 가져야 할 여행객 등에 대한 정보를 제공한다.

Tip 호텔에티켓 위반사례

- 로비나 레스토랑에서 큰 소리로 떠든다.
- 문을 연 채로 또는 복도에서 큰소리로 떠든다.
- 엘리베이터 사용 시 여성의 우선 원칙이 지켜지지 않는다.
- 잠옷차림으로 복도에 나오거나 슬리퍼로 식당이나 로비를 활보한다.
- 샤워커튼을 치지 않아 욕조바닥을 물로 적시기도 하며 욕조에서 물이 넘쳐흘러 카펫을 적시기도 한다.
- 담배를 문 채 침대로 들어가 시트나 담요, 베개에 구멍을 내기도 한다.
- 일류호텔 레스토랑인데도 불구하고 국내에서 가져온 반찬, 술, 안주 등을 이용하는 사례도 있다.
- 추가 음료대 등을 내지 않고 몰래 나가는 경우가 있다
- 호텔 객실 내에서 고스톱을 친다.
- 밤늦은 시간까지 객실 내의 TV 음향을 줄이지 않고 시청한다.
- 객실 내에서 세탁물을 건조한다.
- 룸 메이드에서 지불하는 팁을 지불하지 않고 떠난다.

Tip 상식

감사의 뜻으로 주는 팁을 건내기 위해서는 잔돈을 준비하는 것이 필요하며 타인의 눈에 띄지 않는 곳에서 건내는 것이 일반적인 상식이다.

① 포터 : 하물의 크기에 관계없이 통상 1~2달러 정도

② 호텔종사원 : 벨맨, 도어맨, 룸메이드, 룸서비스 등 1~2달러 정도

③ 레스토랑 웨이터 : 우선 청구서에 서비스료가 포함되어 있는지 확인이 필요하다. 포함이 되어 있지 않을 경우 유럽에서는 일반 음식점에서는 액면대로 조금 고급음식점에서는 거스름돈을 고급음식점에서는 음식요금의 약 5% 정도를 팁으로 지불해야 한다. 미국에서는 서비스료가 포함되어 있지 않기 때문에 현금으로 테이블에 약 10% 정도를 두고 떠나면 된다.

④ 악사 : 자기가 신청하지 않는 한 적은 금액을 주면 된다.

⑤ 이발소 또는 미용실 : 요금의 10% 정도

⑥ 택시운전기사 : 유럽의 경우 10~15%이며 심야 · 조조 · 오래 기다리게 했을 경우 약간 더 얹혀 준다.

Tip 시차적응

피서의 계절, 해외로 떠나는 피서객이 부쩍 많아졌다. 그래서인지 해외여행으로 인한 시차증상이 종종 대화의 주제가 된다. 하지만 뚜렷한 해결책을 아는 사람은 드물다. 올 여름여행은 시차극복의 과학상식을 지참하고 떠나자.
시차증상이란, 새로운 시간대(해외)로 이동할 경우 우리 신체리듬에 부조화가 나타나 일어나는 뇌증상의 일종이다.
특히 시차에 가장 큰 영향을 주는 것은, "깨어있음(alertness)과 수면(sleep)"의 반복리듬인데, 이 리듬은 햇빛, 식사, 사회활동 등과 관련이 있고, 한 주기는 하루보다 한 시간이 긴 25시간이며, 뇌의 상교차 핵이 조절한다.
시차증상은, 밤에 멀뚱하고 낮에 졸리거나, 소화불량, 심적 불안, 집중력 저하, 기억력장애, 반사기능 둔화, 두통, 현기증 등으로 나타난다.
표면적으로 시차의 극복에는 2~3일 정도 걸리지만, 시간차가 많이 나는 곳일 경우 7~10일까지 지속되는 경우도 있다.
통상적으로 신체의 모든 생리적인 기능이 현지에 완전히 적응하는 데는 8일 이상이 소요된다. 그래서 8일 이상의 체류 후에 귀국하는 경우 한국에서의 재적응 시간이 더 길어질 수밖에 없다.
시차증상의 주된 요인으로는, 빛의 조절 여부, 통과한 시간대의 수, 여행방향(동쪽 또는 서쪽), 비행기 탑승 시간과 현지 도착시간, 그리고 현지에 머무르는 시간 등이다.
미항공우주국(NASA)의 연구에 따르면 동쪽으로 비행하거나, 태양의 반대쪽으로 여행하면 시차증상은 서쪽으로 향할 때보다 더 심해진다. 생체리듬 주기가 25시간이기 때문에 서쪽으로 여행할 경우 하루가 길어져서 생체 시계가 적응하기 쉽기 때문이다. 동쪽으로 여행하면, 신체가 자연적인 경향에 억지로 역행하게 되어 시차증상이 심화된다.
시차증상의 최소화를 위해서는 초저녁에 목적지에 도착하도록 일정을 잡는 것이 가장 좋다. 그럴 경우 잠자리에 들기 전 간단한 휴식이 가능하기 때문이다. 이때 가볍게 먹고 산책을 한 후에 휴식을 취하는 것이 좋다.
3일 이내의 짧은 여행이면 가급적 한국의 시간에 맞추어서 생활해도 좋지만, 긴 여행일 경우 시차극복을 위해 비행 전에 철저한 준비를 해야 한다.
우선 비행 전에 충분한 수면을 취하고, 비행하는 동안이 도착지의 한밤이면 잠을 청하고 낮이면 깨어 있어야 한다. 깊은 수면을 위해서 귀마개, 안대, 부풀리는 베개, 스웨터 등을 미리 준비하는 것도 좋다.
만약, 서쪽으로 여행할 것이고 약간의 일상의 변화가 일어날 것이라면, 출발 이전 3일 동안 매일 한 시간씩 일찍 일어나는 연습을 하고, 동쪽으로 여행할 것이면, 거꾸로 하면 된다.
음식과 함께 먹는 음료수 이외에 6시간마다 1리터의 물을 마셔라.

비행기 안은 건조하기 때문에 탈수가 쉽게 일어난다. 탈수는 근육으로 흐르는 혈액의 감소와 콩팥의 기능 저하를 초래, 피로를 부르면서 시차증상을 악화시킨다.
특히, 알코올은 절대 피해야 한다. 알코올은 수면의 질을 저하시키고 탈수를 조장하기 때문이다. 그리고 기내에서도 최대한 움직여야 한다. 스트레칭이나 통로 걷기, 앉아서 몸풀기 등으로 몸에 피로를 쌓이지 않게 해야 한다.
마지막으로 잘 먹어야 한다. 하루 전부터 가볍게 여러 번 먹는 것이 좋다. 여행 직전에도 먹어라. 하지만 과식은 위에 부담을 주므로 피하고, 당이 많은 스낵, 카페인도 수면을 방해하므로 피해야 한다.
현지에서의 시차극복 방법으로 낮잠을 현명하게 활용하는 것도 좋다. 한낮에 10~30분 정도 자는 것은 시차와 피로의 회복에 효과 만점이다.
일부에서는, 비타민 B 대용품인 NADH, 또는 뇌의 송과선에서 분비되는 호르몬인 멜라토닌을 복용하기도 하는데, 이러한 인위적인 수면제는 가급적 피하는 것이 좋다. 특히 효능이 강한 수면제의 숙취효과는 다음날 수면부족감을 증가시키고 수면도 방해하기 때문이다. .
시차극복을 위한 철저한 준비는 곧바로 여행의 흥미와 사업의 활력으로 이어진다는 사실, 올 여름 해외여행을 계획하는 모든 분들이 꼭 간직해야 할 상식이 아닐까 싶다.
(주간한국 2001/06/27)

5 관광과 자유행동

1) 관광

① 인솔자는 출발전날 현지가이드와 날씨, 교통상황 등을 고려해 협의한 후, 방문지에 대한 복장, 기타 준비물 등에 대한 현지관광시 필요한 정보를 인솔팀원들에게 제공해 주어야 한다.

② 인솔자는 관광 출발 전 일정표의 관광코스를 충분히 이해한 다음 현지가이드, 운전기사와 함께 코스하차지점, 관광시간, 식사시간의 협의를 한다.

③ 인솔자는 관광, 식사, 쇼핑 등의 전체 일정에 대해 여행참가자들에게 구체적으로 설명해 주어야 한다. 그리고 원활한 일정관리를 위해 출발시간엄수를 당부하고 귀중품은 버스에 두지 말고 휴대하도록 안내한다.

④ 관광 시 현지 가이드에게 전적으로 맡기지 말고 인솔자도 하차하여 팀원의 후미에서 여행객들을 통제하면서 사진촬영을 도와 주는 등 관광안내의 보조적 역할을 해 주어야 한다.

⑤ 쇼핑 시에는 여행객들에게 즐거운 쇼핑이 될 수 있도록 쇼핑센터의 선택과 추천을 해야 한다. 그리고 쇼핑에 앞서 물품구입에 따른 적절한 충고, 신용카드사용에 따른 제재조치 등을 고객에게 주지시키는 것이 필요하다.

쇼핑센터의 주차장이나 관광지 주차장에는 동일 유형의 버스가 많으므로 버스의 형, 색깔, 번호 등을 명확하게 안내하여 여행객 자신들이 승차해야 할 버스를 반드시 기억하게 하여야 하며 또한 버스의 승하차 장소가 다른 경우가 많은 점도 감안하여 승하차 안내를 하여야 한다.

⑥ 하루의 관광 일정이 끝나면 다음날의 기상전화, 조식시간 등의 일정을 확인하고 현지가이드와 다음 날의 일정에 대해 논의한다.

⑦ 취침 전 그 날의 일정, 식사, 버스, 호텔 등에 대한 평가와 현지 가이드와 버스 기사의 서비스 정도를 평가하여 단체행사일지를 작성한다. 그리고 고객의 불평사항, 일정상의 문제점이나 개선사항 등에 대해 기록해 둔다.

Tip 쇼핑시 유의할 점

- 비행기 탑승 시 허용중량과 개수, 입국 시 면세범위를 손님들에게 사전에 주지시켜야 한다.
- 과다쇼핑에 대한 적절한 어드바이스를 한다.
- 동남아시아, 서남아시아(인도, 파키스탄), 중동, 북아프리카(이집트, 모로코), 남미 등의 지역에서는 일부 고급상점을 제외하고는 거의 할인가 판매정책을 펴고 있으므로 고객에게 적절하게 정보를 제공하여 에누리를 할 수 있도록 한다.
- 중국 등 동남아 일부국가에서는 노상이나 호텔 로비 등에서 귀찮게 호객행위를 하여 할인판매 등의 유혹을 하는 경우가 있는데, 그런 곳일수록 불량품(가짜) 구입 및 바가지의 우려가 많으므로 일체 상대하지 말도록 사전에 주의를 준다.
- 화폐단위가 달라지므로 돈의 가치를 착각하는 경우가 많은데, 언제나 원화로 환산하여 보도록 주의시켜 둔다.

- 해외여행 시 들뜬 마음으로 한정된 시간에 쇼핑을 하다보면 정확하게 계산을 하지 않은 경우도 있고 영수증을 확인하지 않는 경우도 있으므로 TC는 이런 손님들을 위해서 항상 도움을 줄 준비가 되어 있어야 하며, 상품구입 후 영수증을 꼭 받도록 해서 차후 문제가 있을 때 클레임(claim)을 거는데 도움이 되도록 한다.
- 면세품 구입의 경우 일부국가에서는 상점에서 물건을 인도해 주지만 대부분의 국가에서는 건네주지 않고 출발공항의 탑승구(gate)에서 수령하게 되어 있으므로 수령증을 꼭 보관하도록 해야 하며, 손님들이 면세품을 구입했는데 공항에서 수령을 못하거나 파손 또는 내용물이 다른 경우에 대비해서 클레임 방법을 조사해 두어야 한다.

■ **부가세 환급제도(tax refund)**

해외 부가가치세 환급(tax refund)제도는 사후면세제도로서 외국인 관광객을 대상으로 소비자가격에 포함된 부가가치세를 환급해주는 제도이다. 여행자가 일정한 절차만 거치면 구입한 물건에 부과되는 VAT(부가가치세)를 환급받을 수 있다. 그러나 우리나라 대부분의 여행객들은 세금을 환급받으려면 별도의 신청을 해야 되고 언어장벽으로 인해 대다수의 여행자는 포기하고 있다.

2007년 현재 유럽 28개국과 싱가포르, 캐나다 등에서 통용되고 있는 이 제도는 17만 개 이상의 상점이 가입되어 있다. Tax Free Shopping 로고가 붙은 상점에서 상품을 구입 후 환불창구에서 환불받을 수 있는데 국내에서는 하나은행 월드센터에서 환불서비스 대행 업무를 하고 있으며, 이 서비스를 이용할 경우 많게는 25% 정도 경비를 절약할 수 있다. 단, 현지 공항 통과 시 구입한 물품을 제시하고 세관에서 확인 스탬프를 받아야 환급이 가능하다.

환급절차

① [TAX FREE FOR SHOPPING]로고가 부착된 상점에서 물품을 구입하고 [Global Refund Cheque]를 수령한다.

② 출국 시 공항에서 구입물품을 제시하고 [Global Refund Cheque]에 확인 스탬프를 받은 후 짐을 부쳐야 하며 EU국가 여행 시는 최종 출국국가의 공항에서 시행된다.

③ 공항 내 위치한 환불창구(Cash Refund)에 [Global Refund Cheque]를 제출하고 현금으로 환불을 받는다. 현지에서 환급받지 못한 경우에는 국내 귀국 후 환급이 가능하다. 방문 시 Global Refund Cheque와 여권 또는 신분증, 물품구매 영수증 지참하여야 한다. 그리고 현지 공항의 세관에서 환급절차를 거쳐 외화수표를 수령한 경우는 부가세환급이 아닌 외화수표 매입절차를 받아야 하므로 국내 거래은행에 의뢰하면 된다.

■유럽주요국가 '택스 리턴드(TAX REFUND)' 제도

<table>
<tr><th>국가</th><th>부가세율</th><th>최소
구매금액</th><th>최대
환불금액</th><th>영수증
필요유무</th><th>세관도장
유효기간</th><th>환급증명서
유효기간</th></tr>
<tr><td>영국</td><td>20%</td><td>30파운드</td><td>500파운드</td><td rowspan="3">반드시 필요하다는 문구 있을 경우</td><td rowspan="13">3개월</td><td>제한없음</td></tr>
<tr><td>프랑스</td><td>19.6%</td><td>175유로</td><td rowspan="10">1000유로</td><td>6개월</td></tr>
<tr><td>네덜란드</td><td>19%</td><td>137유로</td><td>제한없음</td></tr>
<tr><td>독일</td><td>19%</td><td>25유로</td><td>필요</td><td>4년</td></tr>
<tr><td>이탈리아</td><td>20%</td><td>154.94유로</td><td>불필요</td><td>2개월</td></tr>
<tr><td>그리스</td><td>23%</td><td>117.39유로</td><td>불필요</td><td>4개월</td></tr>
<tr><td>스페인</td><td>18%</td><td>90.15유로</td><td>불필요</td><td>3년</td></tr>
<tr><td>포르투칼</td><td>23%</td><td>55.87유로</td><td>불필요</td><td>5개월</td></tr>
<tr><td>룩셈부르크</td><td>15%</td><td>74유로</td><td>필요</td><td>3년</td></tr>
<tr><td>오스트리아</td><td>20%</td><td>75.01유로</td><td>필요</td><td>3년</td></tr>
<tr><td>벨기에</td><td>21%</td><td>125.01유로</td><td>불필요</td><td>3년</td></tr>
<tr><td>스웨덴</td><td>25%</td><td>200크로나(SEK)</td><td>5000크로나(SEK)</td><td>필요</td><td>5개월</td></tr>
<tr><td>덴마크</td><td>25%</td><td>300크로네(DKK)</td><td>5000크로네(DKK)</td><td>필요</td><td>제한없음</td></tr>
</table>

■기타국가 '택스 리턴드(TAX REFUND)' 제도

<table>
<tr><th>국가</th><th>부가세율</th><th>최소
구매금액</th><th>영수증
필요유무</th><th>세관도장
유효기간</th><th>환급증명서
유효기간</th></tr>
<tr><td>아르헨티나</td><td>21%</td><td>70페소(ARS)</td><td>불필요</td><td>6개월</td><td>6개월</td></tr>
<tr><td>크로아티아</td><td>23%</td><td>740쿠나(HRK)</td><td>필요</td><td rowspan="5">3개월</td><td>6개월</td></tr>
<tr><td>키프로스</td><td>15%</td><td>50유로</td><td>반드시 필요하다
는 문구 있을 경우</td><td>1년</td></tr>
<tr><td>체코</td><td>20%</td><td>2001코루나(KC)</td><td rowspan="9">필요</td><td>5개월</td></tr>
<tr><td>에스토니아</td><td>20%</td><td>38.36유로</td><td>1년</td></tr>
<tr><td>핀란드</td><td>23%</td><td>40유로</td><td>5개월</td></tr>
<tr><td>헝가리</td><td>25%</td><td>48001 포린트(HUF)</td><td>90일</td><td>150일</td></tr>
<tr><td>아이슬란드</td><td>25.5%</td><td>4000 크로나(ISK)</td><td rowspan="5">3개월</td><td>제한없음</td></tr>
<tr><td>라트비아</td><td>22%</td><td>30.5라트(LVL)</td><td>1년</td></tr>
<tr><td>레바논</td><td>10%</td><td>15만 파운드(LBP)</td><td>제한없음</td></tr>
<tr><td>리투아니아</td><td>21%</td><td>200리타스(LTL)</td><td>제한없음</td></tr>
<tr><td>모로코</td><td>20%</td><td>2000디람(MAD)</td><td>3개월</td></tr>
<tr><td>노르웨이</td><td>25%</td><td>285크로네(NOK)</td><td>불필요</td><td>1개월</td><td>1년</td></tr>
<tr><td>폴란드</td><td>23%</td><td>200즈워티(PLN)</td><td>필요</td><td>3개월</td><td>4개월</td></tr>
<tr><td>싱가포르</td><td>7%</td><td>100달러(SGD)</td><td>불필요</td><td>2개월</td><td>2개월</td></tr>
<tr><td>슬로바키아</td><td>20%</td><td>175유로</td><td rowspan="3">필요</td><td>3개월</td><td>5개월</td></tr>
<tr><td>슬로베니아</td><td>20%</td><td>50유로</td><td>3개월</td><td>6개월</td></tr>
<tr><td>스위스</td><td>8%</td><td>300프랑(CHF)</td><td>30일</td><td>4년</td></tr>
<tr><td>터키</td><td>18%</td><td>118리라(TRY)</td><td>불필요</td><td>3개월</td><td>3개월</td></tr>
</table>

표 3-2 주요국가의 쇼핑품목

지역	국가	품목
아시아	대만	대리석제품, 옥공예품, 각종 잎차제품, 자수제품, 등나무제품
	네팔	티베트 조끼, 금은세공품
	말레이시아	바틱제품, 은제품, 주석제품
	베트남	목각류, 보석, 차, 커피
	싱가포르	악어가죽제품, 세계 유명 브랜드상품, 한약재
	중국	도장, 동양화, 옥공예품, 한약, 녹차
	인도	금세공품, 실크제품, 흑단, 캐시미어제품
	인도네시아	금 · 은세공품, 목공예품, 바틱제품, 수공예품
	파키스탄	주단, 자수, 견직물, 타이크세공품
	일본	도자기제품, 양식진주, 전자제품, 카메라, 칠보제품
	홍콩	보석, 시계 유명브랜드 상품, 카메라
	필리핀	목공예품, 조개세공품, 진주, 코코넛제품
	태국	목공예품, 보석, 가죽제품, 실크
대양주	뉴질랜드	마오리공예품, 로얄제리, 양털제품, 천연꿀
	피지	진주, 코코넛제품(비누)
	호주	로얄제리, 양가죽제품, 오팔, 천연꿀
	괌	면세품
	사이판	목각제품, 산호조개, 면세품
미주	미국	스포츠용품, 청바지 등 의류 및 잡화, 골프용품, 만년필
	멕시코	테킬라(술), 민예품, 은제품
	브라질	보석, 커피, 악어가죽
	아르헨티나	수공예품, 판쵸 의상, 민속인형
	캐나다	건강식품, 녹용, 육포, 훈제연어, 꿀, 인디언 및 에스키모 민예품
	칠레	목공예품, 장미기름, 해구신
	페루	모피제품(알파카), 인디오 수용예품

지역	국가	품목
구주	그리스	대리석제품, 옥공예품, 각종 잎차제품, 자수제품, 등나무제품
	노르웨이	노르웨이 스웨터, 스쿠알렌(오메가-3), 민예품
	네덜란드	낙농제품, 도자기제품, 다이아몬드, 인형
	독일	광학제품, 칼과 압력밥솥 등 주방용품, 가방
	덴마크	은제품, 호박, 모피
	러시아	러시아인형(마토료시키), 피혁
	벨기에	레이스제품, 카페트, 초콜릿, 보석
	스위스	등산용품, 시계 자수제품, 초콜릿
	스페인	각종 가죽제품, 도자기류, 금세공품
	오스트리아	의류(가이거), 크리스탈제품
	이탈리아	가죽제품, 유리공예품, 유명 브랜드의류
	영국	도자기제품, 레인코트, 캐시미어제품, 스카치위스키, 골동품
	체코	도자기류, 크리스탈제품
	포르투칼	포도주 코르크제품
	폴란드	도자기류, 호박, 크리스탈제품
	프랑스	와인, 패션의류, 화장품, 유명 브랜드상품, 미술품
	헝가리	의류, 민속인형, 목각
중동 · 아프리카	남아공	다이아몬드
	모로코	모로코 전통옷, 은제 장식품, 청동그릇
	이집트	파피루스제품, 금 · 은세공품, 향수
	터키	각종 가죽관련제품, 터키석

Tip 해외에서 사용하는 신용카드 수수료

현재 국내 카드사는 비자(VISA)카드사 또는 마스터(MASTER)카드사와 제휴해 국내 카드사가 발행한 카드로 해외에서 이용할 수 있도록 하고 있다.

국내와 달리 해외에서 카드를 이용할 때는 외국환관리법의 적용을 받고, 이용 대금이 회원에게 청구되기까지 국제카드사 간 업무 절차에 따라 복잡한 과정을 거치며 각종 수수료가 수반된다.

• **해외에서 카드 이용 시 부과되는 각종 수수료**

– 해외 제휴카드사가 부과하는 수수료

먼저 해외에서 신용카드를 이용한 매출이 발생하면 대개 3일 이내에 비자카드나 마스터카드 등 국내 제휴 카드사로 접수된다.

제휴 카드사는 동 매출 접수 시 MCCR(Multi Currency Conversion Rate)이라는 수수료를 부과하는데 아메리칸 익스프레스(AMEX)카드 및 비자카드의 경우 매출 금액에 대해 1%(비자카드는 미주 지역에서 이용 시 면제), 마스터카드의 경우 매출 금액에 대해 1.1%를 적용한다.

해외에서 이용한 카드 대금이 US달러로 1천불이고 비자카드와 제휴된 카드라고 가정해 보자. 비자카드사에서 매출 접수 시 1%의 수수료를 부과하므로 총 청구 금액은 1천10불이 된다. 제휴카드사는 수수료를 합한 금액인 1천10불을 국내 카드사로 통보하게 된다.

국내 카드사는 해당 대금을 제휴 카드사에 외화로 먼저 지급하고 해당 대금을 원화로 환산하여 카드 회원에게 청구, 대금 결제일에 상환받는다.

– 국내 카드사의 수수료 부과

국내 카드사는 해외 제휴 카드사로부터 매출 발생을 통보 받은 날 당일자 전신환 매도율을 적용해 원화로 환산한다. 전신환 매도율이 1천1백원이라고 가정하고 1천10불을 원화로 환산하면 1백11만1천원이 된다. 그렇다면 최종적으로 카드 회원에게 청구되는 원화 금액은 1백11만1천원인가? 아니다. 여기에 '환가료' 라는 수수료가 추가된다.

환가료란 국내 금융 기관이 해외 금융 기관에 먼저 지급한 자금을 소비자로부터 추후 상환 받을 때까지 금융 기관이 부담한 자금에 대해 이자에 상응해 징수하는 수수료다. 이는 대부분의 국제 자금 거래에서 수반된다.

즉 국내 카드사는 회원을 대신해 미리 카드 대금을 외화로 해외 제휴 카드사에 지불하고 약 45~55일 이후에 카드 회원에게 대금을 원화로 상환받는 것이다.

따라서 이 기간 동안 카드사는 회원에게 신용을 공여한 것으로 볼 수 있으며 이 기간의 환율 변동에 따른 리스크도 금융 기관이 부담하므로 그에 상응하는 수수료를 부과한다는 것이다.

환가료율은 환율에 따라 결정되므로 매일 달라지며 카드사마다 적용하는 비율이 다르다. 현재 약 0.5~1%의 환가료율이 적용된다. 1천10불에 대해 1%의 환가료율을 적용한다고 가정하면, '1천10불×1%' 의 계산법으로 산출된 금액 10.1불을 원화로 환산(전신환 매도율 적용)한 금액인 1만1천1백10원이 부과된다. 1백11만1천원에 환가료 1만1천1백10원을 더해 카드 회원에게 최종적으로 청구되는 금액은 1백12만2천1백10원이 된다.
해외에서 카드로 대금을 지불할 경우 청구 과정에서 각종 수수료가 부과되므로 외화 현찰이나 여행자 수표(Traveler' s Cheque)를 이용할 때보다는 비용이 증가한다. 해외 여행에 소요되는 경비 산정 시 외화 현찰 · 여행자 수표 · 신용카드 등을 어떻게 적절히 분배해 사용할 것인지 현명하게 고려하는 지혜가 필요하다.

2) 코치투어(버스여행)

일반적으로 코치투어는 장거리 버스여행을 지칭한다. 미국, 뉴질랜드, 호주 등의 경우 코치투어에 전 일정에 걸쳐 현지가이드가 동행을 하나 유럽의 경우 일부분의 지역을 제외하고 현지 가이드가 동행하지 않기 때문에 업무의 양이 많고 또한 인솔자로서의 능력을 검증받을 수 있는 중요한 기회가 된다. 다음은 코치투어 시 인솔자의 안내내용과 유의사항에 관한 것들이다.

① 승차 후 우선 인솔자는 반드시 주행하는 구간거리, 소요시간, 식사장소 등을 파악해서 손님에게 설명을 해 주는 것이 좋다. 그리고 방문지에 대한 정보를 전달함함에 있어서 인솔자는 여행객의 분위기와 피로도를 고려하여 설명의 장단을 조절해야 한다. 그리고 시차가 큰 경우 오전에 설명을 오후에는 음악이나 비디오테입을 틀어 주는 것이 좋다.

② 며칠 동안 계속되는 장거리 코치투어일 경우 좌석을 매일 바꾸어서 불공평하지 않도록 유의해야 한다.

③ 인솔자는 버스 내에서 손님에 대해서 적절한 화제를 제공하고 이동 시 주요 볼거리에 대해서는 그때그때 설명해 주는 것이 좋다.

④ 이동 시 즐겁고 밝은 분위기를 연출하기 위해 자기소개, 노래나 게임을 준비할 필요성이 있다. 이런 점에서 인솔자가 미리 레크리에이션 능력을 개발해 두면 좋다.

⑤ 이동 도중 화장실 이용시간은 2시간에 1회 정도가 좋으며 휴식시간은 20분 정도가 적당하다. 이동 시 인원점검에 철저를 기해야 한다.

⑥ 국경을 통과해야 하는 경우 대부분의 국가에서는 여권 및 출입국심사가 필요하지만 서유럽같이 버스기사가 단체여행객의 명단을 입국심사사무실에 제출, 심사 없이 통과하는 경우도 있다.

⑦ 이동 도중의 식사장소, 레스토랑 메뉴 등은 미리 조사해 두어야 한다. 그 이유는 현지식이 제공되는 경우가 많기 때문이다.

Tip 식당 이용 시 에티켓

- 호텔식당이나 고급식당에 들어갈 때에는 복장에 주의하고 입구에 기다렸다가 웨이터의 안내를 받아 테이블에 앉는다.
- 외국에서의 식당서비스는 시간이 걸리므로 조급하게 서두르지 말고 큰소리로 종업원을 부르거나 손뼉을 치는 등의 행동은 삼가야 한다. 물이나 커피를 주문할 때 'Water', 'Coffee' 라고 한 단어만을 쓸 것이 아니라 ' Please' 를 붙이면 한결 부드러운 말이 된다.
- 식당에서 나오는 음식 외에 다른 음식을 가지고 들어가 먹는 일은 에티켓에 어긋나는 일이므로 삼가야 하며, 스낵바나 카페테리아에서 간단한 식사를 혼자 한다든지 차나 술을 마시는 경우를 제외하고는 식사시 다리를 꼬고 앉거나 팔꿈치를 테이블 위에 올려놓는 것은 예의에 어긋난다.
- 여성의 경우 들고 있는 핸드백은 식사 시 식탁 위에 놓아선 안 되며 등과 의자 사이에 놓는 것이 보통인데, 만약 도난의 염려가 있으면 무릎 위에 놓고 냅킨을 위에 덮으면 무난하다.
- 양식의 식탁 배열은 오른쪽에 나이프와 스푼이, 왼쪽에는 포크가 놓이게 되는데, 식사 중에는 나이프와 포크를 양쪽으로 벌려놓고 식사가 끝나면 모아놓으면 된다. 나이프로 음식을 먹지 말고, 대화 중 나이프나 포크를 들고 흔들지 말며, 포크로 한번 찍은 음식은 두세 번 베어 먹지 말고 한입에 먹어야 한다.
- 빵은 절대로 나이프로 자르거나 포크로 찍어먹는 것이 아니며 반드시 한 입에 먹을 만큼씩 손으로 떼어서 먹어야 한다. (단, 아침식사로 먹는 토스트만은 예외임)
- 음식을 먹을 때 큰소리를 내며 씹지 말고 입을 다물고 먹어야 하며, 음식이 뜨겁다고 불어서 식혀서는 안된다.
- 음식물이 치아 사이에 끼었을 경우, 손가락으로 빼려고 하지 말고, 조용히 밖으로 나와서 음식물을 제거한다.

- 식사 도중 큰소리로 대화를 하지 말고, 식사 중 담배를 피거나 이를 쑤시지 말아야 하며, 식사 시 옆사람 앞으로 팔을 벌려 조미료 그릇을 가져오는 것은 실례이다.
- 식사 도중 좌석을 떠날 때는 식사 중이란 표시로 냅킨을 의자에 올려놓고 가야 하며, 냅킨으로 나이프나 포크, 접시 등을 닦거나 얼굴이나 목, 손의 땀을 닦아서는 안 된다.
- 포크나 나이프를 바닥에 떨어뜨렸을 경우, 새것으로 가져달라고 요청한다.
- 셀프서비스를 해야 하는 뷔페의 경우에 주의해야 할 사항으로는,
  - 줄을 서서 차례대로 따라 돌면서 음식은 꼭 먹을 것만 가져오고, 부족하면 다시 가져온다.
  - 맛을 잘 모르는 음식일 경우 조금만 가져와서 맛을 본 후에 다시 가져다 먹도록 한다.
  - 고기나 생선요리는 접시의 안쪽으로 놓고 야채는 뒤쪽으로 놓는 게 좋으며, 생선을 먹다가 윗부분을 다 먹었다고 해서 뒤집어 먹는 것은 금기이므로 주의해야 한다.
  - 다 비운 접시는 웨이터나 웨이트리스가 즉시 치우므로 그대로 둔다.
  - 맛있는 음식이 있다 해서 그곳만 가지 말고 식당 전체를 둘러볼 필요가 있다.
  - 여성에게 음식을 가져오게 한다거나 남성의 담뱃불을 붙이게 하는 것, 담뱃재를 재떨이가 아닌 접시 위에 끄는 것 등은 삼가야 한다.

3) 철도여행

철도는 다른 대륙에 비해 유럽대륙에서 잘 발달되어 있기 때문에 유럽여행 시 철도를 이용할 가능성은 그만큼 높아진다. 런던↔워터루역, 파리↔노드역, 브뤼셀↔미디역 간의 유로스타나 뮌헨↔프라하, 부다페스트↔베니스 등의 유레일패스구간, 프랑스의 테제베(TGV : Train Grande Vitesse), 스페인의 아베(AVE : Alta Velocidad Espanola) 등이 주요 철도관광노선이다.

이외에도 여행객들에게 인기있는 철도여행으로 미국의 암트랙, 몸바사↔나이로비 열차, 캐나다의 로키 마운티어 열차, 일본 신간센 등이 있다.

(1) 승차 전 업무

① 열차 역으로 이동 도중 인솔자는 참가여행객들에게 열차의 승하차 역명, 출발시각과 도착시각, 목적지까지의 소요시간을 설명하고 차내 편의시설, 수하물 처리방법, 차내 도난사고 유의사항 등에 대해 전달해야 한다.

철도승차 중 식사시간과 겹칠 경우 도시락으로 해결할 것인지, 아니면 식당차를 이용할 것인지를 결정해 놓아야 한다. 만약 일행의 예약상태가 분산되어 있으면 일행의 좌석을 별도로 기록하여 승차 후 찾기 쉽도록 해야 한다.

② 적어도 40분전 까지는 열차역에 도착한다.

③ 열차역에 도착한 후 전광판을 통해 승차하려는 플랫폼을 확인하고 승차권을 분배한 후 승차준비를 해야 한다. 유럽의 기차역에는 별도의 개찰구가 없고 안내방송도 없다는 것을 기억해야 한다. 개찰은 승차 후에 이루어진다.

유럽에서는 발차를 알리는 "벨"이 울리지 않는 사실에 유의

④ 플랫폼을 확인 후 수하물을 이동시켜야 한다. 유럽의 경우 포터가 없는 경우가 대부분이다. 수하물은 객차입구 양쪽에 마련되어 있는 수하물보관소에 보관되는데 보관에 앞서 인솔자는 다시한번 그 수량을 확인한다.

(2) 승차 후 기내업무

① 식당차를 이용하여 식사할 경우, 먼저 식당 책임자와 반드시 시간, 인원 등에 관해 알려주어야 하며 짐의 분실방지를 위해 인솔자는 나중에 식사하거나 두 그룹으로 나누어서 식사를 하도록 조처한다. 그리고 인솔자와 분리된 객차를 이용하는 고객들이 있을 경우 외국어가 가능하고 여행경력이 많은 고객을 배정하고 도움을 요청하여야 한다.

② 국경을 통과할 경우에는 여권과 필요 시 입국 서류를 준비해야 한다. 입국서류는 역무원에게서 구할 수가 있다. 승차하지 못한 사람이 있을 경우, 반드시 개찰원에게 확인을 요청하여 증명을 받아 두어야 한다. 그리고 회계원이 열차에 들어오면 인솔여행객들이 회계원을 통해 환전을 할 수 있도록 하여야 한다.

③ 유럽의 경우 객차마다 행선지가 다르고 이동 도중 중간기착지에서 객차 칸의 분리가 이루어지는 경우가 많으므로 열차 안을 이리저리 돌아다니는 일이 없도록 조처해야 한다.

④ 고객의 건강상태를 하면서 체크하고 수하물이나 귀중품의 관리를 당부한다. 목적지 도착 15분 전에 하차준비에 임해야 된다.

(3) 하차

수하물의 수량과 인원수를 확인한다.

Tip 기차좌석의 종류

유럽기차는 컴파트먼트(Compartment), 코치(Coach), 쿠셋(Couchette), 침대칸(Sleeping Car)의 4종류로 구분이 된다.

① 컴파트먼트 : 방의 형태로 6명이 마주보고 앉도록 되어 있으며 좌석을 앞으로 당기면 좌석이 연결되어 있어 평평한 방의 형태가 된다. 야간이동과 같은 장거리 이동에 편리하게 이용할 수 있다.

② 코치 : 가장 일반적인 기차의 형태이며 우리나라의 기차와 유사하다. 길지 않은 단거리 구간을 이동할 때 주로 이용한다.

③ 쿠셋 : 간이침대로 주로 야간이동 시 이용하며 1등석 객실에는 칸막이 없는 침대가 4개, 2등석 객실에는 침대가 6개가 있다 객실 내에는 침대시트, 베개가 구비되어 있으며 쿠셋의 경우 반드시 예약을 해야만 이용이 가능하다. 쿠셋 이용 시 탑승 후 승무원이 유레일패스와 여권을 수거하였다가 아침에 목적지에 도착하기 전에 돌려준다. 또한 객실 안쪽에서 문을 잠글 수 있어 좀 더 안전한 여행을 할 수 있다.

④ 침대칸 : 예약비가 다른 좌석에 비해 비싸다.

4) 선박여행

선박여행업무는 주로 일본(한국-일본)을 비롯한 동남아(싱가폴-인도네시아, 홍콩-마카오), 유럽(핀란드-스웨덴, 이탈리아-그리스, 영국-유럽대륙 등)여행상품에서 이루어지는 업무로서 국제여객선 또는 페리, 크루즈선에서의 승하선 업무와 선내업무를 일컫는다.

(1) 국제여객선이나 페리일 경우

❶ 승선 전 업무

- 승하선 장소, 승하선 시간, 이동소요시간, 선박명, 선박구조 등에 대해 확인한다.

- 국제여객선일 경우 2시간 전에 터미널에 도착하여 승선수속을 받는 것이 좋다.
- 승선이 시작되면 투어번호와 바우처 등을 직원에게 건내 주고 승선권을 교부받는다. 이때 승선권의 매수와 선실등급이 예약 시와 동일한지 확인하고 선박배치도를 통해 일행의 선실위치를 확인한다.
- 수하물의 경우 수하물 꼬리표를 붙여 포터에게 위탁하거나 개인이 휴대 운반하여야 한다. 수하물 꼬리표를 붙여 위탁운송할 경우 수하물 인환증을 교부받아 보관하여야 한다.
- 이후 배정받은 선실로 이동한다. 그리고 해당좌석에 착석토록 한다.

- **승선 제한사항**

- 임산부는 임신 6개월 미만이어야만 승선이 허락되며, 여행이 가능하다고 하는 의사의 소견서를 반드시 첨부하여야 탑승 가능하다.
- 배가 출발하기 전에 건강상태가 좋지 않은 사실을 크루즈 선사로 알리더라도 환불요청은 불가하다. 환불을 받기 위해서는 취소보험(cancellation insurance)에 가입하여야 한다.
- 크루즈 선사에 따라 유아의 경우, 4개월 혹은 6개월 이상 등으로 승선나이를 제한하고 있다.

- **통화(Currency)**

선내 통용화폐로는 US달러가 일반적이나, 유럽노선의 경우 유로화가 통용되기도 한다. 크루즈 선사나 노선에 따라 차이가 있다. 배안에 있는 프런트 오피스에서 제한된 환전이 가능하지만 되도록 승선 전에 환전하는 것이 좋다.

- **신용카드와 여행자 수표**

대부분의 크루즈에서는 현금이나 여행자 수표를 사용하는 것보다 신용카드로 결제하는 것이 간편하다. 선사에 따라 허용 가능한 카드가 차이가 있으므로 출발 전 미리 체크해야 한다. 여행자 수표는 사용이 가능하나 일반 수표는 받지 않는다.

- **짐(luggage)**

안락하고 편안한 선내생활을 위하여 편의상 승객당 2개 미만의 옷가방과 1개의 작은 손가방 정도로 가볍게 준비하는 것이 좋다.

- **여권과 비자**

여권은 유효기간이 여행개시일로부터 6개월 이상 남아있어야만 승선이 가능하다.

❷ 승선 후 업무

- 승선 후 하선할 때까지 자유시간을 허용하고 하선시간을 공지한 후 집합장소에 모여 줄 것을 요청한다.
- 귀중품관리와 선박이용 안전수칙에 대해 설명하도록 한다.
- 선내식이 포함되어 있을 경우 개별적으로 할 것인지 단체로 모여 할 것인지를 결정해서 통보해 준다. 개별적으로 하고자 할 때에는 식사쿠폰을 배부해준다.
- 선내 편의시설과 사용가능한 통화에 대해 알려준다.

❸ 하선

수하물의 수량과 인원수를 확인한다.

(2) 크루즈선일 경우

❶ 승선 전 업무

가. 인솔자는 크루즈에 승선하기 전에 승하선 장소, 승하선 시간, 이동소요 시간, 선박명, 선박구조 등에 대해 확인한다. 그리고 선내규칙, 팁, 선상생활, 승선철차, 수하물 처리, 식사 시 예절, 기항지관광 등에 대한 정보를 확인하고 항구로 이동할 때 구체적으로 안내해 주어야 한다.

나. 크루즈터미널에 도착하기 전 선사에서 지급한 수하물꼬리표(baggage tag)의 탈착 여부와 부여된 객실번호가 수하물꼬리표에 제대로 기재되어 있는지 확인한다. 원활한 승선수속을 위해 통상 2시간 전에 크루즈터미널에 도착하면 되나 10만 톤이 넘을 경우 승선객이 많아 출항 3시간 전에 도착하여 승선수속을 받아야 한다.

다. 터미널에 도착 후 제일 먼저 포터에게 여행객들의 수하물을 예약된 객실로 전달될 수 있도록 조처한다(일반적으로 포터에게는 짐당 1불씩의 팁을 주는 것이 상례이다).

라. 짐을 부친 후 터미널 건물 안으로 들어가 공항에서와 마찬가지로, 보안검사를 받는다.

크루즈에서는 원칙적으로, 공항 등에서 구입한 면세 주류의 반입을 금하고 있으며, 주류를 반입할 경우, 일단 선사 측에서 보관하다가, 크루즈 여행이 끝나는 마지막 날 되돌려주게 되어 있다.

마. 보안검색대를 통과한 뒤, 체크인 카운터로 가서, 해당 카운터에 줄을 서서 수속을 받는다. 승선 바우처, 여권과 크레디드 카드를 카운터에 제시하고 승선 등록하여야 한다. 체크인이 끝나면, 직원으로부터 선상카드(onboard charge card)를 건네받는다. 이 선상카드는 크루즈 선내에서 신분증의 역할을 할 뿐 아니라, 선내의 모든 비용의 지불에도 이용되며 선박에 따라서 객실의 문을 열고 닫는 키 카드로도 이용되기 때문에 분실에 유의하도록 주지시킨다.

바. 그 다음 크루즈로의 승선을 위해, 크루즈 연결 통로(gangway)를 지나 크루즈 선내로 인솔하여 들어간다.

크루즈 연결통로에 다다르면, 크루즈의 사진사와 멋진 기념촬영을 도와줄 스냅-해피팀(snap-happy team) 직원들이 승객들의 사진을 위해 기다리고 있는데 사진이 찍기를 원치 않을 경우, 정중하게 'No'라 하면 된다. 크루즈 연결통로가 끝나는 지점에 다다르면, 크루즈선 입구에서 승객들은 크루즈 승무원들의 환영 인사를 받게 된다. 많은 크루즈에서는 스탭들에게 객실번호를 알려주면 승객들의 손가방을 대신 들고 직접 객실까지 안내해 주기도 한다. 이때 대형 크루즈선의 경우 기항지관광 입국수속의 편의와 보안(security)을 위한 얼굴사진 등록이 이루어진다.

사. 승무원들이 나누어 준 덱플랜을 참조하여 객실로 이동하거나 승무원의 안내를 받아 객실로 이동한다. 최신 선박들의 경우, 선상카드가 객실키로 사용된다. 이때 담당 객실 승무원이 객실에 방문하여, 자신을 소개하고, 객실에 구비되어있는 물품 등을 안내해 준다.

아. 선내 구조를 파악한다. 승객정원이 500명 이상인 크루즈의 경우, 짐이 객실까지 도착하는데 시간이 다소 걸린다. 인솔자는 객실에 앉아 짐을 기다리지 말고, 선내시설 안내 프로그램에 참가하거나 아니면 고객들을 데리고 직접 크루즈 선내를 돌아보면서 크루즈 내부 구조를 익히도록 한다. 어느 쪽이 선두인지, 후미인지 파악하고, 비상시 어느 쪽이 가장 가까운 비상구인지 알아두는 것도 좋다.

자. 배정받은 다이닝룸을 확인한다. 크루즈의 경우, 통상 다이닝 룸이 1개 이상이며, 대부분이 2시팅(first sitting 또는 second sitting)으로 이루어져 있는 경우가 많다. 승선 전에 배정받은 다이닝 룸의 위치와 시간대를 다시 한번 확인해 두는 것이 좋다. 만약 레스토랑의 테이블이나 시간의 배정에

문제가 있을 경우, 레스토랑 매니저나 메트르 도텔(maitre' d' hotel)에게 다른 테이블로 변경해줄 것을 요구해야 한다.

차. 출항 : 객실에 짐이 도착하면 짐을 푼 다음, 선박이 항구를 출발하기 직전 덱으로 나와 선박이 출항장면을 목격하는 것도 크루즈 여행에 있어 가장 멋진 순간이기 때문에 여행참가자들을 인솔하여 갑판으로 나와 즐기도록 한다.

❷ 승선 후 선상업무

가. 안전교육(lifeboat drill)에 참가 : 크루즈가 출항하게 되면, 통상 30분~1시간 내에 승객들을 위한 크루즈 안전교육이 실시된다(국제규약에 따라 모든 크루즈에서는 24시간 이내에 안전교육이 실시됨). 모든 승객은 구명조끼를 입고 이 안전교육에 참여하여야 한다. 인솔자는 안전교육 사이렌이 울리면 구명조끼의 위치를 여행객들에게 알려주고 착용하게 한 다음 안전교육장소(muster station)에 참여할 수 있도록 하여야 한다. 이때에는 선내의 모든 부대시설의 이용과 서비스가 일시 중지된다. 안전교육이 끝나면 객실로 인솔하여 온 후 여행객들을 편히 쉬게 하는 것이 좋다. 통상 크루즈에서의 첫날은 기항지 프로그램이 없다. 매일 저녁 배포되는 선상신문을 통해 인솔자는 다음 날의 일정과 선내프로그램을 숙지하고 전체 여행객들이 참여할 수 있는 프로그램이 있는지를 조사해 두어야 한다.

나. 기항지관광 : 통상 7일 정도의 상품이라면 3~4번의 기항지 관광이 포함되어 있다. 기항지 관광은 한국에서 출발 전에도 예약이 가능하지만 예약되어 있지 않으면 전날 기항지관광 데스크(shore excursion desk)를 통해 신청할 수 있다. 기항지 관광프로그램의 수가 많으므로 여행객들과 의논하여 어느 한곳을 선택하게 하든지 아니면 개인별로 기호에 맞게 선택하게 하든지 아니면 선내에서 휴식을 취하게 할 수 있다. 기항지 관광시에는 카지노, 쇼핑몰 등 선내 시설은 이용이 불가하다. 그러나 개인별로 선택할 경우 여행객들의 언어능력이 문제가 될 수 있어 어느 한곳을 지정하여 기항지관광에 임하는 것이 좋다.

재승선 : 기항지 관광의 경우 크루즈선 출발 1시간 전까지 크루즈에 재승선해야 하기 때문에 인솔자는 기항지 하선 전 반드시 선내 신문에 나와 있는 크루즈 출발시간 및

탑승 마감시간을 확인해야 한다. 텐더보트(tender boat)로 기항지와 크루즈선 사이를 반복 운항하는 경우 마지막 텐더보트 승선 시간을 꼭 확인해야 한다. 일반적으로 마지막 텐더보트는 기항지에서 유람선 출발 30분 전에 크루즈선으로 출발한다.

재승선하지 못한 경우 : 승객의 귀책사유로 크루즈에 재승선하지 못한 경우 다음 기항지까지의 이동은 승객의 책임으로 타 교통수단을 이용해야하며 이 경우 모든 관련 지출비용은 승객이 부담해야 한다.

다. 하선준비

팁 : 하선 전날 팁에 대한 동의여부를 각 여행객들에게 묻게 된다. 팁의 경우 통상 1인당 하루에 $10씩 부과(객실 스튜어트 $3.5, 다이닝룸 스튜어트 $5.5, 공용공간 스튜어트 $1)되며 여행객의 동의 하에 신용카드로 등록한 자기계정에서 빠져나간다. 이의가 있을 경우 사무장부서로 이의제기를 하면 된다. 그리고 하선 하루 전날 객실에 메트르 도텔(maitre' d' hotel)의 팁 봉투가 전달되는데 이 경우 팁에 대한 의무는 없으며 여행객의 자유의지이다.

수하물 수속 : 하선 전날 오후에 각 선실로 하선을 위한 별도의 수하물꼬리표가 전달된다. 인솔자는 전달된 수하물꼬리표를 부착하게 하고 잘 부착되어 있는지를 확인한 후 오후 8~12시 전 선실 문밖에 내 놓도록 조처한다. 이 수하물들은 다음날 아침 승무원에 의해 터미널로 전달되며 하선 후 터미널 수하물 회수장소에서 찾을 수 있다. 인솔자는 여권, 복용하고 있는 약, 현금 및 귀중품은 수하물에 넣지 말고 손가방 등에 넣어 직접 소지하도록 안내해야 한다.

짐표는 여러 가지 색깔로 나뉘어져 있으며 하선 후 터미널 수하물 회수장소에 짐표 색깔별로 수하물들이 나뉘어 놓여 있어 한꺼번에 많은 승객들이 하선하더라도 용이하게 수하물을 회수할 수 있다.

Tip 선상 안전수칙

선상화재 : 선상화재는 크루즈에서 일어날 수 있는 사고 중 가장 치명적인 사고로, 담배, 난방, 혹은 기타 알 수 없는 원인에 의해 발생된다. 화재나 위급한 상황이 발생하였을 경우, 일단 침착함을 잃지 않는 것이 가장 중요하다.

- 만약 승객이 객실 내에 있고 복도에 화재(사이렌이 짧게 7번, 휘슬이 10초 동안 이어짐)가 발생하였을 경우, 우선 객실 내에 비치되어 있는 구명조끼(손전등과 휘슬이 부착되어 있음)를 착용하고, 객실 문을 열어야 한다. 객실문의 손잡이가 뜨거울 경우, 물에 적신 타올을 이용하여 객실 문을 연다. 만약 복도에 불이 격렬할 경우, 몸을 젖은 타올로 감싼 뒤 화염을 통과한다. (발코니가 있는 객실이 아닐 경우, 이 방법이 불길을 통과하는 유일한 방법이다)
- 일단 복도를 체크하고, 화염이나 연기가 없다면, 가장 가까운 층계나 비상용 계단으로 이동한다. 만약 복도에 연기가 있다면, 가장 가까운 비상구까지 엎드려서 기어간다. 불이 났을 경우 엘리베이터의 이용은 절대 금물이다. 연기와 불로 인에 엘리베이터의 작동이 멈출 수 있기 때문이다.
- 만약 객실 내에 불이 났을 경우, 즉시 선내전화로 신속하게 불이 났음을 신고를 해야 한다. 객실 밖으로 나오고, 객실 문을 닫아(가능하다면), 불길이 복도로 번지는 것을 막을 수 있다. 그런 다음, 소리를 질러 불이 났음을 이웃 객실에 알린다.

안전사고 : 미끄러지거나 걸려 넘어지거나 빠지는 것과 같은 사고는 크루즈 선상에서 종종 일어나는 사고들이다.

- 오래된 선박의 경우, 복도나, 덱에도 문턱이 있음을 주의한다.
- 덱을 걸을 때나, 수영풀 주변 혹은 리도덱을 걸을 때는 하이힐을 신지 않도록 하고 고무 밑창이 있는 신발을 신는 것이 좋다.

배멀미 : 오늘날의 크루즈는 크루즈 안정장치인 스테이블라이저(stabilizer)를 갖추고 있기 때문에 롤링이 그리 심하지 않은 편이며, 배멀미를 하는 경우도 많지 않다(전체 승객의 약 2~3% 정도가 배멀미를 느낀다고 함). 배멀미가 날 경우 다음의 사항을 유의해야 한다.

- 배출항 2시간 전에 배멀미 약을 복용하거나 키미테 등과 같은 멀미약을 이용한다. 심할 경우 크루즈 내의 의료실에서 주사처방을 받을 수 있다.
- 객실 안이나 라운지에서 창밖을 바라보는 것은 피하는 것이 좋다. 위아래로 움직이는 동작은 멀미를 불러일으킨다. 밖으로 나가 신선한 공기를 마시고, 수평선을 바라보거나, 배의 중간 지점에 머무는 것이 좋다. 무릎과 다리로 몸의 균형을 맞추면서 덱을 걷는 것도 좋다.

- 바다의 파도가 심할 경우, 책을 읽거나 엽서를 쓰거나, 혹은 아래를 바라보며 집중하는 행동들은 피하는 것이 좋다.
- 크래커나 브레드 스틱 등을 먹고, 구토가 날 경우 오렌지나 레몬을 먹는다. 주류는 피하는 것이 좋다. 식사는 소량으로 한다.

(www.santacruise.co.kr)

Tip 크루즈 정찬

크루즈에서의 정찬은 선상생활에서 가장 많이 이야기되는 최고의 즐거움이다. 흑해에서 온 캐비어나, 차게 식힌 파파야 스프, 밤소스를 곁들인 구운 꿩요리와 비프 웰링톤, 베이크트 알래스카에 이르기까지.... 승객들은 매일 6번 이상의 식사 때마다 즐거운 딜레마에 빠지게 된다.

세계적 명성의 요리사들에 의해 준비되고 담당 웨이터에 의해 서브되는 세계 각국의 별미들. 상쾌한 바닷바람이 입맛을 돋우고, 화려한 아이스 카빙과 실버웨어, 크리스탈 제품들이 눈을 즐겁게 하며, 때때로 펼쳐지는 흥겨운 음악과 공연은 정찬의 분위기를 더욱 고조시킨다.

크루즈에서의 정찬시간은 단순히 음식을 먹는 그 이상의 의미를 갖는다. 그것은 새로운 요리를 경험하고, 승무원들의 친근하고 세심한 서비스를 경험하는 시간이며, 다른 여행객들과 만나고 사귀는 기회이다.

크루즈의 음식축제는 아침부터 밤까지 끊임없이 이어진다. 일찍 일어나는 승객들을 위한 모닝커피와 티로부터 시작된다. 아침식사는 다이닝룸에서의 아침 정찬, 혹은 갑판에서의 간단한 아침식사를 즐길 수도 있고, 룸서비스를 통해 객실 내에서 식사를 할 수도 있다.

점심과 저녁 만찬을 비롯하여 아침과 점심 사이의 부용, 에프터 눈 티, 미드나잇 뷔페는 크루즈에서 만나는 즐거움이다. 이 모든 것이 크루즈 요금에 포함되어 있다.

(www.santacruise.co.kr)

Tip 환전 및 선내 승선카드

크루즈에서의 환전은 안내데스크에서 이루어지며 세계 각국의 통화로 환전이 가능하다. 승선 시 선내에서의 사용하시는 지불 내용의 후불정산을 위하여 각 개인의 신용카드를 선내의 승선카드와 연결시켜 선내 계정을 개설하게 된다. 사용가능한 신용카드 종류는 VISA, MASTER, DINER' S CLUB, AMERICAN EXPRESS, JCB 등이다. 신용카드 사용을 원하지 않을 경우 $300의 현금을 미리 지불한 후 선내 계좌를 만들 수 있다. 불편하게 현금을 챙겨 다니지 않아도 승선카드만으로 편하게 선내시설을 이용할 수 있다.

Tip 크루즈 파티

'황금의 20년대' 의 영광을 연상케하는 크리스탈 샹들리에와 멋진 골동품들, 오리지널 미술품과 마호가니 목재로 마감된 우아하고 격조 높은 무도회장, 화려한 이브닝드레스와 턱시도, 오케스트라의 연주와 맞추어 펼쳐지는 파티와 칵테일 한잔. 선상에서 열리는 공식적인 파티인 갈라 디너파티를 비롯하여 스타크루즈의 50~60년대식의 록큰롤 파티나, 코스타 크루즈의 로마인들의 토가의상과 함께 펼쳐지는 트가페스티벌과 베네치아 가면무도회와 같은 선사테마파티....
혹은 혼자 여행 온 승객들을 위한 싱글스 칵테일파티와, 상용고객들만을 위한 특별파티 등 다양한 파티가 매일 밤 이어진다. 크루즈 선상에서 펼쳐지는 특별한 분위기와, 흥겨운 파티는 크루즈여행의 또 하나의 즐거움이다.(www.santacruise.co.kr)

크루즈의 기본적인 드레스 코드		
구분	남성	여성
공식만찬(formal night)	턱시도 혹은 다크 수트	이브닝, 칵테일 드레스 혹은 한복
약식만찬 (semi-formal night)	자켓과 넥타이	칵테일 드레스, 원피스, 스커트
캐쥬얼(casual night)	스웨터나 셔츠 등의 평상복	스커트 또는 스웨터나 블라우스 등과 바지

■실버씨 크루즈 디너 정찬 샘플메뉴

APPETIZERS(에피타이저)

Avocado Fan Flavored with Amaretto(아메레토로 맛을 낸 아보카도)

Rose of Smoked Norwegian Salmon with Caviar Cream(캐비어 크림을 곁들인 훈제 노르웨이산 연어)

PASTA(파스타)

Fettuccini in a Cream Sauce with Spinach and Chicken Slices(시금치와 치킨이 들어있는 크림소스의 페투치니 파스타)

SOUPS(수프)

Black Bean Soup with Chorizo and Cilantro(멕시코 향료가 가미된 검은콩 수프)

Iced Berry Soup(아이스드 베리 수프)

SALADS(샐러드)

Grilled Eggplant Salad with Tomato Salsa(토마토살사소스를 곁들인 구운 가지 샐러드)

Romaine Lettuce with Citrus Fruit Dressing(오렌지 소스를 곁들인 로메인샐러드)

SORBET(샤벳)

Mumm' s Gordon Rouge Champagne Sorbet(고르동루즈 샴페인 소르베)

ENTREES(앙트레)

New York Sirloin Steak, Coated with Cracked Black Pepper, Baked Potato, Stuffed Zucchini(으깬 후추를 입힌 뉴욕 서로인 스테이크와 구운감자, 속을 채운 쥬키니)

Grilled Free Range Chicken Breast on Herb Risotto, Truffel Jus and Asparagus (허브리조토와 트러플 아스파라거스와 함께 제공되는 닭 가슴살 요리)

Medallions of Venison with Juniper Sauce, Broccoli and Pommes Williams (쥬니퍼 소스를 얹은 사슴고기와 브로컬리, 폼프 윌리암스)

DESSERTS

Grand Marnier Souffle(그랑 마리에 수플레)

Chocolate Raspberry Roulade(초콜릿 라즈베리 룰레이드)

Apple Fritters with Vanilla-Cinnamon Sauce(바닐라 시나몬 소스를 곁들인 애플 프리터

큐나드 사의 주방장이 권하는 집에서 만드는 QE2 디저트 요리법

크라나찬(Cream Crodie)-6인용

오트밀 65g, 더블 크림(휘핑 크림) 600㎖, 위스키 120㎖, 신선한 라즈베리 420㎖, 데코레이션을 위한 초콜릿 스틱 12개, 데코레이션을 위한 민트잎 6장

1. 오트밀을 얇은 팬에 올려 오븐에 황금색이 날 때까지 굽는다.
2. 휘핑크림에 거품을 내어 부드러운 거품으로 만든뒤 저으면서 위스키와 구운 오트밀을 섞는다.
3. 라즈베리를 210㎖를 6개의 유리그릇에 담고, 섞은 휘핑크림을 그 위에 얹는다. 남은 라즈베리를 그 위에 다시 얹고, 휘핑크림을 맨 위에 뿌린다.
4. 오트밀과 초콜릿 스틱, 민트로 데코레이션한다.

❸ 하선업무

가. 승선카드로 사용한 비용 지불 : 하선당일 새벽에 일정 중 승선카드로 지불한 주류, 음료, 기항지 선택 관광, 물건구입비용 등에 대한 내역서가 승객선실로 전달된다(하선 전이라도 객실 내에 있는 자신의 사용내역에 대해 리모콘을 이용하여 TV모니터로도 확인가능하다). 인솔자는 여행객들에게 내역서를 확인하게 하고 이상이 있을 경우에는 안내 데스크에 문의하여야 한다. 사용금액은 승선카드와 연계된 해당신용카드로 자동 청구된다.

나. 하선절차 : 인솔자는 여행참가자들을 아침 식사 후 선실 또는 라운지, 바 등지로 인솔하여 휴식을 취하게 하고 선내 방송을 통해 수하물에 붙였던 색상별로 하선 안내 방송이 있으면 하선준비를 하도록 한다. 하선 시간은 크루즈 도착 후 약 30분에서 1시간 후로 인솔팀에 해당되는 색상에 대해 안내 방송이 있으면 기다렸다가 하선하면 된다.

5) 자유행동시간

여행객에 있어 자유시간이란 그날의 공식적인 관광 일정이 끝난 후의 시간이다. 통상 저녁식사시간 이후의 시간이다. 여행자 입장에서 보면 자유시간을 보다 효율적으로 보낼 수 있는 것이 선택 관광이다. 자유시간을 이용하여 현지에 대해 좀 더 보고, 먹고, 즐길 거리를 찾아보자는 데서 착안하여 여행사에게는 부가수익을, 고객에게는 그들의 다양한 욕구를 충족시켜 보자고 하는데서 출발한 것이 선택 관광이다. 여행사들이 대부분의 여행상품에 선택 관광을 포함시키고 있는 이유가 여기에 있다. 선택 관광이란 일정에 포함되어 있지 않은 현지에 대해 자유시간을 이용하여 여행객이 개인적으로 비용을 지불하고 참가하는 여행으로 선택 관광 시 유의해야 할 사항은 다음과 같다.

① 인솔자는 고객에게 추천할 만한 상품을 미리 조사해두고 조사과정에서 고객의 질문이 있을 수 있다고 생각되는 사항에 대해서는 충분히 조사해 두어야 한다. 그리고 주로 야간에 행해진다는 점에서 다음 일정에 지장이 없도록 시간안배에 대해 유념해야 한다.

② 가능한 한 선택 관광은 그 지역의 특색을 나타낼 수 있는 상품으로 추천해야 하며 참가여행객들이 동일상품으로 선택하도록 유도하는 것이 좋다. 팀 일원들이 각각 다른 프로그램을 선택하여 팀이 여러 군데로 분산되면 통제에 문제가 생길 수 있기 때문이다. 추천 선택 관광의 참가자 수가 소수일 경우 취소하는 편이 더 좋다. 만약 강행을 해야 할 상황이라면 인솔자의 소재를 명확히 해 두어야 한다.

③ 선택 관광은 여행객의 자유의지에 달려 있다. 그러므로 여행사, 현지가이드, 인솔자 등에게 수익에 도움이 된다하여 강요해서는 안 된다.

한편 선택 관광 없이 참가여행객들에게 자유시간을 맡길 경우 인솔자는 다음과 같은 역할을 수행해야 한다.

① 개별적으로 방문도시의 문화를 체험하고자 하는 경우 방문도시에 대한 상점가 · 식당의 위치 및 영업시간, 교통기관이용 등에 대한 정보를 정확하고 상세하게 제공하여야 한다. 거리의 안전성, 바가지요금 등의 문제들이 생

겨날 수 있기 때문이다. 특히 안전을 위하여 가능한 한 개인행동은 자제하고 여러 명이 같이 이동해야 한다는 점과 위험한 곳에 가까이 가지 않도록 주지시켜야 한다. 여성이나 고령자가 행동하는 경우 안전에 대한 대책이 필요한데 필요 시 동행 등의 배려가 필요하다. 팀 일원들이 분산되는 경우 고객의 자유행동에 따른 인솔자의 소재를 명확히 해 두어야 한다.

호텔 GRO, 컨시어지를 통해 방문도시의 지도와 여행안내를 받게 하는 것도 좋다.

② 호텔명이 들어있는 호텔 네임 카드 등을 휴대하게 하여 자유행동 후 쉽게 호텔을 찾아 올 수 있게 조처하여야 한다.

표 3-3 주요국가의 선택관광

대륙	국가	지역	종류	소요시간	상세내용
미주	미국	라스베이거스	쥬빌리 쇼	1시간 30분	마술, 서커스, 코미디
		LA	유니버셜 스튜디오	전일	영화촬영장 견학
		LA	디즈니랜드	전일	테마 파크
		그랜드캐년	I-MAX영화	45분	그랜드 캐년 비경 관람
		샌프란시스코	베이유람선	1시간	유람선 승선
	캐나다	밴프	야외온천욕	1시간	야외온천욕
		토론토	스카이 타워	1시간	토론토 전경감상
	아르헨티나	부에노스 아이리스	탱고	2시간	탱고공연
구주	이탈리아	폼페이 · 소렌토 · 카프리	폼페이 · 소렌토 · 카프리 1일 관광	11시간	폼페이, 나폴리와 소렌토 항구 감상
		베니스	곤돌라	1시간	곤돌라 승선
		카프리	카프리섬 관광	9시간	카프리섬 관광
		로마	벤츠 투어	반나절	벤츠로 로마 시내 관광
	프랑스	파리	리도쇼	2시간	100명 이상이 펼치는 쇼
			에펠탑 · 세느강 관광	2시간	파리야경 감상
	오스트리아	인스부르크	티롤디너 쇼	1시간 30분	민속디너 쇼
	포루투칼	리스본	파도	2시간	전통민요 쇼

대륙	국가	지역	종류	소요시간	상세내용
구주	스페인	마드리드	플라멩고	2시간 30분	정열의 훌라멩고 감상
			투우	4시간	투우민속경기 관람
	러시아	모스크바	서커스	2시간 30분	전통묘기공연
	터키	이스탄불	밸리 댄스	2시간	전통의 배꼽춤
	영국	런던	레이몬드 쇼	3시간	성인쇼
			뮤지컬	1시간 30분	인기 뮤지컬 감상
아시아	태국	파타야	알카자 쇼	1시간 30분	여장남자의 춤과 노래
			전통 마사지	2시간	전신 마사지
		방콕	악어농장	2시간	악어사육과정, 악어쇼
	싱가포르	싱가포르	나이트사파리투어	1시간	1,000여 마리 동물 체험
			해양수족관	30분	해저 터널 수족관
	인도네시아	발리	케착댄스	2시간 30분	발리 전통댄스
	홍콩	홍콩	중국 심천 당일 관광	9시간	중국 소수민족의 생활 모습 관광
			하버나이트 크루즈	2시간	선상에서 홍콩야경관람
	중국	상해	서커스	2시간	중국전통묘기 관람
		북경	발마사지	1시간	전문지압사의 발마사지
		상해	만리장성 케이블카	30분	만리장성 관광시팔달령까지 케이블카로 이동
대양주 남태평양	괌	괌	선셋디너 크루즈	2시간	마술 쇼, 석식 제공
			샌드 캐슬(디너쇼)	2시간	식사를 즐기며 쇼를 관람
			해양 종합스포츠	4시간	제트스키, 스노클링 등 수상레저스포츠활동
	사이판	사이판	트로피칼 어드벤쳐	3시간 30분	정글 투어와 열대 식물원 관광
			해양스포츠	4시간	바나나보트, 제트스키, 스노쿨링 등
			마나가하섬		바비큐파티와 해수욕

대륙	국가	지역	종류	소요시간	상세내용
대양주 남태평양	뉴질랜드	퀸즈타운	번지점프	1시간	번지 점프 체험
		로토루아	승마	30분	승마체험
	호주	시드니	디너크루즈	1시간	시드니 항구 크루징
		이스탄불	시드니 야경감상	3시간	시드니 타워 감상, 모노레일 승선
		골드코스트	콘래드 주피터스 쇼	2시간	라스베이거스 스타일의 쇼

6 귀국업무

모든 일정이 종료되면 귀국준비에 임해야 한다. 우선적으로 귀국항공편의 예약을 재확인하여야 한다. 예약 재확인을 생략하는 항공사도 있지만 현지에서의 체재시간이 통상 72시간을 초과하는 경우에는 예약재확인을 해 두는 것이 좋다. 귀국업무는 출국업무와 유사한데 본 서에서는 출발 전날, 출발 당일, 공항이동 시, 공항에서, 기내에서, 귀국 시로 나누어 설명하기로 한다.

1) 출발 전날

① 출발 계획은 전날 저녁 먹을 때를 이용하여 고객에게 익일 출발시각, 수하물 반출 및 식사시간 등의 사항과 호텔 측에 체크아웃시간을 알려주고 수하물반출인(bellman)을 수배하도록 한다.

② 개인적 사정에 의해 현지에 체류하고자 하는 여행객이 있을 경우 인솔자는 귀국편 항공권을 전달하고 귀국일자 등을 점검하여 귀국에 지장이 없도록 배려한다.

2) 출발 당일

(1) 회계

① 마스트 빌(master bill)을 체크하고 정산한다.

② 개인적 비용(룸서비스, 미니바, 전화료 등)의 정산의 경우 손님의 개인적인 지불을 체크해서 지불하도록 안내한다.

(2) 수하물

① 당일 아침 재차 책임자에게 수하물 반출시간을 확인한다.

② 모여 있는 수하물의 수량과 열쇠가 걸려있는지를 확인하고 항공회사에서 핸들링하는 과정에서 수하물 꼬리표(baggage tag)가 없으면 수하물 분실의 원인이 되므로 짐표(tag)의 탈착 여부를 확인한다.

③ 방 열쇠의 반환이 필요한 경우 반환하고 객실에 두고 온 물건이 없는지에 관해서 손님에게 확인한다.

④ 교통편(transfer bus)을 확인한다.

⑤ 현지여행사와 최종정산을 한다. 당일 일정이 더 남아 있는 경우 출발 전 공항에서 최종정산을 실시한다.

3) 공항 가는 도중

① 버스에 승차하기 전 고객인원과 수하물의 수량을 확인한다.

② 공항까지의 소요시간, 비행시간, 목적지, 출발, 도착시간, 공항에서의 갈아타기, 면세점 이용 등에 대해 안내한다.

③ 다음 목적지가 있는 경우 다음 목적지의 나라 및 도시에 관해서 간단히 설명하고 귀국길이면 이번 여행의 관한 여행객, 현지가이드, 인솔자의 소회를 들어 보는 것도 괜찮은 방법이다. 보통 이때 현지가이드와 운전사에게 소정의 팁을 전달한다. 전달은 여행객 중 대표가 전달하도록 한다.

4) 공항에서

① 버스 하차 시 버스 안에 두고온 물건이 없는지를 확인하고 수하물을 확인 후 여행참가자들을 공항 로비로 이동시켜 전체 고객이 앉을 만한 공간으로 유도한다.

② 탑승수속에 앞서 수하물 꼬리표를 확인하고 없을 경우 한국 출발 시 여행사에서 준비해 온 여분의 수하물꼬리표를 분배하여 부착토록 한다. 그리고 목적지 입국 시 항공사의 수하물꼬리표는 제거하도록 안내한다.

③ 공항의 은행, 화장실, 우체국, 식당 등의 편의시설을 손님에게 안내한다(시간이 있을 때에는 일단 해산했다가 다시 집합시킨다. 집합 시 특별한 목표물을 안내해 놓거나 현 위치에 모여 줄 것을 요청한다)

④ 여권을 수거한 후 항공권과 위탁수하물을 가지고 해당 카운터로 가서 탑승수속을 밟는다.

수하물의 경우 단체객에게는 Baggage Pooling System이 적용되기 때문에 특정 개인의 초과수하물 요금에 대해서는 걱정할 필요가 없다.

⑤ 항공사 직원으로부터 건네받은 수하물 인환증과 탑승권의 수를 확인한다.

⑥ 여권과 탑승권을 배부하고 인원확인 후 현지가이드와 고별인사를 한 후 출국장으로 들어간다.

⑦ 출국수속(세관, 출국 관리, 검역안내)을 받고 출국라운지로 나온 후 우선 탑승 게이트를 확인시킨다. 시간적 여유가 있으면 면세점에서 쇼핑을 하게 하고 비행기 출발시간 30분 전까지 탑승게이트로 모여 줄 것을 요청한다.

부가세환급제도를 실시하고 있는 국가에 대해서는 부가세 환급을 받을 수 있도록 안내하도록 한다. 유럽 방문객의 경우 출국 시 공항세관원으로부터 면세신고서에 확인스탬프을 받아 세금환불창구로 가져가면 현금으로 교환해 준다. 반면 캐나다는 출국 전 공항라운지에서 해결이 가능하다. 호주, 뉴질랜드의 경우 시내에서 구입한 면세품은 위탁수하물로 배송이 안 된다. 직접 휴대하고 출국심사를 거친 후 세관직원이 면세품 영수증을 쇼핑백에서 회수해 가기 때문에 영수증을 제거해서는 안 된다. 세관회수 이후 여행객은 면세품을 개봉할 수 있다.

⑧ 최종적인 인원수를 확인하고 인솔자가 마지막으로 탑승한다.

항공사의 탑승은 일등석 승객이나 노약자, 어린이를 동반한 승객이 우선 탑승하며 그 다음으로 비즈니스 승객 마지막으로 일반석 승객을 탑승시킨다. 일반석의 경우도 보통 뒷좌석 승객부터 탑승을 시킨다.

5) 기내에서

① 한국도착 30분~1시간 전에 세관신고서 작성의 지도(정직하게 신고하도록 안내)와 검역신고서 작성을 돕는다(별송품이 있는 손님은 2부 작성한다. 부부나 친자 등은 1부라도 가능)

별송품이 있을 경우, 6개월 내(일본, 대만, 홍콩에서 입국한 사람은 3개월)에 도착해야 한다.

② 입국 시 면세기준 및 간이세율 등을 알아 두어야 한다.

Tip 1인당 면제 금액

• 여행자 1인당 현지구입가격 US$600을 과세가격에서 면제

- 주류(병당 1ℓ 이내), 담배(10갑), 향수(2온스, 약 50g), 재반입물품
- 두 개 이상의 휴대품금액 합계가 US$600을 초과하는 경우에는 1인당 면제금액은 고세율 품목부터 적용함
- 신변용품이라도 외국에서 구입한 것은 과세가격에 포함하여 계산함

• US$600을 면제할 수 없는 경우

- 1인당 면세기준을 초과한 주류, 담배, 향수의 과세시 적용불가
- 판매를 목적으로 반입하는 상용물품에 대해서는 면세 적용불가

• 1인당 US$600 면제적용시 고려할 사항

2인 이상의 동반가족이 US$600을 초과하는 물품을 1개 또는 1set를 휴대반입할 시는 1인 면제금액에 해당하는 US$600만 면제함

예) 3인의 동반가족이 US$1,200짜리 TV 1대를 휴대반입할 경우에는 US$600만 면제하고 US$600은 과세처리함

• 농림수산물 등의 면세통관범위

- 농림수산물 등의 면세범위는 해외 총 취득가격 10만 원 이내에서 다음의 품목당 기준에 따름(농림수산물 등의 면세금액은 1인당 면제금액에 포함) 단, 면세통관범위 내라 하더라도 식물방역법 및 가축 전염병예방법에 의한 검역대상물품은 검역에 합격된 경우에 한하여 면세 통관됨(참기름 · 참깨 · 꿀 · 고사리 · 더덕 각각 5kg, 잣 1kg, 기타 품목당 5kg)
- 모시와 삼베는 면세통관을 불허하고 각 3필(규격: 50cm×16m)까지 과세통관만을 허용

• 쇠고기의 면세통관 (면세통관금액은 1인당면제금액에 포함)

- 1인당 면제금액(US$600)범위 내에서, 1인당 10kg 이내의 양을 여행자 휴대품으로 인정하여 면세통관하되, "가축 전염병 예방법에 의한 검역절차"를 필한 후 통관이 가능하다.
- 면제금액(US$600)범위 내에서 검역에 합격된 경우 1인당 10kg까지 면세통관이 가능하며, 검역자격기준은 미국, 일본, 캐나다, 뉴질랜드, 호주에서 반입되는 것으로써 수출국의 검역증명서가 첨부되어야 함.

• 한약재 등의 면세통관 범위

- 한약재 등의 면세범위는 해외 총 취득가격 10만 원 범위 이내에서 다음의 품목당 기준에 따름 다만, 녹용은 면세통관분을 포함하여 500g까지 과세통관이 가능함

• 인삼(수삼, 백삼, 홍삼 등 포함) 300g
• 기타 한약재 3kg
• 녹용 150g

■주요물품 세율표(2007.1.1)

품명/규격		HS	관세율	특별소비세	관세	주세	교육세	농특세	부가세	합계(%)	간이세율
자동차	2,000cc 초과	8703	협정 8	기본 10	8		30		10	34.24	
	1,500~2,000cc	8703	협정 8	기본 5	8		30		10	26.52	
	800~1,500cc	8703	협정 8	기본 5	8		30		10	26.52	
골프클럽		9506.31	기 8		8				10	18.8	20
공기조절기		8415	8		8				10	18.8	20
카메라	100만 원	9006.51	8	과표 200만 원 초과액의 20%	8				10	18.80	20
	200만 원	9006.51	8		8		30		10	21.90	
	300만 원	9006.51	8		8		30		10	30.62	
비디오카메라, 디지털카메라		8525.80	0		0				10	10.00	20
TV · VTR		8528, 8521	8		8				10	18.80	20
프로젝션 TV		8528.72-40	8		8				10	18.80	20
플라즈마 영상표시 TV		8528.72-30	8		8				10	18.80	20
전기음향기기		8519, 8518	8		8				10	18.80	20
냉장고, 전기세탁기		8418, 8450	8		8				10	18.80	20
전자오르간/신디사이저		9207.10	8		8				10	18.80	20
피아노 (일반, 그랜드)		9201	8		8				10	18.80	20
모피의류	100만 원	4303.10	기 16	과표 200만 원 초과액의 20%	16				10	27.60	30
	200만 원	4303.10	16		16		30	10	10	32.53	
	300만 원	4303.10	16		16		30	10	10	42.79	
	500만 원	4303.10	16		16		30	10	10	51.01	
	800만 원	4303.10	16		16		30	10	10	55.63	
모피제품 (특소세제외)		4303	16		16				10	27.60	30
면제의류, 직물류		6103-6212	기 13		13				10	24.30	25
고급가구	300만 원	9403	협정 0	과표 500만 원 초과액의 20%	0				10	10.00	20
	500만 원	9403	협정 0		0				10	10.00	20
	700만 원	9403	협정 0		0		30	10	10	18.74	
	1,000만 원	9403	협정 0		0		30	10	10	25.4	
먹는 물(생수)		2201.10	협정 0		0				10	18.80	20
녹용		0507.90	기 20	7	20		30		10	44.01	45
커피		0901	8		8				10	18.80	20
코코아		1805, 1806	8		8				10	18.80	20

품명/규격		HS	관세율	특별소비세	관세	주세	교육세	농특세	부가세	합계(%)	간이세율
방향용 화장품		3303, 3307	8	7	8		30	10	10	30.44	35
금괴		7108	기 3		3				10	13.30	
귀금속제	100만 원	7113-7115	기 8	과표 200만 원 초과액의 20%	8				10	18.80	20
	200만 원	7113-7115	8		8		30		10	21.09	
	300만 원	7113-7115	8		8		30		10	30.62	
	500만 원	7113-7115	8		8		30		10	38.25	
보석	100만 원	7101-7103	기 5	과표 200만 원 초과액의 20%	5				10	15.50	20
	200만 원	7101-7103	5		5		30		10	16.93	
	500만 원	7101-7103	5		5		30		10	34.09	
	1,000만 원	7101-7103	5		5		30		10	39.81	
	1억 원	7101-7103	5		5		30		10	44.96	
시계	100만 원	9101-9102	기 8	과표 200만 원 초과액의 20%	8				10	18.80	20
	200만 원	9101-9102	8		8		30		10	21.09	
	500만 원	9101-9102	8		8		30		10	38.25	
	1,000만 원	9101-9102	8		8		30		10	43.97	
주류	포도주	2204	협정15		15	30	10		10	68.25	
	꼬냑	2208.20	협정15		15	72	30		10	144.90	
	브랜디 (꼬냑 제외)	2208.90	협정20		20	72	30		10	155.55	
	위스키	2208.30	협정20		20	72	30		10	155.55	
	맥주	2203.00	기 30		30	72	30		10	176.84	
담배		2403	기 40	※지방세 갑/510	40				10	54.00	

표 3-4 여행자휴대품 간이세율

품목	세율	비고
위스키	155%	일반적으로 양주로 표현되는 증류주
코냑	145%	과실주를 증류한 모든 술
포도주	68%	발효과실주
담배	54%+9,610원	1보루당
향수	35%	향수, 오데퍼퓸, 오데토일렛, 오데코롱 등의 모든 방향성 화장품이 포함
골프용품	20%	골프채와 골프채의 부분품(헤드, 샤프트) 등

품목	세율	비고
화장품	20%	향수를 제외한 모든 화장품
의류	25%	여성의류 및 남성의류, 언더웨어 등 대부분의 의류가 해당된다. 총과세대상물품에서 1000불까지는 단일세율 20%을 적용받을 수 있다. 이 항목에는 우산, 가죽장갑, 가죽벨트가 포함된다. 재질에 따라서 세율이 조금씩 달라질 수 있는데 모피로 만들어진 것은 모피제품 또는 고급모피 품목으로 취급된다.
신발류	25%	이 항목에는 일반적으로 사용되는 대부분의 신발류가 해당된다. 총과세대상물품에서 1000불까지는 단일세율 20%을 적용받을 수 있다.
가방류	20%	일반적으로 사용되는 가방 또는 지갑이 해당된다. 신병용품
가방류	20%	일반적으로 사용되는 가방 또는 지갑이 해당된다.
신병용품	20%	일반적으로 휴대하거나 신변에 사용되는 제품중에서 의류계통을 제외한 대부분이 해당된다. 안경, 선그라스, 모자, 귀거리, 목걸이, 반지, 지갑, 시계, 손수건, 넥타이, 스카프 등이 해당된다. (귀금속, 보석류, 고급시계는 제외) 가죽벨트, 가죽장갑, 우산 등은 [의류]항목으로 취급된다.
일반시계	20%	1,852,000원 이하의 시계가 해당된다.
고급시계	1,852,000원까지는 20%이고 초과되는 금액 부분은 50%	특소세 적용대상 물품으로 1,852,000원 초과의 시계가 해당된다.
귀금속보석류		특소세 적용대상 물품으로 1,852,000원 초과의 귀금속 및 보석류가 해당된다.
일반카메라	20%	1,852,000원 이하의 카메라가 해당된다.
고급카메라	1,852,000원까지는 20%이고 초과되는 금액 부분은 50%	1,852,000원 초과의 카메라와 그 관련제품이 해당된다. 특소세 적용대상 물품이다.
일반디카	10%	200만 원 이하의 디지털카메라가 해당된다. 디지털캠코더는 총세율이 20%임
고급디카	200만원까지는 10%이고 초과되는 부분은 약 30%	200만 원을 초과하는 디지털카메라가 해당된다.
캠코더	20%	일반적으로 사용되는 비디오카메라, 캠코더, 디지털캠코더 등이 해당된다.
노트북	10%	데스크탑컴퓨터(세트포함), 노트북 및 컴퓨터 주변기기 등이 해당된다.

품목	세율	비고
로얄제리	30%	생로얄제리 제품이 해당된다. 일반적인 로얄제리 영양캡슐은 20%이며 총과세대상물품에서 1000불까지는 단일세율 20%를 적용받을 수 있다.
건강보조제	20%	스쿠알렌, 상어연골제품, 비타민제 등이 포함되나 건강보조제는 성분, 수량등에 따라서 통관에 제한을 받을 수 있다.
과자류	20%	초콜릿, 과자등이 해당되나 치즈, 소시지 등 성분에 따라서 통관이 제한될 수 있다.
완구류	20%	일반적인 게임기구, 장난감, 인형 등이 해당된다. 단, 투전기, 오락용 사행기구 기타 슬롯머신, 핀볼머신, 룰렛머신, 카지노용기구, 골패와 화투류 등은 제외된다.
운동용품	20%	거의 대부분의 운동기구, 운동용품, 레져용품 등이 해당된다. 단, 스포츠 의류, 신발 등은 제외된다.
모피제품	30%	모피의류와 모피의류의 부속품 및 기타 모피제품이 해당된다. 총과세대상물품에서 1000불까지는 20%를 적용받을 수 있다. 멸종위기에 처해 있는 동물의 모피제품은 반입이 제한되며, 물품가격이 1,724,000원 초과되는 것은 고급모피항목에 해당한다.
고급모피		1,724,000원 초과의 모피제품이 해당된다.
고급융단		1장당 1,818,190원 이상인 융단이 해당된다. 위 금액제한에 해당하지 않더라도 물품의 면적(㎡)×10만 원을 한 금액이 200만 원을 초과하는 경우에는 면적기준으로 산출된 금액이 특별소비세 기준가격이 되기 때문에 세액이 달라질 수 있다.
녹용	45%	녹용은 10만 원 범위 내에서 150g까지 400불 공제를 받을 수 있다(단 사전에 동물검역 합격을 받아야 함). 면세가능범위 150g을 초과한다면 총 500g까지만 세금을 내고 통관을 할 수 있다.
기타	20%	다른 항목에 열거되지 않는 것 중 특별히 높은 세율이 부과되는 몇몇 물품들을 제외하고는 대부분 이 항목에 포함된다. 총구입가가 높을 경우 정확한 세액계산을 위해서는 세관에 문의하여야 한다. [주의]농림축산물, 멸종위기 동물 제품, 과일류, 성분불분명 의약품, 한약재 등은 이 항목에 포함되지 않는 것이 대부분이며 일부품목은 반입자체가 금지되는 것도 있음.

■품목별 세액산출내역(예시) 2007년 10월 14일 고시 환율 적용

품명	모델×규격	과세가격	간이세율	간이세율
Golf Set	Gallaway B.B.B 14개	U$2,500	20%	U$2,500×918=2,295,000 -① ①×20%=459,000
시계 (구입가 ₩1,852,000 이하) (구입가 ₩1,852,000 이상)	Casio 아날로그 Rolex Combi69173	¥25,000 U$3,000	20% 50%	¥25,000×7.82=199,500 -① ①×20%=39,900 U$3,000×918=2,754,000 -① 1,852,000×20%=370,400 -② ①-1,852,000×50%=451,000 -③ Total ②+③=₩821,400
의류	Burberry T-shirts	U$40	25%	
mini component	Aiwa XG-530	¥55,000	20%	
카메라 (구입가 ₩1,825,000 이하) (구입가 ₩1,825,000 이상)	Canon LXY310 Hassel Blad 503 CXI	¥37,000 HK$28,800	20% 50%	
V.T.R	JVC HR- IP820	$600	20%	
게임기	Sony SCPH400	¥20,000	20%	

6) 귀국 시

① 검역 : 통상의 경우 생략하나 전염병 발생지역인 경우에 한하여 검역설문지를 통해 검역을 대체한다.

검역을 하는 이유는 전염병이 자국 내에 들어오지 못하도록 하기 위함인데 대다수의 국가에서는 종두, 페스트, 콜레라, 황열 등의 4종류를 검역대상 전염병으로 지정하고 있다. 기타 주요 전염병에는 에이즈, 말라리아, 장티푸스 등이 있다.

② 입국수속 : 출입국관리 직원에게 여권을 제출하고 입국수속을 받는다.

③ 수하물의 취급 : 수하물 찾는 곳에서 수하물을 회수한 후 수량을 확인한다. 그리고 수하물의 멸실이나 파손 등에 대해서도 확인한다.

④ 동 · 식물 검역 : 과일식품 등을 들고 오는 경우는 식물검역을, 동물을 가지고 오는 경우는 동물검역을 받는다.

⑤ 통관(신고서 외국제품 반입계) : 통관은 원칙적으로 손님과 세관의 문제이지만 인솔자와 여행사의 문제가 되기도 한다. 그런 점에서 여행설명회시나 쇼핑시 통관에 관한 충고의무를 게을리해서는 안 된다. 면세범위 이상의 경우는 세금의 지불이 필요하다. 우리나라도 여느 나라와 마찬가지로 자진신고제도(dual channel system)를 채택하고 있다.

⑥ 고객의 통관을 확인한다.

⑦ 마지막으로 고객들에게 해산인사로서 인솔업무는 종료된다.

식물검역

식물검역은 외국으로부터 병충해의 침입을 방지하고 농작물, 삼림, 가로수 등의 식물을 방지하기 위함이다. 그 대상은 난초의 묘, 파인애플, 오렌지 등의 과실, 튤립 등의 뿌리, 풀꽃 등의 종자 등이며, 사과, 감귤, 배 등의 과수묘목 등은 일정 기간 격리 재배하여 바이러스 검사 후 가능하다. 특히 식물이나 흙, 흙이 붙어 있는 식물, 병해충 그 자체는 수입이 금지된다.

망고, 파파야, 오렌지, 여지, 포도 등 수입금지 농산물은 발견 즉시 현장에서 여행자 입회하에 분쇄하여 폐기처분한다. 반입사실을 숨길 경우에는 최고 500만 원 과태료 처분을 받게 된다

동물검역

여행자휴대품으로 4두까지 수입가능하며 동물검역에 있어서 애완동물(개, 고양이) 검역은 수출국의 검역증명서가 있어야 한다. 검역증명서(또는 광견병 예방주사증명서)가 없는 생후 90일 이상인 애완동물에 관해서는 30일(있는 경우 면역생성기간 30일이 지난 경우는 당일) 계류기간을 거쳐 소유주에게 인도된다.

■ 검역물품 통관절차 흐름도

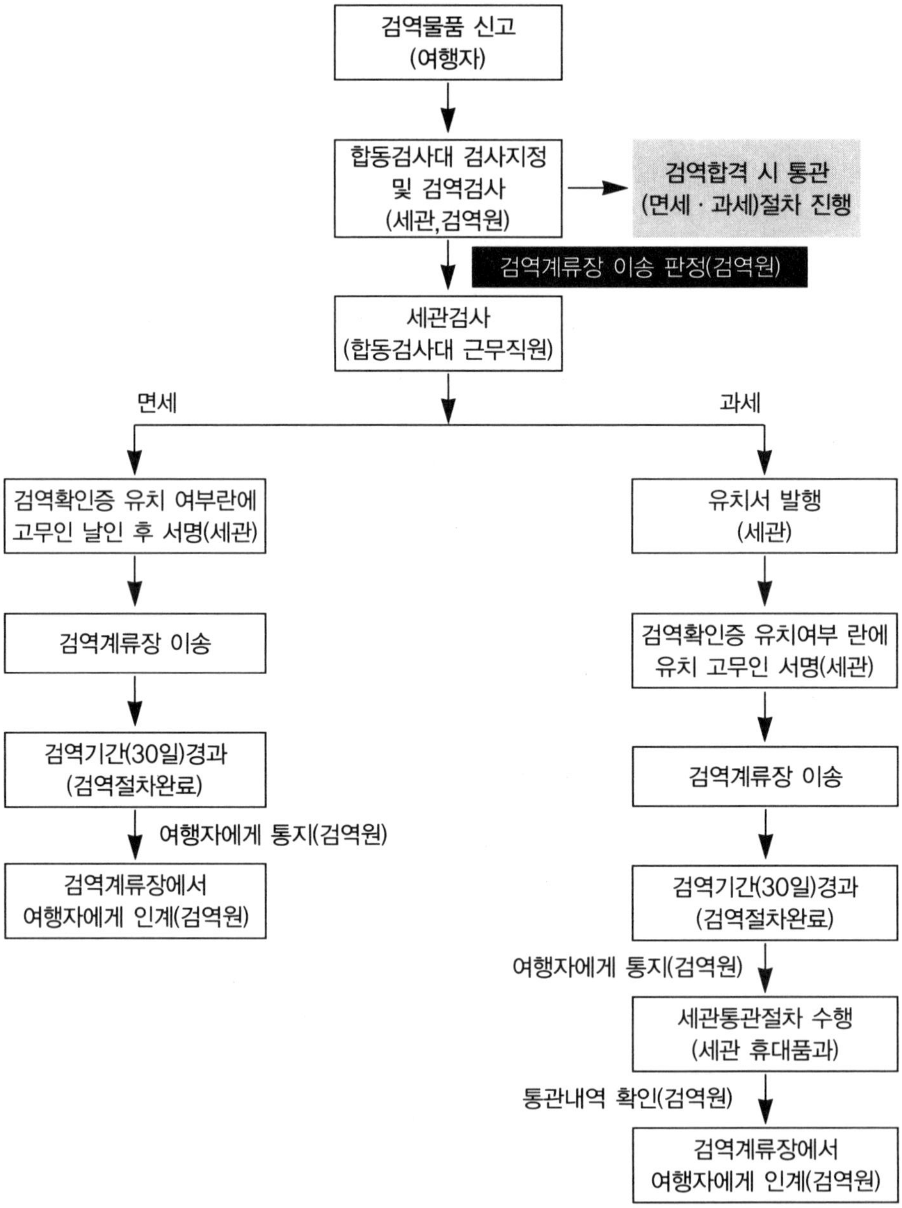

■검역질문서

검역질문서 (檢疫質問書)
(HEALTH QUESTIONNAIRE)

도착연월일(到達年月日)
Arrival Date ____/____/____

선박 · 항공기 · 열차 · 자동차명 (船舶 · 航空機 · 列車 · 車輛名)
Vessel · Flight · Train · Car No. : ____________
좌석번호 (座位號碼) Seat No. : ____________

성 명(姓名)
Name in full : ____________
주민등록번호
Passport No.(护照番号) : ____________

국 적(國籍)
Nationality : ____________
남(男) Male ____ 여(女) Female ____ 연령(年齡) Age ____

한국내 주소(韓國內 地址)
Contact address in Korea.
전화(電話)
(Tel. ____________)

과거 10일 동안의 체재국명을 기입하여 주십시오. (請塡寫過去十天之內停留的 國家)
Please list the countries where you have stayed during the past 10 days before arrival.

과거 10일 동안에 아래 증상이 있었거나 있는 경우 해당란에 「V」표시를 하여 주십시오.
(過去十天之內如有以下症狀, 請左症狀前劃 「V」)
Please check a mark 「V」, if you have or have had any of the following symptoms during the past 10 days before arrival.

□ 설사(腹瀉) Diarrhea
□ 구토(嘔吐) Vomiting
□ 복통(腹痛) Abdominal pain
□ 발열(發熱·發燒) Fever
□ 기침(咳嗽) Cough
□ 호흡곤란(呼吸困難) Difficulty breathing
□ 잦은 호흡(呼吸急促) Shortness of breath

검역질문서 작성을 기피하거나 허위작성 제출하는 경우 검역법 제8조 및 제39조의 규정에 의거 1년 이하의 징역 또는 500만원 이하의 벌금 처벌을 받을 수 있습니다.

If you make a false statement concerning your health or fail to fill out the Health Questionnaire, you may face a sentence of up to one year of imprisonment or up to 5 million won in fines, in accordance with Articles 8 and 39 of the Quarantine Act.

回避或虛假地塡寫衛生檢疫單時, 依據檢疫法第八條及第三十九條的規定, 可被判以一年以下的徒刑或500万元以下的罰款.

대한민국 국립인천공항검역소(大韓民國 國立仁川空港檢疫所)
Incheon Airport National Quarantine Station
Republic of Korea

148mm×210mm
(황색지 70g/m²)

통관불허물품

- 국헌을 문란하게 하거나 공안 또는 풍속을 해할 서적, 간행물, 도서, 영화(테이프 포함), 음반, 조각물, 기타 이에 준하는 물품
- 정보의 기밀을 누설하거나 첩보에 관계되는 물품
- 화폐, 지폐, 은행권, 기타 유가증권의 위조, 모조품 또는 변조품
- 마약법 및 향정신성 의약품 관리법에서 규정하는 물품

통관규제물품

- 여행의 휴대품으로 볼 수 없는 물품(예: 동물의 신, 뼈, 담, 곰발바닥, 박제품, 상아 및 한약재 등) 또는 물품의 성질, 수량으로 보아 여행목적에 적합하지 않거나 상용으로 인정되는 물품
- 5매 이상의 외국음반 또는 무선기기 등 관련부처의 허가를 요하는 물품
- 동, 식물 검역법에 의한 검역물품
- 총포, 도검 및 화약류 단속법에서 규정하는 물품
- 일반 관광객이 수입하는 5㎡ 이상의 직물류

Tip 여행자 짐의 유치와 예치제도(bond)

소지품이 면세허용한도를 초과해 그 나라에서 체재 중 불필요할 경우 수하물을 세관에 예치 보세 취급할 수 있다. 세관내의 보세 취급 카운터에 보관료를 지불하고 보관증(예치증)을 받고 출국일자, 항공편 등을 알린다. 세관에서 여행자의 짐을 보관하는 방법으로 유치와 예치제도가 있다.

① 유치

여행자 또는 승무원이 휴대 반입한 물품 가운데, 반입제한물품으로서 통관에 필요한 제반 요건을 제대로 구비하지 못해 통관이 불가능한 경우에 세관에서 제반요건의 구비 또는 반송할 때까지 일시적으로 보관하는 제도로서 보관기간은 30일이며, 기간이 경과한 물품에 대해서는 관련규정에 따라 세관장이 공고한 후 매각 처분 가능하다.

② 예치

여행자 또는 승무원이 입국 시 휴대 반입한 물품으로서 통관할 의사가 없는 물품은 세관에 신고하여 일시 보관하였다가 출국할 때 찾아가는 제도로서 보관기관은 예치증에 기재된 출국예정시기에 1월을 더한 기간이며, 보관기간이 경과한 물품에 대해서는 관련규정에 따라 세관장이 공고한 후 매각처분 가능하다.

Tip 여행자 휴대품관련 법규위반자에 대한 처벌

• 반출입금지 물품을 반입하거나 반출한 경우
- 10년 이하의 징역 또는 2천만 원 이하의 벌금
- 해당물품 몰수

• 여행자가 휴대 반입한 물품 중 면세범위를 초과한 물품 및 반입제한물품 등을 휴대품신고서에 신고하지 아니하거나 다른 물품으로 허위 신고하여 반입한 경우
- 5년 이하의 징역 또는 관세액의 10배와 물품원가 중 높은 금액 이하에 상당하는 벌금에 처함
- 해당물품 몰수

• 입국여행자로서 다음 각 호의 1에 해당하는 자는 3년 이하의 징역 또는 포탈한 관세액의 5배와 물품원가 중 높은 금액이하에 상당하는 벌금에 처한다(3년 이하의 징역 또는 3천만원 이하의 벌금).
- 세액결정에 영향을 미치기 위하여 과세가격 또는 관세율 등을 허위로 신고하거나 신고하지 않고 수입한자.
- 법령에 의하여 수입이 제한된 사항을 회피할 목적으로 부분품으로 수입하거나 주요특성을 갖춘 미완성 · 불완전한 물품 또는 완제품을 부분품으로 분할하여 수입한 자
- 법령에 의하여 수입에 필요한 허가 · 승인 · 추천 · 증명 기타조건을 구비하지 아니하거나 부정한 방법으로 구비하여 수입한 자

Tip 여행자 휴대품범위를 초과한 물품의 통관

• 상업용 견품 또는 광고용 물품으로서 면세통관이 가능한 물품의 범위
• 물품이 천공 또는 절단되었거나 통상적인 조건으로 판매할 수 없는 상태로 처리되어 견품으로 사용될 것으로 인정되는 물품
• 판매 또는 임대를 위한 물품의 상품목록 · 가격표 및 교역안내서 등
• 과세가격이 미화 250불 이하인 물품으로서 견품으로 사용될 것으로 인정되는 물품
• 물품의 성상 · 성질 및 성능으로 보아 견품으로 사용될 것으로 인정되는 물품

Tip 세관 통관 시 유의사항

- 신고할 물품이 전혀 없는 여행자는 면세통로로 신고물품이 있는 여행자와 red 또는 yellow seal 부착 짐소지자는 세관검사통로로 이동하면 된다. 자신의 짐 중에서 신고해야 할 물품 또는 외국에서 구입한 물품으로서 세금을 납부해야 할 물품이 있다고 판단하여 휴대품신고서에 성실히 기재한 경우에는 세관검사통로로 가서, 세관직원에게 휴대품신고서와 여권을 제시한 후 안내를 받아야 한다.
- 주의사항
- 휴대품신고서를 허위로 작성하거나 신고하지 아니하고 "면세통로"를 통과하다가 세관직원 등에게 적발되면 별도의 검사대로 안내되어 정밀검사와 조사를 받은 후 반입물품의 수량, 가격 및 반입금지 또는 제한물품의 반입 여부, 과세물품의 과다반입 여부 등을 심사하게 된다. 범칙사실이 확인되는 경우에는 관세법 등 위반혐의로 처벌(물품몰수, 벌금형, 징역형) 받을 수 있다.
- 남의 부탁으로 물건을 갖고 들어오는 것은 범법행위가 될 수 있으므로 주의하여야 한다. 그 속에 마약 또는 밀수품 등이 은닉되어 있을 경우가 있기 때문이다. 만일 갖고 들어온 남의 물건 속에 그러한 물건들이 숨겨져 있다면 그 물건에 대한 모든 책임은 본인에게 있으며 그로 인한 처벌 또한 본인이 받게 된다. 따라서 부득이하게 물건을 대신 갖고 들어올 경우에는 반드시 휴대품신고서에 기재, 신고하거나 구두로 세관직원에게 신고하여야 면책될 수 있다.

■여행자 휴대품신고서

여행자 휴대품 신고서

• 모든 입국자는 관세법에 따라 신고서를 작성·제출하여야 하며, 세관공무원이 지정하는 경우에는 휴대품 검사를 받아야 합니다.
• 가족여행인 경우에는 1명이 대표로 신고할 수 있습니다.
• 신고서 작성 전에 반드시 뒷면의 유의사항을 읽어보시기 바랍니다.

성 명			
생년월일		여 권 번 호	
직 업		여 행 기 간	일
여행목적	□여행 □사업 □친지방문 □공무 □기타		
항공편명		동반가족수	명
대한민국에 입국하기 전에 방문했던 국가 (총 개국) 1. 2. 3.			
국내 주소			
전화번호 (휴대폰)	☎ ( )		

세 관 신 고 사 항

– 아래 질문의 해당 □에 ✔"표시 하시기 바랍니다 –

	있음	없음
1. 해외(국내외 면세점 포함)에서 취득(구입, 기증, 선물 포함)한 면세범위 초과 물품(뒷면 1 참조) [총금액 : 약] *면세범위 초과물품을 자진신고하시면 관세의 30%(15만원 한도)가 감면됩니다.	□	□
2. FTA 협정국가의 원산지 물품으로 특혜관세를 적용받으려는 물품	□	□
3. 미화로 환산하여 $10,000을 초과하는 지급수단(원화·달러화 등 법정통화, 자기앞수표, 여행자수표 및 그 밖의 유가증권) [총금액 : 약]	□	□
4. 총포류, 도검류, 마약류 및 헌법질서·공공의 안녕질서·풍속을 해치는 물품 등 반입이 금지되거나 제한되는 물품(뒷면 2 참조)	□	□
5. 동물, 식물, 육가공품 등 검역대상물품 또는 가축전염병발생국의 축산농가 방문 ※축산농가 방문자는 검역본부에 신고하시기 바랍니다.	□	□
6. 판매용 물품, 업무용 물품(샘플 등), 다른 사람의 부탁으로 반입한 물품, 예치 또는 일시수출입 물품	□	□

본인은 이 신고서를 사실대로 성실하게 작성하였습니다.
년 월 일
신고인 : (서명)

85mm×210mm (백상지 120g/㎡)

[신고물품 기재란]

▶ 주류·향수·담배 (면세범위가 초과되는 경우에는 전체 반입량을 적습니다)

주 류	( )병, 총( )ℓ, 금액 US ( )$		
담 배	( )갑(20개비 기준)	향 수	( )mℓ

▶ 그 밖의 면세범위 (US $600) 초과 물품

품 명	수(중)량	금 액

1. 휴대품 면세범위

▶ 주류·향수·담배

주 류	향 수	담 배
1병 (1ℓ이하로서 US $400이하)	60mℓ	200개비

• 만19세 미만인 사람에게는 주류 및 담배를 면세하지 않습니다.

▶ 기타 물품

US $600이하
(자가 사용, 선물용, 신변용품 등으로 한정합니다.)
• 다만, 농림축산물, 한약재 등은 10만원 이하로 한정하며, 품목별로 수량 또는 중량에 제한이 있습니다.

2. 반입이 금지되거나 제한되는 물품

• 총포(모의총포)·도검 등 무기류, 실탄 및 화약류, 방사성물질, 감청설비 등
• 메트암페타민·아편·헤로인·대마 등 마약류 및 오·남용 우려 의약품
• 헌법질서·공공의 안녕질서·풍속을 해치는 물품 및 정부의 기밀을 누설하거나 첩보활동에 사용되는 물품
• 위조(가짜)상품 등 지식재산권 침해물품, 위조지폐 및 위·변조된 유가증권
• 웅담, 사향, 녹용, 악어 가죽, 상아 등 멸종위기에 처한 야생 동식물 및 관련 제품

3. 검역대상물품

• 살아있는 동물(반려견 등) 및 수산동물(물고기 등), 고기, 육포, 소시지, 햄, 치즈 등 육가공품
• 흙, 호두, 장뇌삼, 송이, 망고·오렌지·체리 등 생과일, 견과류 및 채소류

※ 유의사항

– 성명은 여권의 한글 또는 영문명으로 적으시기 바랍니다.
– 신고 대상 물품을 신고하지 않거나 허위신고 또는 대리반입하는 경우 「관세법」에 따라 5년 이하의 징역 또는 해당물품 유치, 가산세 부과(납부세액의 40%, 2년이내 2회 초과할 경우에는 60%), 통고처분 및 해당물품 몰수 등 불이익을 받게 됩니다.
– FTA 협정 등에 따라 일정 요건을 갖춘 물품은 특혜 관세를 적용받을 수 있으며, 다만 사후에 특혜관세를 신청하려는 경우에는 일반 수입신고가 필요합니다.
– 그 밖의 궁금하신 사항은 세관공무원 또는 ☎125로 문의하시기 바랍니다.

제4장

국외여행인솔자의 사고대책 및 응급처치

1 문제 또는 사고예방책

여행 도중 어떤 문제들과 사고들은 출발에서 귀국에 이르는 과정 동안 일어날 수 있다. 또한 이들 문제들은 통제 가능한 문제일 수도 있으며 통제 불가능한 문제들일 수가 있다. 여행 도중 통제 가능한 문제들에 대해서는 이러한 문제를 줄여 줄 수 있는 방향에서 사전에 문제의 요소들을 인식하고 방지책을 마련하는 일이 중요하다. 통제 불가능한 문제들에 대해서는 인솔자의 임기응변, 결단력 등이 요구된다. 그런 점에서 여행객이 즐겁고 유쾌한 여행이 되기 위해서는 여행 중에 일어날 수 있는 문제를 사전에 최소화하거나 만약 문제가 일어났다면 인솔자의 문제해결능력의 유무는 여행의 질에 매우 중요한 요소가 된다.

국외여행인솔자는 우선적으로 사전에 일어날 수 있는 문제들과 위험요소들에 관한 구체적인 정보제공과 제반 주의사항을 인솔여행객들에게 전달하여 주지시키는 역할이 중요하다. 여권관리, 현지인의 관습이나 법규, 귀중품관리, 안전사고 등을 전달하여 여행객 본인들이 사고예방을 위한 노력을 기울이도록 하여야 한다. 그리고 시차와 기후의 차이에서 올 수 있는 건강의 문제를 체크하는 일도 고객의 사고를 예방하는 길이 될 뿐 아니라 고객의 인원 및 수하물 수의 확인, 시간준수, 예약 재확인 등을 이행함으로서 문제를 제거해 나갈 수 있다.

만약 문제들이 발생하였다면 인솔자는 우선, 문제의 사안에 따라 다르겠지만 문제의 사안 이 큰 경우 여행객의 동요를 방지하기 위하여 침착하고 냉정하게 대처해야 한다. 인솔자 스스로의 판단에 의해 1차적 조치를 취하고 2차적으로 본사와 현지여행사의 협력 및 지원을 요청하는 것이 좋다. 사안이 급하지 않고 처리에 시간적 여유가 있을 경우에는 회사에 정확한 보고와 연락을 통해 지시를 받도록 한다. 문제들이 회사와 여행객의 책임을 따져야 할 상황의 문제라면 회사의 귀책사유인지 여행자의 귀책사유인지를 분명히 가려 고객의 이익 보호와 회사의 손해 방지에 힘써야 한다. 그러기 위해서는 인솔자는 여행약관의 이해와 면책사항을 확인하고 상대방 의무이행 주장과 회사의 권리 주장, 정확한 상황 파악과 증거물을 확보해 두어야 한다.

2 사고유형 및 대책

1) 출발 전의 문제

(1) 항공편 지연의 문제

출발 전 항공편이 지연되고 있을 경우 인솔자는 다음과 같은 조치를 취하여야 한다.

■출발 전 탑승 재확인 과정상에서 항공편의 연발착을 확인한 경우

- 장시간의 지연이 예상될 때는 우선 주최측(여행사)에 연락지시를 받는다.
- 고객의 집합시간을 변경해야 할 것인지 판단한다(지연시간과 고객들이 공항까지 오는데 걸리는 시간을 고려하여 결정)
- 집합시간의 변경이 결정되면 즉시 연락하고(오거나이저 및 고객 전원의 자택 또는 그 대리인) 행사진행을 위해 예정대로 집합장소에 대기한다.(연락불능으로 집합한 고객 전송자에 대한 대응)
- 시간이 크게 지연되어 목적지에서의 첫날 여정에 지장을 줄 경우 그 대책에 대하여 현지의 지상수배업자(land operator)에게 지시한다. 그래야만 미팅미스가 없게 된다.

■공항도착 후 항공편의 연발착을 확인한 경우

- 인솔자는 우선 연발착의 원인이 무엇인지를 파악하여 여행참가자들에게 동요하지 않도록 설명해 주어야 한다. 이에 대한 방지책으로는 인솔자는 항공편 예정 출발시간 몇 시간 전에 항공사에 전화로 당일의 출발시간을 확인하는 것이 가장 현명하다.
- 2시간 이상 지연되면 인솔자는 해당항공사 카운터로 가서 적절한 보상대책을 요구한다.
- 지상수배업자 또는 여행사에 연락하여 출발이 지연되는 현 상황을 설명하고 적절한 조치를 취하도록 한다.

■항공사의 고의 · 과실로 인해 예정된 항공편에 탑승하지 못한 경우

당해 항공편의 취소, 오버부킹, 노렉(NOREC)의 이유에서 나타나는 경우이다. 단, 기상상태, 공항사정, 항공기접속관계, 안전을 위한 예견하지 못한 정비 등 불가항력적인 사유로 인한 경우는 제외하고 항공사의 고의 · 과실로 인해 예정된 항공편에 탑승하지 못한 경우에 다음과 같은 소비자 피해규정이 있다.

소비자 피해규정(항공사)

대체편 제공유무	내용	
대체편 제공 시	4시간 이내	4시간 이내 대체편 제공 시 US$100을 배상
		4시간 초과 대체편 제공 시 US$200을 배상
	4시간 초과	4시간 이내 대체편 제공 시 US$200을 배상
		4시간 이내 대체편 제공 시 US$400을 배상
대체편 미제공 시	운임환급 및 US$400을 배상	

■항공사의 고의 · 과실로 인해 해당항공편이 지연된 경우

재정경제부가 고시한 소비자피해보상규정에 의하면 2~4시간 이내 지연된 경우에는 운임의 10%를 배상, 4시간 이상 운송이 지연된 경우에는 운임의 20%를 배상하도록 규정하고 있다. 단, 기상상태, 공항사정, 항공기접속관계, 안전을 위한 예견하지 못한 정비 등 불가항력적인 사유로 인한 경우는 제외

(2) 필요서류의 불구비

❶ 여권의 불소지

- 고객이 집에 두고 왔을 때 시간이 있으면 가져오게 한다.
- 여권입수가 불가능할 경우 출발을 포기시킨다.

❷ 비자의 불소지

- 원칙적으로 출발이 불가능하다. 다만 국가에 따라서는 일시 입국수속으로 입국이 가능할 수 있으므로 이용항공사의 담당책임자와 협의한다.
- 여행일정 및 재외공관의 사무취급일자도 같이 체크하여 가능하다고 판단되면 참가할 수 있으나 최악의 경우를 생각하여 고객에게 그 내용을 알려 이해시킨다.

❸ 예방접종증명서의 불소지 또는 유효기간의 경과

- 접종가능한 시간대라면 공항 내의 검역소에서 접종을 받는다. 검인이 누락되었을 때에도 여기서 받는다.
- 불가능한 경우 이용 항공책임자와 협의한다.

❹ 항공권의 불소지

- 출국 전 시내면세점에서 쇼핑을 위해 항공권을 가져간 후 항공권을 집에 두고 오는 경우들이 있다. 이를 경우 시간적으로 가능하면 회사에서 재발행하여 공항까지 전달토록 하든지, 아니면 항공사(공항)에서 재발행을 받는다.

세계보건기구(WHO)에서 정한 의무적 예방접종

아프리카 및 중남미 일부 국가는 황열 감염 위험지역으로 분류되어 있다. 이들 국가를 입국 · 경유하는 여행자는 입국 10일 전 황열예방접종을 받고 국제공인예방접종증명서(Yellow Card)를 휴대해야 한다. 일부 국가의 경우 출입국 수속 시 이 증명서를 확인하기 때문에 반드시 예방접종을 받고, 이 증명서를 지참하고 해당 국가를 방문하여야 한다. 예방접종 및 증명서는 국립인천공항검역소 등 전국 15개 검역소에서 받을 수 있으며 접종 유효기간은 접종10일 후부터 약 10년간이며, 이 증명서는 분실 시 검역소를 방문하시면 재발급받을 수 있다.

1. 황열 백신

황열(yellow fever)은 모기가 매개하는 바이러스 질환으로 지역적으로 중부 아프리카와 남미 지역에서 집중적으로 발생한다. 특히 적도 중심으로 20도 내외의 지역에 호발한다. 황열이 발생하는 지역으로 고시되어 있는 다음의 국가를 방문하는 경우 예방접종을 받아야 한다.

- 아프리카 : 가나, 가봉, 감비아, 기니, 기니비사우, 나이지리아, 니제르, 라이베리아, 르완다, 말라위, 말리, 모리타니, 부르키나파소, 부룬디, 베냉, 상투메프린시페, 세네갈, 소말리아, 수단 남부, 시에라리온, 앙골라, 우간다, 에티오피아, 자 이레, 잠비아, 적도기니, 중앙아프리카공화국, 지부티, 차드, 카메룬, 카 보 , 케냐, 콩고, 탄자니아, 토고, 보츠와나
- 중남미 : 가이아나, 기아나, 니카라과, 베네수엘라, 벨리즈, 볼리비아, 브라질, 수리남, 에콰도르, 온두라스, 콜롬비아, 코스타리카파나마, 페루, 과테말라, 트리니다드토바고

이 중 가나, 가봉, 기아나, 니제르, 라이베리아, 르완다, 말리, 몰리타니, 베냉, 부르키나파소, 상투메프린시페, 세네갈, 자이레, 중앙아프리카 공화국, 카메룬, 코트디부아르, 콩고, 토고 등은 국내에서 바로 출국할 때에도 반드시 황열 예방접종을 하여야 입국이 가능하다. 만일 이 지역에 입국할 때 증명서가 없으면, 입국을 거절당하거나 6일 정도 격리될 수 있다. 아울러 위에 열거한 황열 호발 국가들을 방문하는 경우 입국 절차만을 위해서가 아니라 황열에 걸리는 것을 예방하기 위하여 예방접종을 하여야 한다.

또한 기타 국가에서도 황열 발생지역을 거쳐서 입국할 때에는 예방접종 증명서를 요구하는 경우가 있으므로 여행계획에 따라 미리 예방주사를 맞을지 결정해야 한다.

황열 백신은 세계보건기구에서 인정하는 지정장소에서 맞아야 하며, 국내에서는 서울국제공항 검역소, 인천 검역소, 부산 검역소 에서 맞을 수 있다. 백신은 반드시 여행출발 10~14일 전에 맞아야 하고 유효기간은 10년이다.

2. 콜레라 예방접종

콜레라 예방접종은 예방효과가 별로 없기 때문에 세계보건기구에 의하여 1988년부터 더이상 실시하지 않기로 하였다. 예방 접종보다는 위험지역을 여행하는 경우 음식과 물을 주의하는 것이 더 효과적이다.

그러나 경우에 따라 아직도 입국 시 콜레라 예방 접종을 요구하는 곳이 있으며 이 경우 1회 주사로 충분하다.

여행지에 따라 필요한 예방접종

1. 장티푸스 예방접종

장티푸스 예방접종은 아프리카, 동남아시아, 중남미 지역을 여행할 때 도시를 벗어나거나 장기체류할 경우 받는 것이 좋다. 예방접종은 주사용과 경구용 백신이 있다.

경구용 백신은 전신 부작용이 없고 약 70%의 예방효과가 있다. 복용법은 공복시에 1회 1캡슐씩 하루 걸러서 총 3회 복용하며, 약은 냉장 보관하여야 한다. 6세 미만의 소아, 임산부, 면역저하 환자나 위장질환이 심한 환자 및 현재 항생제 치료를 받는 환자는 사용을 금한다. 경구용 백신의 경우 5년간, 주사용 백신은 3년간 유효하다.

2. 수막구균 백신

사하라 사막 이남의 중부 아프리카 지역(12월~6월), 사우디아라비아(성지순례 기간)의 지역을 여행하거나 장기체류하는 경우 수막구균 백신을 받는 것이 좋다. 가장 최근에는 네팔, 탄자니아, 부룬디에서도 집단 발생이 있었다.

수막염(뇌막염)은 일단 발생하면 매우 급속히 사망할 수 있는 병이므로 주의하여야 한다. 예방접종은 여행출발 14일 전에 1회 주사를 맞아야 한다.

3. 일본뇌염 백신

일본뇌염은 주로 아시아 온대지역(일본, 한국, 중국, 네팔, 방글라데시, 라오스, 미얀마, 캄보디아, 인도 북부)에서는 대개 7개월부터 9월 사이에, 적도 지역(인도 남부, 타이, 필리핀, 대만, 인도네시아)에서는 연중 발생한다. 일본뇌염 모기가 전파하며, 예방법 역시 모기에 물리지 않도록 하는 것이 가장 중요하다. 우리나라 성인의 경우 일본뇌염 예방접종의 대상이 되지는 않으나 소아는 백신을 맞는 것이 좋다. 예방접종은 초회 접종인 경우 1주일 간격으로 3회 피하주사하며, 반복 접종은 2년마다 한다. 여행 전 10일 이전에 예방접종을 완료하여야 한다.

4. 광견병 백신

광견병은 일단 발생하며 100%의 치사율을 보이는 질병으로 동물에 물리거나 긁혀서 생긴다. 여행객이 걸릴 위험성이 높지는 않으나 아프리카, 동남아, 중남미 일부 지역에서 연중 발생한다. 따라서 이러한 지역에서는 애완동물이라도 만질 때 조심하여야 하며, 시골을 가는 경우, 동물과 접촉이 많을 것이 예상되는 경우 1달 이상 장기간의 여행을 하는 경우에 예방접종을 하는 것이 좋다. 예방접종은 어깨 근육에 3회 접종(0, 7, 21일)한다.

(3) 노-쇼우(no-show)

노쇼우란 예약자가 출발당일 공항에 나타나지 않는 것을 말한다.

① 고객명단의 연락처를 활용하여 여행객의 휴대전화로 연락을 취하고 공항 내 안내소에 장내방송을 요청한다.

② 고객명단의 연락처를 활용하여 고객의 집으로 전화하여 출발시간을 묻는다.

③ 여행사의 담당부서에 연락하여 취소나 출발변경의 유무를 확인한다.

④ 교통사고나 체증으로 인한 지연인 경우, 많은 사람이 지연될 가능성이 있으므로 항공사와 상의하여 해당항공편의 출발을 가능한 지연토록 한다.

⑤ 나타나지 않은 이유를 밝히지 못한 채 출발할 경우에는 고객이 합류될 수 있는 가능성이 있으므로 항공사의 예약취소는 보류해 둔다.

2) 여행 중의 문제

(1) 미팅 미스

① 현지대리점 또는 현지회사에 전화한다.

② 20~30분 기다려도 버스가 나오지 않을 때나 연락이 되지 않을 상황에는 택시에 분승하여 첫 번째 숙박예정지로 이동한다.

- 택시 한 대마다 행선지에 관한 메모를 손님 또는 운전사에게 넘긴다.
- 그룹으로 나누는 경우 외국어 가능자를 고려해서 배치한다. 인솔자가 2명인 때에는 한 명은 선두차에 타고 다른 한 명은 손님의 승차 및 수하물 적재사항을 확인한 다음 최종 승차한다.

③ 인솔자가 한 명일 때는 손님에게 협조를 의뢰한다.

- 택시의 선두차로 가는 인솔자는 호텔도착 후, 호텔입구에서 후속차를 기다려 수하물이 포터에게 전달되는가를 확인한 다음 손님을 인도한다.

(2) 항공권의 분실 및 도난

항공권을 분실하였을 경우 재발급을 받기 위한 절차와 과정은 생각보다 복잡하다. 보통 일반항공권은 해당항공사 현지사무실의 도움을 받아 처리할 수 있다. 단체항공권이나 할인항공권의 경우 분실 수수료가 비싸거나, 아예 환불이 안되는 등 제한조건이 있으므로 현지에서 고가의 항공권을 다시 구입해야 하는 상황이 발생한다.

일반적으로 국제선 항공권을 분실했을 경우 분실환불(lost refund)이나 분실재발행(lost reissue)이라는 2가지 방법이 있다.

❶ 대체항공권을 구입한 경우

현지에서 항공권을 새로 구입할 경우, 분실항공권의 미사용구간과 동일조건으로 항공권을 구입해야 전액 환불받을 수 있다. 귀국 후 에 분실 항공권에 대한 발급확인서를 받고 새로 구입한 항공권의 승객용 티켓과 신분증을 가지고 해당 항공사(본사)에 가면 분실한 항공권 수수료를 제외하고 환불받을 수 있으나 항공사에 따라 약 3~6개월 정도 기간이 소요된다.

분실항공권은 최초 발행 항공사만 접수가능하며 신청일로부터 60일 이후 분실항공권의 미사용 여부를 확인하고 환불해준다. 전부 미사용항공권일 경우 지불금액 전부를 환불하며 일부사용 분실항공권일 경우 탑승구간 적용운임 공제 후 환불해준다.

❷ 분실재발행(lost reissue)

해당 항공사의 현지 사무실로 가서 항공권 분실에 대한 분실항공권재발행(lost ticket reissue) 신청과 분실항공권에 대한 책임인수서(indemnity letter)■에 서명하고 재발행을 기다린다. 이때 항공사는 항공권 발권지인 서울 사무실로 전문을 보내 재발행 인가(reissue authorization)를 현지에서 받게 된다. 그 처리 기간은 통상 3~4일 소요되며 재발급 비용은 티켓 1장당 약 US$ 50(항공사마다 차이가 있음)이다.

(3) 여권의 분실 · 도난 · 소실

① 가장 가까운 경찰서에 신고한 후 현지 관할경찰서가 발행하는 분실증명서(police report) 또는 도난신고서 또는 소실증명서를 취득한다.

② 관할 대사관, 영사관의 영사에 여권재발급 수속을 취한다.

■ 책임인수서란 분실항공권이 사용되거나 환불을 받았을 경우 항공사의 손해를 여객이 보상할 것을 서약하는 것으로 〈무상대체 항공권 발행의뢰 신청서(보증서약서)〉라고 한다.

③ 이하의 상황을 염두해 두고 한국 재외공관에 재교부원을 낸다. 현재 여권은 발행치 않고 대부분의 경우 1회용 귀국을 위한 여행증명서(travel certificate)를 발행 받는다. 기본적으로 여권을 분실하여 재발급을 받기 위해서는 2~10일 정도가 소요되기 때문에 재발급비용과 그때까지의 체재비는 본인이 부담해야 한다. 재발급을 받기 위해서는 다음과 같은 서류가 필요하다.

- 여권분실증명서(분실지 관할경찰서에서 발행)
- 사진 2매(4㎝×5㎝) – 1장은 여유분
- 여권발급신청서(대사관이나 영사관에 비치)
- 여권분실신고서(대사관이나 영사관에 비치)
- 여권분실사유서(대사관이나 영사관에 비치)
- 신분확인서류(여권사본, 비행기티켓, 단체일정표 등)

■ 여행증명서 발급 시 주의사항

여행증명서를 발급 받을 때 주의해야 할 사항은 경유지 란에 다음 목적지를 명기해야 한다는 것이다. 만약 경유지란을 공란으로 비워두면 다음 여행이 불가능하므로 곧바로 귀국해야 한다. 이 경우 다음 여행국의 비자관련 사항도 확인하여 비자가 필요할 시는 현지에서 다음 여행국의 비자를 받을 수 있도록 한다. 여권 분실로 인한 입국 확인(입국 스탬프)을 위해 사전에 또는 공항에서 출국 시 입국 스탬프를 받을 수 있는지를 확인해야 한다.
처리기간은 보통 1~3일, 길게는 1주일이 걸리는 경우도 있으므로 만약의 경우를 대비하여 여권의 복사본을 따로 보관했다가 제시하면 소요시간이 다소 단축될 수 있다. 귀국 후 여행증명서는 여권과에 반납하여야 한다.

여권분실횟수	유효기간
5년 이내에 2회 분실 시	5년으로 제한
5년 이내에 3회 이상 분실 시	2년으로 제한
1년 이내에 2회 이상 분실 시	2년으로 제한

(4) 여행자수표의 분실 및 도난

① 여행자 수표를 분실했을 때는 우선, 현지 여행자 수표 발행처에 전화하여 분실신고를 하고 절차를 알아본다.

분실 증명 확인서(police report)가 필요한 경우에는 현지 경찰서에 신고하여 받도록 한다. 대개의 경우 환급요구(refund claim)사무소가 나라별로 한 도시에 일원화되어 있다. 일반적으로 분실 경위, 장소, 수표 번호 등을 정확히 신고하고 나서 24시간 후에 희망 지역의 은행 또는 수표 발행처에서 재발급받을 수 있다.

여행자수표에는 반드시 여행자의 서명이 돼 있어야 하며(양쪽에 서명을 한 경우나 서명이 없을 경우 재발행이 되지 않는다) 정확한 수표 번호를 알고 있어야 하므로 여행자 수표 지참 시에는 반드시 서명과 수표 번호를 별도로 기재해 두어야 한다.

② 여행자수표 재발급서류는 여권 또는 이를 대신할 수 있는 신분증명서와 구입시 은행에서 주는 영수증(여행자수표발행증명서) 사본이 필요하다. 만약 여행자수표 사본까지 잃어 버렸다면 발행은행에 구입한 여행자수표번호를 문의하면 된다.

③ 다음 사항을 해당 은행의 현지 사무소에서 분실신고서를 소정양식에 의거 기재한다. 현지에 해당 은행의 지점이 없을 때 해당 은행과 거래가 있는 가까운 해당 은행에 수속을 한다.

- 성명, 주소, 분실, 도난, 파손 및 일시와 장소
- 해당 여행자수표의 번호 및 합계금액
- 여행자수표를 구입한 은행 또는 대리점과 구입일시
- 해당 여행자수표 소지인 서명이 없고 카운터사인(counter sign)의 유무
- 환불받고자 하는 은행명 또는 연락처

(5) 귀중품의 분실 및 도난

① 현장을 반드시 조사하여 분실자 본인의 착오인지 아닌지를 확인한다. 때로는 다른 곳에 두고 오거나 잘못 넣은 경우가 있다.

② 가장 가까운 경찰서로 가서 반드시 분실신고서를 받도록 한다. 만약 절도 사고를 당한 피해자가 여러 명이라면 분실한 여행객 인원수대로 각각 별도로 분실신고서(police report)를 작성해야 한다.

③ 호텔인 경우 우선 호텔의 보안담당자에게, 그 다음 관할 경찰서에 피해를 신고한다. 그리고 분실도난증명서를 취득해 둔다(보험청구에 필요). 호텔 내에서 도난 발생시에는 보통 숙박약관을 내세워 호텔측이 책임을 지지는 않으나 상황에 따라서 보험 등에서 커버될 수 있을 때 배상이 가능할 수가 있으므로 호텔의 보안담당자와 사건발생 시의 매니저와 일단 상의, 확인서를 받아놓는다.

보험으로 처리될 수 있는 휴대품 분실에 대한 보상은 최대 개당 20만 원이다. 가족이나 일행이 모두 도난을 당한 경우라면(도난품이 50만 원 이상의 고가 물건일 경우) 반드시 나누어 보고해야만 피해액에 근접한 보상을 받을 수 있다. 경찰서에서 신분증 확인을 하므로 여권까지 분실한 경우는 본국에서 여권 카피본을 수령해야 한다. 보험 처리를 위한 서류는 다음과 같다.

- 분실신고서(police report)
- 손상품 수리 견적서(영수증 포함)
- 여권 복사본
- 본인 통장 사본 및 인적사항

보험 처리 시 주의할 점은 휴대품의 경우 여행자가 영수증을 보험 증빙 서류로 첨부할 수 없는 경우가 대부분이므로(영수증 미보관으로), 도난품의 품명 및 모델번호 등을 기재하는데 어려움이 있지만 보험 처리시 보험사 직원이 이를 직접 확인하므로 가능한 한 정확히 기재해야 한다.

(6) 신용카드의 분실 및 도난

① 빠른 시간 내에 카드 발행은행이나 신용카드사에 전화해서 분실신고를 하고 카드를 정지시킨다. 분실신고를 할 땐 본인의 이름, 카드번호, 유효기간, 비밀번호 등을 알고 있어야 한다.

② 여행지에 있는 제휴회사, 제휴은행 등에서도 분실 신고를 할 수 있지만 한국으로 전화하는 것이 가장 빠르고 쉬운 방법이다.

신용카드 분실에 대비해 카드번호, 해외에서 연결되는 한국의 신용카드회사, 발행 은행의 분실신고 전화번호, 등을 메모해두어야 한다.

국제현금카드 분실 · 도난을 대비해서 하루에 인출 가능한 한도액을 최소화해두는 것이 좋다.

③ 신용카드 도난 신고를 하면 신고 시점 이후의 사용액은 전액이 보상되며 도난 신고가 접수된 날부터 45일 이전까지도 보상해 준다.

그러나 모든 신용 카드 회사가 모든 상황에서 보상을 해주는 것은 아니다. 현금서비스의 경우에는 비밀번호 누출의 책임을 물어 신고 전 사용분에 대해서는 보상해 주지 않으며, 타인에게 대여, 양도, 보관, 이용을 위임하여 도난, 분실된 경우는 보상받을 수 없다. 카드는 본인이 반드시 소지하여야 하며, 배우자 또는 가족에게 카드를 맡긴 후 분실하면 보상받지 못한다. 카드 뒤에 서명을 했으면 보상이 가능하지만 만약 서명하지 않은 것이 밝혀지면 카드사는 보상책임이 없다. 따라서 카드소지자는 만일을 대비, 서명한 뒷면을 복사해두면 분쟁을 방지할 수 있다. 분실을 알고도 늦게 신고한 것이 명확해지면 15일 이내라도 보상을 받지 못한다. 분실신고는 사실을 안즉시, 반드시 본인이 해야 한다. 사용하지 않는 카드는 분실 여부를 알기 어려워 대형피해가 예상되므로 해지하는 것이 좋다.

Tip 신용카드 사용법

환율이 떨어질 것 같으면 신용카드를 쓰는 것이 좋다.

현금서비스, 도난, 분실, 과소비, 흥청망청, 현금 서비스, 소득공제 등등. 뭐든지 과하면 좋지 않지만, 신용카드는 알맞게 사용하면 약이 될 수 있다. 특히 해외여행 시 신용카드사용은 더욱더 그러하다. 즐겁고 유익한 해외여행을 위한 신용카드 사용법을 알아두면 도움이 된다. 보통 환율이 올라갈 때는 신용카드사용을 줄이고 환전을 최대한 하는 것이 유리하다. 해외에 나가기 2~3일 전쯤 미리 단기 외화예금(제한이 없다)을 하는 것도 좋다. 하지만, 최근처럼 환율이 하락할 때는 현찰보다는 신용카드를 사용하는 것이 유리하다. 물론, 환율이 안정된 경우에도 이자와 환전수수료를 고려하면, 신용카드사용이 유리하다.

사진(포토)카드를 사용하면 분실 시 부정사용을 예방할 수 있다.

신용카드로 계산할 때 서명대조를 하지 않는 모습을 심심찮게 볼 수 있다. 만약에 신용카드에 사진과 서명이 선명하게 표시되어 있다면 카드를 받는 측에서 당연히 대조해 볼 것이다. 분실카드를 습득한 사람도 부정사용하기에는 부담스러워질 것이다. 사진(예쁘게 가족사진도 좋다. 가급적 최근 촬영한 사진)으로 포토카드를 만들면, 경우에 따라 연회비를 면제해주기도 한다. 기념도 될 수 있고, 무엇보다 더 안전하게 사용할 수 있으므로 포토카드를 활용하는 것이 좋다.

해외에서 신용카드를 분실했을 때도 쉽게 해결할 수 있다.

해외 여행시 간혹 신용카드를 분실하고는 어쩔 줄 몰라 하는 경우가 있는 데, 걱정할 필요가 없다. 카드회사에 즉시 유선 신고하고, 귀국 후 2만 원 정도의 비용부담으로 제3자의 부정사용으로 인한 경우 청구분에 대해 환급형식으로 돌려받을 수 있다.

해외에서 신용카드를 사용할 때 각자 한도 제한이 있음을 주의해야 한다.

카드사마다 해외사용한도가 3,000불에서 6,000불까지 다양하다. 월간 이용한도는 이용대금 결제일에 관계없이 매월 1일부터 말일까지임을 유의해야 한다. 카드사용은 외환관리법상 통합한도로 관리되므로, 미리 점검해보고 가지 않으면 낭패를 볼 수 있다. 최근 (2002. 7. 1부터)에 해외에서 사용할 수 있는 신용카드 한도가 현재 건당 5천 달러인 신용카드를 이용한 대외거래의 국내결제한도가 폐지되었지만, 연간 미화 2만 달러를 초과하면 국세청, 관세청에 통보된다.

신용카드를 쓰면 이모저모 제법 혜택이 있다.

대부분의 카드회사는 항공사와 업무제휴로 스카이패스 마일리지 서비스를 제공하고 있다. 항공기 탑승 시 마일리지 계산하는 것을 잊지 말아야 한다. 마일리지가 쌓이면 제주도 항공권도 무료로 받을 수 있다. 일부 카드사에는 우량고객에게 1억 원에서 최고 5억 원까지 항공상해 보험에 가입해주기도 한다. 단, 항공권을 해당 카드로 구입한 경우에 한하는 조건이 있다. 단, 해외에서 신용카드를 사용하게 되면 신용카드 소득공제범위 내에 포함되지 않음을 유념하여야 한다. 따라서 어차피 살 물건이라면 출국 시 공항면세점에서 미리 카드를 사용하여 사는 것도 방법이라고 할 수 있다.

(www.emoney.co.kr)

(7) 유레일패스 분실

1993년 이전에는 유레일패스의 제일 윗장인 validation slip을 지참하고 있을 경우에는 재발행을 받을 수 있었으나 93년 이후부터 재발급을 해주고 있지 않다. 만약 유레일패스를 분실했다면 분실 후 잔여 여행기간에 따라 다시 비용을 지불하고 구입해야 한다.

환불의 경우는 여행 개시 전이나 낙서가 되어 있지 않다라는 조건으로 25% 이상의 수수료가 부과된다.

여행자가 해외여행보험에 가입하였다면 보상받을 수 길은 열려 있으나 현재까지 보험사들의 해외보험약관에는 유가증권으로 취급되어 보상을 해 주고 있지 않는 실정이다. 만약 보상을 받으려면 개인적으로 민사소송을 제기해야 한다.

Tip 유레일패스는 분실 시 보험금 지급

서울지법, 면책물품인 유가증권 아닌 증거증권

유레일패스는 유가증권이 아닌 증거증권 또는 면책증권이라는 판결이 나왔다. 그동안 보험사가 "유레일패스는 보험약관의 면책물품으로 규정돼 있는 유가증권에 해당한다"는 이유로 보험금지급을 거절해왔으나 앞으로는 유레일패스를 잃어버린 여행객에게도 보험금을 지급해야만 하게 됐다.

서울지법 민사항소 3부(재판장 睦榮埈부장판사)는 10일 김봉원 씨가 보험사 아메리칸홈어슈어런스컴퍼니를 상대로 "유레일패스를 도난당했으므로 보험금을 지급해 달라"며 낸 보험금청구소송 항소심(☞2000나31990)에서 이같이 판시, 원심을 파기하고 김씨에게 보험금 20만 원을 지급하라는 원고 승소판결을 내렸다.

재판부는 판결문에서 "유레일패스는 발급할 때 사용자의 이름을 적고 사용할 때는 유레일패스와 여권을 대조해 다른 사람이 사용하지 못하므로 양도할 수 없고, 도난당했을 경우 재발급되지 않는다"며 "따라서 유레일패스는 가맹국의 열차를 이용할 수 있는 자격 · 법률상의 지위를 증명하는 증거증권 또는 채무자가 악의 또는 중과실없이 증권의 소지인에게 채무를 이행하면 채무를 면하게 되는 면책증권"이라고 밝혔다.

김씨는 지난해 12월 아메리칸보험회사와 해외보험계약을 맺고 유럽을 여행하는 중 유레일패스가 든 지갑을 분실해 보험금을 청구했으나 보험사가 "유레일패스는 해외여행보통약관 중 휴대품손해담보 특별약관 제2조의 면책물품 중 유가증권에 해당"한다며 거절하자 소송을 냈다.

(8) 수하물의 분실 및 파손

❶ 공항에서의 수하물 사고

일반적으로 기상 악화, 수하물 위탁 시스템의 기술적인 문제 또는 수하물표 분실 등의 예기치 못한 상황으로 인해 수하물이 파손되거나 승객의 도착 시간에 맞춰 목적지 공항에 도착하지 않을 수 있다. 통상적으로 수백 개의 항공사가 제휴하고 있는 국제 수하물 추적 시스템으로 수하물을 추적하고 있기 때문에 1~2일 사이에 전달이 가능하다.

- 인솔자는 수하물의 수량이 부족한 경우 수하물 인환증(claim tag)을 가지고 분실물 보관소(lost and found desk)에 가서 잃어버린 수하물에 대해 근거

서류를 받아 보관한다. 이때 인솔자는 손님을 대신하여야 하며 분실물의 형태, 내용물, 가격 등을 알려주어야 한다.

- 체재호텔, 여정을 알려 어디서 수하물을 받으면 좋은가를 확인한다.
- 수하물사고보고서(PIR) 또는 수하물 분실 신고 확인서(lost baggage report confirmation) 1부를 받아(수령) 수하물을 발견할 때까지 보관한다.
- 발견할 때까지의 사이, 일상 생활용품 등에 관해서는 사서 주고, 후일 항공사에 청구한다. 지연보상금의 경우 항공사마다 다르지만 $50~100까지 지급되는데 요청하지 않으면 주지 않으므로 인솔자는 항공사에 반드시 요청하여야 한다.
- 고객의 위탁수하물의 분실, 파손에 관하여는 항공사의 책임이며 여행업자에게는 면책사항임을 납득시킨다.
- 수하물의 분실을 방지하기 위해서는 사전에 다음의 사항을 유의하여야 한다.

- 튼튼하고, 특색 있고, 열쇠가 있는 가방을 준비한다.
- 객실배정표에 나와 있는 손님의 번호를 수하물 꼬리표에 기입(key number)한다.
- 수하물 꼬리표에 손님이름의 로마자는 반드시 인쇄체로 써야 하며 한자도 이중으로 기입한다.
- 수하물의 증감을 반드시 인솔자에게 알려 줄 것을 부탁한다.
- 수하물 꼬리표를 확인을 한다. 또 항공회사의 수하물 꼬리표는 사용 후에는 반드시 풀어버린다.
- 도착, 출발의 즈음 필히 개수를 체크한다.

집 또는 호텔에서 수하물 분실을 발견한 경우 21일 이내, 집 또는 호텔에서 수하물이 파손됐을 발견한 경우는 7일 이내에 신고하여야만 보상을 받을 수 있다.

Tip 보상이 불가한 경우

- 깨지기 쉬운 물품이거나 부패하기 쉬운 물품, 건강과 관련된 의약품
- 너무 무겁거나 가방 용량에 비해 무리하게 내용품을 넣은 경우
- 하드케이스(전용 포장용기)에 넣지 않은 스포츠 용품 및 위탁수하물로 접수된 악기류
- 노트북 컴퓨터, 핸드폰, 캠코더, 카메라, MP3 등 고가의 개인 전자제품 또는 그 데이타
- 현금, 보석이나 귀금속, 유가증권, 계약서, 논문과 같은 서류, 여권, 신분증, 견본(샘플), 골동품 등
- 가치를 따지기 어려운 귀중한 물건
- 보안검색 과정에서 X-RAY 통과로 인한 필름 손상
- 일상적인 수하물 취급과정에서 발생하는 경미한 긁힘, 눌림, 흠집, 얼룩 또는 스트랩, 외부 자물쇠, Name Tag, 액세서리 분실

Tip 분실 수하물의 보상한도액

항공편을 이용하면서 항공사에 위탁한 수하물(화물칸에 싣는 짐)이 분실되었을 경우에는 항공사마다 다르게 적용되는 것이 아니라 현재 269개 항공사가 가입되어 있는 국제항공운송협회(IATA)에서 채택한 국제 협약인 바르샤바협약 제3장 22조 2항에 근거하여 항공사마다 여객운송약관을 정하여 운영하고 있다.
물론 항공사 측의 재량에 따라서 보상금액을 상향조정할 수는 있지만 바르샤바협약이 적용되는 경우 위탁 수하물의 분실이나 손상 시 최대 배상액은 분실된 짐의 내용은 따지지 않고 무게로만 따져서 무게 1kg당 미화 20달러(또는 그 상당액)로 정해져 있다.
위 바르샤바협약을 적용할 경우 분실된 짐의 무게가 10kg이면 200달러(약 19만 원) 밖에 안 된다. 항공사에선 사고가 발생하여 승객이 사망했을 때는 보상금이 국적에 따라서 다르게 적용되는 경우가 있지만 분실 수하물의 경우에는 승객의 국적에 따라서 보상금액이 다르게 적용되는 경우는 없다.
한편 바르샤바협약(1929)이 수십 년 전의 경제적 기준으로 책정되어 보상액이 낮다는 지적이 제기됨에 따라 1999년 ICAO 회원국은 몬트리올협약을 채택하였다. 우리나라는 2007년 몬트리올협약에 가입하였다. 몬트리올협약이 적용되는 경우의 책임한도는 아래와 같다.

- 사망 및 신체 상해에 대한 책임 한도액은 제한이 없다.
- 수하물의 파괴, 멸실, 훼손 또는 지연에 대해서는 통상 여객 1인당 1,000SDR(약 1,200유로 또는 미화 약 1,470달러)로 제한된다.

- 여객 지연으로 인한 손해에 대해서는 통상 여객 1인당 4,150SDR(약 5,000유로 또는 미화 6,000달러)로 제한된다.

EC 운송인은 모든 여객 및 수하물의 항공운송 시 몬트리올협약상의 책임제한규정 적용이 의무화되어 있으며 EC 운송인 이외의 다수 운송인들도 여객 및 수하물 운송에 대해 몬트리올협약을 따르고 있다.

실제 분실물에 해당하는 요금을 받기 위해서는 수하물 위탁시 내용품에 대해 신고를 해야 되는데 신고액 1백달러당 50센트의 추가 신고요금을 지불해야 하며 최고 2,500달러까지 신고할 수 있다.

❷ 호텔에서 객실에 짐이 도착하지 않았을 경우

- 수하물꼬리표의 탈락에 의한 배달 불능 – 벨 캡틴에게 올바른 객실배정리스트(room list)를 주어 수하물에 방 번호를 기입할 때 인솔자가 도와준다. 특히 혼동하기 쉬운 이름 등을 지적해서 알려준다.
- 객실배정리스트의 방번호(key number)를 수하물꼬리표에도 넣는다.

❸ 귀국 시

귀국 편 분실인 경우 분실물 신고는 위와 같으나 다음에 유의한다.

- 인솔자는 여행객의 분실수하물이 발견될 것에 대비하여 대리통관을 항공사에 의뢰하고 열쇠를 맡긴다.
- 인솔자는 고객에게는 별송품 신고서의 작성을 안내하고 통관 후 고객의 연락처를 항공사에 제출한다.

관광지에서 분실을 하였을 경우는 빨리 포기하는 편이 좋으며 만약 보험에 가입이 된 경우는 현지경찰서의 분실확인서를 받아 두었다가 귀국 후 보험을 통해 보상받는 편이 좋다.화물 발견 후의 대리통관을 의뢰하고 열쇠를 맡긴다.

(9) 재예약 확인 시 예약이 되어 있지 않을 때

① 동일 항공회사의 이용 예정편의 공석이 있는지 없는지를 확인한다.

② 해당 항공회사에 공석이 없을 경우 타항공사편의 공석 확인을 확인한다.

③ 다른 항공사를 이용할 경우 이서(endorsement)가 필요하므로 항공권 발행 회사에서 받도록 한다.

④ 변경으로 인해 여행일정에 영향을 주는 지역의 현지 여행사에 연락하여 재수배를 의뢰한다.

⑤ 오버부킹의 경우 항공사의 잘못이므로 예약 재확인을 한 것을 근거로 엄중히 항의하고 동일 항공편 이용이 불가능한 경우, 항공사의 책임하에 다른 편을 확보해 주도록 요구한다.

⑥ 항공회사의 파업인 경우는 현지 여행업자와 철도, 버스 등 대체수단을 검토한다.

⑦ 귀국편일 경우 본사에 연락하여 국내선을 재수배한다.

Tip **여행 도중 항공사파업 등의 이유로 탑승이 불가능한 경우**

여행 도중 항공사파업으로 인한 결항의 경우 인솔자는 해당 항공사에 다른 항공사로의 이서(endorsement)나 스케줄재조정(rerouting)이 가능한지 여부를 확인하여야 한다. 가능하다면 다른 항공사를 이용하여 이동하면 된다. 대부분의 고객의 편의를 위해 해당 항공사에서 다른 항공사로의 이서(endorsement)가 가능하도록 협조를 아끼지 않는다.
다른 항공사로의 변경이 불가할 경우 인솔자는 항공사에게 추가대책(additional supplement)을 요구해야 한다. 당일연결이 불가할 경우 일반적으로 다른 교통편과 숙박시설을 제공한다. 이 모든 상황에 대해 인솔자는 참가 여행객들에게 상세히 설명하고 의논하여 결정하여야 한다.

(10) 환자 발생 시

① 여행객이 호텔 내에 있을 때는 우선 호텔에 상주하는 의사(house doctor)의 진료를 받는다. 여행 도중일 경우에는 타고 있는 버스 또는 택시로 병원으로 이동하거나 구급차를 불러 병원으로 이송한다.

② 입원이 필요한 경우에는 호텔 또는 현지여행업자의 협력을 요청하여 입원에 필요한 수속을 하고 본사와 환자의 가족에게 연락한다.

③ 비용에 관해서는 입원비용, 귀국비용 등은 개인부담이라는 것을 이해시키고 여행사에서 일괄적으로 해외여행 보험을 들었을 경우는 보험조건을 확인한다.

④ 보험 청구를 위해 의사소견서 또는 병원 진단서, 치료비 영수증, 치료비 명세서 등을 받아두도록 한다.

⑤ 인솔자를 포함한 단체가 환자를 남겨 두고 이동하게 될 경우 현지 여행사, 호텔 및 병원관계자, 재외공관 등에 협조를 요청하여 필요한 조치를 강구한다. 이동 후에도 현지 여행사 등을 통해 환자 또는 보호자 등과 연락을 계속 취하고 입원자의 회사에도 이를 보고하도록 한다.

(11) 교통사고 발생 시

❶ 인솔자가 현장에 있었을 경우

사고에 의해 사상자가 발생했다면 교통사고발생 현장에 의사 또는 구급차가 도착하기 전까지 부상자가 있는지 확인해보고 있을 시 깨끗한 수건으로 지혈시키면서 응급조치를 하여야 한다. 이때, 부상자를 함부로 움직이지 말고, 안전한 장소로 옮기는 것이 중요하다.

• 신속히 구급차를 수배하고 구급차가 도착할 때까지 카메라와 스마트폰이 있을 경우 현장의 사진촬영과 가해자의 인적사항(주소, 성명 등)을 확보해 두어야 한다. 구급차가 오면 환자와 동승하여 병원으로 이송한다.

• 경찰에 연락하여 입회하에 가해자의 주소, 성명, 사고발생장소, 사고내용 등을 기록한 사고조서를 작성하고 사고증명서를 교부받는다.

❷ 인솔자가 현장에 없었을 경우

• 목격자나 통보자로부터 사고내용에 관한 진술과 신병을 확보한다.

• 피해자가 있는 장소(병원, 경찰서 등)로 직행한다.

• 경찰서에 피해자의 성명, 사고발생장소, 사고내용 등을 보고하고 사고확인서를 작성한다.

– 병원에서 피해자의 용태 등을 듣고 입원필요 여부와 기간 및 비용을 조사한다.

• 관계기관으로의 연락

- 인솔자는 입원한 여행객의 사태를 고려하여 주재원 또는 현지 대리점, 호텔, 재외공관, 병원 관계자에게 연락하여 피해자 성명, 병원명, 용태를 알리고 조치에 대한 협조를 의뢰한다.
- 한국본사에 연락하여 지시를 받고 전화 등으로 상황을 상세히 설명하고 피해자 가족에게 연락을 의뢰한다.
- 여행객이 가입된 보험대리점에 전화로 사고내용을 상세히 전달하고 적절한 지시를 받는다.

• 인솔자를 포함한 단체가 환자를 남겨 두고 이동하게 될 경우 현지여행사, 호텔 및 병원관계자, 재외공관 등에 협조를 요청하여 필요한 조치를 강구한다.

• 기타

- 고객에게는 사고를 설명하고 인솔자 부재중의 행동에 대한 적절한 지시와 더불어 협조를 구한다.
- 경찰서에서 사고증명서를 교부받는다(본사, 보험회사, 대사관, 병원 등에 제출하기 위해 5부 이상 복사를 해둔다).
- 가해자와의 교섭은 대사관원을 중재로 하여 경찰서에서 하고, 보상은 후유증 등의 관계로 결론을 내리지 않는다. 상대방에게 사고를 일으킨 것을 인정하는 문서를 쓰게 한다.

(12) 사망 사고시

① 의사에게 사망진단서를 발급 받는다.

② 경찰서로 가서 검사진단서 및 경찰 사망증명서 등 필요서류를 발급 받는다.

③ 이후 한국 재외공관에 자세한 사항을 신고한다. 신고할 내용은 When(사망일시), Where(사망장소, 유해안치장소), Why(사망원인), Name(사망자의 성명), Address(사망자의 한국 주소, 본적지, 유족의 성명과 주소), Passport(여권번호와 발급일) 등이다.

④ 이후에 여행 주관 회사(여행사)에 다음 사항을 보고 한다. 사망자의 성명, 사망일시, 사망장소, 사망원인, 유해의 안치 장소, 보험청구의뢰 등이다.

시신의 처리는 필히 유족의 의사를 존중하여 해야 하므로 세심한 주의와 유족과의 연락이 필요하다. 보험 수속의 의뢰처리는 유족의 의사를 존중하여 그 지시에 따라 처리한다. 위임장이 없을 경우 유해인수 법정 대리인의 취지를 전보로 전달하여 위임장으로 할 대신하기도 한다. 주재원 및 현지 여행사, 현지 행사 주관 여행사와 긴밀히 연락해 최대한 협조를 요청한다. 장의사에게 부탁하면 이에 따른 제기관에 대한 신고 증명, 허가 수속, 기타 증명서류 취득을 대행해 준다. 또한 화장/매장 여부, 유해의 보관 항공 화물용, 유해의 방부보존처리, 항공 화물 수속대행 등 모든 업무를 맡길 수 있다. 여기에 소요되는 제반 비용은 해외여행 보험 가입자에 한해 처리가 가능하므로 반드시 해외여행 보험을 가입하고 가야 한다.

여행사의 패키지 상품을 이용하는 대부분의 단체여행 또는 허니문 상품의 경우 예약과 동시에 보험처리가 된다. 국내에서 보험 처리를 하기 위한 서류는 다음과 같다.

- 사망진단서(또는 사체 검안서)
- 피보험자의 호적등본 단, 자살은 보험 처리가 되지 않으며, 사망시 보험 처리가 되지 않는 경우는 다음과 같다.
- 전쟁, 침략, 교전, 무력행사, 혁명, 내란, 반란, 계엄령, 폭동, 소요 등으로 인한 사망
- 피보험자의 자살, 자살미수, 범죄행위, 폭력행위(정당방위는 제외)
- 피보험자의 지병, 뇌질환 또는 심신상실로 인한 사망
- 피보험자의 무면허 운전 및 음주운전으로 인한 사망
- 피보험자의 핵연료물질에 의한 사망
- 피보험자의 방사능 오염물질에 의한 사망

3 여행서비스제도

1) 여행경보제도

여행경보제도는 특정 국가(지역) 여행 · 체류 시 특별한 주의가 요구되는 국가 및 지역에 경보를 지정하여 위험수준과 이에 따른 안전대책(행동지침)의 기준을 안내하는 제도이다. 우리국민의 안전에 대한 위험(위협)을 중요한 기준으로 해당 국가(지역)의 치안정세와 기타 위험요인을 종합적으로 판단하여 안전대책의 기준을 판단할 수 있도록 중 · 장기적 관점에서 여행경보를 지정 · 공지하고 있다. 이미 미국, 영국, 캐나다, 호주, 뉴질랜드 등의 국가에서 유사한 제도를 운영하고 있어, 안전한 해외여행에 기여하고 있다.

국민의 안전을 최우선으로 그 안전에 위협을 줄 수 있는 상황이 발생하게 되면 수시로 여행경보단계를 변경한다. 국가의 경보수준에 따라 정기적으로 짧게는 월, 길게는 반기별로 이미 지정된 여행경보단계의 적정성을 검토 및 변경하고 있다.

◦ 여행경보제도

출처: https://www.0404.go.kr/callcenter/translation_service.jsp

2) 영사콜센터 제도

영사콜센터는 해외에서 사건 · 사고 또는 긴급한 상황에 처한 우리 국민들에게 도움을 주기 위해 연중무휴 24시간 상담서비스를 제공하고 있다.

◎ 해외 이용 시

휴대폰 자동로밍일 경우

현지 입국과 동시에 자동으로 수신되는 영사콜센터 안내문자([외교부] 해외 위급상황 시 영사콜센터(+82-2-3210-0404) 영, 일, 중, 불, 노, 서어 통역가능)에서 통화 버튼으로 연결

유선전화, 휴대폰 이용할 경우

유료연결 : 현지국제전화코드 + 82-2-3210-0404

01 무료연결 : 현지국제전화코드 + 800-2100-0404 / 800-2100-1304
02 무료연결 : 국제자동콜렉트콜(Auto Collect Call)
03 무료연결 : 국가별 접속번호 + 5번

출처: https://www.0404.go.kr/callcenter/translation_service.jsp

3) 통역 서비스 지원 제도

영어, 중국어, 일본어, 프랑스어, 러시아어, 스페인어 등 6개 외국어에 대한 3자 통역서비스를 지원한다.

(1) 지원 범위

긴급 상황 시 현지 공무원 또는 관계자(경찰, 세관, 출입국 심사관, 의사 등 병원 관계자, 소방관 등)와의 제3자 통역을 지원한다.

※ 통역서비스 불가 범위 : 번역, 일반 업무 관련 통역, 폭언, 현지 관계자가 없는 경우 등

(2) 지원 방식 : 3자 통화

영사콜센터 통역상담사가 민원인과 통화 후 옆에 있는 현지 관계자에게 통역하여 통화하는 방식으로 지원한다.

출처: https://www.0404.go.kr/callcenter/translation_service.jsp

4) 동행서비스 제도

여행자에게 방문지의 안전정보를 메일로 발송하는 맞춤형 해외여행안전정보 제공 서비스이다. 해외여행자가 해외안전여행홈페이지에 신상정보 · 국내비상연락처 · 현지연락처 · 일정 등을 등록하면 된다. 등록된 여행자가 사건 · 사고에 처했을 때 비상연락처 · 소재지 등 파악을 용이하게 할 수 있고, 재외공관(대사관)에서 미리 등록한 비상연락처를 바탕으로 신속하게 연락을 취할 수 있어, 보다 효율적인 영사 조력 제공도 가능하다.

출처: https://www.0404.go.kr/callcenter/translation_service.jsp

제5장

여행종료 후의 업무

인솔자의 여행종료 후의 업무는 귀국보고, 업무보고서의 제출, 정산 그리고 사후고객관리 및 여행자료 정리 등으로 크게 나누어질 수 있다.

1 귀국보고

국내 공항에 도착하여 고객이 해산한 뒤 회사가 영업시간 중이면 무사히 귀국했음을 우선 전화로 보고하고 영업 외 시간이면 다음날 출근하여 구두로 보고하면 된다.

해산에 앞서 행사 중 불평사항이 많았을 경우나 까다로운 고객이 있었을 경우 기념품을 제공하거나 식사제공을 해 주는 것도 괜찮다.

귀국 도중의 사고나 한국 입국시 세관 등에서 손님에게 중대한 문제가 발생했을 경우에는 휴일이나 영업시간 외라도 필히 회사 책임자에게 연락하도록 한다.

2 TC 업무 보고서의 제출

업무보고서는 국외여행인솔업무를 최종적으로 평가하는 단계로서 투어에 대한 고객의 평가와 인솔자의 의견, 항공회사 및 호텔에 대한 평가, 쇼핑, 옵션투어의 횟수와 문제점, 기타사항 등을 여정 관리자로서의 입장에서 진솔하게 작성하여 보고하여야 한다. 가능한한 이러한 업무보고서는 투어 중에 작성해 두는 것이 좋다. 이러한 업무보고서는 아래와 같은 정보를 제공해 준다.

- 여행일정의 진행이 원활하였는가?
- 사고나 불평행동 발생이 있었는가? 그리고 그 처리는 제대로 수행되었는가?
- 지상수배업자와의 계약사항이 제대로 이행되었는가? 그리고 제공된 서비스의 질은 어떠했는가?

뿐만 아니라 업무보고서는 다음 여행기획을 위한 참고자료, 인솔자 서비스의 개선 교육자료, 애프터 세일즈의 자료 등으로서 활용될 수 있다.

3 정산

정산이란 투어 종료 후에 지상비에 관한 수지, 선택 관광 및 쇼핑에 관한 수지, 예비비 지출내역, 그 밖의 수입의 수수 등 투어에 관한 모든 수입과 지출의 수지를 결산하여 단체의 여행수지에 관한 최종 수입과 지출을 결산하는 업무를 말한다. 통상적으로 행사종료 후 3일 이내에 정산보고서를 작성하여 회계부서로 넘긴다.

4 사후고객관리 및 여행자료의 정리

1) 사후고객관리

일반적으로 새로운 고객을 창출하는 것보다 기존고객을 관리하는 것이 원가면에서 80~70% 절약된다. 그런 측면에서 볼 때 사후고객관리는 다음 여행을 위한 가장 좋은 세일즈 활동이기 때문에 이 기회를 적극 활용하도록 하는 것이 중요하다. 특히 한 사람의 불평행동은 20명 이상에게 영향을 미치므로 크레임에 대한 관리가 특별히 요청된다 하겠다. 사후고객관리의 활용 가능한 구체적인 방법은 다음과 같다.

① 안부전화

통상적으로 그 다음날 고객의 건강에 대한 안부 인사를 한다.

② 감사의 서신 발송

여행에 참가하여 준 것과 무사히 끝난 것을 감사하며 인솔자의 서비스가 불충분한 점이 있었다면 양해 해 줄 것과 차후 여행 시에도 자사를 이용해 달라는 취지의 인사장을 발송한다.

③ 사진교환회

여행 중 찍은 사진을 서로 교환하며 여행지에서 있었던 에피소드를 주고받는 사진교환회의 회합을 갖는다.

④ 불평행동의 해결

쇼핑이나 여행요금환급, 분실물, 별송품, 기념사진, 식사, 호텔 등 전 일정상에 걸쳐 고객의 불평행동이 일어날 수 있는 요소는 많다. 특히 쇼핑의 경우 지상수배업자를 통한 신속한 환급처리가 중요하며 여행요금 환급분이 있다면 국외여행표준약관에 따라 10일 이내에 정산을 해 주어야 한다. 이러한 불평행동에 대한 인솔자의 기본자세는 우선 사과하고, 고객의 이야기를 진지하게 경청하여야 하며, 사실을 확인하고, 그 불평행동에 대한 책임소재를 명확히 하여야 한다.

⑤ 고객의 DB화

시간과 경비를 줄이고 지속적인 고객관리를 위해서는 데이터베이스에 의한 고객관리 프로그램이 필요하다. 신상품이 나왔거나 권장할만한 상품이 개발되었을 경우 안내책자를 송부하는 근거로 사용될 수 있으며 고객의 생일과 같은 기념일이나 명절 시 엽서나 카드, 선물 등을 발송할 수 있는 근거자료가 된다.

2) 여행자료의 정리

여행정보는 자주 변화한다. 각종 기관에서 발행하고 있는 간행물이나 인쇄매체 등을 통해 어느 정도 알 수 있으나 가장 최신의 정보는 인솔자가 직접 보고 듣고 수집한 인쇄매체 정보들이다. 이 정보들은 살아있는 귀중한 정보로 다음 여행기획과 고객의 여행상담 등 인솔자에게 의외의 이용가치가 있다. 사정이 허락하는 한 여러 자료를 수집하고 특이한 사항은 기록하여 잘 정리한 후 영업 자료로 활용토록 한다.

표 5-1 단체행사평가 및 문제점 보고서

단 체 명		행사인원	
행사기간		인 솔 자	
랜드사명		담 당 자	

1. 총평

2. 식 사

3. 현지 가이드 및 차량

4. 일 정

5. 숙박시설

6. 쇼핑 및 선택관광

7. 기 타 내 용

표 5-2 선택관광 · 쇼핑 알선수수료 정산서

단체명		인원		여행기간		인솔자	

1. 선택관광

일자	도시명	Local Land Operator	선택관광명	판매가	수수료
				US$× 명 = $	
				US$× 명 = $	
				US$× 명 = $	
				US$× 명 = $	
				US$× 명 = $	
				US$× 명 = $	
				US$× 명 = $	
선택관광 수수료(optional tour com.) 총계			US$		

2. 쇼핑

일자	도시명	Local Land Operator	상호명	총판매액	수수료
쇼핑 수수료(shopping com.) 총계			US$		
총 합 계			US$		

부록 1

국외여행표준약관

국외여행업을 영위하는 여행업자(이하 “갑” 이라 한다)와 국외여행을 하고자 하는 여행자(이하 “을” 이라 한다)는 국외여행에 관하여 다음과 같이 계약을 체결한다. 표준 약관 제10021호 [2014.12.19. 개정]

제1조(목적)

이 약관은 (　　　　)여행사와 여행자가 체결한 국외여행계약의 세부 이행 및 준수사항을 정함을 목적으로 한다.

제2조(여행업자와 여행자 의무)

① 여행업자는 여행자에게 안전하고 만족스러운 여행서비스를 제공하기 위하여 여행알선 및 안내, 운송, 숙박 등 여행계획의 수립 및 실행과정에서 맡은 바 임무를 충실히 수행하여야 한다.

② 여행자는 안전하고 즐거운 여행을 위하여 여행자간 화합도모 및 여행업자의 여행질서 유지에 적극 협조하여야 한다.

제3조(용어의 정의)

여행의 종류 및 정의, 해외여행수속대행업의 정의는 다음과 같다.

1. 기획여행 : 여행업자가 미리 여행목적지 및 관광일정, 여행자에게 제공될 운송 및 숙식서비스 내용(이하 ‘여행서비스’라 함), 여행요금을 정하여 광고 또는 기타 방법으로 여행자를 모집하여 실시하는 여행.
2. 희망여행 : 여행자(개인 또는 단체)가 희망하는 여행조건에 따라 여행업자가 운송, 숙식, 관광 등 여행에 관한 전반적인 계획을 수립하여 실시하는 여행.

3. 해외여행 수속대행(이하 수속대행계약이라 함) : 여행업자가 여행자로부터 소정의 수속대행요금을 받기로 약정하고, 여행자의 위탁에 따라 다음에 열거하는 업무(이하 수속 대행업무라함)를 대행하는 것.
   1) 여권, 사증, 재입국 허가 및 각종 증명서 취득에 관한 수속
   2) 출입국 수속서류 작성 및 기타 관련업무

제4조(계약의 구성)

① 여행계약은 여행계약서(붙임)와 여행약관, 여행일정표(또는 여행 설명서)를 계약내용으로 한다.

② 여행일정표(또는 여행설명서)에는 여행일자별 여행지와 관광내용, 교통수단, 쇼핑횟수, 숙박장소, 식사 등 여행실시일정 및 여행사 제공 서비스 내용과 여행자 유의사항이 포함되어야 한다.

제5조(특약)

여행업자와 여행자는 관계법규에 위반되지 않는 범위 내에서 서면으로 특약을 맺을 수 있다. 이 경우 표준약관과 다름을 여행업자는 여행자에게 설명해야 한다.

제6조(안전정보 제공 및 계약서 등 교부)

여행사는 여행자와 여행계약을 체결할 때 여행약관과 외교부 해외안전여행 홈페이지(www.0404.go.kr)에 게재된 여행지 안전정보를 제공하여야 하며, 여행계약을 체결한 경우 계약서와 여행일정표(또는 여행설명서)를 각 1부씩 여행자에게 교부하여야 한다.

제7조(계약서 및 약관 등 교부 간주)

여행업자와 여행자는 다음 각 호의 경우 여행계약서와 여행약관 및 여행일정표(또는 여행설명서)가 교부된 것으로 간주한다.

1. 여행자가 인터넷 등 전자정보망으로 제공된 여행계약서, 약관 및 여행일정표(또는 여행설명서)의 내용에 동의하고 여행계약의 체결을 신청한데 대해 여행업자가 전자정보망 내지 기계적 장치 등을 이용하여 여행자에게 승낙의 의사를 통지한 경우
2. 여행업자가 팩시밀리 등 기계적 장치를 이용하여 제공한 여행계약서, 약관 및 여행일정표(또는 여행설명서)의 내용에 대하여 여행자가 동의하고 여행

계약의 체결을 신청하는 서면을 송부한데 대해 여행업자가 전자정보망 내지 기계적 장치 등을 이용하여 여행자에게 승낙의 의사를 통지한 경우

제8조(여행업자의 책임)

여행업자는 여행 출발 시부터 도착 시까지 여행업자 본인 또는 그 고용인, 현지여행업자 또는 그 고용인 등(이하 '사용인' 이라 함)이 제2조제1항에서 규정한 여행업자 임무와 관련하여 여행자에게 고의 또는 과실로 손해를 가한 경우 책임을 진다.

제9조(최저행사인원 미 충족시 계약해제)

① 여행업자는 최저행사인원이 충족되지 아니하여 여행계약을 해제하는 경우 여행출발 7일 전까지 여행자에게 통지하여야 한다.

② 여행업자가 여행참가자 수 미달로 전항의 기일 내 통지를 하지 아니하고 계약을 해제하는 경우 이미 지급받은 계약금 환급 외에 다음 각 목의 1의 금액을 여행자에게 배상하여야 한다.

가. 여행출발 1일전까지 통지 시 : 여행요금의 30%

나. 여행출발 당일 통지 시 : 여행요금의 50%

제10조(계약체결 거절)

여행업자는 여행자에게 다음 각 호의 1에 해당하는 사유가 있을 경우에는 여행자와의 계약체결을 거절할 수 있다.

1. 다른 여행자에게 폐를 끼치거나 여행의 원활한 실시에 지장이 있다고 인정될 때
2. 질병 기타 사유로 여행이 어렵다고 인정될 때
3. 계약서에 명시한 최대행사인원이 초과되었을 때

제11조(여행요금)

① 여행계약서의 여행요금에는 다음 각 호가 포함된다. 단, 희망여행은 당사자 간 합의에 따르다.

1. 항공기, 선박, 철도 등 이용운송기관의 운임(보통운임기준)
2. 공항, 역, 부두와 호텔 사이 등 송영버스요금
3. 숙박요금 및 식사요금

4. 안내자경비

5. 여행 중 필요한 각종 세금

6. 국내외 공항, 항만세

7. 관광진흥개발기금

8. 일정표 내 관광지 입장료

9. 기타 개별계약에 따른 비용

② 여행자는 계약체결 시 계약금(여행요금 중 10% 이하 금액)을 여행업자에게 지급하여야 하며, 계약금은 여행요금 또는 손해배상액의 전부 또는 일부로 취급한다.

③ 여행자는 제1항의 여행요금 중 계약금을 제외한 잔금을 여행출발 7일 전까지 여행업자에게 지급하여야 한다.

④ 여행자는 제1항의 여행요금을 여행업자가 지정한 방법(지로구좌, 무통장입금 등)으로 지급하여야 한다.

⑤ 희망여행요금에 여행자 보험료가 포함되는 경우 여행업자는 보험회사명, 보상내용 등을 여행자에게 설명하여야 한다.

제12조(여행요금의 변경)

① 국외여행을 실시함에 있어서 이용운송, 숙박기관에 지급하여야 할 요금이 계약체결 시보다 5% 이상 증감하거나 여행요금에 적용된 외화환율이 계약체결 시보다 2% 이상 증감한 경우 여행업자 또는 여행자는 그 증감된 금액 범위 내에서 여행요금의 증감을 상대방에게 청구할 수 있다.

② 여행업자는 제1항의 규정에 따라 여행요금을 증액하였을 때에는 여행출발일 15일 전에 여행자에게 통지하여야 한다.

제13조(여행조건의 변경요건 및 요금 등의 정산)

① 위 제1조 내지 제12조의 여행조건은 다음 각 호의 1의 경우에 한하여 변경될 수 있다.

1. 여행자의 안전과 보호를 위하여 여행자의 요청 또는 현지사정에 의하여 부득이하다고 쌍방이 합의한 경우

2. 천재지변, 전란, 정부의 명령, 운송, 숙박기관 등의 파업, 휴업 등으로 여행의 목적을 달성할 수 없는 경우

② 제1항의 여행조건 변경 및 제12조의 여행요금 변경으로 인하여 제11조 제1항의 여행요금에 증감이 생기는 경우에는 여행출발 전 변경 분은 여행출발 이전에, 여행 중 변경 분은 여행종료 후 10일 이내에 각각 정산(환급)하여야 한다.

③ 제1항의 규정에 의하지 아니하고 여행조건이 변경되거나 제14조 또는 제15조의 규정에 의한 계약의 해제, 해지로 인하여 손해배상액이 발생한 경우에는 여행출발 전 발생 분은 여행출발 이전에, 여행 중 발생 분은 여행종료 후 10일 이내에 각각 정산(환급)하여야 한다.

④ 여행자는 여행출발 후 자기의 사정으로 숙박, 식사, 관광 등 여행요금에 포함된 서비스를 제공받지 못한 경우 여행업자에게 그에 상응하는 요금의 환급을 청구할 수 없다. 단, 여행이 중도에 종료된 경우에는 제16조에 준하여 처리한다.

제14조(손해배상)

① 여행업자는 현지여행업자 등의 고의 또는 과실로 여행자에게 손해를 가한 경우 여행업자는 여행자에게 손해를 배상하여야 한다.

② 여행업자의 귀책사유로 여행자의 국외여행에 필요한 여권, 사증, 재입국 허가 또는 각종 증명서 등을 취득하지 못하여 여행자의 여행일정에 차질이 생긴 경우 여행업자는 여행자로부터 절차대행을 위하여 받은 금액 전부 및 그 금액의 100% 상당액을 여행자에게 배상하여야 한다.

③ 여행업자는 항공기, 기차, 선박 등 교통기관의 연발착 또는 교통체증 등으로 인하여 여행자가 입은 손해를 배상하여야 한다. 단, 여행업자가 고의 또는 과실이 없음을 입증한 때에는 그러하지 아니하다.

④ 여행업자는 자기나 그 사용인이 여행자의 수하물 수령, 인도, 보관 등에 관하여 주의를 해태(懈怠)하지 아니하였음을 증명하지 아니하면 여행자의 수하물 멸실, 훼손 또는 연착으로 인한 손해를 배상할 책임을 면하지 못한다.

제15조(여행출발 전 계약해제)

① 여행업자 또는 여행자는 여행출발 전 이 여행계약을 해제할 수 있다. 이 경우 발생하는 손해액은 '소비자피해보상규정'(재정경제부고시)에 따라 배상한다.

② 여행업자 또는 여행자는 여행출발 전에 다음 각 호의 1에 해당하는 사유가 있는 경우 상대방에게 제1항의 손해배상액을 지급하지 아니하고 이 여행계약을 해제할 수 있다.

1. 여행업자가 해제할 수 있는 경우

가. 제13조제1항제1호 및 제2호사유의 경우

나. 다른 여행자에게 폐를 끼치거나 여행의 원활한 실시에 현저한 지장이 있다고 인정될 때

다. 질병 등 여행자의 신체에 이상이 발생하여 여행에의 참가가 불가능한 경우

라. 여행자가 계약서에 기재된 기일까지 여행요금을 납입하지 아니한 경우

2. 여행자가 해제할 수 있는 경우

가. 제13조제1항제1호 및 제2호의 사유가 있는 경우

나. 여행자의 3촌 이내 친족이 사망한 경우

다. 질병 등 여행자의 신체에 이상이 발생하여 여행에의 참가가 불가능한 경우

라. 배우자 또는 직계존비속이 신체이상으로 3일 이상 병원(의원)에 입원하여 여행 출발 전까지 퇴원이 곤란한 경우 그 배우자 또는 보호자 1인

마. 여행업자의 귀책사유로 계약서 또는 여행일정표(여행설명서)에 기재된 여행 일정대로의 여행실시가 불가능해진 경우

바. 제12조제1항의 규정에 의한 여행요금의 증액으로 인하여 여행 계속이 어렵다고 인정될 경우

제16조(여행출발 후 계약해지)

① 여행업자 또는 여행자는 여행출발 후 부득이한 사유가 있는 경우 이 여행계약을 해지할 수 있다. 단, 이로 인하여 상대방이 입은 손해를 배상하여야 한다.

② 제1항의 규정에 의하여 계약이 해지된 경우 여행업자는 여행자가 귀국하는데 필요한 사항을 협조하여야 하며, 이에 필요한 비용으로서 여행업자의 귀책사유에 의하지 아니한 것은 여행자가 부담한다.

제17조(여행의 시작과 종료)

여행의 시작은 탑승수속(선박인 경우 승선수속)을 마친 시점으로 하며, 여행의 종료는 여행자가 입국장 보세구역을 벗어나는 시점으로 한다. 단, 계약내용상 국내이동이 있을 경우에는 최초 출발지에서 이용하는 운송수단의 출발시각과 도착시각으로 한다.

제18조(설명의무)

여행업자는 계약서에 정하여져 있는 중요한 내용 및 그 변경사항을 여행자가 이해할 수 있도록 설명하여야 한다.

제19조(보험가입 등)

여행업자는 이 여행과 관련하여 여행자에게 손해가 발생한 경우 여행자에게 보험금을 지급하기 위한 보험 또는 공제에 가입하거나 영업보증금을 예치하여야 한다.

제20조(기타사항)

① 이 계약에 명시되지 아니한 사항 또는 이 계약의 해석에 관하여 다툼이 있는 경우에는 여행업자 또는 여행자가 합의하여 결정하되, 합의가 이루어지지 아니한 경우에는 관계법령 및 일반관례에 따른다.

② 특수지역에의 여행으로서 정당한 사유가 있는 경우에는 이 표준약관의 내용과 달리 정할 수 있다.

위의 계약을 증명하기 위하여 이 계약서 2통을 작성하고 "갑"과 "을"이 각각 1통씩 보관한다.

년 월 일

"갑" 상 호 :

대 표 자 :

전 화 번 호 :

여행업등록번호 :

"정"(갑의 대리인 : 갑을 대리하여 여행자를 모집하는 경우)

상　　　호 :

대　표　자 :

전 화 번 호 :

여행업등록번호 :

계약담당자 : 소　속 :

직　책 :

성　명 :

"을" 성　　　명 :

주　　　소 :

전 화 번 호 :

■국외여행 피해유형 및 보상기준

1) 여행계약해제로 인한 피해

① 여행사의 귀책사유로 여행사가 계약해제하는 경우

- 여행개시 20일 전까지 취소 통보 시 : 계약금환급
- 여행개시 10일 전까지 취소 통보 시 : 여행경비의 5% 배상
- 여행개시 8일 전까지 취소 통보 시 : 여행경비의 10% 배상
- 여행개시 1일 전까지 취소 통보 시 : 여행경비의 30% 배상
- 여행출발 당일 취소 통보 시 : 여행경비의 50% 배상

② 여행자의 여행계약 해제 요청이 있는 경우

- 여행출발일 20일 전까지 취소 통보 시 : 계약금환급
- 여행출발일 10일 전까지 취소 통보 시 : 여행경비의 5% 배상
- 여행출발일 8일 전까지 취소 통보 시 : 여행경비의 10% 배상
- 여행출발일 1일 전까지 취소 통보 시 : 여행경비의 20% 배상
- 여행출발 당일 취소 통보 시 : 여행경비의 50% 배상

③ 여행참가자 수의 미달로 여행개시 7일 전까지 여행취소 통지 시 : 계약금환급

④ 여행참가자 수의 미달로 인한 여행계약 해제 통지기일 미준수

- 여행개시 1일 전까지 취소 통지 시 : 여행경비의 20% 배상
- 여행 출발당일 취소통지 시 : 여행경비의 50% 배상

2) 여행사의 계약조건 위반으로 인한 피해(여행 후) : 여행자가 입은 손해배상

3) 여행계약의 이행에 있어 여행종사자의 고의 또는 과실로 여행자에게 손해를 끼쳤을 경우 : 여행자가 있은 손해배상

부록2

여행설명회 자료

1) 아시아

(1) 태국

❶ **개요** 동남아 지역의 지리적, 문화적, 종교적 교차로의 역할을 하고 있고 외국의 지배를 한번도 받은 적이 없는 입헌군주 국가이다. 1932년 이래 현재의 국왕인 푸미폰 아운야데 라마 9세를 포함한 태국의 국왕들은 국회를 통하여 입법권을, 수상이 이끄는 내각을 통하여 행정권을 그리고 법을 통한 사법권을 행사해오고 있다.

❷ **인구 및 인종** 약 6,800만여 명, 타이족 81.5%, 화교 13.1%, 말레이족 2.9%, 기타 2.5%

❸ **면적** 51.4만 ㎢(한반도의 2.3배) 세계 51위(CIA기준)

❹ **수도** 방콕

❺ **언어** 타이어(공용어)

❻ **종교** 불교(소승 95%), 회교 4%, 기독교 1%, 모든 남성은 일생에 5일~3개월 기간 동안 사원에서 수행하는 풍습이 있다.

❼ **통화, 환율** 바트(BAHT), 1바트= 32.41원

❽ **시차** 한국보다 2시간 느림(한국 09:00=태국 07:00)

❾ **기후** 열대몬순기후로 건기(11월~2월), 하절기(2월~5월), 우기(5월~11월)로 나뉘며 평균온도는 27℃~30℃이다.

⑩ **전압** 220V

⑪ **토산품** 보석류, 나이실크, 악어, 코끼리 가죽제품, 다양한 열대과일

⑫ **출입국** 3개월 이내 체재 시 비자 필요 없음. US$10,000 이상 외화 소지 시 신고, 출국 시 500바트 이상 태국화폐 반출금지, 술 1병, 담배 20갑 면세

⑬ **여행 시 주의사항** 야간 외출 시 으슥한 골목길 및 택시이용은 위험할 수 있음.

⑭ **한국으로 전화** 101 + 82 + 0을 뺀 지역번호 + 해당번호

⑮ **긴급전화** 한국대사관 (02)247-7537~45

⑯ **월별 평균기온 및 강수량**

방콕	1월	2월	3월	4월	5월	6월	7월	8월	9월	10월	11월	12월
최고기온	32	33	34	35	34	33	32	32	32	31	31	31
최저기온	20	23	24	26	25	25	24	24	24	24	23	30
일조일수	8	8	8	10	8	6	5	5	5	6	7	8
강수일수	1	2	3	4	13	14	15	15	17	13	4	1

(2) 인도네시아

❶ **개요** 인도네시아는 거대한 군도로 되어있고, 5개의 큰 섬과 사람이 살고 있는 약 6,000여 개의 섬을 포함해서 총 13,677개의 섬이 있다. 길이가 5,120㎞이며 오스트레일리아와 아시아 대륙 사이의 적도에 위치하며 태평양과 인도양을 나눈다.

❷ **인구 및 인종** 인도네시아는 2억5천8백만의 인종이 혼합체를 이룬 나라로 중국, 인도, 미국 다음으로 인구가 많다. 사람들은 군도의 일부에 밀집되어 있는데 총 인구의 65%가 총면적의 7%에 해당하는 자바, 발리, 마두라 섬에 집중되어 있다.

❸ **언어** 말레이시아어에서 파생한 인도네시아어가 국어이며 250여 종의 언어가 사용되고 있다.

❹ **종교** 이슬람교 87%, 기독교 7%, 힌두교 2%, 불교 0.2%, 발리섬은 90% 이상 힌두교

❺ **통화, 환율** 통화단위는 루피아(Rp)이며 환율은 100 Rp=8.41원이다.

❻ **시차** 동부, 중부, 서부의 3지역으로 구분된다. 동부의 이리얀자야는 우리나라와 동일하고 발리와 길리인틴 등은 우리나라보다 1시간이 느리며, 수도 자카르타를 포함한 자바와 수마트라는 2시간이 느리다.

❼ **기후** 적도 남반부 위도 6도에 위치한 자카르타를 제외한 모든 섬들이 열대지역에 속한다. 고산지대를 제외한 나머지 지역은 섭씨 25~30도가량의 고온 다습한 기후이다. 기후는 열대성으로 우기와 건기로 나눠지며 우기는 대개 11월에서 1월, 건기는 6월에서 9월까지 계속된다.

❽ **전압** 220V 50㎐이다.

❾ **토산품** 바틱, 목각, 은세공품, 진주, 피혁제품 등이 있다. 그 중에서도 바틱과 목각은 세계적으로 유명하다.

❿ **출입국** 60일 이내는 비자가 필요 없다. 여권 유효기간은 6개월 이상이어야 입국이 가능하다.

⓫ **여행 시 주의사항** 외국인을 상대로 한 소매치기, 강도가 자주 발생하고 있고, 회교문화가 지배적이므로 기본적으로 회교 계율에 반하지 않게 행동해야 함. 가령 물건을 주고받을 때 왼손을 내미는 행위, 술 취한 행위, 머리를 두드리는 행위 등은 삼가야 한다.

⓬ 한국으로 전화 005 + 82 + 0을 뺀 지역번호 + 해당번호

⓭ **긴급전화** 한국대사관 (021)520-1915, 발리연락사무소 (0361)75-7474

⓮ **월별 평균기온 및 강수량**

자카르타	1월	2월	3월	4월	5월	6월	7월	8월	9월	10월	11월	12월
기온	26	26	27	27	27	27	27	27	27	27	27	27
강수량	458	265	234	121	100	92	65	78	68	88	117	185

(3) 싱가포르

❶ **개요** 14세기경부터 중계무역항으로 발전한 영국 동인도 회사의 아시아 거점이었다. 1819년 영국의 식민지가 되었다가 2차 대전 중에 일본에 점령당하기도 하였고 1965년 독립하였다. 동남아 제일의 기능성과 우수한 시설을 갖추고 있는 나라로서 초현대적이고 잘 정돈된 정원과 같은 이상적인 도시 국가이다.

❷ **인구 및 인종** 인구는 대략 5,781,728여 명에 이르고, 중국계 76%, 말레이계 15%, 인도/파키스탄계 7%, 기타민족 2% 등이다.

❸ **면적** 697㎢(서울 정도 크기)

❹ **언어** 공용어는 영어이며 중국어, 말레이어, 타밀어가 사용된다.

❺ **종교** 도교 29%, 불교 27%, 이슬람교 16%, 그리스도교 10% 등이다.

❻ **통화, 환율** 화폐단위는 싱가포르 달러(1 SGD=800.54원)

❼ **시차** 한국 시간보다 1시간 늦다. (한국 09:00=싱가폴 08:00)

❽ **기후 및 복장** 전형적인 열대기후로 연평균 27~28도, 기온의 변화가 거의 없고 11월~1월이 우기며 건물 안이나 공공시설은 에어콘 시설이 완벽해 오히려 얇은 가디건이나 긴팔 남방과 같은 겹옷이 여행 시 필요.

❾ **전압** 220-240V, 50㎐

❿ **토산품** 각국면세품, 보석류, 전자제품

⓫ **교통** 택시 기본요금 S$2.4이고, 콜택시는 전체 요금에서 S$3 추가, 밤 12시~새벽 6시 전체 요금에서 50% 할증

⓬ **여행 시 주의사항** 길거리에서 침이나 휴지를 버리면 S$500 등 벌금의 천국이므로 각별히 정숙한 행동이 필요하며, 종교적 의식이나 장소에서의 사진촬영은 사전허가를 받아야 한다. 세관, 경찰 기타 정부 민원 부서와의 접촉이 필요한 경우, 사례금 등 반대급부 제공은 일체 금물임.

⓭ **출입국 및 세관** 14일 이내 비자 없이 입국가능하며 입국 시 담배는 20개비, 술 1리터 면세, 단 마약류 소지 엄벌

⓮ **한국으로 전화** 00 + 82 + 0을 뺀 지역번호 + 해당번호

⓯ **긴급전화** 한국대사관 256-1188

(4) 베트남

❶ **개요** 16세기 군사 전략가인 코쿠엔이 최초의 독립 왕조 성립(AD938), 13년 딘보란 정권을 거쳐 레왕조에서 베트남의 독자적인 문화의 최전성기를 이루었으나, 북부에는 찐(Thinh), 남부엔 구엔(Nguyen)에 이르러 중국, 프랑스, 미국 등의 고난의 역사를 거쳐 오늘의 독립 베트남에 이르렀다. 인도차이나 반도 동쪽에 동중국해를 끼고 완만한 'S' 자 형태를 하고 있으며 북쪽으론 황서성과 접경, 남동쪽으로 캄보디아와 태국만, 서쪽으로 라오스와 국경을 접하고 있다. 남북간 길이 1,500㎞, 해안선의 길이 3,000㎞이다. 국토의 면적은 33만㎢로 중국 운남성에서 흘러 통킹만으로 빠진다. 농업의 젖줄인 메콩강은 라오스, 태국, 캄보디아를 걸쳐 베트남 남부를 가르는 거대한 ' 구룡만 '이라고 불린다. 가장 높은 산은 북서부 호암 6리엔에 있는 해발 3,143mdmll 판시판산(Mt. Phansipan)이며 푸옹손(Trunson)산맥이 동서로 길게 국토의 등뼈를 이룬다.

❷ **인구 및 인종** 약 95,2614,021명. 도시인구가 전체 인구의 20% 차지. 베트남족(Kinh)이 전 인구의 80~90% 점유, 기타 중국인 100만 명, 크메르인 75만 명, 차인 75만 명, 기타 산악지대에 거주하는 약 55개 소수종족이 있다.

❸ **행정구역** 3특별시, 36성, 1특별구

❹ **면적** 331,689㎢(국토의 3/4이 산으로 이루어져 있음)

❺ **언어** 베트남어

❻ **종교** 불교, 호아히오, 카톨릭 등 다양하다.

❼ **통화, 환율** Dong(200, 500, 1000, 2000, 5000, 10000) 지폐가 있으며 동전은 없다. (100VND=4.91원)

❽ **시차** 우리나라보다 2시간 느리다. (한국 09:00 = 베트남 07:00)

❾ **기후 및 복장** 북부 아열대, 남부 열대몬순, 건기인 11월부터 4월까지는 평균기온 약 27도, 낮과 밤의 기온 차이가 있으므로 간편한 잠바를 준비한다. 우기 5월부터 10월까지는 평균기온 31도, 매일 비(스콜)가 올 수 있으므로 비에 대비한 복장을 준비한다.

❿ **전압** 100V, 200V

⓫ **독립기념일** 1945년 9월 2일

⓬ **출입국 및 세관** 베트남은 출입국카드 및 공항에 도착 시 현금, 귀중품, 소지품을 기록한 2장의 세관신고서를 제출한다. 한 장은 입국 시에, 남은 한 장은 출국 시에 내야 되므로, 잘 보관해야 한다. 또한 사진 2장을 부착한 임시거주증명서를 써서 낸다. 만약 사진이 없을 때에는 꼭 해당기관에서 여행허가를 받아야 한다. 만약 위의 사항을 불이행하면 벌금과 불이익을 당한다.

⓭ **여행 시 주의사항** 사회주의 특성상 강력한 경찰, 공안조직을 통해 타국에 비해 상대적으로 양호한 치안상태를 유지하고 있으나 공항, 호텔 등 공공장소에서는 걸인행세를 하는 소매치기들을 주의해야 한다. 호텔 및 일반식당의 위생상태가 청결한 수준이 아니므로 날음식, 음료, 얼음 등을 먹는 행위는 삼가야 하며 항상 식중독에 걸리지 않도록 신경을 써야 한다.

⓮ **한국으로의 전화** 005 + 82 + 0을 뺀 지역번호 + 해당번호

⓯ **긴급번호** 한국대사관 (04)22-6677, 호치민 한국영사관 (08)22-5757

⓰ **기온 및 강수량**

구분	하노이	호치민
연평균기온	23.5	26.5
월평균기온	24.6	26.6
월평균습도	85%	87%
월평균강수량	123	263

(5) 필리핀

❶ **개요** 아름다운 자연과 바다를 바탕으로 원주민 네르리토족의 문화와 스페인 통치시대의 유럽 문화가 혼합되어 독특한 문화를 꽃피우고 있는 필리핀은 남북 1,850㎞, 동서 1,100㎞의 지역에 흩어져 있는 섬으로 이루어진 군도 국가로 총 면적이 약 30만㎢이다. 1898년의 미국 · 스페인 전쟁 이후 끈질긴 독립운동으로 독립국가를 세웠으며, 약 55개의 인종으로 구성된 약 102,624,209명의 인구가 독특한 언어와 습관, 전통을 지키며 살아가는 복합 사회이다. 또한 아시아에서 단 하나뿐인 크리스트교(카톨릭 80%) 국가이다.

❷ **기후** 열대에 속하나 해양 국가이므로 극도로 덥지는 않다. 연평균 기온은 27℃ 정도이며, 3~5월이 가장 덥다.

❸ **사용언어** 필리피노어가 국어이며, 영어와 스페인어도 통용된다.

❹ **통화** 페소(Peso) : P, 센타보(Centavo) : C (1PHP=22.28원)

❺ **시차** 한국보다 1시간 늦다. (한국 09:00=필리핀 08:00)

❻ **항공편 및 항공소요시간** 대한항공, 아시아나, 필리핀 항공이 운항 중이며, 3시간 40분 소요된다.

❼ **사용전압** 220V, 60㎐

❽ **특산물** 마닐라 삼을 원료로 한 의류, 조가비 세공품, 구두, 가방, 각종 액세서리(목조제품, 인형, 보석상자) 등

❾ **출입국 및 세관** 21일간 체류 시 무사증 입국이 가능하며, 출입국 심사는 간단하다. 입국 시 필리핀 출국항공권이 있어야 하며, 500페소 이상의 필리핀 통화는 반출이 금지되어 있어 초과분이 압수된다. 외화 3천불 이상 신고, 술 2병, 담배 20갑 면세

❿ **여행 시 주의할 점** 아직 정치적으로 안정되어 있지 않아 정치를 화제로 삼지 않는 것이 좋으며, 대도시 범죄율이 높으므로 여권, 현금 등은 깊숙이 간직해야 한다. 소리를 지르는 것은 모욕적인 것으로 간주하고 있으며 손가락으로 탁자를 두드리는 것은 여성에 대한 모욕적인 의미를 나타낼 수 있다.

⓫ **한국으로의 전화** 001 + 82 + 0을 뺀 지역번호 + 전화번호

⓬ **긴급전화** 한국대사관 (022)248-3337

⓭ **월별 평균기온 및 강수량**

마닐라	1월	2월	3월	4월	5월	6월	7월	8월	9월	10월	11월	12월
월별 기온	25	26	27	29	29	28	28	27	28	27	27	26
강수량	14	5	7	15	122	250	344	435	317	191	127	60

(6) 대만

❶ **개요** 북부에는 화산도, 동해안은 아름다운 절벽과 단애가 펼쳐져 있는 섬나라 타이완은 36,190㎢의 면적 중 반 이상이 산지로 이루어져 있어 바다, 산, 계곡을 고루 갖춘 빼어난 자연환경을 자랑한다. 타이완 섬에는 인구 약 23,464,787명이 살고 있어 방글라데시 다음으로 인구밀도가 높으며, 불교, 크리스트교, 이슬람교 등의 종교와 도교에 속하는 민간신앙이 전국 곳곳에 퍼져있다. 1949년 국민당 정부가 공산당과의 내전에서 패하여 이 섬으로 건너와 수도를 타이페이에 두고 오늘에 이르고 있으며, 최근 외교적인 고립에도 불구하고 동남아시아의 강력한 경제적 리더로 자리 잡고 있다.

❷ **기후** 북쪽은 아열대, 남쪽은 열대 기후로 평균기온은 북부가 21.8℃, 남부가 24.3℃로 높은 편이다. 중남부에서는 5~10월에 매일 한 차례의 스콜이 있다.

❸ **사용언어** 북경어(베이징위)를 근간으로 하는 보통어(부통위)를 사용하며, 영어의 보급률도 비교적 높은 편이다.

❹ **통화** 타이완 달러(신타이삐) : NT$ (1TWD= 36.86원)

❺ **시차** 한국보다 1시간 늦다.(한국 09:00 = 08:00)

❻ **사용전압** 110V, 50㎐

❼ **특산물** 보석류(산호, 비취, 마노), 대리석 제품, 도자기, 중국차, 고산족의 민예품 등

❽ **한국으로의 전화** 002 + 82 + 0을 뺀 지역번호 + 해당번호

❾ **출입국 관련사항** 비자가 있어야 하며, 입국카드(숙박지와 소재지 반드시 기입)와 세관신고서 제출로 입국심사는 간단하다. 반출입 금지품목은 농산품 외, 동식물, 해적판 테이프 · 음반이며 $5,000(NT$10,000) 이상의 무단 통화반출은 금지된다. 술 2병, 담배 20갑 면세

❿ **여행 시 주의사항** 비교적 치안이 좋고 우리와 관습이 비슷하므로 무절제한 행동은 삼가야 한다. 다만 밤늦은 시각에 부녀자가 혼자 택시를 타는 것은 다소 위험성이 큰 편이며 최근 들어 관련범죄 발생이 보고되고 있다. 그리고 대만의 역사와 정치에 관한 발언은 때와 장소를 가려야 한다.

⓫ **월별 평균기온 및 강수량**

타이페이	1월	2월	3월	4월	5월	6월	7월	8월	9월	10월	11월	12월
평균기온	15	16	18	21	25	27	29	28	27	23	21	17
강수량	96	134	148	127	182	246	257	238	303	109	84	76

(7) 중국

❶ **개요** 만리장성을 비롯해 50만 년의 유구한 역사가 낳은 문화유산과 산수화 같이 아름답고 정다운 자연을 만날 수 있는 중국은 세계에서 가장 넓은 나라로 총면적 960만㎢(남한 면적의 96배)로 56개 민족으로 구성된 약 13억의 인구를 가지고 있다. 중국에서는 폭발적인 인구증가를 막기 위해 엄격한 산아제한을 하고 있으며 산업이 대도시에 편중되어 있어 대도시권의 인구유동이 심하다. 먹는 것에 관심이 많은 민족이기 때문에 다양한 재료를 이용한 음식과 조리법을 만날 수 있다. 중국은 사회주의 이념을 따르는 국가로 중국 공산당이 모든 지배권을 장악하고 있다. 그러나 경제적 어려움을 타개하기 위해 개발화 정책을 추진하고 있어 사회 · 경제 곳곳에서 변화하고 있는 중국을 발견할 수 있다.

❷ **기후** 북부는 한대, 남부는 아열대에 속해 있으나 대부분의 지역은 온대기후를 나타낸다. 대륙성 기후로 일교차와 월교차가 크며, 계절적, 지역적 강수량 변화가 심하다. 4~9월은 우기로 온화하고 지역적 기후차가 크나 7월의 경우 기온차가 별로 없다.

❸ **사용언어** 중국어(북경어)가 표준어이며, 지방마다 방언이 심하다.

❹ **통화** 인민폐(위안) 元, CNY, 1元=162.42원

❺ **시차** 한국보다 1시간 늦다.

❻ **사용전압** 220V, 50Hz

❼ **특산물** 문방사우, 도장(상아, 수정, 마노, 호안석 등의 재료), 실크, 공예품, 중국차, 칠보 등

❽ **한국으로의 전화** 00 + 82 + 0을 뺀 지역번호 + 해당번호

❾ **긴급전화** 한국대사관 (01) 505-3171

❿ **출입국 관련사항** 비자가 있어야 하며, 개인비자의 경우 관광용도는 30일을 초과할 수 없다.

⓫ **여행 시 주의사항** 3성급 호텔의 경우 세면도구가 비치되어 있으나 질이 좋지 않으므로 준비하는 것이 좋다. 백두산 여행 시 7~8월에도 추위를 느낄 수 있으므로 소매가 긴 봄점퍼를 준비해 가야 한다. 치안상태는 대체로 양호한 편이나 북경과 심양, 광주에는 북한 대사관, 영사관이 있다는 점을 감안하여 행동에 유의하여야 하며, 대도시 번화가 및 각 지방의 기차 등에는 소매치기가 많으므로 주의해야 한다. 외국인 금기사항으로서는 중국인의 자존심을 자극하는 언행은 삼가야 하며, 중국인은 의식주 중 식을 가장 중시하므로 외모로 상대방을 판단하지 말아야 한다.

⓬ **중국 각 도시의 월별 중국기온**

도시명	1월	2월	3월	4월	5월	6월	7월	8월	9월	10월	11월	12월
베이징	-4.8	-2.0	4.3	13.3	19.9	24.1	25.8	24.5	19.5	12.6	4.0	-2.5
상하이	3.5	4.9	8.2	13.7	18.6	23.4	28.0	27.6	23.5	17.8	12.5	6.5
광저우	13.7	14.6	17.9	21.8	25.6	27.3	28.3	28.2	27.0	23.7	19.5	15.2

(8) 일본

❶ **개요** 아시아 대륙의 동쪽 끝 북태평양에 위치하고 있는 일본은 홋카이도, 혼슈, 시코쿠, 큐슈 등 네 개의 큰 섬과 약 4천개의 작은 섬으로 이루어져 있다. 일본의 지형은 환태평양 조산대에 속하는 화산지대로 전반적으로 매우 아름다우며 다채로운 풍경이 펼쳐진다. 흰눈이 덮인 산간호수, 바위로 둘러싸인 산골짜기, 세차게 흐르는 맑은 하천, 높고 가파른 산봉우리와 우아한 폭포 등은 이 나라를 찾는 사람들에게 그들의 문화 못지 않게 기쁨과 감탄과 놀라움을 주기에 충분하다. 또한 언제 어디서나 접할 수 있는 일본 사람들의 친절은 여행의 즐거움을 한층 더해주고 있다.

❷ **인구 및 인종** 1억 2,670만여 명의 일본인, 아이누 원주민 1만 5천명

❸ **면적** 37만 8천㎢(한반도의 1.7배)

❹ **수도** 동경. 1603년 도꾸가와 이에야스 에도에 막부를 연 뒤부터 발전의 일로를 걷기 시작하여 18세기 초에 이미 인구가 120만 명이었다. 현재는 약 1,200만여 명이다.

❺ **언어** 일본어

❻ **종교** 신도, 불교, 그리스도교 등

❼ **기후** 북반구 온대 기후권에 속하는 일본은 습도가 높아 여름은 무덥고 겨울은 실제기온보다 체감온도가 낮아진다.

❽ **화폐단위** 엔(Yen), 100엔=1,004.27원 정도

❾ **전압** 100V/200V 겸용

❿ **출입국** 1년 유효의 복수비자가 발급되며 1회 입국 시 15일간 체류 가능하다. 술 3병, 담배 20갑 면세

⓫ **여행 시 주의사항** 특별한 금기사항은 없으나, 자신이나 자국에 대한 칭찬, 남에게 폐를 끼치는 행동, 자신의 주장과 입장을 공격적으로 표명하는 행동, 지나친 솔직함은 피하는 것이 좋으며, 천황에 대한 사항이나 군국주의와 같은 사항은 화제로 올리지 않는 것이 좋다.

⑫ **한국으로 전화** 001 + 82 + 0을 뺀 지역번호 + 해당번호

⑬ **긴급연락처** 한국대사관 (03) 3452-7611~9

⑭ **주요도시의 평균기온 및 습도**

도시명	1월		4월		7월		12월	
	기온	습도	기온	습도	기온	습도	기온	습도
삿뽀르	-4.9	74	6.2	65	20.2	79	10.6	72
동경	4.7	53	13.9	65	25.2	77	17.3	70
오사카	4.2	53	14.0	62	24.2	78	17.5	71
후쿠오카	5.7	67	14.2	71	26.7	77	17.8	72
가고시마	7	73	16.1	74	27.2	80	19.6	72

2) 남태평양

(1) 호주

❶ **개요** 세계 최대의 섬인 오스트레일리아는 대륙 전체가 하나의 국가이며 18세기에 비로소 역사에 등장한 새로운 대륙이다. 넓이 769만㎢로 한반도의 약 35배이며 동·서의 최장거리 약 4,000km, 남북 약 3,200km이다. 지형은 단순해서 90% 이상이 평야 또는 고원이라 동쪽에는 대분수령 산맥이 남북으로 뻗어 최고봉 코지어스코산은 2,173m나 되지만 평균고도는 300m에 지나지 않는다. 약 30만 명의 원주민 Aborigine이 석기시대의 생활을 영위하고 있었던 이 대륙에 캡틴 쿡 선장이 현재 시드니일대를 발견, 영국 영토임을 선언한 것이 1770년 8월이다. 영국 영토로 선언한 이후 1788년 1월 26일 지금의 Botany Bay와 Phillip선장이 죄수와 군인을 태운 11척의 배로 8개월간의 항해 끝에 도착한 날을 기념하여 호주의 건국의 날로 제정하였다. 약 80년간 17만 명의 죄수가 이송되었으며, 곧 자유이민도 Western Australia로 이주가 시작되었다. 1856년 금광의 발견으로 이민이 증가되어 1901년에 오스트레일리아 연방이 탄생하여 자치제가 실시되었으며, 1926년에 오스트레일리아 연방이 탄생하여 자치제가 실시되었으며, 1926년에는 영국의 종주권을 인정하면서 사실상 독립을 이룩하였다.

❷ **위치** 한국에서 남쪽으로 약 8,600km떨어진 남반구 대륙

❸ **인구 및 인종** 2,300만여 명이며, 인종은 영국계 백인, 원주민(아보리진)

❹ **수도** 캔버라

❺ **언어** 영어

❻ **종교** 천주교, 그리스도교, 성공회, 기독교

❼ **기후 및 복장** 여름에는 가벼운 차림으로 충분하고, 겨울에는 스웨터 정도를 준비하는 것이 좋다.

- 중부 – 기온의 차가 심하지 않으므로 가벼운 차림이면 좋다.
- 북부 – 겨울의 아침, 저녁으로 따뜻한 스웨터를 준비하는 것이 좋다.

❽ **화폐단위** Australian Dollar(AUD 1=100 Cents) 한화 : 856.79원 정도

❾ **시차** 한국시간 보다 1시간 빠름(서머타임 실시할 경우 2시간 빠르다.)

❿ **전압** 240–250V

⓫ **팁** 호텔, 택시, 레스토랑 할 것 없이 팁은 필요 없다. 그러나 호텔 같은 곳에서 특별봉사 받았을 때는 US $ 1~US $ 2 정도 주는 것은 있을 수 있는 일이다.

⓬ **출입국** 외화소지와 액수에 제한이 없으며 술 3병, 담배 20갑 면세

⓭ **여행 시 주의사항** 치안상태는 매우 양호한 편이나, 관광객이 많이 모이는 곳은 분실사고 등이 발생하기도 한다.

⓮ **한국으로 전화** 0011 + 82 + 0을 뺀 지역번호 + 해당번호

⓯ **긴급연락처**

- **주 호주 대사관** 주소 : 113 Empire Circuit Yarraumla Canberra, A.C.T. 2600 Australia 전화 : (062) 73–304, 3956, 3586
- **시드니 총영사관** 주소 : Level 8, United Overseas Bank House 32–36 Martin Placr, Sydney NSW 2000 Austalia, 전화 : (02) 9221–3866

⑯ **기온 및 강수량**

구분	1월	2월	3월	4월	5월	6월	7월	8월	9월	10월	11월	12월
최고기온	27	26	24	22	19	16	16	17	18	22	23	25
최저기온	18	18	17	14	11	9	8	9	11	13	16	17
강우량 mm	89	102	127	135	127	117	117	76	74	71	75	74

(2) 뉴질랜드

❶ **개요** 뉴질랜드는 남반구의 온대에 위치하며, 적도를 사이에 두고 한국과 약 9,500km 떨어져 있다. 북섬과 남섬 및 부속 도서로 이루어지는데, 넓이는 한반도보다 약 5만㎢ 넓지만 인구는 340만 명에 지나지 않는다. 북섬에는 화산이 많고 지역이 지표에 노출되는데다가 도처에 온천이 솟는다. 남섬의 서던 알프스에는 빙하가 널려 있고, 피요르드와 황야가 전개되는 등 변화무쌍한 대자연이 펼쳐진다. 이곳에 사람이 살게 된 것은 대체로 10세기경이라고 추정된다. 그때까지는 모아와 같은 큰새와 공룡 따위가 서식하고 고사리과 식물이 무성한 무인도였다. 폴리네시아 계통의 마오리족이 10세기부터 카누를 타고 건너오기 시작하여 14세기경까지 식민활동이 이어졌다. 그들은 독특한 마오리 문화를 이룩하면서 서서히 신천지에 자리잡기 시작했다. 1642년에 네들란드의 타스민이 처음으로 이 섬에 상륙하여, 고향인 ZEALAND의 이름을 따서 뉴질랜드라는 이름을 붙였다. 1769년 캡틴 쿡이 이 섬을 재발견한 이래 와이탕기조약이 맺어져, 백인과 마오리족의 공존관계가 성립되었다. 이어 백인의 식민이 늘어나서 양을 위주로 한 목축업이 발달하고, 1907년에는 영국의 직할 식민지에서 독립하여 자치령이 되었다. 제2차 세계대전이 끝나자 영연방의 일원으로 완전히 독립하였다.

❷ **위치** 남태평양

❸ **인구 및 인종** 400만여 명, 인종은 영국계 백인, 원주민(마오리족)

❹ **면적** 27만㎢

❺ **수도** Wellington

❻ **언어** 영어, 마오리어

❼ **종교** 그리스도교(영국 성공회, 카톨릭)

❽ **기후** 대체로 온난한 편인 하루의 기온차는 큰 편이고 계절이 한국과는 정반대이다.

❾ **화폐단위** New Zealand Dollar(NZD 1=100 Cents), 한화 : 약 785.42원

❿ **시차** 한국시간보다 3시간 빠름(서머타임 실시할 경우 4시간 빠르다.)

⓫ **전압** 230V 50㎐

⓬ **출입국** 입국심사는 간단한 편이나 동식물 검역은 철저하다. 외화소지 및 신고는 불필요, 뉴질랜드 달러 500 이상이면 과세대상, 술 2병, 담배 20갑 면세

⓭ **여행 시 주의사항** 뉴질랜드 국민은 보수성이 강하고 자존심이 센 편으로 대화 시 상대방의 기분을 상하게 하는 언행은 삼가야 한다. 가령 손가락으로 남을 지칭하는 행위는 큰 실례에 속하며 학력 등 개인 신상에 관련된 질문은 피하는 것이 바람직하다. 그리고 교통질서나 줄서기 등을 위반하면 전혀 무관한 시민 또는 행인으로부터 지적을 당해 낭패를 보는 경우도 있으므로 각별히 주의해야 한다.

⓮ **팁** 팁 제도가 정해져 있지는 않지만 완전히 'No Tip' 도 아니다. 따라서 호텔 벨맨이 짐을 운반해 주면 하나에 $ 1 정도는 주도록 한다. 택시 요금을 줄 때도 거스름돈 정도는 그대로 주는 것이 관례다. 공항이나 역의 포터에게도 운반비를 지불하게 되는데, 이때 거스름돈 정도는 받지 않는 것이 훨씬 여유 있어 보인다. 레스토랑에서도 잘 먹었다는 표시로 10% 정도의 팁을 주면 크게 기뻐할 것이다. 영국이나 미국과는 달리 가볍게 고마움을 표시하는 정도면 될 것이다.

⓯ **토산품** 꿀, 양모, 녹용, 진흙팩 등

⓰ **한국으로 전화** 00 + 82 + 0을 뺀 지역번호 + 해당번호

⑰ **긴급연락처** 주 뉴질랜드 한국대사관 (04) 473-9073-4

⑱ **기온 및 강우량**

구분	1월	2월	3월	4월	5월	6월	7월	8월	9월	10월	11월	12월
최고기온	23	23	22	19	17	14	13	14	16	17	18	21
최저기온	16	16	15	13	11	9	8	8	9	11	12	14
강우량 mm	97	95	80	87	127	136	145	117	102	102	89	79

(3) 피지

❶ **개요** 마나섬의 전설에 따라 한 번 방문한 사람은 반드시 찾게 된다는 신비의 섬, 피지. 남태평양 최후의 낙원이라 불릴 만큼 때 묻지 않은 자연 그대로의 순수함을 자랑한다. 수도는 수바이며 외부와의 유일한 관문은 나디 국제공항이다. 동쪽 끝의 타베우니성은 태평양의 망망대해를 지나가는 일부 포경선이 유일하게 보게 되는 육지로, 피지는 세계에서 가장 해가 빨리 뜨는 나라이다. 특히 피지는 지난날 피지인들이 전쟁을 즐기고 또 살해한 적을 먹어치우는 풍습이 있어 오랫동안 식인종의 섬으로 인식되어 왔으나 오늘날 태고 그대로 지상낙원으로서 세계 각국으로부터 수많은 관광객이 모여드는 세계 최대의 휴양지이다.

❷ **언어** 영어, 피지어, 힌두어

❸ **종교** 기독교, 힌두교, 이슬람교

❹ **기후** 열대성 기후로 일년 내내 무역풍이 불어 지내기 좋음.

❺ **시차** 한국보다 3시간 빠르다.(한국 09:00=피지 12:00) 서머타임 때는 4시간 빠르다.

❻ **통화** 1F$=552.10원

❼ **토산품** 흑산호

❽ **출입국** 외화소지 제한 없음, 술 2병 담배 20갑 면세

❾ **긴급연락** 한국대사관 30-0977

(4) 사이판

❶ **개요** 울창한 정글과 투명한 바다, 아름다운 산호초로 둘러싸인 사이판은 남북으로 약 21km, 폭 8.8km의 좁고 긴 섬으로 면적은 185km²이며 인구는 48,220여 명이다. 인구의 대부분은 차모로족이며 카나카인, 미국인, 필리핀인 등이 있다. 1521년 이후 스페인, 독일, 일본, 미국으로 섬의 주인이 바뀌었으며, 1981년 주민투표에 의해 사이판, 티니안, 로타 등 마리나 제도는 북마리아나 연방으로 미국자치령이 되었다. 아름다운 산호초섬인 사이판의 서쪽은 작은 평지로 유명한 휴양마을들이 있으며, 동쪽은 암반과 절벽이 많아 서쪽과는 다른 절경을 선사한다. 사방을 둘러싸고 있는 코발트빛 바다와 오색의 산호초는 도시인들이 휴식을 취할 수 있는 최적의 공간을 마련할 뿐만 아니라 각종 해양스포츠를 즐길 수 있어 사이판에 대한 매력을 더해준다.

❷ **기후** 열대성 기후로 평균기온은 27℃이다. 우기는 7~11월로 스콜이 많이 내리며, 건기는 12~6월이다. 7, 8월에는 30℃가 넘는 날도 있고 습도 77~78%로 높다.

❸ **사용언어** 공용어는 영어, 차모로어이며 일본어도 통용된다.

❹ **통화** 미국달러가 통용된다.

❺ **시차** 한국보다 1시간 빠르다.

❻ **사용전압** 110V 60Hz

❼ **특산물** 보석, 산호제품, 민예품, 각국의 면세품

❽ **한국으로의 전화** 011 + 82 + 0을 뺀 지역번호 + 해당번호

❾ **긴급연락** 사이판 마리아나 관광국 234-8325~7

❿ **출입국 관련사항** 30일 이내 체류 시 무사증입국이 가능하며, 과일 등 식료품, 종자, 동식물은 반입이 금지되어 있다.

⓫ **여행 시 주의사항** 여성에게 우선권을 주는 것이 예의이며, 밤이라도 사람들이 모이는 곳에서는 짧은 반바지나 T셔츠 차림은 피하는 것이 좋다. 또

한 해변에서 술을 마시는 행동은 환영받지 못한다는 것을 염두에 두어야 하며 또한 밤에 혼자 걸어 다니거나 여성끼리 그룹으로 외출하는 것은 피해야 한다.

⓬ 월별 평균기온

구분	1월	2월	3월	4월	5월	6월	7월	8월	9월	10월	11월	12월
월평균기온	25	28	28	27	27	28	28	28	28	28	28	27

(5) 괌

❶ **개요** 검푸른 바다에 둘러싸인 태평양 한 가운데에 있는 열대의 섬 괌의 면적은 543㎢로 약 16만여 명이 살고 있다. 전 인구의 반수가 차모로족이며 필리핀인, 미국인, 한국인, 일본인들도 살고 있다. 섬은 산호초와 모래사장으로 둘러싸여 있으며, 북부해안은 석회암 고원과 절벽을 이루고 있다. BC 16세기부터 차모로 문화를 형성하였으나 1565년 스페인의 땅으로 선언된 뒤 미국, 일본 다시 미국에 점령되어 1950년 미국의 자치속령이 되어 지금은 캘리포니아 주법을 기본법으로 하고 있다. 각종 해양스포츠와, 선상디너파티, 헬리콥터 투어, 잠수함 투어 등 다양한 경험을 할 수 있으며, 5~7월에는 부겐빌레라와 하이비스커스 등의 꽃이 만발해서 지상낙원을 연출한다.

❷ **기후** 열대성 기후로 평균기온이 약 27℃로 최고 31℃, 최저 21℃를 오르내리며 12~5월은 건기, 6~11월은 우기다.

❸ **사용언어** 차모로어와 영어가 공용어이며, 일어가 통용되기도 한다.

❹ **통화** 미국달러가 통용된다. 1USD= 1138.00원

❺ **시차** 한국보다 1시간 빠르다.

❻ **사용전압** 120V 60㎐

❼ **특산물** 차모로 인형, 조개세공품, 목각 액세서리, 각국의 면세품 등

❽ **한국으로 전화** 011 + 82 + 0을 뺀 지역번호 + 해당번호

❾ **긴급연락** 주 아가나 한국 총영사관 472-6488, 8076

⑩ **출입국 관련사항** 14일 이내 체류 시 무사증입국이 가능하며, 과일 등 식품류의 반입이 원칙적으로 금지되어 있다.

⑪ **여행 시 주의사항** 괌에서 최근 도난사건이 늘고 있으며, 화장실 사정이 그리 좋은 편이 아니므로 문이 잘 닫히지 않는 화장실에서 날치기를 당할 수도 있으니 주의가 필요하다. 또한 미국식 사회관습, 여성 우위의 습관을 염두에 두는 것이 좋으며, 감사 · 실례에 대한 간단한 영어표현을 사용하는 것이 좋다.

⑫ **월별 평균기온**

구분	1월	2월	3월	4월	5월	6월	7월	8월	9월	10월	11월	12월
월평균기온	27	27	27	28	25	23	21	21	23	23	25	27

3) 유럽

(1) 영국(United Kingdom of Great Britain and Northern Ireland)

❶ **개요** 유럽의 서쪽 대서양상에 대브리튼섬과 북부 아일랜드 및 부근의 900여 개의 섬으로 구성되어 있는 섬나라로 BC 3세기경 영국 남부에 최초의 국가조직이 정비되고 BC 55년 시저의 원정에 의해 로마의 속령으로 5세기까지 이른다. 9세기경에 앵글로색슨의 7개 왕국이 생겨나고 그 후 백년전쟁, 장미전쟁으로 국력이 쇠퇴해졌다가 1558년 엘리자베스 여왕시대에 스페인의 무적함대를 격파, 제해권을 장악하면서 전성기를 구가하게 되었다. 근대에 이르러 식민지가 차례로 독립하게 되어 국제적 지위와 발언권도 줄어들었다.

❷ **위치** 북위 51.18, 서경 0.49, GMT0

❸ **인구 및 인종** 앵글로색슨족 6,443만여 명

❹ **면적** 24만 4,1102만㎢(한반도의 약 1.1배)

❺ **수도** 런던

❻ **종교** 영국성공회, 카톨릭

❼ **언어** 영어

❽ **기후** 멕시코만류와 편서풍으로 온난하나 하루에 사계절을 다 느낄 수 있을 만큼 날씨의 변덕이 심하다.

❾ **시차** 한국보다 9시간 늦다.(3~10월 서머타임 실시 時 8시간 차이가 난다.)

❿ **통화, 환율** £(파운드), £1=1457.38원

⓫ **토산품** 바바리코트, 모직제품

⓬ **전압** 240V, 50㎐

⓭ **출입국 관련사항** 관광(sightseeing)이라고 하면 별 질문이 없지만 입국목적, 체재예정 및 귀국항공권 등의 질문을 하기도 한다.

⓮ **한국으로 전화** 010 + 82 + 0을 뺀 지역번호 + 해당번호

⓯ **긴급연락** 한국대사관 (01)581-0247~9

⓰ **월별 평균기온 및 강수량**

월별	1월	2월	3월	4월	5월	6월	7월	8월	9월	10월	11월	12월
기온	3.8	4.3	5.5	8.4	11.8	15.1	16.8	11.4	14	10.1	6.4	4.6
강수량	48	39	41	41	47	51	61	59	53	68	57	51

(2) 프랑스(France)

❶ **개요** 서유럽의 공화국이며 민족 대이동의 결과 5세기에 프랑크 왕국이 성립하여 백년전쟁 이후 왕권이 신장되었다. 더욱이 3세기경 케사르의 갈리아 전기에 파리가 처음으로 등장한 이후 여러 왕족의 흥망성쇠가 거듭되었고 16세기 루이왕조 시대에 르네상스 문화가 극치에 달하였으며 그 후 나폴레옹 시대를 지나 18세기 말부터 공화국으로 눈부시게 발전해 왔다.

❷ **위치** 북위 51.18/서경 0.49/GMT+1

❸ **인구 및 인종** 약 6,683만 명

❹ **면적** 64만㎢(한반도의 약 2.91배)

❺ **수도** 파리

❻ **종교** 카톨릭

❼ **언어** 프랑스어

❽ **기후** 해양성, 대륙성 기후의 중간(멕시코 만류의 영향), 남부는 지중해성 기후로 전역이 혹서와 혹한이 없다.

❾ **시차** 한국보다 8시간 늦다.(3~9월 서머타임 실시時 7시간 차이)

❿ **통화, 환율** Euro=1219.20원

⓫ **토산품** 의류, 화장품, 액세사리, 술

⓬ **전압** 110V, 220V(콘센트 모양이 달라 별도의 어뎁터 필요)

⓭ **출입국** 입국카드 작성 및 여권, 항공권 제시로 입국심사, 출국 시는 항공사에 여권과 항공권 제시만 하면 될 정도로 간단하다.

⓮ **여행 시 주의사항** 애완동물의 학대나 심야에 환락가 우범지역 배회 금지. 그리고 길거리, 공항, 지하철에서 경찰에게 신분증명 제출을 요구받았을 때에는 침착하게 검문에 응하고 절대로 도망가서는 안된다.

⓯ **한국으로 전화** 19 + 82 + 0을 뺀 지역번호 + 해당번호

⓰ **긴급연락** 주프랑스 한국대사관 (01)4753-0101

⓱ **월별 평균기온 및 강수량**

월별	1월	2월	3월	4월	5월	6월	7월	8월	9월	10월	11월	12월
기온	3.15	3.84	7.2	10.3	14	17.1	19	18.5	15.9	11.1	6.8	4.2
강수량	4	3	32	38	52	4	61	59	53	68	57	51

(3) 이탈리아(Republic of Italy)

❶ **개요** 유럽 대륙의 남부 지중해에 돌출한 장화모양의 이탈리아 반도와 시칠리아 사르디나아섬을 비롯한 많은 섬으로 구성된 공화국이다. “모든 길은 로마로 통한다.”는 옛말과 같이 번영했던 로마제국의 문화유적이 곳곳에 산재해 있으며 연간 5,000만 명 이상의 관광객이 찾아오고 있는 유럽관광의 중심지이다. 국토의 87%가 구릉이나 산악지대로 평야가 적으나 아열대의 따뜻한 무역풍으로 연중 온난하여 포도주 농업이 유명하다.

❷ **위치** 북위 41.53/동경 12.30/GMT+1

❸ **인구 및 인종** 약 3,200만여 명이며 인종은 이탈리아인이나 옛부터 다인종 국가인 관계로 혼혈이 계속되어 왔던 나라이다.

❹ **면적** 30만㎢(한반도의 약 1.4배)

❺ **수도** 로마

❻ **종교** 90% 이상이 로마 카톨릭

❼ **언어** 이탈리아어를 사용하며 라틴어에 기원을 둔 여러 지방의 방언이 있다.

❽ **기후** 북위 36~47도에 걸쳐 있으며 연중 온난한 지중해성 기후로서 맑은 날이 많다.

❾ **시차** 한국보다 8시간 늦다. (3~9월 서머타임 실시時 7시간 차이)

❿ **통화, 환율** 1 Euro=1219,20원

⓫ **토산품** 가죽제품, 실크 등 패션제품, 목가구 공예품 등

⓬ **전압** 220V, 50㎐

⓭ **출입국 관련사항** 60일 이내는 비자가 필요 없으며 출입국 수속은 매우 간편하다. 술 2병, 담배 20갑 면세, 리라화의 반출입은 4만 리라까지 허용

⓮ **한국으로 전화** 00 + 82 + 0을 뺀 지역번호 + 해당번호

⓯ **긴급연락** 한국대사관 (06)80-5306

⓰ **월별 평균기온 및 강수량**

월별	1월	2월	3월	4월	5월	6월	7월	8월	9월	10월	11월	12월
기온	8	9	11	14	18	22	25	24	22	17	13	10
강수량	83	73	52	50	48	18	9	18	70	110	113	105

(4) 독일 연방공화국(Federal Republic of Germany)

❶ **개요** 유럽 대륙의 중앙에 위치하며 동쪽은 폴란드, 서쪽은 네덜란드, 룩셈부르크, 프랑스, 벨기에, 남쪽은 체코, 오스트리아, 스위스 북쪽은 발트해, 북해 및 덴마크와 각각 접하고 있다. 국토는 남북한의 약 1.6배인 35만 7천

41평방㎞이다. 본래 여러 소부족 국가였던 독일이 처음 프랑크 왕국을 세우게 된 것은 486년이며, 점차 세력이 커져 962년에는 신성로마제국이 되어 전 유럽을 지배하였다. 1806년 나폴레옹에 의해 붕괴되고 2차 세계대전에서 패배하여 동서로 분할되어 오다 1990년 통일을 이룩하게 되었다.

❷ **위치** 북위 52.32/동경 13.25/GMT+1

❸ **인구 및 인종** 게르만민족, 약 8,072만여 명

❹ **면적** 35만㎢(한반도의 약 1.6배)

❺ **수도** 베를린

❻ **종교** 남부엔 카톨릭, 북부엔 개신교도가 많다.

❼ **언어** 독일어

❽ **기후** 북서부는 해양성기후, 동부와 남동부는 대륙성, 평균적으로 가장 추운 겨울이(산악지대인 경우) -6℃, 가장 더운 여름철이 25℃(중부 이남)

❾ **시차** 한국보다 8시간 늦다.(3~9월 서머타임 실시時 7시간 차이)

❿ **통화, 환율** 유로화 1EUR= 1219,20원

⓫ **토산품** 카메라, 쌍안경, 식기, 스포츠용품

⓬ **전압** 220V 50㎐(별도의 어뎁터 필요)

⓭ **출입국 관련사항** 공항에서 여권 체크 정도로 간편.

⓮ **한국으로 전화** 00 + 82 + 0을 뺀 지역번호 + 해당번호

⓯ **긴급연락처** 주 독일 한국대사관 (0228)0267960

주 프랑크푸르트 한국영사관 (069)563051~3

⓰ **월별 평균기온 및 강수량**

월별	1월	2월	3월	4월	5월	6월	7월	8월	9월	10월	11월	12월
기온	2.6	4.1	6.2	9.6	13.4	16.5	18.2	17.7	14.7	10	6.8	4.3
강수량	38	35	41	44	48	54	56	53	49	58	48	52

(5) 스위스 연방(Swiss Confederation)

❶ **개요** 유럽 중부의 연방공화국이며 유럽 대륙 중앙부에 위치한 내륙국이다. BC 100년경 남부 독일로부터 켈트족이 이주해왔고 4세기경 게르만족의 대이동에 따라 세 갈래의 게르만 민족이 서, 남, 북으로부터 들어와 제각기 다른 언어를 사용하면서 평화롭게 공존해온 끝에 오늘날 스위스 연방국가를 이루었다. 현재 국제통신연합(ITU), 국제노동기구(ILO), 세계보건기구(WHO), 세계기상기구(WMO) 등 100여 개 국제기구의 본부가 있다.

❷ **위치** 북위 46..57/동경 7.26/GMT+1

❸ **인구 및 인종** 약 817만여 명, 독일계, 프랑스계

❹ **면적** 41,293㎢(경상도+전라북도)

❺ **수도** 베른

❻ **종교** 개신교와 카톨릭

❼ **언어** 독일어, 프랑스어, 이탈리아어, 로망스어

❽ **기후** 우리나라 영동지방과 비슷, 여름 6월~9월, 겨울 11월~4월

❾ **시차** 한국보다 8시간 늦다.(3~9월 시머타임 실시 時 7시간 차이)

❿ **통화, 환율** SFr(스위스 프랑), 1프랑=1139,20원

⓫ **전압** 220V 50㎐

⓬ **출입국** 여권 제시만으로 간편 (3개월 이내 No VISA)

⓭ **한국으로 전화** 00 + 0을 뺀 지역번호 + 해당번호

⓮ **긴급연락** 주 스위스 한국대사관 (031)43-1081~2

⓯ **월별 평균기온 및 강수량**

월별	1월	2월	3월	4월	5월	6월	7월	8월	9월	10월	11월	12월
기온	-1.1	6.3	4.5	8.6	12.7	16.9	17.6	17	14	8.6	3.7	0.1
강수량	7.5	70	66	80	107	136	143	181	108	80	76	65

(6) 오스트리아(Republic of Austria)

❶ **개요** 중부 유럽 내륙국으로 유럽대륙의 중앙부에 위치하고 있어 질적으로 유럽의 동서와 남북을 연결하는 교차점에 해당되어 지리적으로 많은 발전을 하여 왔다. BC 4세기경 최초로 켈트족에 의해 국가가 형성되었고 그 후 로마에 편입되었다. 8세기경에는 카를대제 왕국의 동부로 속해 있다가 1278년 합스부르크의 속령이 된 후 신성로마제국의 주임지로서 전 유럽을 지배하게 되었으며 두 차례의 세계대전 이후 국토가 4분의 1로 줄어들었고, 영세중립국으로 1955년 독립하였다. 모차르트가 태어났고, 베토벤, 슈베르트, 요한슈트라우스, 브람스 등 기라성 같은 악성들이 사랑했던 아름다운 나라이다.

❷ **위치** 북위 48.13 / 동경 16.22 / GMT + 1

❸ **인구 및 인종** 세르만민족, 약 871만여 명

❹ **면적** 8만 3,840㎢(한반도의 0.38배)

❺ **수도** 빈

❻ **종교** 카톨릭

❼ **언어** 독일어

❽ **기후** 우리나라 북부와 비슷, 습기가 적어 여름에도 무덥지 않다.

❾ **시차** 한국보다 8시간 늦다.(3~9월 서머타임 실시時 7시간 차이)

❿ **통화, 환율** Euro, 1유로=1219.20원

⓫ **전압** 220V 50HZ

⓬ **출입국** 여권 제시로 출입국 검사는 간단히 끝난다. 전기제품, 카메라 같은 종류가 둘이면 과세대상, 술 2병 담배 20갑 면세

⓭ **한국으로 전화** 00 + 82 + 0을 뺀 지역번호 + 해당번호

⓮ **긴급연락처** 주 오스트리아 한국대사관 : (0222) 2163438

⓯ **월별 평균기온 및 강수량**

월별	1월	2월	3월	4월	5월	6월	7월	8월	9월	10월	11월	12월
기온	-1.4	0.4	4.7	10.3	14.8	18.1	19.9	19.3	15.6	9.8	4.8	1.0
강수량	40	43	45	45	70	67	83	72	41	56	53	45

(7) 헝가리 공화국(Republic of Hungary)

❶ **개요** 중앙아시아의 유목민 핀 우고르족이 세운 나라로 9세기 말 아자르인들이 도나우강 유역으로 진출하여 892년에 판노비아평원에 정착을 하였다. 1241년에 몽고적의 침입으로 거의 국가가 붕괴위기에 처했으나 마챠시 1세 때에 경제와 문화면에서 헝가리의 르네상스시대를 열었다. 그러나 그 후 오랫동안 터키와 합스부르크의 지배와 세계대전에 패배로 수 없는 고난을 겪었으나 동유럽에서 가장 먼저 개방화, 자유화를 실시하여 힘찬 도약을 계속하고 있다.

❷ **위치** 북위 46.48 / 동경 16.30

❸ **인구 및 인종** 약 987만여 명, 이제마레마자르인

❹ **면적** 9만㎢(남한 면적과 비슷)

❺ **수도** 부다페스트

❻ **종교** 카톨릭, 개신교

❼ **언어** 헝가리(마자르)어, 독일어

❽ **기후** 대륙성 기후, 사계절 중 겨울이 조금 길다.

❾ **시차** 한국보다 8시간 늦다.(3~9월 서머타임 실시 時 7시간 차이)

❿ **통화** 헝가리 포린트 1HUF=3.89원

⓫ **토산품** 자수품, 레이스, 도자기, 피혁제품, 레코드, 골동품

⓬ **전압** 220V 50HZ

⓭ **출입국** 여권 확인으로 간단하며 USD 200 이상의 물품은 사전에 신고가 필요하다.

⑭ **한국으로 전화** 00 + 82 + 0을 뺀 지역번호 + 해당번호

⑮ **긴급연락처** 주 헝가리 한국대사관 : (361) 138-3388

⑯ **월별 평균기온 및 강수량**

월별	1월	2월	3월	4월	5월	6월	7월	8월	9월	10월	11월	12월
기온	-1.1	1	5.8	11.8	16.8	16.8	20.2	22.2	21.4	17.4	5.8	1.5
강수량	42	44	39	45	72	72	76	54	51	34	69	48

(8) 네덜란드(Kingdom of The Netherlands)

❶ **개요** '풍차와 튤립의 나라' 인 네덜란드는 국토의 대부분이 해수면 아래에 있는 나라로 1600년경부터 제방을 쌓아 조수로부터 국토를 지키기 시작하였다. 과거에는 로마제국과 거리상으로 너무나 멀리 떨어져 있어 문화적으로 다른 유럽의 도시와는 달리 문화적인 발전이 별로 없었다. 하지만 8세기경부터 프랑스의 프랑크왕국의 점령과 1400년대의 독일 합스부르크 왕가에 속해 있으면서, 무역과 공업을 발달시켜 왔으며 1588년 연방공화국으로 독립하여 오늘에 이르고 있다.

❷ **위치** 북위 51~54 / 동경 3~7

❸ **인구 및 인종** 약 1,701만여 명, 게르만 인종

❹ **면적** 41,000㎢(약 한반도의 1/5배)

❺ **수도** 암스텔담

❻ **종교** 비교적 무관심한 신앙이며, 국민의 40%가 카톨릭, 개신교 및 개혁교회파가 40%

❼ **언어** 네덜란드어(영어도 많이 사용됨)

❽ **기후** 우리나라 북부와 비슷, 습기가 적어 여름에도 무덥지 않다.

❾ **시차** 한국보다 8시간 늦다(3~9월 서머타임 실시 時 7시간 차이)

❿ **통화, 환율** Euro=1219.20원

⓫ **토산품** 전통 나막신, 델프트 도자기, 은세공, 다이아몬드

⑫ **전압** 220V 50HZ

⑬ **출입국** 여권제시만으로 간단하며 60일 이내 체류 시는 비자가 필요 없다. 술 2병, 담배 50갑 면세

⑭ **여행 시 주의사항** 치안상태는 양호한 편이나 최근 들어 차도난 및 카스테레오 도난사례가 자주 발생하고 있어 카-렌털을 할 때 조심할 필요가 있다.

⑮ **한국으로 전화** 09 + 82 + 0을 뺀 지역번호 + 해당번호

⑯ **긴급연락처** 주 네덜란드 한국대사관 : (070) 3520621

⑰ **월별 평균기온 및 강수량**

월별	1월	2월	3월	4월	5월	6월	7월	8월	9월	10월	11월	12월
기온	-5.9	-9.6	-3.3	2.7	13.9	13.9	17.1	15.9	11.3	6.4	9	-2.2
강수량	56	42	36	44	41	57	68	72	71	73	68	66

(9) 벨기에 왕국(Kingdom of Belgium)

❶ **개요** 유럽에서 가장 아름다운 광장 그랑빨라스를 가진 국가이자 '오줌 누는 소년상' 으로 유명한 벨기에는 동화 "파랑새"의 본고장이며 EC와 NATO의 본부가 있는 나라, 북부에 거주하고 있는 플라망인과 남부에 거주하고 있는 왈포인으로 구성되어 있으며 두 민족끼리 극단적으로 대립하고 있다.

❷ **위치** 북위 50.50 / 동경 4.21

❸ **인구 및 인종** 약 1,140만여 명, 북쪽은 플라망계, 남부는 왈론계

❹ **면적** 31,000㎢

❺ **수도** 브뤼셀

❻ **종교** 90%가 카톨릭

❼ **언어** 북부는 플라망어(네덜란드어), 남부는 프랑스어

❽ **기후** 온화한 해양성 기후로 여름에는 13~23°C, 겨울에는 1~5°C

❾ **시차** 한국보다 8시간 늦다.(3~9월 서머타임 실시 時 7시간 차이)

⑩ **통화, 환율** Euro= 1219.47원

⑪ **토산품** 레이스

⑫ **전압** 220V 50Hz

⑬ **출입국** 3개월 이내 No Visa

⑭ **월별 평균기온 및 강수량**

월별	1월	2월	3월	4월	5월	6월	7월	8월	9월	10월	11월	12월
기온	-5.9	-9.6	-3.3	2.7	13.9	13.9	17.1	15.9	11.3	6.4	9	-2.2
강수량	56	42	36	44	41	57	68	72	71	73	68	66

(10) 그리스 공화국(Hellenic Republic of Greece)

❶ **개요** 발칸반도의 남단에 위치해 반도상의 본토와 400여 개의 섬으로 이루어진 그리스는 수천년 전 화려했던 고대 시절, 그리스의 식민지는 지중해와 흑해 해안을 따라 이어져 있었다. 유럽문화의 주인공으로 BC 500년경 아테네를 중심으로 크게 번영했으며, 로마, 비잔틴, 오스만 투르크의 지배 아래 놓이기도 했지만 헬레니즘 문화를 계승해 왔다. 현재 EC의 다른 국가들보다 열악한 생활환경을 갖고 있고 대기오염과 아테네에 집중된 제조업 공장 등 주된 산업인 관광 산업이 위협을 받고 있지만 그리스 정부의 해결 노력이 계속되고 있어 이러한 장애는 해결될 것이다.

❷ **위치** 북위 38.00 / 동경 23.44 / GMT + 2

❸ **인구 및 인종** 약 1,077만여 명 정도

❹ **면적** 13만 2,000㎢

❺ **수도** 아테네(약 300만 인구)

❻ **종교** 러시아정교(약 97%)

❼ **언어** 그리스어, 영어

❽ **기후** 여름은 더우므로 반소매 셔츠나 블라우스가 적당하다. 저녁 무렵부터 기온이 내려가기 때문에 주의해야 한다. 봄, 가을은 가벼운 재킷, 코트가 필요하다. 겨울은 습기가 많다.

❾ **시차** 한국보다 7시간 늦다(여름에는 서머타임 실시로 시차는 6시간)

❿ **통화** Euro=12220.50원

⓫ **전압** 220V 50Hz

⓬ **출입국** 입국심사는 비교적 간단하며 체재일수 등을 말하고 여권에 스템프를 받는다. 3개월 이내 체재 시 비자가 필요 없다. 500불 이상의 외화는 신고해야 하며 전기제품도 규제하고 있다. 담배 20갑, 술 1병 면세

⓭ **여행 시 주의사항** 치안상태는 비교적 양호한 편이나 터키에 대한 칭찬, 회교에 대한 찬양 발언, 그리스 정교회의 비판, 그리고 양손 바닥을 활짝 펴면서 상대방에게 보이는 행위는 금지해야 한다.

⓮ **한국으로 전화** 00 + 82 + 0을 뺀 지역번호 + 해당번호

⓯ **긴급연락처** 한국대사관 : 1-7012122, 7016997

⓰ **기온**

월별	1월	2월	3월	4월	5월	6월	7월	8월	9월	10월	11월	12월
기온	12	13	16	19	25	29	32	32	28	23	18	14
강수량	6	6	8	12	16	19	22	22	19	16	11	8

(11) 터키 공화국(Republic of Turkey)

❶ **개요** 아시아와 유럽 두 대륙에 걸친 반도국으로 국토는 한국의 약 3.4배이고, 1/3이 농경지대이기 때문에 중동 최대의 농업국이다. 역사는 멀리 기원전 20세기의 힛타이트 제국에서 시작되었으며 정복 후에는 그리스 문화권에 들어갔다. 그후 로마제국에 지배되었으며 11세기 이래로는 셀주크투르크에 이어 오스만트르크가 일대 제국을 건설하고 동서 중계무역에 의해 번영하였다. 그러나 19세기 러시아와의 전쟁이 있었고 거기에 제 1차 대전에서 독일에 패하여 파멸의 위기에 몰렸다. 1923년 아타튀르크를 중심으로 공화국을 건설하였다.

❷ **위치** 북위 39.56 / 동경 32.52 / GMT + 3

❸ **인구** 약 8,027만여 명 정도

❹ **면적** 한국의 약 3.4배

❺ **수도** 앙카라

❻ **종교** 회교(약 98%)

❼ **언어** 터키어(공용어), 영어, 독어, 불어

❽ **통화** TRA(터키 리라)=312.74원

❾ **시차** 한국보다 6시간 늦다.

❿ **전압** 110/220V 50Hz

⓫ **출입국** 2개월 이내의 체재는 비자가 불필요하다. 단, 여권의 잔여 유효기간은 입국 시 3개월 이상이어야 한다.

⓬ **영업/업무시간** 은행(월~금) 08:00~12:00, 13:30~17:00

⓭ **긴급연락** (90-312)468-4822/3, 467-7449

(12) 이집트 아랍공화국(Arab Republic of Egypt)

❶ **개요** 5000년 이상의 이집트 역사 가운데 기원전 3000년경의 왕국 통일로부터 기원전 332년 알렉산더 대왕의 이집트 정복시대까지를 왕조시대라 부른다. 더욱이 왕조시대는 장대하여 고왕국, 중왕국, 신왕국의 3시대로 나누어진다. 고왕국 시대에 파라오의 권위가 확립되어 파라오를 정점으로 하는 중앙집권국가가 완성되었다. 중왕국 시대에는 대외무역이 활발하여 세력범위가 누비아, 시리아에 이르렀고 신왕국 시대에는 투트메스 3세가 아시아에 원정하여 이를 통합하여 이집트 왕국 최대의 판도를 획득하였다. 그 후 국세가 쇠퇴하여 기원전 7세기에는 앗시리아에게 정복된 이래 페르시아, 마케도니아 등의 지배를 받았다. 기원전 7세기에는 앗시리아에게 정복된 이래 페르시아, 마케도니아 등의 지배를 받았다. 기원전 30년 로마령이 되었고 7세기 이후는 아랍인의 침입으로 이슬람화가 진행되었다. 16세기 초엔 터키령이 되었고 18세기 말부터 유럽 열강의 침입을 받아 19세기 말에는 영국령이 되었다. 1951년 공화국이 성립되어 일단 시리아와 합병한 후 이를 다시 해체하였고 현재 아랍세계의 애국으로서 근대화를 서두르고 있다.

❷ **위치** 북위 30.03/동경 31.15/GMT+2

❸ **인구 및 인종** 약 9,466만여 명 정도(약 92%가 아랍계)

❹ **국토** 아프리카 대륙의 북동단을 차지, 국토는 나일강변과 나일삼각주, 사막, 시나이반도의 4지역으로 구성되고 있다.(전 국토의 97%가 사막이어서 거주지역은 지중해 연안, 나일 삼각주, 나일강변으로 한정되어 있다.)

❺ **수도** 카이로

❻ **종교** 이슬람교 수니파(국교), 기독교, 유대교

❼ **언어** 아라비아어, 영어, 프랑스어

❽ **기후** 3~10월은 반팔 셔츠로 다닐 수 있다. 10~3월은 긴팔 셔츠에 가디건, 스웨터가 필요하다. 특히 밤낮의 일교차가 심하다는 것도 염두에 두어 여행준비를 해야 한다.

❾ **시차** 한국보다 7시간 늦다.

❿ **통화** 단위는 파운드, 피아스터, 밀림 등이 있다.

1EGP=100피아스터=1/100밀림, 1EGP=62.91원

⓫ **전압** 110/220V 50㎐

⓬ **출입국** 비자는 필요하고 도착 시에도 취득이 가능하다. 조건은 출국을 위해 예약된 항공권을 소지하고 유효기간이 7일 이내이어야 한다(단, 여권 유효기간은 6개월 이상).

⓭ **여행 시 주의할 점** 이집트는 반드시 팁을 주어야 한다.(공항의 포터는 짐 한 개당 1EGP, 호텔의 도어맨은 10~25피아스터, 레스토랑은 요금의 10%, 화장실은 25피아스터)

⓮ **긴급연락** 한국대사관 (20-2)361-1234/7

⓯ **월별 평균기온 및 강수량**

월별	1월	2월	3월	4월	5월	6월	7월	8월	9월	10월	11월	12월
기온	12	13	16	19	25	29	32	32	28	23	18	14
강수량	6	6	8	12	16	19	22	22	19	16	11	8

(13) 러시아 연방(Russian Federation)

❶ **개요** 소련의 중책을 이루는 동슬라브족의 국가가 형성된 것은 9세기 후반이다. 노르만인의 러시아 침입을 계기로 형성된 키에프 공화국은 11세기에 들어와 비잔틴 문화를 개화시켰다. 보잘 것 없는 수즈달 공원의 일개 촌락이었던 모스크바가 역사에 등장하는 것은 유리돌로루키가 1157년에 크레믈린궁을 축조함으로서이다. 그 후 몽고의 침략으로 피폐해졌다가 17세기 피터대제시대에 전성기를 맞고 18세기 나폴레옹전쟁, 크림전쟁 및 1차 세계대전 등으로 국가가 흔들리게 되고 1917년 사회주의 혁명이 일어난 후 공산국가의 종주국으로 지위를 누려오다 개혁과 개방의 물결에 독립국가 연합체로 분할되었다.

❷ **위치** 북위 55.93/동경 37.31/GMT+3

❸ **인구** 약 14,235만여 명 정도

❹ **면적** 1,709만㎢(한반도의 77.421배)

❺ **수도** 모스크바

❻ **종교** 러시아정교

❼ **언어** 러시아어

❽ **기후** 극지성 아열대 사막성 혹서 기후가 공존

❾ **시차** 한국보다 6시간 늦다.

❿ **통화** Rouble(루불)=20.27원

⓫ **전압** 220V 50㎐

⓬ **출입국** 여권, 비자, 출입국카드 외화신고증명서 필요

⓭ **여행 시 주의사항** 야간외출은 대단히 위험하므로 가급적 삼가는 것이 상책이고, 강도 살인 사건이 많이 일어나므로 각별한 주의가 필요하다. 그리고 러시아인은 자존심이 매우 강하므로 빈곤한 생활상을 들어 자존심을 상하게 하면 불상사가 일어날 가능성이 높으므로 주의를 요한다.

⓮ **한국으로 전화** 09 + 82 + 0을 뺀 지역번호 + 해당번호

⑮ **긴급연락** 모스크바 한국대사관 (095)938-2802

⑯ **월별 평균기온 및 강수량**

월별	1월	2월	3월	4월	5월	6월	7월	8월	9월	10월	11월	12월
기온	-10.1	-9.1	-4.8	3.4	11.8	16.6	18	16.8	10.1	3.7	-2.8	-8
강수량	36	37	34	42	49	67	79	82	56	59	45	37

(14) 노르웨이 왕국(Kingdom of Norway)

❶ **개요** 빙하에서 해빙된 북쪽에서 독자적인 언어와 문화를 가진 랩족이 살았으며, 이때 남쪽에서 북상해 온 게르만 민족이 정착하기 시작했다. 서기 400년대 부족국가를 이루고, 800년경 국외로 나가 바이킹의 시대를 열었으며, 1066년 바이킹 최후의 왕 하랄 호르로데가 영국 원정에서 죽자 바이킹시대가 막을 내렸다. 1940~1945년까지는 독일군에 점령되었고 1949년에 덴마크와 함께 북대서양 조약기구(NATO)에 가입하였다.

❷ **위치** 북위 59.55 / 동경 10.45

❸ **인구 및 인종** 약 526만여 명, 게르만계통의 노르웨이인

❹ **면적** 32만 4,000㎢(한반도의 약 1.5배)

❺ **수도** 오슬로

❻ **종교** 기독교 복음주의부터 교회파(94%)

❼ **언어** 노르웨이어(영어통용)

❽ **기후** 내륙 산중의 여름은 서늘하고 해안지방은 멕시코 만류 영향을 비교적 온난하다.

❾ **시차** 한국보다 8시간 늦다.(3~9월 서머타임 실시 時 7시간 차이)

❿ **통화, 환율** NKr(노르웨이 크로네), 1크로네=132.10원

⓫ **전압** 220V 50Hz, 플러그가 틀리므로 유럽식 플러그에 맞는 어댑터 준비

⓬ **출입국** 여권 검사 정도로 간단

⓭ **한국으로 전화** 095 + 82 + 0을 뺀 지역번호 + 해당번호

⑭ **긴급연락처** 주 노르웨이 한국대사관 : (02)552018-9

⑮ **월별 평균기온 및 강수량**

월별	1월	2월	3월	4월	5월	6월	7월	8월	9월	10월	11월	12월
기온	-4.9	-4.1	-0.1	5.3	10.9	15	17.7	16.4	11.7	6.1	1.2	2
강수량	49	35	26	43	44	70	82	95	81	74	63	63

(15) 덴마크(The Kingdom of Denmark)

❶ **개요** 안데르센의 동화 인어상으로 상징되는 덴마크는 고도로 발달된 사회복지국가로 유명하다. 과거 9세기 전반 통일국가를 형성하여 이들보다 200년 늦게 국가를 통일한 스웨덴과 노르웨이를 제압하고 스칸디나비아반도 전체를 덴마크가 지배하였으나 17세기에 이르러 강력한 힘을 축적한 스웨덴에게 발트에 제해권을 둘러싼 전쟁에 패한 후 쇠퇴하기 시작하여 오늘에 이르고 있다.

❷ **위치** 북위 53.34 / 도경 8.5

❸ **인구 및 인종** 원 게르만족, 약 559만여 명

❹ **면적** 4만 3천㎢(한반도의 0.195배)

❺ **수도** 코펜하겐

❻ **종교** 그리스도교(복음주의 루터교회파)

❼ **언어** 덴마크어(젊은이는 영어에 능통)

❽ **기후** 멕시코 만류의 영향으로 대체로 온난. 여름 6~8월은 18~25도, 겨울은 0~3도, 6~8월은 거의 해가 지지 않는 백야현상을 볼 수 있다.

❾ **시차** 한국보다 8시간 늦다.(3~9월 서머타임 실시 時 7시간 차이)

❿ **통화, 환율** DKr(덴마크 크로네), 1크로네=164.09원

⓫ **토산품** 의류, 화장품, 액세사리, 술

⓬ **전압** 220V 50Hz

⓭ **출입국** 입국절차는 스탬프를 찍는 정도이며 출국심사는 거의 없음

⑭ **한국으로 전화** 009 + 82 + 0을 뺀 지역번호 + 해당번호

⑮ **긴급연락처** 주 덴마크 한국대사관 : (01)144706, 143123

⑯ **월별 평균기온 및 강수량**

월별	1월	2월	3월	4월	5월	6월	7월	8월	9월	10월	11월	12월
기온	0	-0.2	2.1	6.7	11.8	15.3	17.7	17.3	14	9.4	5.3	2.5
강수량	49	39	32	38	46	47	71	66	62	59	48	\49

(16) 스웨덴 왕국(Kingdom of Sweden)

❶ **개요** 스칸디나비아 반도 남동부에 위치한 남북으로 좁고 긴 국가이다. 17세기 전반부터 18세기 전반에 걸쳐 유럽 최강국의 하나로 손꼽혔다. 스웨덴은 영세 중립국으로 1, 2차 세계대전 때도 줄곧 중립을 지켜왔는데 철저한 국제주의에 입각해 나찌 시절에는 수천 명의 목숨을 구한 바 있으며 이후로도 어려운 제3국으로의 원조를 아끼지 않고 있다. 망명자도 많이 받아들여 그 수가 수만에 이르고 있다. 왕실이 존재하는 입헌군주국으로 국회의 여성 비율은 여타국가에 비해 상당한 편이고 국민들의 정치 참여율도 높다. 이렇듯 평화를 사랑하는 나라, 경제적, 정치적으로 높은 수준에 있는 나라로 숲, 산, 호수(96,000여 개) 등과 어우러진 예쁜 마을들이 나름대로 아름다운 풍경을 지니고 있어 낚시, 하이킹 등을 즐기며 여유 자적할 수도 있을 것이다.

❷ **위치** 북위 59.20 / 동경 18.03 / GMT +1

❸ **인구 및 인종** 스웨덴인 989만여 명(20명/㎢)

❹ **면적** 45만㎢(약 남한의 5배)

❺ **수도** 스톡홀름

❻ **종교** 복음 루터교와 국교회

❼ **언어** 스웨덴어

❽ **기후** 여름은 대개 서해안 쪽이 동쪽에 비해 비가 잦다. 5월 말에는 6월 중

순까지 북극권 지역에선 백야를 맞으며 반대로 겨울에는 1달 이상 태양을 볼 수 없다.

❾ **시차** 한국보다 8시간 늦다.(3~9월 서머타임 실시 時 7시간 차이)

❿ **통화, 환율** 1SEK(크로나), 1크로나=126.76원

⓫ **토산품** 유리제품, 도자기류, 민예품, 목각인형

⓬ **전압** 220V 50Hz

⓭ **출입국** 북유럽 다른 나라를 합해 3개월 이내 체재라면 비자가 필요 없다.

⓮ **여행 시 주의사항** 여성에게 남녀 차별적인 언동은 하지 말 것이며, 섹스의 나라라고 말하지 말 것.

⓯ **한국으로 전화** 08 + 82 + 0을 뺀 지역번호 + 해당번호

⓰ **긴급연락처** 한국 대사관 : 08-160480

⓱ **월별 평균기온 및 강**

월별	1월	2월	3월	4월	5월	6월	7월	8월	9월	10월	11월	12월
기온	-1.1	1	5.8	11.8	16.8	16.8	20.2	22.2	21.4	17.4	5.8	1.5
강수량	42	44	39	45	82	82	86	54	51	34	69	48

(17) 핀란드 공화국(Republic of Finland)

❶ **개요** 스칸디나비아 반도의 뿌리 부분에 있는 남북으로 긴 나라이다. 국토의 대부분인 70%가 삼림지대, 약 10%가 호수라서 '숲과 호수'의 나라로 불린다. 남북 스웨덴과 러시아의 오랜 지배에도 불구하고 강한 민족의식을 소유한 국가로 1920년 독립한 중립공화국

❷ **위치** 북위 60.08 / 동경 25.00 / GMT +1

❸ **인구 및 인종** 약 549여 명, 우랄 핀족

❹ **면적** 338,000㎢(한반도의 1.5배)

❺ **수도** 헬싱키

❻ **종교** 그리스도교(복음주의 루터교회파)

❼ **언어** 핀란드어, 스웨덴어

❽ **기후** 멕시코 만류의 영향으로 대체로 온난한 대륙성 기후, 봄(3~5월), 여름(6~8월), 가을(9월), 겨울(10~12월)

❾ **시차** 한국보다 7시간 늦다.(3~9월 서머타임 실시 時 6시간 차이)

❿ **통화, 환율** Euro=1220.84원

⓫ **전압** 220V 50Hz(별도의 어뎁터 필요)

⓬ **출입국** 간단한 여권체크, 배편의 경우 약간 까다로움

⓭ **한국으로 전화** 990 + 82 + 0을 뺀 지역번호 + 해당번호

⓮ **긴급연락** 주 핀란드 한국대사관 : (90)1498955

⓯ **월별 평균기온 및 강수량**

월별	1월	2월	3월	4월	5월	6월	7월	8월	9월	10월	11월	12월
기온	3	3	5	8	12	15	17	17	14	10	6	3
강수량	10	8	11	8	9	8	11	11	10	13	11	13

(18) 체코 공화국(The Czecho Republic)

❶ **개요** 체코와 슬로바키아는 국명에서 나타나듯이 3개국이 합친 연방형태의 나라이다. 동쪽은 우크라이나, 헝가리, 서쪽은 오스트리아, 스위스, 남쪽은 헝가리, 루마니아, 북쪽은 폴란드, 독일에 둘러싸인 작은 나라이다. 이 두 나라는 지리적으로 역사적으로 사정이 다른 3개의 지역으로 나누어져 있다. 서부의 보헤미아, 중부의 모라비아, 동부의 슬로바키아가 그것이다. 6세기 무렵 서슬라브족이 이를 지역에 정착하였고, 9세기 초에 모라비아왕국을 건설했다. 그 후 16세기에 합스브르크 제국에 편입되었지만 민족의 전통과 문화를 지켜 와서 1918년 3개의 지역이 연합하여 체코슬로바키아 공화국을 탄생시킨 후 1993년에 체코와 슬로바키아로 분리, 독립했다.

❷ **인구 및 인종** 양국합계, 체코인과 슬로바키아인. 약 1560만여 명

❸ **면적** 127,896㎢(남한의 1.2배)

❹ **수도** 프라하(Prague)

❺ **종교** 카톨릭(70%), 프로테스탄트

❻ **언어** 체코어, 스로바키아어

❼ **기후** 대륙성 기후로 겨울은 춥고 여름에는 상당히 더우며 비가 많이 온다.

❽ **시차** 한국보다 8시간 늦다.

❾ **통화** 1코루나(CZK)=54.75원

❿ **전압** 220V

⓫ **출입국** 30일 이내 No Visa

⓬ **여행 시 주의사항** 연주회장, 전시회, 고급식당 등에 입장할 때에는 코트, 모자 등은 반드시 입구에 있는 별도의 보관소에 맡긴 후 안내를 받아 입장을 하여야 한다. 최근 급속한 개방에 따른 차량 도난, 주택 절도 등 치안사범이 증가하고 있으며 관광객의 대거 유입으로 수도 프라하 중심가에는 소매치기 사례가 발생하고 있는바 고액 현금은 휴대하지 않는 것이 좋다.

⓭ **월별 평균기온**

월별	1월	2월	3월	4월	5월	6월	7월	8월	9월	10월	11월	12월
기온	-1.4	0.4	4.7	10.3	14.8	18.1	19.9	19.3	15.6	9.8	4.8	1.0
강수량	40	43	45	45	70	67	83	72	41	56	53	45

(19) 스페인(Spain)

❶ **개요** 정열과 투우의 나라 스페인은 과거 8세기부터 시작된 국토 회복운동에 의해 15세기 말에 이르러 이슬람인을 국토에서 축출한 후 급속한 발전을 하였다. 원래 원주민은 이베리아족이지만 BC 11세기부터 페니키아, 그리스, 카르타고, 로마가 침략해 왔고 5세기경에는 서고트의 지배를 받았다. 711년 아랍인들이 침입해 스페인을 정복하고 이슬람교로 개종 지배하였다. 15세기에 기독교의 국토회복운동으로 나라를 수복하고 무적함대로 전성기를 맞았다. 무적함대가 영국군에 패배한 후 쇠퇴의 길로 접어들고 20세기에 수립한 군사 독재정권이 몰락한 후 입헌군주제로 새롭게 출발하고 있다.

❷ **위치** 북위 40.25 / 서경 3.43 / GMT +1

❸ **인구 및 인종** 약 4,856여 명, 스페인, 바스크인

❹ **면적** 50만㎢(한반도의 2.3배)

❺ **수도** 마드리드

❻ **언어** 스페인어

❼ **기후** 지중해성 기후. 우리나라 영동지방과 비슷, 여름 6~9월, 겨울 11~4월

❽ **시차** 한국보다 8시간 늦다.(3~9월 서머타임 실시 時 7시간 차이)

❾ **통화, 환율** Euro=1220.84원

❿ **전압** 220V

⓫ **출입국** 여권과 탑승권 제시만으로 간단히 끝낸다.

⓬ **여행 시 주의사항** 늦은 밤 Puerta De Sol, Gran Via와 같은 도심에는 마약거래자, 알코올 중독자 등이 있으므로 외출을 삼가는 것이 좋다.

⓭ **한국으로 전화** 99 + 82 + 0을 뺀 지역번호 + 해당번호

⓮ **긴급연락처** 주 스페인 한국대사관 : (01)410-0053

⓯ **영업/업무시간** 은행 09:00~14:00(월~금), 09:00~13:00(토)

⓰ **기타(tip)** 레스토랑은 요금의 5~10%

⓱ **월별 평균기온 및 강수량**

월별	1월	2월	3월	4월	5월	6월	7월	8월	9월	10월	11월	12월
기온	4.6	6.5	8.7	12.1	16.1	20.9	25.1	24.8	19.6	13.4	8.5	5
강수량	33	32	40	42	42	44	10	12	37	46	51	40

(20) 폴란드 공화국(Polish People's Republic)

❶ **개요** 폴란드의 일반적인 역사는 미에츠코 1세가 기독교로 개종한 966년을 출발점으로 한다. 국가형태로 성립된 것은 10세기 후반이다. 남부의 길이 1,047km인 비슬라(Vstula) 강과 길이 845km인 오데르 강이 흘러 9,300여 개의 빙하호를 이루는 지점을 가지고 농업 중심의 국가였다. 그러나 인

접한 서유럽과 러시아, 북유럽의 잦은 침입으로 고난을 당하던 나라였으나 바웬사에 의한 민주정부 수립으로 개방화의 선두기수가 된 나라이다.

❷ **위치** 북위 52.11 / 동경 20.58 / GMT -1

❸ **인구 및 인종** 3,852만여 명, 슬라브계 폴란드인

❹ **면적** 31만㎢(한반도의 1.4배)

❺ **수도** 바르샤바

❻ **종교** 카톨릭

❼ **언어** 폴란드어, 영어

❽ **기후** 대체로 온난한 기후이며, 겨울에는 눈이 많이 내린다.

❾ **시차** 한국보다 8시간 늦다.(4~9월 서머타임 실시 時 7시간 차이)

❿ **통화** 폴란드 즈워티 1PLN=286.12원

⓫ **전압** 220V 50Hz

⓬ **출입국** 여권과 비자를 체크하며 외화는 있는 전부 신고해야 한다.

⓭ **한국으로 전화** 교환을 통하는 것이 편리

⓮ **긴급연락처** 주 덴마크 한국대사관 : (01)144706, 143123

⓯ **월별 평균기온 및 강수량**

월별	1월	2월	3월	4월	5월	6월	7월	8월	9월	10월	11월	12월
기온	-3.5	-2.5	1.5	7.5	14	17	19	18	14	8.5	2	1
강수량	42	54	30	42	64	99	90	90	54	54	42	42

4) 미주

(1) 미 국

❶ **개요** 미국은 신앙의 자유가 보장되어 있으나 그리스도교가 압도적으로 많으며 그 중에서도 개신교도가 과반수를 차지하고 있다. 미국 본토는 대서양 연안에서 태평양 연안에 이르는 지역을 차지하고 있으므로 기후도 열대

습윤 지대에서 냉대 건조지대에 걸쳐 차이가 아주 심하다. 여름은 상당히 더워 32도가 넘을 때가 많으나, 일교차가 심하기 때문에 여름에도 얇은 재킷 등을 준비해야 한다. 또 겨울은 몹시 추워 영하 15~35도가 되는 날도 많다.

❷ **인구 및 인종** 약 32,399만여 명, 백인계가 80%, 흑인은 12%, 인디언이 0.4%, 나머지는 아시아계

❸ **기후** 국토가 넓어서 기후 또한 다양하여 서해안 지방은 지중해성 기후, 내륙지역은 사막기후, 동남부 지역은 온대성 기후, 동북부는 대륙성 기후이다.

❹ **면적** 약 982만㎢(한반도의 약 44배)

❺ **통화** 미국 달러 1USD= 1138.50원

❻ **수도** 워싱턴D.C.(Washington District of Columbia)

❼ **언어** 영어

❽ **종교** 개신교 61%, 카톨릭 25%, 기타 7%

❾ **출입국** 비자 필요하며 처음 도착지에서 입국심사를 받아야 하며 정확한 세관신고를 하여야 한다. 외화 1만 불 이상은 신고해야 하며, 생선, 과실 등은 통관이 금지된다. 담배 20갑, 술 1병 면세되나 술은 21세 이상 반입이 가능하며 담배는 18세 이상 반입이 가능하다.

❿ **여행 시 주의사항** 대도시 범죄율이 높은 관계로 안전에 대한 주의가 필요하며, 소지품 분실방지를 위해 대비를 해야 한다. 하와이의 경우 해변에서 술을 마시는 것은 금지되어 있다. 미국의 경우 우측통행이 우선되며, 주마다 교통규칙이 다소 상이하므로 도로표지에 대해 주의를 해야 함.

⓫ **한국으로 전화** 011 + 82 + 0을 뺀 지역번호 + 해당번호

한국어 교환원 직통번호 1 + 800 + 822 + 8256, 1 + 800 + 326 + 0082

⓬ **긴급연락처** 워싱턴 한국대사관 (202)939-5600

뉴욕 총영사관 (212)752-1700

시카고 총영사관 (312)822-9485

LA 총영사관 (213)385-9300

샌프란시스코 총영사관 (415)921-2251

호놀룰루 총영사관 (080)595-6109

⑬ **시차** 국제표준시(GMT)-10, 한국이 19시간 먼저 감

미국	하와이 표준시	알래스카 표준시	SFO, LAX LAS, SEA	산악표준시 덴버, 피닉스	중부표준시 시카고, 내슈빌	동부표준시 NYC/WAS/보스톤
시차	-19시간	-18시간	-17시간	-16시간	-15시간	-14시간
한국시간0시	5시	6시	7시	8시	9시	10시

⑭ **월별 평균기온**

지역	1월	2월	3월	4월	5월	6월	7월	8월	9월	10월	11월	12월
하와이	23	21	21	23	24	24	24	26	26	25	25	23
로스앤젤레스	12	13	14	15	17	19	21	21	20	18	16	13
라스베이거스	22	24	26	28	28	27	27	26	24	22	21	22
샌프란시스코	10	12	13	14	14	15	15	20	17	16	14	11
시카고	-4	-3	3	9	15	21	24	23	19	12	4	-2
뉴욕	-1	2	5	21	21	21	24	24	20	15	8	2

(2) 캐나다

❶ **개요** 캐나다는 약 1천만㎢에 가까운 세계 제2의 넓은 국토를 가진 선진국이다. 장대한 로키산맥, 수많은 아름다운 호수와 급류, 원시림 속을 가로지르는 직선 고속도로와 철도, 수많은 휴양지와 관광시설 등 자연과 인공이 조화를 이룬 이상적인 관광휴양지이다. 캐나다는 2차대전의 전화를 입지 않아 전후에는 외교, 경제, 산업 등에서 선진국 대열에 끼어들었고 1976년의 제 21회 몬트리올 올림픽, 1988년에 열린 캘거리 동계올림픽으로도 널리 알려져 있다. 캐나다는 북미대륙의 북부 약 1/3을 차지하는 본토와 그 북쪽에 있는 섬들로 이루어져 있다.

❷ **인구 및 인종** 약 3,536만여 명의 전체 인구 중 약 40%는 영국계, 30%는 프랑스계이며 그밖에 독일, 우크라이나, 이탈리아, 중국계 등이 있다.

❸ **면적** 998만㎢(한반도의 45배)

❹ **수도** 오타와

❺ **언어** 공용어는 영어와 프랑스어로 되어 있으나 인구의 81%가 프랑스계이며 그밖에 독일, 우크라이나, 이탈리아, 중국계 등이다.

❻ **종교** 대부분 천주교

❼ **기후** 겨울 추위가 심한 편이지만 서부 태평양 연안은 해류의 영향으로 기후가 따뜻하고 비가 많이 내리며 브리티시컬럼비아 주는 유럽 북서부 같은 기후이다. 중앙평원은 대륙성기후로 건조하나 지누크라는 남서풍이 불어 기온을 높여준다. 동부 일대는 한류의 영향으로 같은 위도의 다른 지방보다 춥다.

❽ **통화** 캐나다 달러(C$), C$1=844.65원

❾ **전압** 110V 50㎐

❿ **토산품** 모피, 인디언공예품, 육포, 꿀, 연어제품 등

⓫ **출입국** 6개월간 비자가 필요 없고 입국 시 출국용 항공권이 있어야 한다. 동식물 검역이 매우 엄격하며, 출국심사는 간단하다. 입국 시 술 2병과 담배 20갑은 면세된다.

⓬ **한국으로 전화** 011 + 82 + 0을 뺀 지역번호 + 해당번호
한국 교환원 직통번호 1 + 800 + 663 + 0682

⓭ **긴급연락처** 주캐나다 한국대사관 (613)232-1715~7
몬트리올 총영사관 (514)845-3243~4

⓮ **여행 시 주의사항** 수렵이나 낚시, 식물채집 등에 대한 제한이 엄격하며, 치안상태가 좋아 범죄피해에 대한 우려는 없으나 주류에 대한 규제가 있어 아무 곳에서나 술을 구입할 수는 없다. 그리고 개인 신상에 대한 질문을 심하게 하는 것은(나이, 체중, 소득수준) 결례이다.

⑮ **시차** 태평양 표준시 −17시간, 산간지대 표준시 −16시간, 대서양 표준시 −13시간, 중부 표준시 −15시간, 동부 표준시 −14시간, 뉴퍼들랜드 표준시 −12시간 반

따라서 한국의 정오는 벤쿠버에서는 그 전날 오후 7시, 토론토에서는 그 전날 오후 10시이다.

⑯ **월별 평균기온**

구분	1월	2월	3월	4월	5월	6월	7월	8월	9월	10월	11월	12월
벤쿠버	2.5	4.5	5.5	9	25	12.5	17.5	17.5	12	10	6	4
토론토	-4.5	−4	-3.5	0.5	7.5	13.5	19	22	21.5	11	5	−2
몬트리올	-10.5	−9	-2.5	6	13	21	19.5	8.5	15	8.5	1.5	−7

5) 남미

(1) 멕시코

❶ **개요** BC 2000년경부터 농경사회가 형성되었고, BC 1200년경에 성립된 올데카 문화를 비롯하여 테오티와칸문명, 롤테카 왕국, 아즈텍 제국 등이 흥망성쇠를 거듭해왔고 1521년 스페인의 침입으로 식민지화되었다가 1810년에 독립하였다.

❷ **인구 및 인종** 약 12,316만여 명, 스페인과 인디언의 혼혈인 메스티조가 대부분

❸ **면적** 196만㎢(한반도의 9배)

❹ **수도** 멕시코시티

❺ **언어** 스페인어가 공용어이며 토착인디오의 언어는 점차 줄어들고 있다.

❻ **종교** 카톨릭

❼ **기후** 지형이 다양한 만큼 기후도 다양하다. 북부는 건조하고 중부는 고지대라 선선하며 남부는 열대로 고온 다습하다.

❽ **시차** 한국보다 15시간 늦다.

❾ **통화** 페소 PESO=60.62원

❿ **전압** 120V 60Hz

⓫ **토산품** 멕시코오팔, 토파즈, 수정, 은제품, 직물, 가죽, 민예품

⓬ **출입국** 3개월간 비자가 필요 없고 입국 절차가 간단하다. 입국 시 술 1병, 담배 20갑 면세되나 출국시 멕시코 통화를 달러로 바꿀 때는 200~500달러로 제한하고 있다.

⓭ **한국으로 전화** 98 + 82 + 0을 뺀 지역번호 + 해당번호

⓮ **긴급연락처** 한국대사관 : 596-7200

⓯ **여행 시 주의사항** 강도, 살인과 같은 흉악범은 적으나 소매치기는 종종 당할 수 있으므로, 낯선 친절에 주의해야 한다. 핸드백은 앞으로 하고 뒷주머니에 손지갑을 넣지 않는 것이 좋다. 멕시코 공기는 건조하므로 목이 칼칼해지고 피부가 거칠어지기 쉬우므로 캔디, 크림 등을 준비하는 것이 좋다.

⓰ **영업/업무시간** 09:00~14:00, 15:00~18:00

⓱ **팁** 호텔은 100~300페소, 레스토랑은 요금의 10%

⓲ **월별 평균기온 및 강수량**

월별	1월	2월	3월	4월	5월	6월	7월	8월	9월	10월	11월	12월
기온	12	14	16	17	17	17	16	16	16	15	13	12
강수량	8	5	10	23	55	118	160	145	129	49	17	15

(2) 브라질

❶ **개요** 포르투갈 함대에 의해 발견되어 1530년대부터 식민지로서 개발되었다. 부족한 노동력을 해결하기 위해 흑인노예가 반입되었고 20세기 초, 유럽계를 중심으로 많은 나라로부터 이민유입을 촉진하여 다민족 국가를 형성하였다.

❷ **인구 및 인종** 약 20,582만 명, 백인 55%, 혼혈 38%, 흑인 6%

❸ **면적** 851만㎢(한반도의 40배)

❹ **수도**브라질리아

❺ **언어**포르투갈어가 공통어

❻ **종교** 93%가 카톨릭

❼ **시차** 한국보다 12시간 늦다.

❽ **통화** 헤알(REAL), 1 REAL=약 354.53원(기준)

❾ **전압** 120V 60Hz

❿ **토산품** 보석류, 가죽제품, 민예품

⓫ **비자** 비자가 필요하다.

⓬ **여행 시 주의사항** 보신탕을 먹을 경우 국외로 추방이 되며, 또한 상대편이 좋아하는 축구팀을 비방하는 것은 금기시되어 있다.

⓭ **한국으로 전화** 98 + 82 + 0을 뺀 지역번호 + 해당번호

⓮ **기후**

도시명	1월		7월	
	최고	최저	최고	최저
리오	34	19	29	14
상파울로	28	18	21	10

(3) 쿠바

❶ **개요** 카리브에서 가장 큰 섬나라로 남한 정도의 면적을 가지고 있다. 1511년 이래 스페인령이었으나 1898년 스페인 전쟁에서 승리한 미국의 지배를 받다가 1902년에 독립했다. 1952년 쿠테타로 집권한 바티스타 독재 정권이 1959년 1월 좌파 게릴라 지도자인 카스트로의 혁명으로 전복, 사회주의 정부가 수립됐다.

❷ **인구 및 인종** 약 1,117만 명. 전체 인구가 스페인계 백인, 흑인, 흑백혼혈인 등으로 이루어진 다인종사회이다. 국민성은 대단히 낙천적이다.

❸ **면적** 110,860㎢(남한 정도의 면적)

❹ **수도** 하바나 시티

❺ **언어** 스페인어가 공용어임

❻ **종교** 카톨릭

❼ **기후** 아열대성 기후로 건기의 일정한 기온과 높은 습도, 공해 없는 대기 등으로 환자 요양에 가장 적합한 환경을 가지고 있다.(1년 평균 25~35°C)

❽ **시차** 한국보다 13시간 늦다.

❾ **통화** U$1.00=P 1.00 1페소(PESO)

❿ **전압** 새로운 호텔들은 220V, 그 외는 110/50, 60Hz

⓫ **토산품** 쿠바산 시가, 럼주, 기타 토산품

⓬ **출입국** 비자가 필요하고 입국절차가 간단하다.

⓭ **한국으로 전화** 0082 + 0을 뺀 지역번호 + 해당번호

⓮ **긴급연락처** 현지 라틴투어스 직원 : 311-3650

⓯ **여행 시 주의사항** 사진 촬영이 시내는 자유로우나 군사시설, 항구 등 사진 촬영 금지구역 주의, 물품 구입 시 환전하지 말고 미화 달러로 이용하는 것이 편리하다. 국제전화 통화는 회선이 부족한 관계로 호텔과 고급 식당에서만 가능함

⓰ **영업/업무시간** 09:00~12:00, 13:00~17:00

⓱ **기타** 복장은 캐주얼한 여름옷 외에 얇은 재킷, 모자, 자외선 차단제, 선글라스 등을 준비한다.

⓲ **비자** 비자 필요함(라틴 투어스에서 발급함)

(4) 아르헨티나

❶ **개요** 1516년 스페인 탐험대에 의해 식민지로 개발하여 본국의 종교, 문화를 도입하고 자원개발에 힘썼다. 19세기 들어 본국이 쇠퇴함에 따라 독립운동이 일어나 1816년 독립선언을 하고 1826년 아르헨티나 공화국이 되었다.

❷ **인구 및 인종** 약 4,388만여 명.

❸ **면적** 278㎢(한반도의 12배)

❹ **수도** 부에노스아이레스

❺ **언어** 스페인어가 공용어

❻ **종교** 98%가 카톨릭

❼ **시차** 한국보다 12시간 늦다.

❽ **통화** 아우스트랄(AUSTRAL)

❾ **토산품** 피혁제품, 모피제품, 은제품

❿ **비자** 출입국은 비교적 간단하나 비자가 필요하다.

⓫ **기후**

도시명	1월		7월	
	최고	최저	최고	최저
부에노스	29	17	14	6

(5) 칠레

❶ **개요** 장어같이 긴 나라로 남북의 길이가 4,200km인데 비해 동서의 폭은 평균 180km이다. 페루의 남쪽과 태평양에 면해 있으며, 볼리비아, 아르헨티나와 국경을 접하고 있다.

❷ **역사** 16세기 초에 스페인 점령자들이 도착하였을 때 여러 인디언 민족들이 오늘의 칠레 땅에 살고 있었다. 멀리 떨러져 있는 스페인으로부터 지배를 받은 17세기는 매우 힘든 시기였고, 18세기에는 보다 더 복합적이고 비교적 세련된 사회와 문화제도 생활이 형성되었다. "끄리오요소"라고 불리는 칠레에서 태어난 스페인 2세들은 스페인에 대항하는 독립운동을 1810년에 시작하여 1818년에 독립에 이르게 된다.

❸ **국기** 칠레 국기는 공화국의 전통색상 즉 빨강색, 흰색 그리고 청색이 있다. 흰색은 안데스산맥 고지대의 눈을 뜻하고, 청색은 칠레의 하늘을, 붉은 색상은 칠레 인디안을 의미한다. 5각 역시 마뿌체 인디언들의 깃발에서 찾아볼 수 있는 상징이다.

❹ **문장** 칠레의 문장은 국기위에 콘도르 독수리와 안데스 우에물 사슴이 있다. 국가의 모태는 "이성으로 아니면 힘으로"이다.

❺ **언어** 스파냐어 면적약

❻ **면적** 약 75만㎢ 한반도의 3.424배

❼ **인구** 약 1,765만 명 세계 63위

❽ **종교** 대부분의 칠레인들은 천주교신자들이며, 신교는 두 번째로 많은 신도들을 자랑하며 소수의 유태교, 그리스정교회의 교인들이 있으며 이슬람교인들도 있다.

❾ **기후** 지리적인 이유로 칠레에서는 모든 기후들을 찾아볼 수 있다. 북부에서는 사막과 아열대 기후와 중부 계곡에선 사계절이 뚜렷이 구별된 기후를 자랑하며 남부에서는 춥고 장마진 기후가 나타난다. 남반구에 있기에 북반구와는 반대 계절을 보인다.

❿ **월별 평균기온**

산티아고	1월	2월	3월	4월	5월	6월	7월	8월	9월	10월	11월	12월
최고기온	29	29	27	23	18	14	15	17	19	22	26	28
최저기온	12	11	9	7	5	3	3	4	6	7	9	11

(6) 페루

❶ **개요** BC 2000년경부터 성립된 티와나코 문명을 비롯하여 모치카, 나스카, 치부, 와리 등 문명이 등장하였고, 13세기에는 꾸스꼬를 거점으로 하는 잉카가 대제국을 형성했으나 1532년 스페인군의 침입에 의해 멸망하고 스페인의 식민지가 되었다가 1823년에 독립하였다.

❷ **인구 및 인종** 약 3,074만여 명, 47% 인디오. 40% 메스티조, 12% 백인

❸ **면적** 128㎢(한반도의 6배)

❹ **수도** 리마

❺ **언어** 스페인어가 공용어

❻ **종교** 대부분 카톨릭 신자

❼ **시차** 한국보다 14시간 늦다.

❽ **통화** 뉴솔(NEWSOL)

❾ **토산품** 스웨터, 벽걸이 등 수제품, 은제품, 액세서리

❿ **비자** 90일 이내에는 비자가 필요 없다.

⓫ **한국으로 전화** 98 + 82 + 0을 뺀 지역번호 + 해당번호

⓬ **기후**

도시명	1월		7월	
	최고	최저	최고	최저
리마	25	19	17	14
꾸스꼬	20	7	21	−1

세계 주요도시 및 공항코드

부록3

1) 아시아

국가명	도시명		도시코드 · 공항코드
대만	타이페이(Taipei)		TPE
말레이시아	코타 키나바루(Kota Kinabalu)		BKI
	쿠알라룸푸르(Kuala Lumpur)		KUL
베트남	하노이(Hanoi)		HAN
	호치민(Hochiminh)		SGN
싱가포르	싱가포르(Singapore)		SIN
인도	뭄바이(Mumbai)		BOM
	뉴델리(New Deli)		DEL
인도네시아	발리(Bali)		DPS
	자카르타(Jakarta)		CGK
일본	가고시마(Kagoshima)		KOJ
	고마쯔(Komatsu)		KMQ
	나고야(Nagoya)		NGO
	니이가타(Niigata)		KIJ
	다카마쓰(Takamatsu)		TAK
	동경(TYO)	하네다(Hanada)공항	HND
		나리타(Narita)공항	NRT

<table>
<tr><th>국가명</th><th colspan="2">도시명</th><th>도시코드 · 공항코드</th></tr>
<tr><td rowspan="11">일본</td><td colspan="2">마쓰야마(Matsuyama)</td><td>MYJ</td></tr>
<tr><td colspan="2">삿포로(Sapporo)</td><td>SPK</td></tr>
<tr><td colspan="2">센다이(Sendai)</td><td>SDJ</td></tr>
<tr><td rowspan="2">아오모리(Aomari)</td><td>간사이(Kansai)공항</td><td>KIX</td></tr>
<tr><td>이따미(Itami)공항</td><td>ITM</td></tr>
<tr><td colspan="2">오이타(Oita)</td><td>OIT</td></tr>
<tr><td colspan="2">오카야마(Okayama)</td><td>OKJ</td></tr>
<tr><td colspan="2">오키나와(Okinawa)</td><td>OKA</td></tr>
<tr><td colspan="2">후쿠오카(Fukuoka)</td><td>FUK</td></tr>
<tr><td colspan="2">히로시마(Hiroshima)</td><td>HIJ</td></tr>
<tr><td rowspan="9">중국</td><td colspan="2">대련(Dalian)</td><td>DLC</td></tr>
<tr><td colspan="2">북경(Beijing)</td><td>PEK</td></tr>
<tr><td colspan="2">상해(Shanghai)</td><td>SHA</td></tr>
<tr><td colspan="2">심양(Shenyang)</td><td>SHE</td></tr>
<tr><td colspan="2">연대(Yantai)</td><td>YNT</td></tr>
<tr><td colspan="2">장춘(Changchun)</td><td>CGQ</td></tr>
<tr><td colspan="2">천진(Tianjin)</td><td>TSN</td></tr>
<tr><td colspan="2">청도(Qingdao)</td><td>HRB</td></tr>
<tr><td colspan="2">하얼빈(Harbin)</td><td>TPE</td></tr>
<tr><td rowspan="2">필리핀</td><td colspan="2">마닐라(Manila)</td><td>MNL</td></tr>
<tr><td colspan="2">세부(Cebu)</td><td>CEB</td></tr>
<tr><td rowspan="2">태국</td><td colspan="2">방콕(Bangkok)</td><td>BKK</td></tr>
<tr><td colspan="2">푸켓(Phuket)</td><td>HKT</td></tr>
<tr><td>홍콩</td><td colspan="2">홍콩(Hong Kong)</td><td>HKG</td></tr>
</table>

2) 미주

국가명	도시명		도시코드 · 공항코드
미국	뉴욕(NYC)	JFK공항	JFK
		뉴웍(Newark)공항	EWR
		라과디아(La Guardia)공항	LGA
	댈러스		DFW
	덴버		DEN
	디트로이트		DTT
	라스베이거스		LAS
	로스엔젤레스		LAX
	마이애미		MIA
	보스턴		BOS
	샌프란시스코		SAN
	시애틀		SEA
	시카고 오헤어(O' hare)공항		ORD
	아틀랜타		ATL
	앵커리지		ANC
	올랜도		ORL
	워싱턴(WAS)	덜레스(Dulles)공항	IAD
		내셔널(National)공항	DCA
	필라델피아		PHL
	호놀룰루		HNL
캐나다	몬트리올 (YMQ)	미라벨(Mirabel)공항	YMX
		도르발(Dorval)공항	YUL
	밴쿠버(Vancouver)		YVR
	애드먼튼(Edmonton)		YEG
	오타와(Ottawa)		YOW

국가명	도시명	도시코드 · 공항코드
캐나다	캘거리(Calgary)	YYC
	토론토(Toronto)	YYZ
멕시코	아카풀코(Acapulco)	ACA
	멕시코시티(Mexico city)	MEX
브라질	리우 데 자네이로(Rio de Janeiro)	RIO
	브라질리아(Brasilia)	BSB
	상파울로(San Paulo)	SAO
아르헨티나	부에노스아이레스(Buenos Aires)	BUE
콜롬비아	보고타(Bogota)	BOG
쿠바	하바나(Havana)	HAV
칠레	산티아고(Santiago)	SCL
페루	리마(Lima)	LIM

3) 대양주 · 남태평양

국가명	도시명	도시코드 · 공항코드
미국(괌)	괌(Guam)	GUM
미국(사이판)	사이판(Saipan)	SPN
뉴질랜드	오클랜드(Auckland)	AKL
	웰링턴(Wellington)	WLG
	크라이스트처치(Chrischurch)	CHC
호주	멜버른(Melbourne)	MEL
	브리스베인(Brisbane)	BNE
	시드니(Sydney)	SYD
	캔버라(Canberra)	ABR
피지	나디(Nadi)	NAN

4) 구주

국가명	도시명		도시코드 · 공항코드
네덜란드	암스텔담(Amsterdam)		AMS
그리스	아테네(Athens)		ATH
독일	뮌헨(Munich)		MUS
	프랑크루르트(Frankfurt)		FRA
덴마크	코펜하겐(Copenhagen)		CPH
독립국가연합(구소련)지역	모스크바(Moscow)		MOS
	블라디보스토크(Vladivostok)		KHV
	하바로프스크(Khabarovsk)		SYD
	크라스노야르스크(Krasnoyarsk)		KJA
	타쉬켄트(Tashkent)		TAS
벨기에	브뤠셀(Brussel)		BRU
스위스	취리히(Zurich)		ZRH
	제네바(Geneva)		GVA
스페인	마드리드(Madrid)		MAD
	바르셀로나(Barcelona)		BCN
오스트리아	비엔나(Vienna)		VIE
이탈리아	로마(Roma)		LOM
	베니스(Venezia)		VCE
	밀라노(Milano)		MIL
영국	런던(LON)	히드로(Heathrow)공항	LHR
		케트윅(Gatwick)공항	LGW
체코	프라하(Prague)		PRG
포르투칼	리스본(Lisbon)		LIS
폴란드	바르샤바(Warsaw)		WAW
프랑스	파리(PAR)	샤를드골(Charles de Gaule)공항	CDG
		오를리(Orly)공항	ORY

5) 중동 · 아프리카

국가명	도시명	도시코드 · 공항코드
남아프리카공화국	케이프타운(Cape Town)	CPT
모로코	카사블랑카(Cassblanca)	CAS
이집트	룩소(Luxor)	LXR
	카이로(Cairo)	CAI
터키	앙카라(Ankara)	ANK
	이스탄불(Istanbul)	IST

부록4

세계 주요국의 통화단위

대륙	국가명	통화명
아시아	대만	달러 Taiwan Dollar(TWD)
	말레이시아	링기트 Malaysia Ringgit Dollar(MYR)
	베트남	동 Vietnam Dong(VND)
	브루나이	달러 Brunei Ringgit(Dollar(BND)
	싱가포르	달러 Singapore Dollar(SGD)
	인도	루피 India Rupee(INR)
	인도네시아	루피아 Indonesia Rupia(IDR)
	일본	엔 Yen(JPY)
	중국	유엔 Chineses Yuen(CNY)
	필리핀	페소 Philippinese Peso(PHP)
	태국	바트 Baht(THB)
	홍콩	달러 Hong Kong Dollar(HKD)
미주	멕시코	페소 Mexican Peso (MXN)
	미국	달러 US Dollar(USD)
	브라질	레알 Brazilian Real(BRL)
	칠레	페소 Chilean Peso
	쿠바	Cuba Peso
	캐나다	달러 Canadian Dollar(CAD)
	파라과이	과라니 Guarani

대륙	국가명	통화명
미주	페루	누에보 솔 Nuevo Sol
대양주	뉴질랜드	달러 New Zealand Dollar(NZD)
	피지	달러 Fijian Dollar(FJD)
	오스트레일리아	달러 Australian Dollar(AUD)
중동	사우디아라비아	리알 Saudi Arabia Rial
	요르단	디나르 Jordan Dinar(JD)
	이집트	파운드 Egyption Pound(EGP)
	이스라엘	뉴 세켈 New Sgekel(ILS)
	터키	리라 Turkish Lira(TRL)
아프리카	남아프리카공화국	란드 South Africa Rand
	모로코	디람 Dirham(DH)
	알제리아	디나르 Algerian dinar(DA)
	짐바브웨	달러 Zimbabwean Dollar(ZD)
	케냐	실링 Kenya Shilling(KSH)
	탄자니아	실링 Tanzanian Shilling(YSH)
유럽	노르웨이	크로네 Norsk Krone(NOK)
	덴마크	크로네 Dansk Krone(DKK)
	스위스	프랑 Switzerland Franc(CHF)
	스웨덴	크로나 Swedish Krona(SEK)
	영국	파운드 Great Britain Pound(GBP)
	유럽연합	유로 Euro(EUR)

부록5

주요 항공사 코드

1) 아시아

국가명	항공사명	영문이름	항공사코드
네팔	네팔항공	Royal Nepal Airlines	RA
대만	대만항공	China Airlines	CI
말레이시아	말레이시아항공	Malaysia Airlines	MH
베트남	퍼시픽항공	Pacific Airlines	BL
싱가포르	싱가포르항공	Singapore Airlines	SQ
인도	에어인디아	Air India Limited	AI
인도네시아	가루다항공	Garuda Indonesia Airways	GA
일본	재팬에어시스템	Japan Air System	JD
	일본항공	Japan Airlines	JL
	전일본공수	All Nippon Airways	NH
중국	중국국제항공	Air China	CA
	중국북방항공	China Northern Airlines	CJ
	중국남방항공	China Southern Airlines	CZ
	중국동방항공	China Eastern Airlines	MU
	중국서남항공	China Southwest Airlines	SZ
필리핀	세부항공	Cebu Pacific Air	5J
	필리핀항공	Philippines Airlines	PR

국가명	항공사명	영문이름	항공사코드
파키스탄	파키스탄항공	Pakistan International	PK
태국	타이항공	Thai Airways Int'l	TG
한국	대한항공	Korean Air	KE
	아시아나항공	Asiana Airlines	OZ
홍콩	캐세이퍼시픽항공	Cathay Pacific	CX

2) 미주

국가명	항공사명	영문이름	항공사코드
미국	아메리칸항공	American Airlines	AA
	알로하항공	Aloha Airlines	AQ
	알라스카항공	Alaska Airlines	AS
	컨티넨탈항공	Continental Airlines	CO
	델타항공	Delta Airlines	DL
	유나이티드항공	United Airlines	UA
캐나다	에어캐나다	Air Canada	AC
	캐나디안에어라인	Canadian Airlines Int'l	CP
멕시코	멕시코항공	Aero Mexico	AM
브라질	바스피브라질항공	Vasp Brazilian Airlines	VP
	베리그브라질항공	Varing Brazilian Airlines	RG
아르헨티나	아르헨티나항공	Aerolines Argentinas	AR
칠레	칠레항공	Lan Chile	LA
페루	에어로페루	Aero Peru	PL

3) 대양주

국가명	항공사명	영문이름	항공사코드
뉴질랜드	에어뉴질랜드	Air New Zealans	NZ
호주	안셋호주항공	Ansett Australia Airlines	AN
	콴타스항공	Qantas Airways	QA
피지	에어퍼시픽	Air Pacific	FJ

4) 구주

국가명	항공사명	영문이름	항공사코드
그리스	올림픽항공	Olympic Airways	OA
네덜란드	네덜란드KLM항공	KLM Royal Dutch Airlines	KL
독일	루프트한자	Luftansa	LH
독립국가연합(구소련)지역	에어로플로트항공(러시아)	Aeraflot Russian Int' I	SU
	몽골리안항공(몽고)	Mongolian Airlines	OM
	우즈베키스탄항공(우즈베키스탄)	Uzbekstan Airways	HY
	사할린항공(러시아)	Sakhalinskie Aviatrassy Airlines	HZ
스웨덴	스칸디나비아항공	Scandinavian Airlines System	SK
스위스	스위스항공	Air swiss	SR
스페인	이베리아항공	Iberia Airlines	IB
이탈리아	알리탈리아항공	Alitalia Airlines	AZ
영국	영국항공	British Airlines	BA
	영국미들랜드항공	British Midland Airlines	BD
체코	체코슬로바키아항공	Czechoslovakian Airlines	OK
포르투칼	포르투갈항공	Air Portugal	TP
폴란드	폴란드항공	Lot Polish Airlines	LO
프랑스	에어프랑스	Air France	AF
핀란드	핀란드항공	Finn Air	AY

5) 중동 · 아프리카

국가명	항공사명	영문이름	항공사코드
바레인 외 3국	걸프항공	Gulf Air	GF
사우디아라비아	사우디아라비아항공	Saudi Arabian Airlines	SV
이스라엘	이스라엘항공	EI AI Israel Airlines	LY
이집트	이집트항공	Egypt Air	MS
쿠웨이트	쿠웨이트항공	Kuwait Airways	KU
터키	터키항공	Turkish Airlines	TK

부록6

나라별 비행시간

1) 한일노선

운항구간(route)	비행소요시간	
	나갈 때(out)	들어올 때(in)
서울-센다이(Seoul-Sendai)	02:03	02:30
서울-도쿄(Seoul-Tokyo)	02:10	02:28
서울-후쿠시마(Seoul-Fukushima)	02:10	02:20
서울-오키나와(Seoul-Okinawa)	02:15	02:15
서울-가고시마(Seoul-Kagoshima)	01:30	01:30
서울-나고야(Seoul-Nagoya)	01:40	01:53
서울-오사카(Seoul-Osaka)	01:40	01:45
서울-요나고(Seoul-Yonago)	01:15	01:35
서울-후쿠오카(Seoul-Fukuoka)	01:10	01:18
부산-후쿠오카(Pusan-Fukuoka)	00:45	00:53
제주-후쿠오카(Jeju-Fukuoka)	01:00	01:03
서울-나가사키(Seoul-Nagasaki)	01:20	01:20
서울-삿포로(Seoul-Sapporo)	02:45	03:05
서울-아오모리(Seoul-Aomori)	02:30	02:50
서울-오이타(Seoul-Oita)	01:30	01:40

2) 한중노선

운항구간(route)	비행소요시간	
	나갈 때(out)	들어올 때(in)
서울-계림(Seoul-Guilin)	03:50	03:40
서울-중경(Seoul-Chonnging)	03:45	03:33
서울-홍콩(Seoul-Hong Kong)	03:55	03:15
서울-광주(Seoul-Guangzhou)	03:40	03:25
서울-서안(Seoul-Xian)	03:10	03:00
서울-연길(Seoul-Yanji)	02:50	02:40
서울-하얼빈(Seoul-Harbin)	02:25	02:15
서울-장춘(Seoul-Changchun)	02:15	02:00
서울-북경(Seoul-Beijing)	02:05	01:50
서울-상해(Seoul-Shanghai)	02:05	01:50
서울-항주(Seoul-Hangzhou)	02:14	01:59
서울-연대(Seoul-Yantai)	01:19	01:10
서울-텐진(Seoul-Tianjin)	01:55	01:45
서울-심양(Seoul-Shenyang)	01:50	01:45

3) 한러노선

운항구간(route)	비행소요시간	
	나갈 때(out)	들어올 때(in)
서울-사할린(Seoul-Sakhalinsk)	02:53	03:13
서울-하바로프스크(Seoul-Khabarovsk)	02:41	03:04
서울-블라디보스토크(Seoul-Vladivostok)	02:25	02:35
서울-모스크바(Seoul-Moscow)	08:55	08:10

4) 대양주노선

운항구간(route)	비행소요시간	
	나갈 때(out)	들어올 때(in)
서울-시드니(Seoul-Sydney)	11:05	11:35
서울-브리즈번(Seoul-Brisbane)	09:15	09:45
서울-오클랜드(Seoul-Auckland)	11:25	11:55

5) 구주노선

운항구간(route)	비행소요시간	
	나갈 때(out)	들어올 때(in)
서울-런던(Seoul-London)	11:20	10:41
서울-로마(Seoul-Rome)	11:55	11:15
서울-이스탄불(Seoul-Istanbul)	12:00	09:45
서울-프랑크푸르트(Seoul-Frankfurt)	11:12	10:20
서울-취리히(Seoul-Zurich)	11:15	10:55
서울-파리(Seoul-Paris)	11:55	11:15

6) 동남아노선

운항구간(route)	비행소요시간	
	나갈 때(out)	들어올 때(in)
서울-자카르타(Seoul-Jakarta)	07:05	07:10
서울-싱가포르(Seoul-Singapore)	06:45	06:35
서울-방콕(Seoul-Bangkok)	06:25	05:30
서울-호치민시(Seoul-Ho Chi Minh City)	05:20	05:10
서울-푸켓(Seoul-Phuket)	06:35	05:56
서울-괌(Seoul-Guam)	04:25	04:35
서울-덴파사(Seoul-Denpasar)	06:55	06:55
서울-마닐라(Seoul-Manila)	03:50	03:55

운항구간(route)	비행소요시간	
	나갈 때(out)	들어올 때(in)
서울-콸라룸푸르(Seoul-Kuala-Lumpur)	06:40	06:30
서울-타이페이(Seoul-Taipei)	02:40	02:25
서울-하노이(Seoul-Hanoi)	04:30	04:10

7) 미주노선

운항구간(route)	비행소요시간	
	나갈 때(out)	들어올 때(in)
서울-뉴욕(Seoul-New York)	13:45	16:08
서울-로스엔젤레스(Seoul-Los Angeles)	10:55	13:00
서울-샌프란시스코(Seoul-San Francisco)	10:20	12:25
서울-시애틀(Seoul-Seattle)	10:36	11:37
서울-댈러스(Seoul-Dallas)	13:00	14:00
서울-시카고(Seoul-Chicago)	12:45	12:20
서울-애틀랜타(Seoul-Atlanta)	13:50	14:40
서울-앵커리지(Seoul-Anchorage)	07:40	08:40
서울-워싱턴(Seoul-Washington D.C.)	13:45	14:30
서울-호놀룰루(Seoul-Honolulu)	08:40	09:40
서울-벤쿠버(Seoul-Vancouver)	09:55	11:15
서울-토론토(Seoul-Toronto)	13:05	13:35

■인천공항이용안내

출국절차 04/05

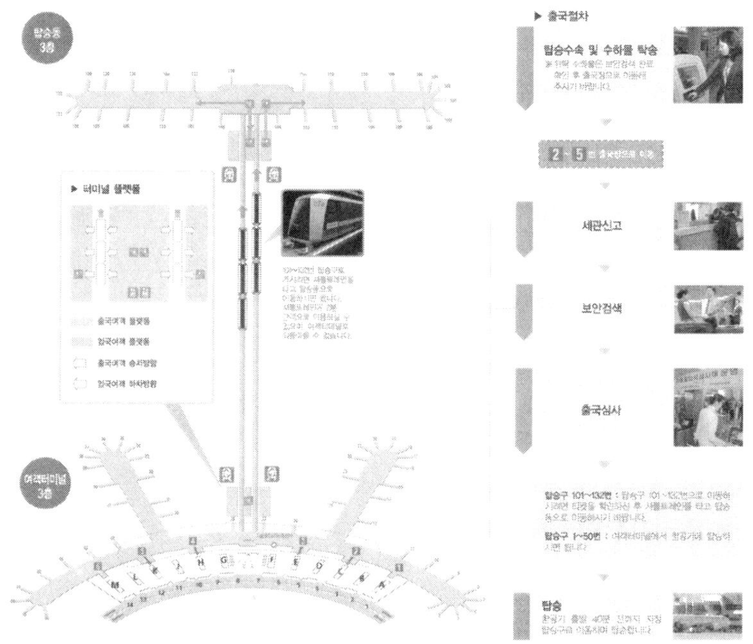

입국절차 06/07

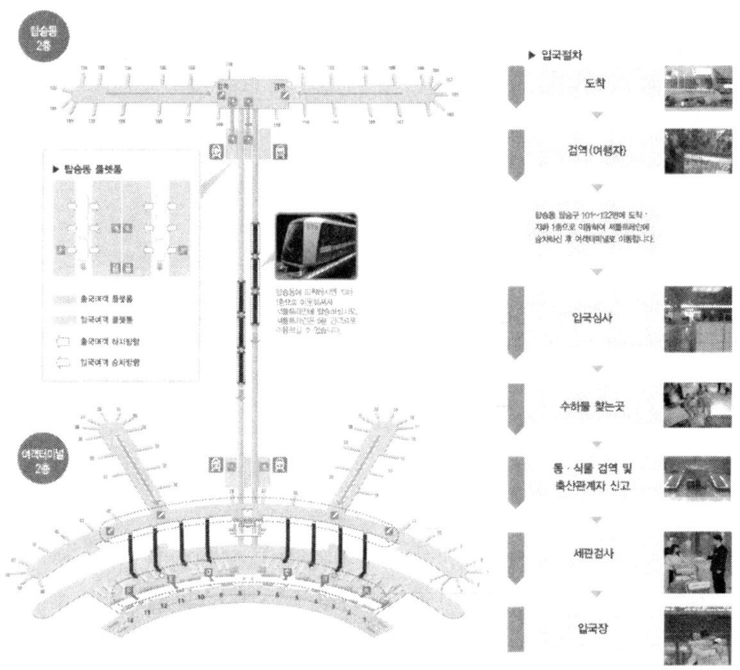

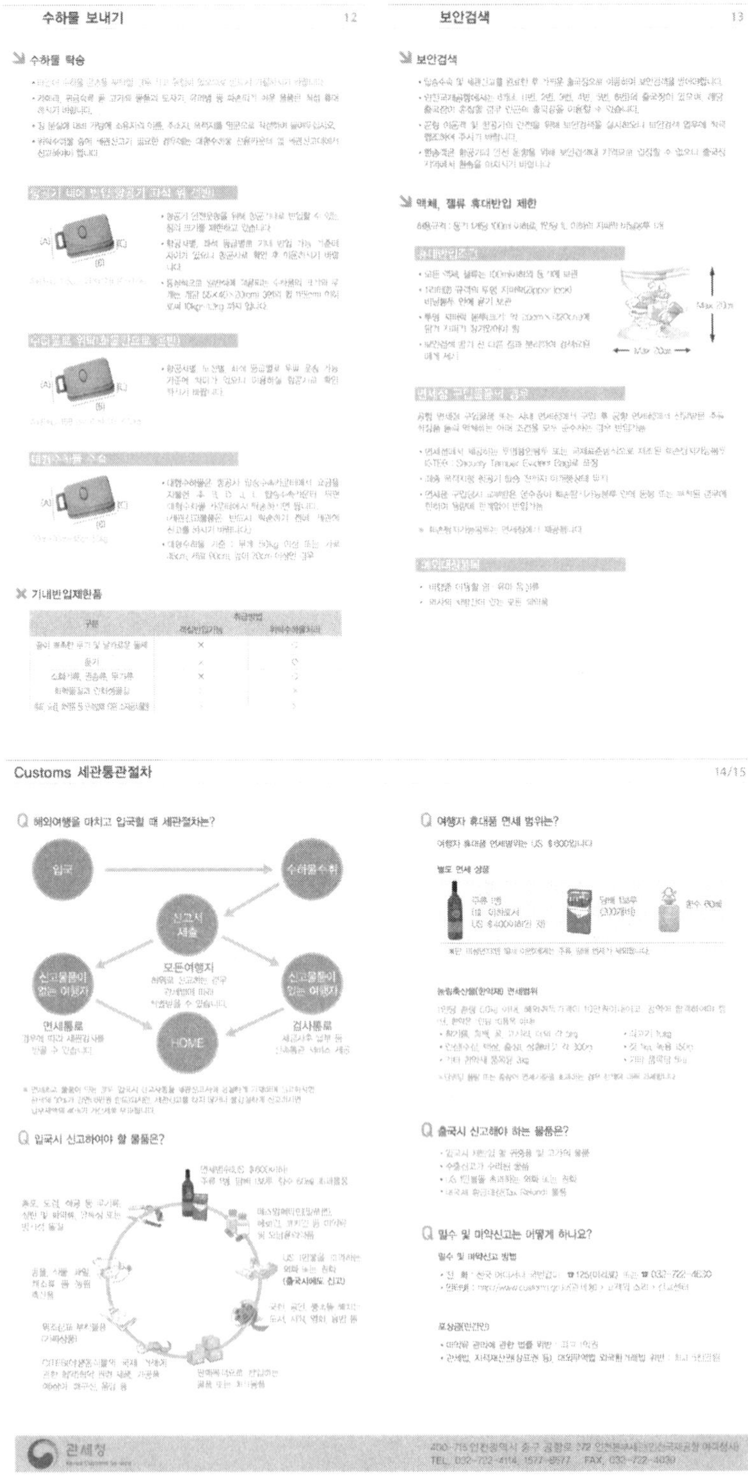

수하물 보내기 12

수하물 탁송

기내반입제한품

보안검색 13

보안검색

액체, 젤류 휴대반입 제한

Customs 세관통관절차 14/15

해외여행을 마치고 입국할 때 세관절차는?

입구 → 수하물수취 → 신고서 제출

모든여행자

신고물품이 없는 여행자 / 면세통로

신고물품이 있는 여행자 / 검사통로

HOME

입국시 신고하여야 할 물품은?

여행자 휴대품 면세 범위는?

출국시 신고해야 하는 물품은?

밀수 및 마약신고는 어떻게 하나요?

관세청

Immigration 출입국심사 16/17

출입국심사란?

출국심사 안내

- 준비물 여권, 탑승권, 외국인등록증(등록외국인)

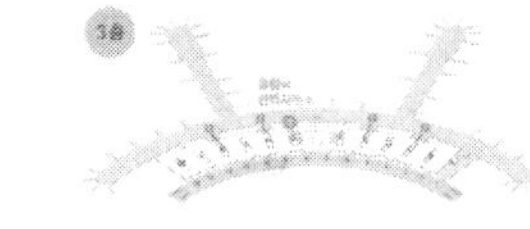

입국심사 안내

- 외국인 입국불허 등 기타문의 : ☎ 032-740-7215

자동출입국심사대 운영 안내

- 연 락 처 032-740-7400~1 FAX. 032-740-7402

- 운영시간 06:30~19:30

외국인 체류지원 안내

법무부 '법질서 바로세우기 캠페인'

인천공항출입국관리사무소
Incheon airport immigration

TEL. 032-740-7014~9 FAX. 032-740-7010

Quarantine(Human) 여행객 검역 18/19

검역심사

발열감시

↓

건강상태질문서 제출

☎ 032-740-2706

↓

세균 및 바이러스 검사

- 검사종류

해외여행질병정보센터(국립인천공항검역소 예방접종실)

황열 예방접종

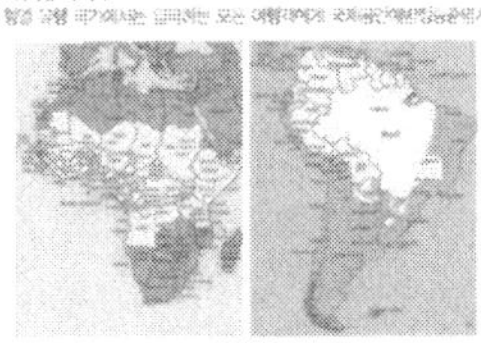

황열 유행지역

해외여행 건강안전 수칙

연락처 및 위치

- 전화번호 : 032-740-2703

국립인천공항검역소
NQS

http://nqs.cdc.go.kr/incheon-airport
TEL. (032)740-2700, 2704

Quarantine (Animal) 동물 및 축산물 검역 안내

20/21

해외로 나가실 때 (개 · 고양이 등과 함께 출국 시)

공항에 오기 전 준비사항

입국하고자 하는 국가의 동물검역기관 또는 한국주재 대사관 등을 통해 반려 동물(개, 고양이 등)에 대한 동물검역조건을 확인하고, 상대국에서 요구하는 모든 조건을 준비하여야 함

- 수출동물검역증명서 발급시 구비서류

[필수구비서류]
① 광견병 예방접종증명서(생후 90일 미만의 경우 해당없음)
② 건강증명서(출국일 기준 10일이내 발급 권장)

[상대국에서 요구하는 조건 : 여행자의 상대국 검역요건 확인 후 추가적으로 구비해]
③ 광견병 항체가 검사증명서
④ 마이크로칩 이식(부착)
⑤ 여행국의 동물검역기관이 발행한 사전수입허가증명서
⑥ 부속서류(상대국 검역서식) 등이 있습니다.

공항도착 후 수출검역 신청 및 검역증명서 발급

항공권 발급 전 동물 · 식물수출검역실에 방문하여, 수출동물검역증명서 발급 신청 (비행기 출발 3시간 전 방문 권장)

- 위치 : 여객터미널 3층 중앙 F 체크인 카운터 옆
- 구비서류
① 수출검역증명서 발급 구비 서류
(광견병예방접종 증명서 / 건강증명서 / 상대국요구서류 등)
② 반려동물 ③ 여권 ④ 항공스케줄 ⑤ 수수료
- 업무시간 : 오전 9시 ~ 오후 6시(점심시간 12:00~13:00)
- 수출관련 문의 032-740-2660~1
- 수입관련 문의 032-740-2671

입국하실 때

휴대반입신고 : 입국장에 주재하는 농림축산검역본부에 신고

휴대 반입 개 · 고양이 등 반려동물 신고

신고시 구비사항 :
① 수출국 동물검역기관이 발행한 동물검역증명서 (출국할 때 우리 정부가 발행한 검역증명서도 인정됨 : 항체가 유효기간이내인 경우)
② 마이크로칩 이식 · 부착 (개, 고양이에 한함)
③ 광견병 항체가 검사증명서 (개, 고양이가 90일령 이상이고, 광견병 발생국에서 입국하는 경우에 한함)
※ 위 조건을 갖추지 않으면 계류검역계류장에 계류되고 검사가 실시됩니다.
- 위 조건 ①을 갖추지 못한 경우에는 해당 동물은 즉시 반송 조치됨.
- 위 조건 ②③을 갖추지 못한 경우에는 검역계류장에 인송되어 계류됨.
※ 계류기간은 10일 정도이며 ... 항체가 미달일 경우 등에는 연장됩니다.
- 반송이나 계류동안의 검역비 및 계류에 소요된 비용은 화주 부담임

휴대 반입 축산물 신고

축산물을 휴대한 경우에는 입국장에 있는 농림축산검역본부에 반드시 신고하여야 함.

휴대반입이 금지된 축산물 (수입금지)

대부분의 육류와 육가공품 (쇠고기, 돼지고기, 양고기, 닭고기 등 : 햄, 소시지, 육포, 장조림 등)은 휴대반입이 금지되어 있는 물품임.

축산관계자 또는 가축질병 발생국 방문시 신고

'가축전염병 발생국' 을 방문한 경우, 입국장에 있는 농림축산검역본부 검역관에게 신고하여야 함.

축산물 불법 반입자 처벌

'동물 · 축산물,알 등을 미신고, 거짓신고, 은닉하면 최고 500만원의 과태료가 부과됩니다

농림축산검역본부 인천공항지역본부 휴대품검역과
http://www.qia.go.kr TEL 032-740-2660~1
400-340 인천광역시 중구 운서동 인천국제공항
여객터미널 3층(2층) 농림축산검역본부 휴대품검역과

Quarantine (Plant) 식물 검역

22

수출식물검역

공항에 오기 전에 준비할 사항

한국주재 여행국가 대사관이나 여행국가의 식물검역기관을 통해 '여행국가로 가져갈 수 없는 식물' 과 우리 농림축산검역본부 발행의 '식물검역증명서를 요구하는 식물' 을 확인해야 함

공항에서

수출검역대상식물 : 여행국이 우리의 식물검역증명서를 요구하는 식물에 한함
신청서 제출기관 : 여객터미널 3층에 있는 '동물 · 식물 수출검역실' 에 방문하여, '수출식물검역증명서' 의 발급을 신청

병해충이 없어야 하고,
뿌리가 있는 식물(묘목,인삼 등)은 흙을 모두 제거하여야 함.
※ 업무시간 ▶ 평일 : 09:00~18:00 (점심 12:00~13:00)
▶ 휴일 : 032-740-2077

입국하실 때

휴대반입신고 : 입국장에 주재하는 농림축산검역본부에 신고

휴대식물의 검역신고 및 필요서류

신고시 구비사항 (종자, 묘목 등의 번식용 식물에 한함)
: 수출국의 식물검역기관이 발행한 식물검역증명서

휴대반입이 금지된 식물 (수입금지)

대부분의 생과실 및 열매채소
흙, 흙부착 식물, 껍질이 있는 호두, 애완곤충
볏짚, 왕겨 등으로 만든 가공품 등
※ 수입금지식물에 대한 상세한 정보는 아래 홈페이지를 참고하시오.
http://www.qia.go.kr ~ 홈페이지 중앙 ~ 식물 ~ '수입가능식물안내' 클릭 ~ 수입금지식물, 지역, 병해충 확인

식물 · 동물 · 축산물 검역 위치 (입국장)

수하물수취대(carousel)앞에 아래의 검사대 (세관검사대 옆에 위치)

불법 반입자 처벌 및 불법반입사실 신고자 포상금

휴대식물을 미신고하거나 거짓신고 또는 은닉하면 과태료가 부과되며, 해당식물은 폐기 처분됩니다.
미신고, 거짓신고 또는 은닉 등 위반행위자를 신고한 자는 우리 본부에서 규정하는 포상금을 예산 범위 내에서 지급받을 수 있습니다.

농림축산검역본부 인천공항지역본부 휴대품검역과
http://www.qia.go.kr TEL 032-740-2077
400-340 인천광역시 중구 운서동 인천국제공항
여객터미널 3층(2층) 농림축산검역본부 휴대품검역과

Tax Refund 내국세환급

23

Tax Refund 내국세환급

외국인관광객 등이 국외 반출 목적으로 지정된 사후 면세 판매점에서 구입하는 3만원 이상의 재화에 대해 부가가치세(VAT) 및 개별소비세(ICT) 등을 환급해 주는 제도입니다.

대상 : 외국인관광객(체류기간 6개월 미만), 해외교포(체류기간 3개월 미만)

내국세환급 절차

01 체크인 수속 시 직원에게 Tax Refund 물품 유무 언급

02 수하물에 Bag Tag을 붙여 여객터미널 1~4번 세관 신고대로 이동

03 내국세 자동화환급기기(KIOSK) 이용

04 구입물품의 세관 반출확인 및 승인

05 세관 옆 대형수하물 컨베이어 벨트에 투입

06 면세구역 24번 Gate 또는 41번 Gate 인근에 위치한 자동화기기(KIOSK)나 환급창구에서 현금 환급

홈페이지 및 연락처

자세한 정보는 홈페이지 및 전화 상담을 참고 하시기 바랍니다.

■항공기반입금지물품안내

| 폭발성 · 인화성 · 유독성 물질 | 무기로 사용될 수 있는 물품 | 일반생활용품 및 의료용품 | 국제선 객실내 액체류 반입 기준

☒ 객실 ☒ 위탁 수하물

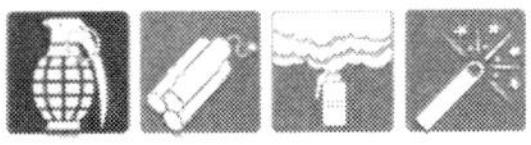

폭발물류
수류탄, 다이너마이트, 화약류, 연막탄, 조명탄, 폭죽, 지뢰, 뇌관, 신관, 도화선, 발파캡 등 폭발 장치

방사성 · 전염성 · 독성 물질
염소, 표백제, 산화제, 수은, 하수구 청소재제, 독극물, 의료용 · 상업용 방사성 동위원소, 전염성 · 생물학적 위험물질 등

인화성 물질
성냥, 라이터, 부탄가스 등 인화성 가스, 휘발유 · 페인트 등 인화성 액체, 70% 이상의 알코올성 음료 등
단, 소형안전성냥 및 휴대용 라이터는 각 1개에 한해 객실 반입 가능

기타 위험물질
소화기, 드라이아이스, 최루가스 등
드라이아이스는 1인당 2.5kg에 한해 이산화탄소배출이 용이하도록 안전하게 포장된 경우 항공사 승인 하에 반입 가능

| 폭발성 · 인화성 · 유독성 물질 | 무기로 사용될 수 있는 물품 | 일반생활용품 및 의료용품 | 국제선 객실내 액체류 반입 기준

☒ 객실 ◯ 위탁 수하물

창 · 도검류
과도, 커터칼, 접이식칼, 면도칼, 작살, 표창, 다트 등
안전면도날, 일반 휴대용면도기, 전기면도기 등은 객실 반입 가능

총기류
모든 총기 및 총기 부품, 총알, 전자충격기, 장난감총 등
총기류는 항공사에 소지허가서등을 확인 시키고 총알과 분리 후 위탁가능

무술호신용품
쌍절곤, 공격용 격투무기, 경찰봉, 수갑, 호신용스프레이 등
호신용스프레이는 1인당 1개(100㎖이하)만 위탁가능

스포츠용품류
야구배트, 하키스틱, 골프채, 당구큐, 빙상용스케이트, 아령, 볼링공, 활, 화살, 양궁 등
테니스라켓 등 라켓류, 인라인스케이트, 스케이트 보드, 등산용 스틱, 야구공 등 공기가 주입되지 않은 공류는 객실 반입 가능

공구류
도끼, 망치, 못총, 톱, 송곳, 드릴/ 날길이 6cm를 초과하는 가위 · 스크루드라이버 · 드릴심류/ 총길이 10cm를 초과하는 렌치 · 스패너 · 펜치류/ 가축몰이 봉 등

| 폭발성 · 인화성 · 유독성 물질 | 무기로 사용될 수 있는 물품 | **일반생활용품 및 의료용품** | 국제선 객실내 액체류 반입 기준 |

◎ 객실 ◎ 위탁 수하물

생활도구류

수저, 포크, 손톱깎이, 긴우산, 갑지칼, 병따개, 와인따개, 족집게, 손톱정리가위, 바늘류, 제도용 콤파스 등

액체류 위생용품 · 욕실용품 · 의약품류

화장품, 염색약, 퍼머약, 목욕용품, 치약, 콘택트렌즈용품, 소염제, 의료용 소독 알코올, 내복약, 외용연고 등

단, 국제선 객실 반입시 100㎖이하만 가능,
위탁수하물인 경우 개별용기 500㎖이하로 1인당 2kg(2ℓ)까지 반입 가능

의료장비 및 보행 보조도구

주사바늘, 체온계, 자동제세동기 등 휴대용 전자의료장비, 인공심박기 등 인체이식장치, 지팡이, 목발, 휠체어, 유모차 등

수은체온계는 보호케이스에 안전하게 보관된 경우 객실 반입 가능하며 전동휠체어는 배터리 위험성 등으로 위탁만 가능

구조용품

소형 산소통(5kg 이하), 구명조끼에 포함된 실린더 1쌍 (여분 실린더 1쌍도 가능), 눈사태용 구조배낭 (1인당 1개)

단, 안전기준에 맞게 포장되고 해당 항공사 승인 필요

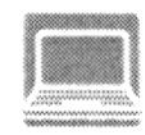

건전지 및 개인용 휴대 전자장비

휴대용 건전지, 시계, 계산기, 카메라, 캠코더, 휴대폰, 노트북컴퓨터, MP3 등

| 폭발성 · 인화성 · 유독성 물질 | 무기로 사용될 수 있는 물품 | 일반생활용품 및 의료용품 | **국제선 객실내 액체류 반입 기준** |

국제선 객실내 **액체류 반입 기준**

국제선 항공기를 이용하려는 승객은 아래와 같이 액체 · 분무 · 겔류용품의 객실내 반입이 엄격히 금지되므로 소지하신 물품이 허용기준에 적합한지 미리 확인하시기 바랍니다.

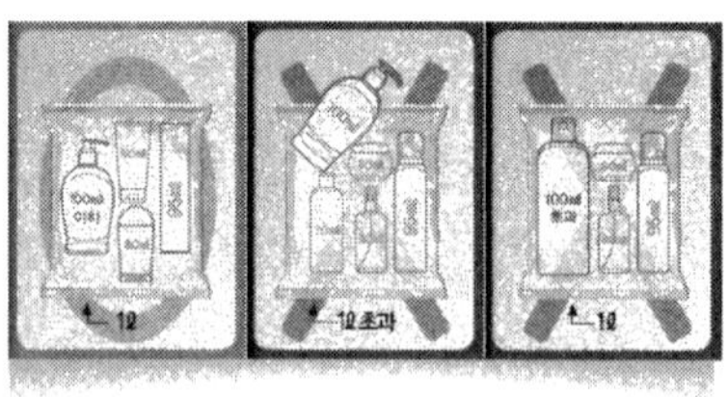

- 물 · 음료 · 식품 · 화장품 등 액체 · 분무(스프레이) · 겔류 (젤 또는 크림)로 된 물품은 100㎖ 이하의 개별용기에 담아, 1인당 1ℓ 투명 비닐지퍼백 1개에 한해 반입이 가능
- 유아식 및 의약품 등은 항공여정에 필요한 용량에 한하여 반입 허용. 단, 의약품 등은 처방전 등 증빙서류를 검색요원에게 제시

부록 7

여행사 용어해설

A

AD(Agent Discount)

여행대리점 할인으로, 여행대리점 사원의 연수를 목적으로 여행할 때 각 항공회사로부터 통상운임의 75%를 할인하여 항공권을 발권하는 것을 말하며, 유효기간은 3개월이다.

Add-on

부가액을 말하는 것으로 어떤 도시의 직행운임에 결정된 운임액을 추가하여 직행운임을 적용하는 것을 말한다. 가령 부산에서 시드니로 가고자 할 때, 시드니행 항공기는 서울출발밖에 없으므로 부산에서 서울까지의 운임을 추가로 받는 것을 말한다.

ATR(Agent Ticket Request)

대리점용 항공권 다시 말해 대리점의 요청으로 발행되는 항공권으로 특정항공사 발행의 항공권을 사용할 경우 판매수수료의 수수가 이루어지나 최근에는 수수료가 BSP보다 낮게 책정되고 있는 추세이다. 항공권 이용 시 대금은 BSP와 달리 여행사는 항공권을 구매할 때마다 지불해야 하며 여행사가 ATR을 이용할 경우 고객이 대금지불 즉시 항공권 발행을 원했을 때 이에 대처할 수 없는 단점이 있다.

AUTH(Authorization)

항공담당자의 승인을 말한다. 통상 여행사가 항공사의 담당 세일즈맨에게 문의한 항공좌석이나 요금에 대한 승인을 일컬을 때 많이 사용된다. 대개의 할인요금은 조건이 붙게 되는데 여행사가 할인요금을 신청했을 경우 담당자는 해당조건에 적합한지를 판단하여 여행사에 투어코드나 오스넘버(AUTH number)를 넘기게 된다.

B

Block

호텔의 객실, 항공기의 좌석 등 일구획을 한꺼번에 예약하는 것을 블록 예약이라 한다.

Bond

면세허용한도를 초과하였거나 그 나라에 체재 중 불필요한 물건, 그 나라에 반입이 금지된 물건에 대하여 보세예치하는 것을 말한다. 동일공항에서 출발 시에 수하물을 받고자 할 때에는 항공사 체크인할 때 본드가 있다는 것을 알려 주어야 한다.

Brochure

여행상품판촉을 위한 유인선전물을 뜻하는 프랑스어로서 영어의 팸플릿에 해당된다.

BSP agent

BSP에 가맹하고 있는 IATA 승인의 발권대리점(여행사)을 말한다. BSP agent는 BSP 가맹항공회사 공통의 운송권류와 발권기구를 보유하고 있어 여행자에게 직접 가맹항공회사명의의 운송권을 발행할 수 있다.

C

Cancel charge

예약취소료(Cancellation Charge). 여행사를 비롯한 프린시펄에 의해 지정된 취소기간 중에 좌석 기타의 예약을 취소하지 않고 그대로 예약된 상품, 기타를 사용하지 아니한 것에 대해서 부과되는 요금이다.

Charter

차터항공편. 차터편의 대상으로는 여객, 화물, 우편이 있다. 차터편의 주류를 차지하는 여객 차터에는 예약자가 1機를 모아 놓으면 비행되는 ABC(advanced booking charter), 호텔 · 지상수송 등과 세트로 한 ITC(inclusive tour charter), 기업이 초대하는 경우와 같이 단독으로 1기를 빌리는 own use charter, 조사단 · 시찰단과 같은 여행목적으로 하지 않는 단체가 1기를 빌리는 affinity charter 등이 있다.

CIQ(Customs, Immigration, Quarantine)

C는 세관(customs), I는 출입국관리(immigration), Q는 검역(quarantine)이며 어느 것이나 국제여행자가 출입국 시에 거치지 않으면 안 되는 출입국절차인데 이것을 합쳐서 government formalities 또는 entry procedure라고도 한다.

Codeshare

좌석공유 또는 공동운항이라고 하며 서로 다른 항공사 간에 구간 공유를 위해 항공좌석을 공유하는 것을 말한다. 즉 한 항공사에서 취항하지 않은 지역의 좌석확보를 위해 그 항공사가 미치지 못하는 특정구간에 자사 항공좌석을 분할해 주고 자사의 항공구간이 미치지 못하는 부분을 받는 것을 말한다.

Comp

complimentary의 약자로 호텔이 접대해야 할 사람이나 판매촉진을 목적으로 하는 고객에 대해 요금을 받지 않는 경우를 지칭한다.

Confirmsheet

지상수배업자에게 의뢰한 여행조건, 일정 등의 수배내용과 요금, FOC의 수 등의 내용이 최종적으로 결정된 최종 확정서를 말한다.

Connection Time

연결 항공편을 갈아타는데 소요되는 시간을 말한다.

CRS(Computerized Reservation System)

전산 예약 시스템

CRT(Cathode Ray Tube)

컴퓨터에 연결되어 있는 전산장비의 일종으로 TV와 같은 화면과 타자판으로 구성되어 있으며 메인 컴퓨터에 저장되어 있는 정보를 즉시 디스플레이해 보거나 필요 시 입력할 수 있다.

D

Deposit

호텔이나 항공 등에 다양하게 사용된다. 좌석이나 객실의 판매가 확실하지 않거나 차후 취소가능성 등을 고려하여 항공사나 호텔 측은 대량구매를 요구하는 측에게 그 좌석(객실)만큼의 돈을 요구하게 되는데 이때 주는 예치금을 말한다.

DFS(Duty Free Shop)

면세물품을 취급, 판매하는 상점이다.

DIY(Do-it-yourself)

자유시간이 많은 Free time형 상품을 다시 발전시킨 것으로 여행자 자신이 직접 숙박, 관광의 예약을 행하는 여행상품이다. 일반의 패키지여행(package tour)에 비해 일수가 긴 것이 특색이다. FIT형 상품은 패키지여행과 일인 여행의 중간에 위치하고 있다. DIY(개인여행자)의 증가가 해외여행의 조류로 되어 있지만 FIT化에의 대응이 여행업계의 긴급과제로 되어 있어 DIY형 상품은 그러한 움직임의 대응을 구하는 실험상품이라고 할 수 있다.

D.M

직접우송광고(Direct Mail Advertising). 지명광고라고도 하며, 불특정 다수의 일반소비자 등을 대상으로 하지 않고 특정 예상고객에게 주는 우편에 의해 광고물을 직접 配布訴求하는 것으로서 직접광고의 일종이다.

DSR(Daily Sales Report)

항공권 판매에 대한 일일판매보고서를 말한다.

Dupe Booking

동일한 승객이 동일 노선에 1회 여행에 대해 두 번 이상으로 중복하여 예약하는 경우

E

E/D card(Embarkation and Disembarkation card)

출입국기록카드로서 법무부가 출입국 하는 한국인, 외국인 여행자를 관리하기 위해서 제출을 요구하고 있다. ICAO(국제민간항공기구)는 기재사항을 규정하고 있는데 나라에 따라서 기재사항 형식이 다르다. 정부 2통제로 각각 왕복에 한 편씩 제출하는데 출입국수속 간소화의 세계적 요청에 의해서 폐지하는 경향에 있다.

ETA(Estimated Time of Arrival)

항공기의 도착 예정시간

ETD(Estimated Time of Departure)

출발예정시각. time table에 표시되어 있는 출발시각은 모두 ETD에 의하여 기록된다. 또 time table의 도착시간은 ETA(Estimated Time of Arrival)에 의거한다. 여기에 대해, 실제의 출발시각을 ATD(Actual time of Departure)라고 하며, 실제의 도착시각은 ATA(Actual Time of Arrival)라고 한다.

Eurail pass

관광객 유치를 위하여 만든 특별할인 승차권으로 정해진 기간 내에 유럽 17개국의 국철노선을 1등석으로 자유롭게 원하는 어느 곳이나 승차횟수에 관계없이 매우 경제적이고 편리한 열차의 정기 승차권을 말한다.

Extra flight

추가비행 또는 임시편. 특히 여행이 많은 시기에 현존하는 정기적인 스케줄 이외의 비행기를 추가 운항하는 것을 말한다.

F

Fam tour

familiarization tour의 약자로서 관광기관, 항공회사 등이 여행업자, 보도관계자 등을 초청해서 루트나 관광지, 관광시설, 관광대상 등을 시찰시키는 여행이다.

Firming

항공사가 승객이 예약한 항공편의 탑승 여부를 확인하는 절차

FOC

항공사나 지상수배업자 등이 판매촉진의 목적으로 단체에 한하여 여행사에게 무료의 좌석이나 지상경비를 무료로 제공하는 것을 말한다.

G

GIT(Group Inclusive Tour)

소정의 인원수 이상이 되는 단체의 포괄여행을 말하며, 관광여행수요를 유지해 주는 주축으로 수요의 동향에 따라서 그의 적용 시기나 적용에 필요한 최소 인원에 의하여 운임에 차이가 있다.

GMT(Greenwich Mean Time)

그리니치 표준시. 영국 런던 동쪽 10km 템즈강 오른쪽 언덕에 있는 도시를 본초 자오선으로 정해서 경도 0으로 본 그리니치에서의 시간이며 전 세계의 지방시 또는 표준시의 기본이 된다.

Go Show(stand by)

만석 등의 이유로 인해 예약할 수 없는 승객이 여석이 생길 것을 기대하고 공항에 나와 탑승하려고 기다리는 것

GSA(General Sales Agent)

항공회사의 총대리점으로 인구 1만 이상의 일정 지역 내에 있어서 예약항공회사편의 판매에 관해 당해 항공회사에서 총대리행위를 위탁받은 개인 또는 법인이다.

GTR(Government Transportation Request)

미국정부가 정부기관, 운항관계자의 공용여행을 운임 후입 취급으로서 교통기관에 발권을 의뢰하기 위한 요구서에서 시작된 것으로 우리나라의 경우 공무원 및 정부투자기관의 해외여행에 쓰이고 있다.

GV

GIT운임을 적용하는 경우에 항공권면에 표시하는 코드로서 GV25라고 하면 25명을 최저 필요인원으로 하는 GIT요금이다.

I

IATA(International Air Transportation Association)

국제항공운송협회. IATA에 가입한 항공회사는 비가맹항공회사의 NON-IATA 캐리어와 구별되고 있다.

IIT(Inclusive Independent Tour)

관광지에서 안내원이 관광안내 서비스만을 행하고 그 외에는 관광객 단독으로 즐기는 관광이다. 일명 Local Guide System이라고도 한다.

ICT(Inclusive Conducted Tour)

안내원이 인솔하는 포괄여행 또는 에스코트가 여행의 전 여정에 따라다니며 여객의 안내, 기타 필요한 서비스를 제공하는 포괄여행 형태이다.

Inbound

해외에 있는 외국인 또는 재외국민이 국내로 들어오는 것

Incentive tour

포상여행으로 주로 일반기업, 단체가 판매실적이 우수하거나 큰 공헌을 했을 때 해당단체나 개인에게 포상하여 여행을 시켜 주는 것을 말한다.

Invoice

서비스제공에 따른 청구명세서이다.

IT fare(Inclusive Tour Fare)

미리 수배된 포괄여행으로 항공운임, 호텔비, 식비, 관광비 등이 정해져 판매되는 package tour를 말한다.

Itinerary

고객이나 승객이 여행하려는 일정

L

Land fee

통상 tour fee라고도 하며 현지 지상비를 일컫는 말이다.

Land operator

지상수배업자. 지상 수배를 전문으로 하는 업자로서 외국의 여행업자들이 한국인 여행자를 취급하는데 있어 한국 내에 연락, 판매사무소를 개설하여 활동하고 있는 tour operator의 뜻으로 쓰는 일이 많다.

Late Cancellation

여행계획의 변경으로 출발 일시에 임박하여 예약을 취소하는 경우로서 통상 출발 몇 시간 이내의 취소를 의미

Local agent

현지에서 여행운영에 관해 직영 또는 재도급을 하는 업자를 말한다.

M

MCO(Miscellaneous Charges Order)

운송권류의 하나로서 손님이 미리 항공회사에 입금한 임의액에 대하여 발생되는 증표로서 항공운임, 초과수하물요금, IT여행의 지상비, 통행세, 환불액, PTA 등 지불의 수단으로 발행된다. 발행의 기재내용에 따라서 Specified MCO와 Unspecified MCO로 나누어진다.

Minimum Connection Time(MCT)

연결편을 탑승하는데 필요한 최소 연결 시간

Mileage

특정 항공사의 항공기를 이용하여 주행한 거리에 대해 포인트를 가산하여 제공하는 항공사의 고객보상제도를 말한다. 우수고객에 대한 차별화된 서비스를 위해 시행되었으며 렌트카, 호텔, 다른 항공사 등과 마일리지 제휴가 되어 있는 경우가 많다. 대한항공의 경우 멕시코항공, 델타항공, 프랑스항공과 마일리지 제휴가 되어 있다.

N

NEGO(Negotiation)

여행사가 항공사 기타 프린시펄의 판촉담당자와 그룹요금에 대한 가격 협상을 말한다.

No Show

공항의 탑승 명단에까지 예약이 되어 있으나 공항에 나타나지 않는 승객

No Record (NOREC)

승객이 여행사를 통해 예약을 하였으나 해당 항공사 쪽에는 예약이 접수된 기록이 없는 상태

Non-stop

무착륙 또는 도중기항하지 않는, 즉 목적지까지 중간기항지 없이 비행하는 것을 말한다.

O

OAG

여객정기항공편시각표(Official Airline Guide). 전 세계의 국내 · 국제선 항공사들의 정기운항시간표를 중심으로 운임 또는 통화환산표 등 여행에 필요한 정보자료가 집성된 간행물이다. 각국의 도시에 대하여 직행편이나 간단한 연대운송 서비스가 가능한 모든 도시들로부터의 운송편과 요금을 명시해서 배부하고 있다.

Open jaw trip

여행형태의 하나로 왕복 여행 시에 출발지와 도착지가 다른 여행을 말한다. 가령, 서울을 출발하여 동경을 돌아서 부산에 도착하는 경우를 말한다.

Open ticket

예약이 되어있지 않은 항공권

Operation

수배의 의미로 수배에는 지상수배와 항공수배가 있다. 지상수배는 현지호텔, 차량, 가이드, 관광지, 식사 등 행사일정상의 예약 및 확인 등의 일련의 작업들을 말하며 항공수배는 항공편 예약 및 확인 등의 일련의 작업들을 말한다.

Optional tour

선택 관광 또는 임의관광을 말하며 여정상에 미리 정하지 않고 필요에 따라 행하는 관광이다.

Organized tour

여행사가 아닌 제3자가 기획하여 조직한 여행을 말한다.

Other carrier

자국적이 아닌 타국적의 항공사를 일컫는 말이다.

Outbound

국내에 있는 내국인이 해외로 나가는 것

Over Booking

특정비행편의 판매 가능한 좌석 수보다 많은 수의 여객의 예약이 접수된 상태

Overnight bag

항공회사와 wholesaler 등이 고객 또는 선전 등을 위하여 만든 가방이다.

Override

항공사, 여행도매상, 호텔 등이 보너스나 격려금으로 여행사직원에게 지불하는 초과수수료를 말한다.

P

Package

포괄여행으로 여행에 필요한 교통, 숙박, 식사, 팁, 관광 등의 일체의 비용을 포함하는 요금이다.

PAX

업계에서 Passenger의 약어로 주로 人數(사람 수)를 말할 경우에 사용되며, PSGR로도 쓰인다.

PNR(Passenger Name Record)

예약 접수된 승객의 예약 기록

Pick-up

차로 사람을 마중 나가는 일로 특히 여행업자가 공항에 여행자를 마중 나가는 일과 여행자의 수하물을 받아들이는 경우에 쓰인다. 호텔에서 공항에 가는 차편을 말할 때도 있다.

PIR(Property Irregularity Report)

수하물사고 보고서로 하물의 분실이나 파손 시 작성하는 항공사 규정서식을 말한다

Principal

여행업계에서는 대리자로서의 여행업자에 대한 '본인'의 의미로 항공회사, 선박회사, 철도, 버스회사, 호텔 등을 가리킨다.

PTA(Prepaid Ticket Advice)

항공운임을 지불하는 사람과 실제로 탑승하는 여객이 지리적으로 떨어져 있는 경우, 지불인으로부터 지불받은 항공회사가 탑승여객이 있는 지구의 항공회사에 항공권을 여객에게 넘겨주도록 의뢰하는 통지다. 이를테면 어떤 지점에 있는 사람이 다른 지점에 있는 사람을 위해서 미리 지불을 행하고 다른 지점에 있어서 그 사람을 위해 항공권을 발행하도록 의뢰한 것을 teletype, 전보 또는 편지에 의해서 통고하는 것을 「PTA를 진다」 또는 「issue wire를 낸다」라고 한다.

R

Reconfirmation

좌석 예약 재확인

Refund

환불. 구입자에게 사용하지 않은 운송 또는 서비스에 대하여 전체나 부분의 운임, 요율 및 요금을 되돌려 주는 것을 말한다.

Rep

Representative의 약자이며, 업계 용어로서 호텔도매업자, 여행업 등의 주재원, 연락원, 대표를 말한다. 통상 현금의 수수행위는 하지 않고 예약의 접수, 수배, 선전, 판매촉진활동만을 행한다.

Retailer

여행소매업자. 도매업자의 브랜드를 판매하기 위한 단순한 대리인 역할을 하는 업자이다. 도매업자를 대신하여 여행자와 주최 여행계약을 체결하는 책임과 역할을 한다.

Roominglist

입실명단. 단체객의 인적사항을 기록한 투숙고객의 명단이며, 단체객의 사전 등록과 사전 객실배정을 위해 호텔에서 이를 필요로 한다.

S

Sending service

여행업자가 여행자를 출발시키기 위하여 행하는 서비스를 말한다.

Shuttle bus

근거리왕복버스를 지칭하는 것으로서 공항과 도심지역 사이를 정기적으로 다니는 버스

SIT(Special Interest Tour)

목적지의 주요관광지와 볼거리 위주의 관광코스가 아닌 보람 있는 경험, 몸과

마음을 풍요롭게 하는 경험, 모험성이 있는 경험, 교육적인 경험이라는 여행의 양보다 질적인 면이 강조되는 상품을 말한다. 교육여행, 예술 및 유적관광, 종족생활체험관광, 자연관광, 모험 · 스포츠, 건강관광상품에 이르기까지 다양하다.

Stopover

기항도중 하차, 途中降機. 여객이 항공사의 사전승인을 얻어 출발지와 도착지 간의 1지점에서 상당기간(국내선-4시간 ; 국제선-24시간 이상) 동안 의도적으로 여행을 중지하는 여행의 계획적 중단을 뜻한다. "break of journey"라고도 한다.

T

Tariff

각종의 운임, 요금표로서 주로 여행사에서는 항공사의 운임을 말한다.

TARP(Travel Agency Referral Program)

미국비자를 신청을 할 때 일정 이상의 자격요건이 되면 여행사를 통하여 비자를 신청하는 프로그램이다.

TIM(Travel Information Manual)

각국의 출입국수속(CIQ)에 관한 최신의 규칙을 모아놓은 것으로 각국의 출입국관리규칙, 사증, 검역(예방접종증명), 세금, 통관, 통화의 정보를 수록한 월간 간행물 종류이다.

Through check- in

위탁수하물의 일괄수속을 의미하는 것으로 승계지점에서 승계탑승이 24시간 이내이고 승계공항이 동일 공항일 경우 도중하강지점에 상관없이 목적지까지 직접 하물이 전달되는 것을 말한다.

TL(Ticket Time Limit)

No Show 승객 발생 방지를 목적으로 예약이 일정 시점까지 항공권을 구입토록 하는 항공권 구매시한

TWOV(Transit Without Visa)

무사증통과. 나라에 따라 다르지만 일정 기간 내에 관광 등의 목적이면 사증 없이 체재할 수 있는 제도를 말한다.

U

Upgrade

좌석의 등급을 하위에서 상위로 변경하는 것을 말한다. 여행자의 의사에 따라 행하는 경우도 있으며 회사의 형편상 행하는 경우가 있다. 후자의 경우는 추가 운임을 요구하지 않는다.

V

Voucher

증명서, 보증서, 각종의 증표로 쿠폰권과 사용방법이 똑같은데 권리를 표시하는 서면으로서의 성격이 쿠폰권보다 약간 강하다. 여행자가 여행지에서의 식사나 관광숙박 등의 서비스를 받기 위해서 미리 경비를 지불하고 그 대신에 여행업자가 발행하는 서면을 가리킨다.

W

Waiting List

이미 예약된 승객이 예약을 취소할 것을 기대하고 좌석을 확보하기 위하여 대기 예약자로 등록되어 있는 승객

Wholesaler

여행상품의 유통경로상의 도매(wholesale) 업무를 전문으로 하는 여행업자이다. 현재는 순수도매업자는 거의 없고 대부분이 불특정 다수를 상대로 한 판매 업무를 병행하고 있다. 대부분의 도매업자들은 항공사와 밀접한 관계를 가지고 있다.

부록 8 해외안전여행 및 예방접종안내

1. 해외안전여행가이드

01 안전한 여행준비

SAFE TRAVEL GUIDE BOOK

출국 전 확인사항

1. 사전에 충분한 여행지 정보를 확인한다.

해외 여행할 때는 스스로 신변을 보호하는 것이 중요해요. 여행하려는 국가의 법률, 관습, 언어, 치안상태 등 기본적인 정보를 미리 알고 있어야 해요!

※ 상세한 정보는 해외안전여행 홈페이지(0404.go.kr)나 해당국 정부기관 홈페이지(주한대사관) 등에서 확인 가능함

2. 영사콜센터나 대사관 연락처를 미리 확인한다.

영사콜센터
+822-3210-0404

3. 가족이나 친구들에게 해외 연락처를 꼭 남긴다.

만일의 사태에 대비해 항공일정, 여행일정, 체류지, 연락처 등을 반드시 남겨 가족들이 소재와 안부를 확인할 수 있도록 하세요!

4. 국가 지역별 주요 감염병에 대해 확인하고 미리 대비한다.

질병관리본부 콜센터: 국번없이 1339

여행경보제도란?

해외여행을 하는 우리 국민을 위해 세계 각 국가와 지역의 위험 수준을 단계별로 구분하고 행동요령을 안내하는 제도에요.

여행 경보제도

경보	단계	행동요령
남색경보	여행유의	· 신변안전유의
황색경보	여행자제	· 신변안전 특별유의 · 여행 필요성 신중검토
적색경보	철수권고	· 긴급용무가 아닌한 철수 · 가급적 여행 취소, 연기
흑색경보	여행금지	· 즉시 대피, 철수 · 여행 금지

특별여행경보 단계

단계	내용
특별여행주의보	여행경보가 지정되어 있지 않거나, 남색 · 황색 경보인 경우 해당 국가 전체 또는 일부 지역에 적색경보(철수권고: 긴급용무 아닌한 귀국, 가급적 여행 취소 · 연기)에 준하는 효과가 발생합니다
특별여행경보	기존 여행경보와 관계없이 해당 국가 전체 또는 일부 지역에 "여행금지"에 해당하는 효과가 발생합니다.

01 안전한 여행준비

Q&A

세계의 이곳저곳 여행을 많이 다닌 안전씨.
그동안 너무 편하고 재미있는 관광지만 즐겨
다녔는데요. 이번에는 사막으로 가보려 합니다.
씻지도 못하고 모래바람과 밤새 텐트 속에서 싸우는
극한 체험을 해보고 싶은 안전씨!
낮과 밤이 완전히 다른 사막의 매력도 보고 싶은데
어디를 갈까 고민입니다.

Q | 안전씨가 계획한 사막 여행 중 방문하면 안 되는 나라는?

❶ 미국 모하비 사막
❷ 이집트 사하라 사막
❸ 예멘 알 아브르 사막
❹ 중국 고비 사막

A | **정답은 3번!**

여행금지국가는
외교부 심의위원회에서 지정하는데
예멘은 **여행금지국가** 중 하나입니다.

현재 외교부는 2017년 7월말까지 **이라크, 소말리아, 아프가니스탄, 예멘, 시리아, 리비아, 필리핀 일부 지역의** 여행을 금하고 있습니다.
이들 7개 국가를 정부 허가 없이 무단 여행하면
여권법에 의해 1년 이하의 징역이나 1천만원
이하의 벌금을 내야합니다.
안전이 보장되지 않은 여행금지국가를 방문하는
일이 없도록 주의하시길 바랍니다.

02 안전한 여행

테러/폭발이 일어났을 때

광장, 관광지 등 다수의 사람들이 운집해 있는 장소는 테러 공격 대상이 되기 쉬워요!

주변 안전시설 위치를 미리 파악하고, 화단이나 차벽 등 테러 공격을 예방할 수 있는 시설 주변으로 이동하세요!

생화학 테러 발생 시에는 코와 입을 손수건 등으로 가린 후 신속히 현장에서 대피하세요!

폭탄 테러 발생 시에는 바닥에 엎드려 손으로 신체를 보호하세요!

인질/납치를 당했을 때

혼자 외출하는 것을 삼가세요!

여행 전 치안 사각지대를 미리 확인하고 항상 휴대폰을 켜두세요!

히치하이킹은 자제하시고, 인질로 잡힌 경우 인질범에게 적극적 으로 대항하면 안돼요!

CCTV나 통신이 원활하지 않은 지역에서는 유사시 긴급 연락을 취하기 어렵기 때문에 각별히 유의하셔야 해요!

02 안전한 여행

체포 · 구금 또는 입국거부 당했을 때

현지 재외공관 연락처를 미리 알아두시고, 경찰서, 출입국관리사무소 등 현지 사법당국 직원에게 해당 공관에 연락하도록 요청하세요!

조사과정에서 이해가 안 되는 경우에는 함부로 동의 또는 서명하지 말고 영사콜센터 3자 통역서비스를 활용하세요!

도난 · 분실을 당했을 때

낯선 사람이 가까이 접근하는 경우 경계하세요!

전형적인 소매치기 수법에 당하면 안돼요!

- 옷에 이물질 묻히기
- 동전 떨어뜨리기
- 길 묻기
- 돈 구걸하기

지갑을 분실한 경우 신속해외송금 제도(36page)를 이용하세요!

02 안전한 여행

교통사고를 당했을 때

사고 발생 후 진술서 및 사진을 꼭 남겨두세요!

사고 현장을 발견한 목격자가 있는 경우 진술서를 확보해 두세요!

사고 후에 위축된 행동이나 사과는 자제하세요!

의사소통이 되지 않을 때에는 대사관 또는 영사관에 연락하거나 영사콜센터 3자 통역서비스를 활용하세요!

Q&A

이탈리아에 간 안전씨!
차를 빌려 이곳저곳 드라이브하며 여러 도시를 다닙니다. 낯선 길을 운전하는 안전씨는 더욱 조심스럽게 운전하는데요.
그런데 좁은 길에서 마주 오는 차와 접촉사고가 나고 맙니다!
어디로 연락해야 할지 몰라 당황해하는 안전씨!

Q 낯선 해외에서 갑작스럽게 교통사고가 발생하면 제일 먼저 어디로 연락하면 좋을까요?

❶ 우리나라 대사관 또는 총영사관

❷ 렌터카 회사

❸ 병원 응급실

❹ 외교부

A | 정답은 1번!

의사소통 문제로 사고처리에 어려움을 겪을 경우, 대사관과 총영사관 같은 우리나라 재외공관에서 통역 선임을 위한 정보를 제공받을 수 있습니다. 사건 담당 경찰서의 연락처와 신고방법, 유의사항도 안내받을 수 있지만, 먼저 침착하게 상황에 대처하기 위해 마음을 차분히 가라앉히는 것이 무엇보다 중요합니다. 특히 사고 발생 후 지나치게 위축된 행동을 보이게 되면 자신의 실수를 인정하는 것으로 해석될 수 있으니 조심하시고, 녹취나 촬영으로 증빙자료 확보는 물론, 격한 행동은 자제하셔야 합니다. 해외에서 운전하시면 무엇보다 안전운전에 유의하시기 바랍니다.

대규모 시위가 일어났을 때

호기심에 이끌려 시위현장에 접근하지 마세요!

시위 현장을 목격하거나 군중이 몰려있는 곳을 발견할 경우, 함부로 접근하지 마시고 바깥외출을 자제하세요!

여행 전 방문국의 미리 시위 빈발 여부를 확인하세요!
(0404.go.kr)

02 안전한 여행

SAFE TRAVEL GUIDE BOOK

자연재해가 일어났을 때

자연재해 발생 시 라디오, TV 등을 통해 정보를 입수한 후 행동하시고, 잘못된 정보에 휩쓸리지 않도록 유의하세요!

지진 발생 시 : **즉시 몸을 바닥에 엎드리고 상황을 파악한 후 바로 비상구로 대피하세요!**

해일 발생 시 : **가능한 한 높은 층으로 이동하세요!**

천둥·번개 발생 시 : **우산을 쓰지 말고 큰 나무 밑이나 큰 건물 안으로 대피하세요! 가로등과 고압선, 전기맨홀은 접촉하지 말아야 해요!**

여행 중 사망한 경우

여행 동행인 : **①현지기관에 사망 진단서 및 증명서 발급 ②공관에 사망자의 인적사항과 사고경위 등 신고**

사망자 가족 : **시망 발생 지역 공관 영사를 통해 긴급 여권, 도착 비자 등 가족 방문과 관련된 사항 및 장례 관련 절차를 안내받으시기 바랍니다.**

※ 신고내역 : 사망자의 성명, 사망일시, 사망장소 및 유해 안치장소, 사망원인, 사망자의 한국주소, 본적, 유족의 성명과 주소, 사망자의 여권번호 및 발급일 등

우리나라 공관이 지원하는 영사서비스

1 국내가족의 현지 방문 지원

- 출국을 위한 긴급 여권 발급 및 비자 발급을 지원
- 현지에서 상황 설명, 현지 경찰 등 관계 당국과 면담 주선

2 장례 관련 절차 지원

- 관할 경찰서에 시신 인수 관련 협조 요청
- 현지 장례 및 화장 등 시신처리 대행업체 소개
- 납골 단지 또는 시신의 이송 관련 수속 및 절차 지원
- 사망 관련 서류에 대한 신속한 공증

3 의료기관 정보 제공

- 현지에서 한국인이 많이 다니는 병원이나 현지의료기관 안내

낯선 사람의 요청을 받을 경우

낯선 사람의 요청은 거절하세요!

모르는 사람이 긴급한 용무로 가족이나 친구에게 짐을 전해달라고 맡길 경우, 이를 단호하게 거절하세요!

수하물에 마약을 은닉할 수 있으니 반드시 자신의 수하물을 잘 챙기셔야 해요!

복용하는 약이 있다면, 마약사범으로 오해받지 않도록 미리 의사의 처방전을 받아 꼭 소지하세요!

■ 특히 중국이나 태국, 필리핀 등 마약취약국가를 여행하는 경우 마약과 연루되는 일이 발생하지 않도록 조심하세요.

- 전 세계적으로 마약관련 범죄를 중범죄로 다루고 있습니다.중국에서는 특정량 이상의 마약 판매, 운반, 소지 시 사형에 처하게 됩니다. (중국 형법 제 347조)
- 만약 귀하께서 운반한 가방에서 마약이 발견 되었을 경우 마약 운반으로 간주하고 마약사범과 동일하게 처벌될 수 있습니다.
- 마약 운반 등 중범죄로 처벌을 받게 될 경우 우리나라 공관이 취할 수 있는 조치는 매우 한정되어 있습니다.

영사콜센터

■ 영사콜센터는 해외 사건 · 사고 관련 사항은 물론 여권, 해외이주, 영사확인 등 각종 영사민원에 대한 종합적인 상담 서비스를 제공하고 있습니다.

24시간 상담 서비스	
국내	해외(유료)
02-3210-0404	+822-3210-0404

통역서비스

■ 해외에서 사건사고나 긴급상황 시 현지언어 소통에 어려움이 생길 경우, 6개국어(영어, 중국어, 일본어, 프랑스어, 스페인어, 러시아어) 통역서비스를 제공

통역서비스 지원 범위

■ 출입국 · 세관심사, 병원 응급상황, 경찰서 분실물 신고 시, 현지 공무원 또는 관계자와의 민원인-통역-현지인 3자 통화 가능

02 안전한 여행

신속해외송금

■ 해외에서 우리 국민이 소지품을 분실하거나 도난당해서 급히 현금이 필요한 경우, 국내 지인이 외교부 계좌로 입금하면 현지 대사관 및 총영사관에서 긴급경비를 현지화폐로 전달해주는 제도

신속해외송금 지원 절차

① 현지 대사관(영사관) 방문하거나 영사콜센터를 통해 신속해외송금 신청
② 신청자의 국내 연고자가 우리은행 · 농협 · 수협에 신청금액 입금
③ 현지 공관은 영사콜센터를 통해 입금 확인 후 긴급경비 지원
※신청 접수는 영사콜센터를 통해 24시간 가능, 현금지급은 원칙적으로 재외공관 근무시간 중에만 공관에 방문하여 수령 가능

지원 제외대상

• 마약, 도박, 자금세탁 등 불법 또는 탈법 목적의 송금이 의심되는 경우나 상업적 목적의 송금지원, 정기적 송금 요청

지원 한도

• 1회 미화 3,000달러 한도
※재외공관의 외화보유 사정에 따라 3천불 이하 금액만 지원 가능한 경우도 존재

해외에서 여권 분실 또는 훼손 시

① 여권 분실 발견 즉시, 가까운 현지 경찰서를 찾아 여권 분실 증명서를 발급받습니다.

② 재외공관에 서류를 제출해서 여권이나 여행증명서를 발급받습니다.

③ 여권에 공식적인 입출국 절차와 관계없는 임의의 낙서나 기념 스탬프가 찍힌 경우, 외국 출입국 및 항공권 발권에 제한 받을 수 있습니다.

④ 여권 신원정보란에 얼룩이 묻어있거나 사증란이 찢어져 훼손된 경우, 해외에서 출입국 심사 시 입국거부 사유가 될 수 있으므로 여권이 훼손되지 않도록 각별히 유의하시기 바랍니다.

긴급여권 및 여행증명서 발급 필요서류

■ 신분증 또는 분실여권사본, 여권용사진 2장, 가족관계증명서, 병역관계서류, 항공권 사본 제출하면 당일 발급가능

02 안전한 여행

영사가 할 수 있는 일

○ 경찰신고 방법 안내

○ 여권재발급 또는 여행증명서 발행

○ 현지 의료기관 소개

○ 현지 사법체계 또는 변호사 정보제공

○ 범죄피해 및 가해사건 연루시 차별대우 받지 않게 현지 당국에 협조요청

○ 국내 연고자 연락 및 긴급여권 발급

영사가 할 수 없는 일

× 심야, 새벽, 휴일 시간대에 무리한 민원 요구

× 비용 지불(의료비, 변호사비), 지불 보증

× 항공권, 숙소 예약 대행

× 각종 신고서 발급 및 제출 대행

× 범죄수사, 범인체포 등 사법권 행사

× 병원과 의료비 교섭

× 사건사고 관련 보험사와 보상 교섭

× 수형자의 석방 또는 감형을 위한 외교적 협상

× 현지 수감자보다 우대받도록 압력 행사

× 범죄 징후가 없는 단순한 연락두절자에 대한 소재파악

02 안전한 여행

SAFE TRAVEL GUIDE BOOK

겸임국 현황

아래 국가에 방문하시는 분들은 겸임대사관의 도움이 필요할 경우, 겸임국 관할 대사관에 연락하세요. ("해외안전여행" 홈페이지, "해외안전여행" 어플리케이션 확인)

가. 아주지역

겸임국	대사관	겸임국	대사관
나우루	피지	솔로몬제도	파푸아뉴기니
마셜제도	피지	쿡제도	뉴질랜드
마이크로네시아	피지	키리바시	피지
몰디브	스리랑카	통가	뉴질랜드
바누아투	파푸아뉴기니	투발루	피지
부탄	방글라데시	팔라우	필리핀
사모아	뉴질랜드		

나. 미주지역

겸임국	대사관	겸임국	대사관
가이아나	베네수엘라	세인트빈센트 그레나딘	트리니다드토바고
그레나다	트리니다드토바고	세인트키츠네비스	도미니카공화국
도미니카연방	도미니카공화국	수리남	베네수엘라
바베이도스	트리니다드토바고	아이티	도미니카공화국
바하마	도미니카공화국	앤티가바부다	도미니카공화국
벨리즈	엘살바도르	자메이카	멕시코
세인트루시아	트리니다드토바고		

다. 중동지역

겸임국	대사관	겸임국	대사관
모리타니아	모로코		

라. 유럽지역

겸임국	대사관	겸임국	대사관
라트비아	스웨덴	산마리노	이탈리아
룩셈부르크	벨기에	슬로베니아	오스트리아
리투아니아	폴란드	아르메니아	러시아
리히텐슈타인	스위스	아이슬란드	노르웨이
모나코	프랑스	안도라	스페인
몬테네그로	세르비아	알바니아	그리스
몰도바	우크라이나	에스토니아	핀란드
몰타	이탈리아	보스니아헤르체고비나	크로아티아
사이프러스	그리스		

마. 아프리카지역

겸임국	대사관	겸임국	대사관
감비아	세네갈	상투메프린시페	가봉
기니	세네갈	세이셸	에티오피아
기니비사우	세네갈	소말리아	케냐
나미비아	앙골라	스와질랜드	남아프리카공화국
남수단	우간다	시에라리온	나이지리아
니제르	코트디부아르	에리트레아	수단
라이베리아	나이지리아	잠비아	짐바브웨
레소토	남아프리카공화국	적도기니	가봉
말라위	짐바브웨	중앙아프리카 공화국	카메룬
말리	세네갈	지부티	에티오피아
모리셔스	케냐	차드	카메룬
베냉	가나	카보베르데	세네갈
보츠와나	남아프리카공화국	코모로	케냐
부룬디	르완다	콩고	콩고민주공화국
부르키나파소	코트디부아르	토고	가나

2. 해외여행 시 예방접종

해외여행 증가추세에 따라 최근 해외관광객들 가운데 콜레라 환자가 발생하는 등 여행 중 각종 현지 풍토전염병에 걸릴 가능성이 많다. 따라서 자신의 건강을 위해 여행 중 개인위생에 신경을 써야 하고, 물은 반드시 끓여 마시며 음식물에 주의하고 모기에 물리지 않도록 해야 한다.

- 여행자는 여행국의 요구에 따라 황열병 예방접종을 하고 입국 시 예방접종 카드를 검역관에게 제시하여야 한다.
- 예방접종 대상
  - 황열병 : 아프리카, 중남미 일부지역이 오염
  - 콜레라 : 아프리카, 중남미, 동남아 대부분이 오염지역
- 콜레라 감염지역의 여행자 등 희망하는 사람에 한해 지정병원 16개소와 전국국립검역소 13개소에서 콜레라 예방접종을 실시하고 있다.

  국립서울검역소, 국립부산검역소, 국립인천검역소, 삼성서울병원

• 예방접종 및 검역에 관한 문의처: 국립서울검역소(TEL (02) 664-9401-5)

오늘날 세계 어느 곳에서나 에이즈가 퍼져있지 아니한 지역은 거의 없다. 따라서 외국 여행 시 배우자가 아닌 다른 사람과의 성 접촉을 피하는 길이 곧 에이즈 예방의 지름길이다.

외국에서는 의사의 처방 없이는 약국에서 약을 사기가 어렵고, 사전예약 없이는 의사의 진찰을 받기 어려우므로 병이 날 경우에 대비하여 반드시 상비약을 준비하여야 한다.

지병이 있는 사람은 국내에서 영문으로 처방전을 받아 두면 만일의 경우 외국의사가 진찰하는데 도움이 된다.

열대지방에서는 음식물에 의한 전염병에 주의해야 한다. 가급적 날음식은 삼가고 물은 끓인 물이나 미네널 워터를 마셔야 한다.

■ 여행과 상관없이 권유되는 예방접종

1. B형 간염 백신

B형 간염은 우리나라를 포함하여 전 세계에 분포하며 특히 개발도상국이나 저개발국에 발생빈도가 높다. 따라서 아프리카나 동남아 지역에 여행하여 현지인과 밀접한 접촉이 있을 것으로 예상되는 여행객은 미리 예방접종을 하는 것이 권유된다. 예방접종은 초회 접종 후 1달, 2달 째 각각 2회, 3회의 접종을 함으로써 완료된다. 유효기간은 5년이므로 5년 중 1회의 추가 접종을 해야 한다.

2. 인플루엔자 백신

인플루엔자는 보통 감기와는 다른 매우 심한 독감으로 고열, 심한 근육통을 동반하여 폐렴 등이 합병되기 쉽고 고령의 환자는 치명적일 수 있는 위험한 질병이다. 따라서 여행과 상관없이 65세 이상의 노인, 심장 질환/폐 질환을 가지고 있는 환자, 아스피린 치료를 받고 있는 소아 등이 대상이 되며 매년 1회씩 접종 받아야 한다.

3. 말라리아 예방약

말라리아는 모기가 물어서 전파하는 질병이다. 말라리아에 걸릴 위험이 가장 놓은 지역은 열대 아프리카 / 동남아 /멕시코를 포함한 중미, 열대 남미 지역, 중동, 인디아 지역 등이다.

• 말라리아를 예방하는 원칙

– 모기에 물리지 않는 것

– 말라리아 예방약의 복용

말라리아의 유행 지역을 가는 경우 여행기간에 상관없이 예방약을 복용

예방약은 여행 출발 1~2주 전에 시작하여 혈중 농도를 높이고 부작용 발생 여부를 확인(독시사이클린 제외)

말라리아 유행지에서 귀국한 후에도 4주간 복용

예방약을 복용하여도 말라리아에 걸릴 위험성이 있으므로, 여행 중이나 귀국 후 2달 내에 열이 나면 즉시 병원 방문

4. 말라리아 예방약의 종류(여행 지역에 따라 결정)

1) 메프로퀸(Mefloquine)

클로로퀸 내성인 열대열 말라리아에 사용하는 약으로 현재 대부분의 말라리아 발생국 여행 시 사용한다.

2) 클로로퀸(Chloroquine) : 클로로퀸으로 예방이 가능한 국가

– 중미 지역 : 멕시코, 니카라구아, 벨리즈, 코스타리카, 과테말라, 온두라스, 엘살바도르, 파나마, 아이티, 도미니카공화국

– 중동 지역 : 사우디아라비아, 이집트, 예멘, 아랍에미리트 연방, 시리아, 오만, 이라크, 터키, 지부티(쿠웨이트, 카타르, 바레인은 말라리아가 발생치 않음)

3) 독시사이클린(doxycycline)

태국 북부 지역, 캄보디아, 파푸아뉴기니아를 여행하는 경우에 사용한다.

– 자료출처 : 삼성서울병원 –

부록9

세계 각국의 입국허가조건

1. 아주지역

국가명	사증필요 여부	통과여객(TWOV)의 조건	여권잔여 유효기간	비고
나우루*	사증필요 – 도착사증가능 – 왕복항공권 소지	목적지가 명시된 항공권	3개월 이상	
네팔	사전 취득 불필요 (공항에서 취득 가능) ※최대 연간 150일까지 연장 가능(한 달 단위로 연장)	• 입국 후 24시간이내 체류 가능 • 통과여객 사증발급(수수료 면제)	6개월 이상	네팔국제공항 비자비용 –15일 복수비자 : $25 –30일 복수비자 : $40 –90일 복수비자 : $100
뉴질랜드	사증면제협정체결(90일) – 외교관 · 관용 · 일반	무비자 대상국가(우리나라 포함) 국민에 대한 별도 조건 없음	체류예정기간 +3개월 이상	귀국항공권 및 재정 능력 확인 –1달에 1,000불 정도의 재정능력 입증 요구, 현금, 카드, 여행자 수표로 확인
대만	무사증(90일) – 왕복항공권 소지 – 입국일 익일부터 기산	• 입국하지 않을 경우, 특별한 조건 없음 • 입국할 경우 1) 왕복항공권 소지 2) 여권잔여유효기간 6개월 이상 필요	6개월 이상	

나우루* : 왕복티켓을 소지한 경우 도착 시 3~4개월까지의 비자 발급 가능. 단, 출발 전 나우루 외교부 이민국 담당직원(e-mail : rod.henshaw @naurugov.nr/joanna.olsson@naurugov.nr)에게 메일을 보내 답변을 받아야 함.

국가명	사증필요 여부	통과여객(TWOV)의 조건	여권잔여 유효기간	비고
동티모르	• 무사증 - 외교관 · 관용(무기한) • 도착사증(관광, 30일) - 딜리공항/딜리항구 : 수수료 $30 - 육상국경 : 사전에 온라인(동티모르 이민국)으로 'Visa Application Authorization' 신청 후 소지하여야 하며, 입국 시 이를 제출(수수료 $30) ※동티모르 이민국 웹사이트 주소 : http://migracao.gov.tl	• 통과비자(Transit Visa, 최대 3일) - 수수료 $20 - 다음 목적지 티켓(return ticket) 또는 출국용 티켓 구매 자금 보유 입증 - 체류에 필요한 충분한 자금 보유 입증	6개월 이상	• 사증연장(일반)은 30일 미만 추가 시 수수료 $35, 30일 이상 60일 미만 추가 시 수수료 $75(최대 60일까지 추가 가능) • 도착사증 부여 이후, 취업 및 투자 등 장기체류자는 목적에 맞게 별도의 장기사증 신청
라오스	• 일반여권 - 무사증(15일) • 외교관 · 관용여권 - 사증면제협정(90일)	• TWOV 관련 별도 규정이 없으며, 무사증 · 사증면제협정 국가 국민 이외의 모든 입국/경유자는 사증 필요 • 심야 시간 중 공항이 폐쇄되어 공항 내 체류 불가	6개월 이상	
마셜제도	무사증(30일) - 왕복항공권 소지	목적지가 명시된 항공권	1년 이상	
마이크로네시아	무사증(30일) - 왕복항공권 소지	목적지가 명시된 항공권	6개월 이상	
마카오	무사증 90일 체류 가능 - 체류 가능 기간 내 귀국 항공권 소지 필요	목적 국가행 항공권	30일+ 체류기간	연간체류가능기간: 최장 120일
말레이시아	사증면제협정 - 외교 · 관용 · 일반 (관광목적 90일) * 영리 및 종교활동 등 비자 필요	• 출국 항공권 지참 • 출국일자에 따라 주재국에 체류할 수 있는 관광비자 발급	6개월 이상	무사증(관광비자) 입국자 중 인접국 2회 이상 반복 출입국자에 대해 체류 기간 제한 또는 입국 거부하고 있음.
몰디브	• 도착사증(관광, 30일) - 왕복항공권 소지 - 체류예정호텔 예약확인증 소지 필요 • 도착사증(상용, 30일 최대) - 초청장 소지 및 초청자가 몰디브 이민국에 사전 통보한 경우 가능	• 목적지가 확정된 항공권 소지 • 입국 후 24시간 이내 출국 - 수수료 없음	체류예정 기간 이상	잔여 사증란이 2장 이상 있어야 함에 유의

국가명	사증필요 여부	통과여객(TWOV)의 조건	여권잔여 유효기간	비고
몽골	• 일반 여권 : 사증 필요 – 최근 2년 이내 4회, 통산 10회 이상 입국자에 한해 무사증(30일) • 외교 · 관용여권 – 사증면제협정(90일)	공항 운영시간 중에만 출국장내 환승대기 가능	• 거주 : 1년 이상 • 일시방문 : 6개월 이상	도착비자 수수료 (110,000 투그릭)
미얀마*	• 외교관, 관용여권 – 사증면제협정(90일) • 일반 여권 – 사증 필요 • 도착 사증 – e-Visa시스템 도입하여 관광목적의 외국인에 대해서도 도착사증 발급 확대 (http://evisa.moip.gov.mm)	• 항공사 책임 하에 공항 내 체류 가능 • 출국 항공편 결항 등의 이유로 임시 입국 필요 시 transit visa 발급 필요 – 24시간 체류	6개월 이상	
바누아투	무사증(1년 내 120일)		4개월 이상	
방글라데시	1. 일반여권 : 사증필요 2. 외교 · 관용 여권 – 사증면제협정(90일) 3. 도착사증(제한적 부여) – US$ 50/30일 – 관광, 투자, 상용 등 (초청장, 상용방문 등 관련 서류 소지 필요) – 원칙적으로 최초 방문 시에만 허용. 이후 방문 시에는 주재국 재량 판단	환승구역 없음, 단 네팔 등 인근국가 방문 시 기내에서 단시간 대기	6개월 이상	도착사증이 발급되지 않는 경우도 있으므로 가급적 국내에서 사증 발급 신청

*미얀마
- 사증 종류별 수수료 및 체류 기간 : 입국사증(U$40/28일), 비즈니스사증(U$50/70일), 경유사증(U$20/24시간), e-Visa(U$50/28일)
- 불법체류시 과태료 : 90일까지는 매일 U$3, 90일 이후부터는 매일 U$5 부과
- 국경을 통한 입국은 금지, 항공편 입국 필요
- 미얀마 이민부 홈페이지 : www.myanmarvisaonline.com
- 미얀마 e-Visa 홈페이지(http://evisa.moip.gov.mm)상에서 사증을 신청하고, 신청 내역서를 출력 후 지참하여 입국하여 양곤공항 도착사증 발급 창구에 여권과 내역서를 함께 제출하면 도착사증 발급

국가명	사증필요 여부	통과여객(TWOV)의 조건	여권잔여 유효기간	비고
베트남*	• 일반여권 – 무사증(15일) – 단, 귀국 또는 제3국행 항공권 소지 필요 • 외교 · 관용여권 – 사증면제협정(90일) • 사증 필요 시(15일 이상 체류) – 베트남 내 초청 · 보증 개인/기관/단체가 직접 베트남 출입국사무소에 신청→5일내 신청인 및 주한대사관에 결과 통보→사증 발급대상자가 주한대사관에 방문/비자 발급 – 단순 여행객의 경우 베트남 내 여행사를 통해 도착비자 신청 가능(3일 소요, 여권 사본 및 도착 일자/편명 정보 필요)	• 확정된 티켓 소지, 최종 도착국가 사증 소지, 24시간 이내 출국 • 환승구역 내 체류	6개월 이상	훼손 여권은 입국 거부 * 2회 연속으로 일방적 무사증 제도를 통해 입국하는 경우 직전 베트남 출국일로부터 30일 경과 후에야 다시 무사증 입국 가능 ※ 직전 베트남 방문을 무사증 제도를 통해 입국하였으나 베트남 출국후 별도 사증을 받은 경우 30일 이내라도 입국 가능
부탄*	1. 일반여권 – 부탄 지정여행사(tour operator)를 통해 사증발급 신청 ※ 지정여행사 리스트는 부탄 관광청 홈페이지(www.tourism.gov.bt)에 있음 2. 외교, 관용 여권 – 초청한 부탄 정부기관(counterpart agency)을 통해 부탄 외교부에 사증 발급 신청 서류 제출	부탄 PARO 국제공항은 공항내에 환승서비스 기능이 없어 환승불가	6개월 이상	부탄대사관에 직접 사증발급을 신청하는 것이 아님 * 원칙적으로 부탄 정부 지정 여행사 등을 통해 사증발급을 신청하고, 부탄 외교부로부터 받은 비자 승인서를 가지고 입국, 부탄 도착 시에 입국사증 스탬프를 받음(수수료 $20, 15일 체류)
브루나이	무사증(30일)	• 최종목적지가 표기된 확정 티켓 소지 • 환승구역 내 체류 후 제3국 출국	6개월 이상	
사모아	무사증(60일) – 왕복항공권 소지 필요	환승구역 내 체류 후 제3국으로 출국	6개월 이상	
솔로몬군도	무사증(1년 내 90일)		6개월 이상	
싱가포르	사증면제협정 – 외교관 · 관용 · 일반(90일)		6개월 이상	무사증(관광비자) 입국자 중 인접국 반복출입 또는 장기체류 후 인접국 출국 후 재입국시 입국거부(케이스에 따라 체류기간을 제한하는 사례도 있음)

국가명	사증필요 여부	통과여객(TWOV)의 조건	여권잔여 유효기간	비고
스리랑카	• 일반여권(단기방문) - 인터넷(www.eta.gov.lk)을 통한 사전 발급 필요(수수료 $30) - 도착사증 발급도 병행(수수료 $35) - 단기방문 목적을 제외한 거주, 유학, 상용 목적인 경우 주한스리랑카대사관을 통한 사전 허가 필요 • 외교관 · 관용여권 - 공무 목적인 경우 주한스리랑카대사관을 통한 사전 허가 대상(수수료 면제) - 공무목적의 도착사증은 공항에서 발급 불가, 단 외교관 · 관용여권 소지자의 경우 공무 사전승인을 받지 못했을 때 단순 관광입국 목적(Entry) 도착사증 발급 가능(수수료 부과)	목적지가 확정된 항공권 소지 - 환승구역 내 체류(8시간 이내) * 통과비자(Transit Visa) - 2일 이내 수수료 : 없음 - 3일 이상 7일 이내 : 수수료 부과($25) (스리랑카 내 체류지(호텔예약증) 소지)	6개월 이상	단기방문 입국 후 체류기간 연장 가능 : 체류목적에 따라 최대 6개월)
아프가니스탄*	사증 필요		6개월 이상	07.8월 이후 여행금지국으로 지정되어, 여권사용허가서를 교부받은 자에 한해 사증 신청 가능
호주	사증필요 - 전자(ETA)사증(3개월 이내 단기방문자, 유효기간 1년까지)	• 항공편으로 호주 도착 후 8시간 이내에 항공편으로 제3국으로 출국 • 확정된 항공권과 차항지에서 필요한 입국서류 소지해야 함 • 환승구역 내 체류	체류예정기간 +6개월 이상	

*호주

- 3개월 이내 단기 방문자는 항공권 예매 시 여행사나 항공사를 통해, 혹은 인터넷을 통해 개별적으로 전자사증을 발급받아 호주에 입국 가능(유효기간 : 1년). ETA가 승인되지 않고 "Refer Applicant to Australian Embassy"라는 메시지가 하단에 나타나거나, ETA가 12시간 이내에 승인되지 않을 시, 여권의 인적사항면 사본과 연락처를 첨부하여 주한호주대사관 이메일(seoul-visa@dfat.gov.au) 또는 팩스(02-720-9932)로 문의해야 함.
- 전자(ETA 601)사증 수수료(호주불) : $20, 방문비자(600, 1년까지 가능) $130, 워킹홀리데이비자(417) $420, 사업비자(457) $1035, 고용주지명 임시취업(401) $360, 학생비자 $535

국가명	사증필요 여부	통과여객(TWOV)의 조건	여권잔여 유효기간	비고
인도	• 일반여권 - 사증 사전발급 필요(지문 제출 요구) • 외교관 · 관용여권 - 사증면제협정(90일) • 온라인 관광사증 (E-Tourst Visa) - 입국일을 포함 30일 체류 가능 - 관광, 휴양, 친구 및 친인척 방문, 단기치료, 단기 비즈니스 상담 목적의 입국 - 아래 온라인주소를 방문하여 신청 https://indianvisa-online.gov.in/visa/tvoa.html - 연 2회로 제한 - 인도입국 예정일로부터 최소 4일 전에 신청하여야 함 * 기간연장 및 비자종류 변경 불가 - 아흐메다바드 · 암리짜르 · 벵갈루루 · 첸나이 · 코친 · 델리 · 가야 · 고아 · 하이데라바드 · 자이푸르 · 콜카타 · 럭나우 · 뭄바이 · 티루치라팔리 · 트리반드룸 · 바라나시 공항(총 16개)을 통해서 입국하는 경우에만 가능 - 입국 시 온라인신청 완료 증빙 문서〔Indian e-Tourist Visa(eTV)〕출력하여 소지하고 입국하여야 하며, 도착공항에서 10지문 제출 - 여권의 잔여 유효기간이 6개월 이상 남아 있어야 함 - 귀국(또는 제3국 출국)항공권 및 충분한 체류비용 소지 요구(현금 또는 현금+크레디트 카드 등) - 수수료 : 미화 48~60불(은행간 수수료 제외)을 온라인 신청 시 Credit 카드로 납부	• 확정된 티켓 및 차항지 필요 서류 • 공항 내 환승구역에서 체류 후 출국	6개월 이상	

국가명	사증필요 여부	통과여객(TWOV)의 조건	여권잔여 유효기간	비고
인도네시아	• 일반여권 – 무사증(30일) ※ 관광 목적 한정(체류 연장 불가)/비즈니스 · 문화 · 가족방문, 30일 초과 체류 시에는 사증 필요(도착사증 발급 시 수수료 미화 35불) • 외교관 · 관용여권 – 무사증 14일 입국 허용, 다만 연장은 불허됨 ※ 14일 이상 체류예정일 경우에는 외교관 · 관용여권 이더라도 도착사증을 발급받아야 함	6시간 이내 제3국 출국항공권 소지 – 공항 환승구역 내 대기	6개월 이상 – 일반여권뿐만 아니라 외교관 · 관용여권도 해당 – 다만, 거주자는 재입국 허가기간 내 입국할 경우 여권 잔여 유효기간이 6개월에 미만이더라도 입국 가능	· 무사증으로 입국이 가능한 출입국항 – 공항(5개소) : Soekarno-Hatta(자카르타), Ngurah Rai(발리), Kualanmu(메단), Juanda(수라바야), Hang Nadim(바탐) – 항만(9개소) : Sri Bintan(Tanjung Pinang), Sekupang(바탐), Batam Center(바탐), Nongsa Terminal Bahari(바탐), Nongsa Terminal Bahari(바탐), Marina Teluk Senimba(바탐), Citra Tri Tunas(바탐), Bandar Seri Udana Lobam(Tanjung Uban), Tanjung Balai Karimun(Tanjung Karimun)
일본	• 일반여권 – 90일 이하 관광, 방문 등 목적 : 사증면제 – 90일 초과 체류 또는 취재, 흥행, 수익활동 목적 : 사증 필요 • 외교관 · 관용여권 – 사증면제협정 (공무수행기간)	한국인은 통과사증 불필요	여행에 필요한 충분한 기간(무사증의 경우는 3개월)	여행증명서로 입국 시 사전에 사증을 발급받아야 함(단수여권은 무사증 입국 가능)
중국	• 사증 필요 • 외교 · 관용여권 – 사증면제협정(30일)	• 24시간 이내 제3국으로 출국 – 환승 티켓을 소지하고 경유하고자 하는 공항, 항구, 터미널 을 떠나지 않는 경우에 한함 • 72시간 무사증 체류 허가 – 북경, 상해, 광저우, 충칭, 청뚜, 선양, 다롄, 시안, 계림, 쿤밍, 항저우를 경유하여 제3국으로 출국하는 외국인 관광객으로서 유효한 여권과 제3국행 사증, 항공권 소지자	6개월 이상	도착사증은 사망자 가족 등 예외적인 경우에만 발급 가능

국가명	사증필요 여부	통과여객(TWOV)의 조건	여권잔여 유효기간	비고
중국		– 입국한 공항/도시로 출국하는 것이 원칙이며, 입국한 도시에만 체류가능(시안은 시안시와 셴양(咸陽)시를, 광저우는 광동성 전 지역 체류 가능)		
캄보디아	• 일반여권 – 사증 필요(공항에서 도착비자 발급 가능) • 외교 · 관용여권 – 사증면제협정(90일) ※ 한국의 경우는 캄보디아 외교 · 관용여권소지자에게 60일 무사증 체류기간 부여	• 공항 환승구역에 체류하거나 도착비자를 받아 시내 관광 가능 • 시엠립 공항에 도착하여 관광비자를 받고 공항 밖으로 나온 경우, 당일 시엠립 공항을 이용 출국할 수 없음 – 상용비자의 경우는 당일 출국 가능 • 캄보디아 비거주 경유자 대상 캄보디아 e-visa 웹사이트(www.evisa.gov.kh)를 통해 '경유비자(D)' 신청 가능(2015.9.1~) – 경유비자(D)는 캄보디아 경유(3일 유효), 캄보디아 입국(3개월 유효)	캄보디아에서 출국 예정일 기준 6개월 이상	• 도착사증(부모동반 12세 미만 자녀 사증수수료도 동일) – 관광 : $30 – 상용 : $35 • 사증 체류기간 초과자 벌금 – 30일 이내 : $10/일당(종전엔 $5) – 30일 이상 : 상기 벌금 및 7일 이내 강제출국
쿡 아일랜드	무사증(30일) – 왕복항공권 소지 필요	별도 규정 없음	체류예정기간 +6개월 이상	
키리바시	무사증(30일)	목적지가 명시된 항공권	6개월 이상	
통가	무사증(30일) – 왕복항공권 소지 필요	환승구역 내 체류 후 제3국으로 출국	6개월 이상	
투발루	무사증(30일) – 왕복항공권 소지 필요		6개월 이상	
파푸아 뉴기니	사증 필요(도착사증 가능) – 일반관광 : (60일, 단수) – 단기상용 : (60일, 복수가능, 유효기간 1년) ※ 상용비자의 경우 초청장, 사업관계증명서 구비(입국 거절되는 경우도 있으니 가급적 사전 비자 발급 요망)	• 충분한 체류비용과 귀국 및 제3국행 티켓 소지 • 상용입국을 증명하는 문서(초청장 등)	6개월 이상 (엄격 적용)	• 관광 : K100($40) ※ 다만 당지에 도착하여 공항에서 발급받는 도착비자(관광비자)는 수수료 없음 • 단기 상용 – 단수 : K500($200) – 복수 : K1000($400)
팔라우	무사증(30일) – 왕복항공권 소지	왕복항공권을 소지한 경우 별도 제한 없음		

국가명	사증필요 여부	통과여객(TWOV)의 조건	여권잔여 유효기간	비고
태국*	사증면제협정 - 일반여권(90일) - 외교관、관용여권	여권이 훼손된 경우에는 유효하지 않은 여권으로 간주될 수 있음	6개월 이상	• 체류지 관할 태국 이민청 사무소 또는 공항에서 재입국허가를 받을 수 있음(다만 공항에서 재입국허가를 받을 경우 재입국허가 당일 출국하여야 함). • 선원수첩 불인정

***태국** - 태국 입국 후 여권을 분실해 한국대사관에서 신규로 여권(여행증명서)을 발급받은 사람이 태국을 출국하려면, 사전에 체류지 관할 태국 이민청 사무소 또는 공항으로부터 신규 여권(여행증명서)에 태국 입국기록을 확인받아 두어야 함(공휴일에는 입국기록 확인이 불가한 경우가 있으니 주의 바람)

*** 태국 입국 시 유의사항**

• 비자런 금지

- 단기 관광 · 방문 목적으로는 사증 없이 최대 90일간 태국 체류가 가능하나, 사증면제 제도를 남용해 장기체류 또는 취업 목적으로 출입국을 반복한 경우에는 입국심사 시 인터뷰가 실시되거나 입국이 거부될 수 있음.
- 단기 관광 · 방문 목적의 입국 여부를 확인하기 위해 입국심사관이 귀국 항공권과 숙박 관련 서류 등을 요청하는 사례가 있음.
- 태국에 장기체류 또는 취업 목적으로 입국하려는 경우에는 사전에 주한 태국대사관으로부터 사증을 발급받아야 함.

• 여권이 훼손된 경우에는 유효하지 않은 여권으로 간주되어 입국이 거부될 수 있음.

* **태국** - 라오스 국경 육로 통과 시, 우리국민은 태국 이민청의 1년 2회 입국제한 시행 대상 국적자가 아님에 유의 필요

국가명	사증필요 여부	통과여객(TWOV)의 조건	여권잔여 유효기간	비고
파키스탄*	• 일반 여권 - 사증필요 - 도착사증 불가* • 외교관, 관용여권 - 사증면제협정(3개월)	해당 없음.	6개월 이상	일반여권 소지자에 대한 사증면제협정 일시중지(2001.10.1)

* **파키스탄** - 주재국 출입국당국 홈페이지(www.dgip.gov.pk)에서는 우리나라를 포함한 66개국에 대해 국내 상공회의소 추천장, 주재국내 무역관련 협회나 기관 초청장, 명예영사의 추천장 등을 소지하면 도착사증(30일)을 허가하는 것으로 안내하고 있으나, 실질적으로 도착사증은 공식 방문에 한해 주재국 정부와 대사관과의 사전 협의하 예외적으로 가능하며 일반적으로는 불가능함.

국가명	사증필요 여부	통과여객(TWOV)의 조건	여권잔여 유효기간	비고
필리핀*	• 외교관 · 관용여권 - 외교 · 관용 목적: 무제한 - 외교 · 관용 목적 아닌 경우 : 30일까지 체류 가능 • 복수여권/단수여권 - 2013.8.1부터 무사증(30일) - 제3국행 또는 귀국항공권 소지 필요	제3국행 비행기 티켓 소지	제한없음 (입국 시 유효한 여권)	※2015.7.15.부터 입국 시 여권유효기간이 6개월 미만이어도 입국가능한 것으로 변경. 다만, 출국 시는 유효한 여권 소지해야 함
피지	무사증(4개월) - 왕복항공권 소지 필요	목적지가 명시된 항공권	6개월 이상	
홍콩	무사증 90일 체류 가능 - 체류 가능 기간 내 귀국 항공권 소지 필요	목적 국가행 항공권	1개월 + 체류기간	

*필리핀

- 체류기간이 30일 이상일 경우에는 출발국가 필리핀공관에서 59일 체류비자를 받거나 필리핀 현지 이민국에서 매번 2개월씩 24개월까지 관광비자 체류 연장이 가능함
- 관광비자로 언어연수나 취업활동을 할 수 없음(언어연수를 받고자 할 경우 비자연장과 함께 이민청의 SSP(Special Study Permit)를 득해야 하며 취업활동을 하고자 할 경우는 노동부 및 이민청의 취업허가를 받아야 함
- 만 15세 미만 아동이 부모 동반 없이 입국하는 경우(필리핀에 거주하고 재입국 허가를 받은 경우는 제외) : 공항 도착 시 이민국에 입국승인(입국금지면제, Waiver of Exclusion Ground(WEG))을 받아야 함. 준비 서류는 아래와 같음
  1) 공증된 진술서(부모가 제3자에게 자신의 자녀를 필리핀 입국시 인솔하게 하였다는 동의서), 공증은 주한필리핀대사관, 일반 공증변호사 사무실에서 가능, 영문으로 작성
  2) 아동 및 지정된 인솔자의 여권 인적사항면 복사
  3) 아동의 영문 주민등록등본
  4) 입국승인 수수료(3,120 페소, 약 53페소/달러)
  5) 부모의 재정보증서
- 무사증 입국이 가능한 국가의 국민이 분실 · 도난 또는 유효기간 도과 여권을 교체하기 위해 긴급여권을 발급받아 필리핀에 입국하는 경우, 긴급여권(최소 6개월 이상 유효) 및 출국항공권 소지 시 무사증 입국이 가능함

2. 미주지역

국가명	사증필요 여부	통과여객(TWOV)의 조건	여권잔여 유효기간	비고
가이아나*	외교관 · 관용 · 일반(30일)		6개월 이상	법령상 황열병 예방접종이 의무사항이나 입국 시 접종(9세 이상 입국자, 입국 10일 전 접종) 여부를 확인하지 않고 있음. 그러나 만일에 대비, 예방접종 권고
과테말라	사증면제협정 – 외교관 · 관용 · 일반(90일)	한국인의 경우 특이요건 없음	제한 없음 (다만, 가급적 여권잔여 기간 6개월 이상을 권장하고 있음)	
괌 및 북마리아나 제도 (사이판)	• 전자여권을 소지하고 사전에 전자여행허가(ESTA)를 승인받은 경우관광 · 상용 목적에 한하여 90일 이내 사증면제 • 사증면제프로그램(Visa Waiver Program) – 관광목적, 괌 및 북마리아나제도 45일 이내의 여행자로서 왕복항공권소지, 체류기간 동안의 체재비 등 경제능력 입증 필요(체재비 등 체류사유에 부적합하다고 판단할 경우 입국 거부될 수 있음) • 상기 목적 외의 경우 해당 목적에 맞는 사증취득 후 여행 필요	• 6개월 이상 잔여기간이 유효한 여권 소지 • 확정된 출국항공권(도착지 국가) 소지	체류예정기간	사증면제프로그램(VWP)으로 입국한자는 다른 체류자격으로의 변경불가
그레나다	사증면제협정 – 외교관 · 관용 · 일반여권 (90일)			
니카라과	사증면제협정 – 외교관 · 관용 · 일반(90일) – 선원수첩(15일)		6개월 이상	니카라과 비영주권자는 입국 시 관광세 $ 10 납부 필요

*가이아나 – 방문 시에 황열병 예방접종 확인서가 필요하며 특히 밀림지역을 관광하려는 방문객은 필수적으로 황열병 예방접종 필요

국가명	사증필요 여부	통과여객(TWOV)의 조건	여권잔여 유효기간	비고
도미니카(공)	사증면제협정 - 외교관 · 관용 · 일반(90일) - 선원수첩(15일)	특별한 조건 없음	6개월 이상	• 왕복항공권 요구 • 무사증입국의 경우 최초 입국시 30일간 무사증 체류기간이 부여되며 추가 60일의 체류를 위해서는 도미니카공화국 이민청에서 체류 연장 승인을 받아야 함 • 30일 체류 기간 초과시 2,500페소($56불 상당) 벌금부과
도미니카(연)	사증면제협정 - 외교관 · 관용 · 일반(90일) - 선원수첩(15일)	특별한 조건 없음	6개월 이상	왕복항공권 요구
멕시코	사증면제협정(90일) - 외교관 · 관용 · 일반	특별한 조건 없음	6개월 이상	• 관광목적으로 입국시 180일 체류 부여 입국 시 받은 용지(FMM : Forma Migratoria Multiple) 분실하면 출국 시 벌금 332페소(약 USD 24) 부과 • 관광비자 1회 연장(90일) 가능
미국	• 관광 · 상용 목적에 한하여 사증 면제 - 단, 전자여권을 소지하고 사전에 전자여행허가(ESTA)를 승인받아야 함 • 상기 외 목적의 경우 적절한 사증필요 • 90일 체류가능 (VWP의 경우)	• 비자 면제 프로그램(VWP)에 따른 '전자여행허가(ESTA)'로 통과 가능 하나, VWP결격 사유가 있을 경우 통과 사증 혹은 적절한 사증 소지 필요 - 아울러, 美국무부에서 승인된 여객선이나 항공편 이용 또는 비자면제 대상국가의 항공편 이용 - 전자 여권 소지(VWP로 통과하는 경우)	체류기간(3~6개월 이상 권장)	• VWP로 입국 후 다른 체류자격으로의 변경 불가 • ESTA 신청서 허위작성, 입국목적 불분명 등의 경우 ESTA 신청 반려 또는 입국거부 가능
바베이도스	사증면제협정 - 외교관 · 관용 · 일반여권(90일)			
바하마	사증면제협정(90일) - 외교관 · 관용 · 일반	방문기간 종료시까지 유효하면 됨(단, 바하마 체류후 여권 잔여유효기간 6개월 이상을 요구하는 국가로 출국하게 되어 있는 경우에는 동 규정 적용)	6개월 이상	왕복항공권 요구

국가명	사증필요 여부	통과여객(TWOV)의 조건	여권잔여 유효기간	비고
베네수엘라	사증면제협정 – 외교관 · 관용(30일) – 일반(90일)		6개월 이상	법령상 황열병 예방접종이 의무사항이나 입국시 접종(1세 이상 입국자, 입국 10일 전 접종)여부를 확인하지 않고 있음. 그러나 만일에 대비, 예방접종 권고
벨리즈	• 일반여권 – 무사증(90일) • 외교관 · 관용여권 – 사증면제협정(90일)		6개월 이상	주한명예영사를 통해 사증 발급 가능 (02–719–5045)
볼리비아	• 단수여권 · 일반여권 : 사증 필요 – 단수여권 및 일반여권은 공항에서 도착비자(관광비자 30일)를 발급하나, 관광목적이 아닌 상용목적 등으로 입국할 경우 또는 상용목적인 것으로 보이는 경우에는 이민청직원이 입국을 불허하는 사례도 있음 ※관광비자는 최대 2회까지 연장 가능(1회 연장시 체류기간 30일 부여, 연장시 마다 소정의 수수료 부과) – 관광비자 연장의 경우에도 총 체류 일수는 90일을 초과할 수 없음. – 도착비자(관광) 제공시 수수료 Bs360(환율에 따라 약 USD51 ~USD53) • 여행자증명서 : 입국 불가능 • 외교 · 관용여권 – 사증면제협정(90일)	• 확정된 티켓과 차항지에서 요구하는 서류 소지 • 동일 항공기를 이용 8시간 이내 제3국으로 출국하는 경우 공항 환승 구역 내 체류 • 8시간 이상 체류할 경우 입국 비자 필수 구입	6개월 이상	• 여권유효기간이 6개월 미만 시는 귀국항공권 제시 요구 • 여권 종류에 무관하게, 황열병(Yellow Fever) 예방접종증명서 미소지 시 입국불허
브라질	사증면제협정 – 외교관 · 관용 · 일반여권(90일)		체류예정기간	브라질인으로 부모동반않는 18세 미만자의 경우 부모의 여행동의서가 필요함. 외국인은 이에 해당없으나 국경경찰의 요구 시 적절한 대처 요망.
세인트 루시아	사증면제협정 – 외교관 · 관용 · 일반여권(90일)			

국가명	사증필요 여부	통과여객(TWOV)의 조건	여권잔여 유효기간	비고
세인트빈센트그레나딘	사증면제협정 – 외교관 · 관용 · 일반여권 (90일)			
세인트 킷츠네비스	사증면제협정 – 외교관 · 관용 · 일반(90일) – 선원수첩(15일)	특별한 조건 없음	6개월 이상	왕복항공권 요구
수리남	사증면제협정 – 외교관 · 관용 · 일반여권 (120일)		6개월 이상	법령상 황열병 예방접종이 의무사항이나 입국 시 접종(1세 이상 입국자, 입국 10일 전 접종)을 확인하지 않고 있음. 그러나 만일에 대비, 예방접종 권고
아르헨티나	• 일반여권 – 무사증(90일) • 외교관, 관용여권 – 사증면제협정(90일)	• 입국 시 입국 스탬프 날인 필히 확인 요망, 입국 스탬프 누락자의 경우 출국 시 밀입국자로 간주되는 경우가 있음 • 여행자증명서는 아르헨티나 영주권자에게만 출입국 허용함(여행객인 경우 출국만 허용)	6개월 이상	
아이티	사증면제협정 – 외교관 · 관용 · 일반(90일) – 선원수첩(15일)	특별한 조건 없음	6개월 이상	• 왕복항공권 요구 • 공항이용료 : U$55(아이티 외교부 발급 외교관증 소지자 면제)
앤티가 바부다	사증면제협정 – 외교관 · 관용 · 일반(90일) – 선원수첩(15일)	특별한 조건 없음	6개월 이상	왕복항공권 요구
에콰도르	• 사증면제협정 – 외교관여권(업무수행기간) – 관용여권(90일) • 지정에 의한 사증면제 – 일반여권(관광목적의 무비자 입국 시 90일)		6개월 이상	• 90일 경과 후에 출국할 경우라도 과태료 없이 출국 가능 • 90일 경과 후에 출국한 경우 출국 후 최소 9개월이 지나야 무비자 입국 가능 (단, 9개월 전이라도 각국 에콰도르대사관에서 비자 받으면 입국 가능)
엘살바도르	사증면제협정 – 외교관 · 관용 · 일반(90일) – 선원수첩(90일)	• 확정된 티켓, 여권 • 도착 후 48시간 내 제3국으로 출국	6개월 이상	

국가명	사증필요 여부	통과여객(TWOV)의 조건	여권잔여 유효기간	비고
온두라스*	무사증 - 관광목적의 무비자 입국 시 90일간 체류가능 ※중미 4개국(과테말라, 엘살바도르, 온두라스, 니카라과) 내에서의 총 체류기간은 90일을 초과할 수 없음.	조건 없음	6개월 이상	• 공항 이용료 : US$39.24(관용여권 소지 시 $2.5, 외교관 여권은 면제) • 중남미 및 아프리카 일부국가*에서 입국 시, 황열병 백신 접종 의무(온두라스 입국 10일 전까지 접종이 필요하며, 1회 접종 시 10년간 유효/접종 증명서 휴대필요)
우루과이	사증면제협정 - 외교관 · 관용 · 일반(90일)	입국 시(주로 육로 국경지역) 입국스탬프 날인을 생략하는 경우가 간혹 발생하며, 이러한 경우 출국 시 벌금을 부과함. 따라서 입국과정에서 스탬프 날인 필히 확인 요망	3개월 이상	일반여권 소지자의 사증면제협정(90일)은 2013.1.10부터 발효
자메이카	사증면제협정 - 외교관 · 관용 · 일반(90일) - 선원수첩(15일)	특별한 조건 없음.	6개월 이상	• 왕복항공권 요구 • 90일 무비자 입국 시 1회 30일 이내 기간 연장 신청 가능(단 취업, 상업활동 불가)
칠레	사증면제협정 - 외교관 · 관용 · 일반(90일)	• 확정된 티켓 소지 • 공항 환승구역 내 체류 • 시간제한 없음	제한 없음	
콜롬비아	사증면제협정 - 관광 및 경유 목적으로 입국 시 90일에 한해 사증 면제	통과 여객은 비자(특이조건) 없이 입국 가능(단, 환승구역 밖으로 나올 경우 출입국 당국의 승인 필요)	체류예정기간	콜롬비아에 거주하고 있지 않은 여행자로서 콜롬비아 입국 후 60일 이전에 출국 시 공항세 면제

*온두라스
- 공항이용료 : US$38.17(단, 외교관 여권 소지자 면제, 관용여권 소지시 $2.5)
- 엘살바도르, 과테말라, 니카라과 이외 인근국으로 출입국함으로써 1회에 한해 30일간 체류 연장 가능

* **중남미**(파나마, 트리니다드토바고, 아르헨티나, 볼리비아, 브라질, 콜롬비아, 에콰도르, 가이아나, 페루, 수리남, 베네수엘라, 파라과이) / 아프리카(앙골라, 베냉, 부르키나파소, 부룬디, 카메룬, 중앙아프리카 공화국, 차드, 콩고, 적도기니, 에티오피아, 코트디부아르, 콩고민주공화국, 가봉, 감비아, 가나, 라이베리아, 말리, 모리타니, 기니, 기니비사우, 케냐, 나이지리아, 시에라리온, 세네갈, 소말리아, 수단, 탄자니아, 우간다, 나이지리아, 르완다, 상투메프린시페, 토고)

국가명	사증필요 여부	통과여객(TWOV)의 조건	여권잔여 유효기간	비고
캐나다*	무사증(6개월)	특별한 조건 없음	체류예정기간 +1일	캐나다 입국/경유 시 전자여행허가(eTA)도입, '16.11.10 시행 – 비용: $7(CAD) (참고 : www.cic.gc.ca/english/helpcentre/questions-answers-by-topic.asp?st=16.7)
코스타리카*	사증면제협정 – 외교관 · 관용 · 일반여권(90일) – 선원수첩(90일)	• 특별한 조건 없음 • 공항 밖으로 나갔다가 12시간 내에 들어올 경우 공항이용료 면제 – 출국장 이동 전, 출입국관리사무소에 공항이용료 면제 신청서 작성 및 제출	6개월 이상	공항이용료 : $29
쿠바	외교관 · 관용 · 일반 – 사증 필요 – 주재 쿠바대사관에서 비자 즉시 발권 가능(30일, 30미불 상당) – 항공권 발권 시 항공사로부터 비자 구입 가능(30미불 상당)	특별한 조건 없음	6개월 이상	• 입국 시 왕복항공권 및 체류지 정보 제공 필수 – 체류지는 호텔 또는 정부 허가 민박만 가능 • 여행자 보험 가입 필수 • 출국 시 공항세 25 CUC(약 USD29) 지불

*캐나다
- 입국목적(여행, 방문, 업무협의, 경유 등)을 명확히 신고(횡설수설하는 경우, 사전승인 없는 유학/취업/사업 목적 및 동행자 간 입국목적이 다른 경우 거부당함)
- 체류장소 및 연락처를 정확히 숙지하여 신고, 현금 과다소지 자제
- 캐나다 입국에 필요한 여권 잔여유효기간은 체류예정기간+1일이나, 많은 항공사들이 승객의 여권 유효기간이 6개월 미만인 경우 탑승TL키지 않는 사례가 있으므로 여권 잔여유효기간은 6개월 이상 권장
- 18세 이하 미성년자 ① 혼자 여행하는 경우, 출생증명서 사본과 부모 또는 후견인 위임장 지참 ② 한쪽 부모와 여행하는 경우, 출생증명서 사본 및 다른 부모 위임장 지참 ③ 부모 및 후견인 이외의 자와 동행 시, 부모 또는 후견인의 허가서 지참

*코스타리카
- 사증면제협정으로 사증은 불요하나 귀환 항공권 및 90일간 $300 이상을 소지하고 있음을 증명해야 함
- 아래 국가(20개국)로부터 입국 시 황열병 예방접종(입국 최소 10일 전 접종) 증명서 소지 의무
- 아프리카(13개국) : 앙골라, 베넹, 브르키나파소, 카메룬, 콩고, 가봉, 감비아, 가나, 기니아, 라이베리아, 나이지리아, 시에라리온, 수단
- 남미(6개국) : 볼리비아, 베네수엘라, 브라질, 페루, 에쿠아도르, 콜롬비아(일부 섬지역 면제)
- 카리브(1개국) : 구아나프랑스
- 황열병 접종면제 조건 : 9개월 미만 유아, 달걀 알러지보유자, 기타면역계질환자, 흉선질환자 및 의사의 진단서상 다음과 같은 사유로 황열병 예방접종이 불가한 점이 인정된 자(60세 이상, 임신, 모유수유, 황열병 백신 거부반응 가족력, 젤라틴 과민증 또는 에이즈질환 등)

국가명	사증필요 여부	통과여객(TWOV)의 조건	여권잔여 유효기간	비고
트리니다드토바고	사증면제협정 - 외교관 · 관용 · 일반여권 (90일)			
파나마	사증면제협정 - 외교관 · 관용 · 일반(90일) - 선원수첩(15일)		6개월 이상	*주재국 대통령 구두지시로 우호국(아국포함) 여행자에 대해 180일까지 무사증 체류 인정 *파나마 방문객은 왕복항공권을 소지해야 출발지에서 파나마행 항공기 탑승 가능 *사전 입국 수속제 시행('16.1.28~)
파라과이	• 사증면제협정 - 외교관 · 관용여권(90일) • 무사증 - 일반여권(30일)	• 통과비자(Transit Visa) 없음 • 최종 도착국가 사증 또는 항공권 소지 • 공항 환승구역 내 대기	제한 없음	*여행증명서는 입국시 불인정, 단 출국 및 경유는 가능(예외적으로 영주권 소지자는 입국 가능)
페루	• 단기체류자 - 필요없음(사증면제협정) - 외교관 · 관용 · 일반(90일) - 선원수첩(15일) • 상기외 목적의 경우 적절한 사증 필요	없음	6개월 이상	• 페루 입국 시 입국심사대에서 도장 날인하여 교부하는 출입국카드(Tarjeta Andina de Migracion)를 반드시 출국 시 제출하여야 함. 분실 시 이민청에 재발급 신청 • 입국스템프 이첩제도 시행 -여권기간이 만료 또는 분실하여 신여권을 발급받은 경우 이민청에 입국스템프를 신여권으로 이첩해야 출국 가능 • 입 · 출국 시 미화 $10,000~30,000이하 현금 소지 시 신고 • 입 · 출국 시 미화 $30,000 이상 반출입(현금) 금지

※ **파나마 사전입국제도('16.1.28~)** : 파나마 토쿠멘 국제공항 입국자 대상 입국 15일 전부터 이용 가능하며 입국 정보 사전 등록시 별도 입국신고서 작성 없이 입국 수속 가능(① 파나마 이민청 홈페이지(http://www.migracion.gob.pa) 접속 → ②"PRECHEQUEO MIGRATORIO" 클릭 → ③사용자 계정 생성(SIGN IN) 후 로그인 → ④ 이름, 국적, 여권번호, 직업, 거주지, 여행 목적, 여행 기간, 항공편 등의 입국 관련 정보 등록

3. 구주지역

국가명	사증필요 여부	통과여객(TWOV)의 조건	여권잔여 유효기간	비고
그리스	사증면제협정(90일) – 외교관 · 관용 · 일반여권	통과비자 불필요	6개월 이상	여행증명서는 입국심사 시 불인정(출국은 가능)
네덜란드	무사증(90일)	확정된 항공권, 유효한 여권 ※체류비용이 충분한지 증빙을 요구하는 경우 있음	체류예정기간 +3개월 이상	
노르웨이*	사증면제협정 (180일 중 90일) – 외교관 · 관용 · 일반여권	특이조건 없음	체류예정기간 또는 사증만료일+3개월 이상	단, 아래사항 유의
덴마크	사증면제협정(6개월 내 90일) – 단, 90일 이하라도 영리목적의 경우 체류허가를 받아야 함.	특이조건 없음	사증만료일 +3개월 이상	양자협정 우선
독일*	사증면제협정 – 외교관 · 관용 · 일반(90일)		쉥겐조약국으로부터의 최종출국예정일로부터 3개월 이상의 여권잔여유효기간을 요구. 다만, 독일에 입국하지 않고 경유만하여 비쉥겐조약국로 출국하는 경우에 한 해, 여권 잔여유효기간을 요구하지 않음.	쉥겐조약국으로부터의 최종출국예정일로부터 역산하여 180일 이내에 쉥겐조약국내 체류기간이 90일 이내여야 입국이 허가됨.
라트비아	사증면제협정 – 외교관 · 관용 · 일반(90일)	확정된 항공권과 여권 소지	체류예정기간 +3개월 이상	
러시아	• 외교관 · 관용여권 – 사증면제협정(90일) • 일반여권 – 사증면제협정(60일) ※ 180일 이내 총 90일 초과 불가, 근로 · 거주 · 유학 목적의 경우 사증 필요	제3국행 예약항공권 및 유효한 여권 소지 시 도착한 공항(터미널)에서 24시간 이내 환승할 경우 사증 불요	사증소지자 –사증유효기간+6개월 이상 사증면제협정 대상– 여권유효기간 내 체류 가능	신여권 취득시 구여권상에 있는 사증을 반드시 신여권으로 옮겨야 함

***노르웨이** – 쉥겐조약 당사국(영국, 아일랜드 등 일부 제외 대다수 유럽국가) 어디를 통해서든지 최초 입국일로부터 180일 내에서 쉥겐조약 모든 당사국 체류일자를 합산하여 총 90일 범위 내에서만 무사증 체류 가능

***독일** – 입국 체류협력에 관한 양해각서에 의거 입국 후 3개월 이내에 현지 외국인관청에서 체류허가를 받을 경우 계속 체류 가능

국가명	사증필요 여부	통과여객(TWOV)의 조건	여권잔여 유효기간	비고
루마니아	사증면제협정 – 외교관 · 관용 · 일반(180일 중 90일)		6개월 이상 (다만, 장기체류를 위해 주재국에 비자를 신청한 경우 비자 신청일자로부터 6개월 이상)	
룩셈부르크	사증면제협정 – 외교관 · 관용 · 일반(90일)		6개월 이상	베네룩스 3국(벨기에, 네덜란드, 룩셈부르크) 합산 무사 증 체류가능 일수가 90일임.
리투아니아	사증면제협정 – 외교관 · 관용 · 일반(90일)		체류예정기간 +3개월 이상	여권 서명란에 친필 서명 필요
리히텐 슈타인	사증면제협정 – 외교관 · 관용 · 일반(90일)			국제공항 없음
마케도니아	무사증(1년 중 누적 90일)	제한적 인정	6개월 이상	
모나코	무사증(90일)		체류예정기간	
몬테네그로	무사증(90일) – 외교관, 관용, 일반		체류예정기간 6개월 이상	입출국 시 유로 10,000 이상 신고 의무
몰도바*	• 일반여권 : 무사증 입국 – '14.1.3부터 6개월중 누적 90일 • 외교관 · 관용여권 – 사증면제협정(90일)		체류예정기간	
몰타	사증면제협정 – 외교관 · 관용 · 일반(90일)	확정된 항공권과 여권 소지	3개월 이상	입국 시 간단한 인터뷰 실시(여행계획, 귀국항공권 소지 여부 등 확인)

*몰도바 – 주중국 몰도바 대사관에서 한국 겸임(한국에 몰도바 공관이 상주하고 있지 않음), 중국 외 다른 나라에 소재한 몰도바 대사관에서도 사증 접수 및 취득 가능

1. 주중국 몰도바 대사관 주소 및 연락처
   - 100600 Beijing, Ta Yuan Diplomatic Office Bid. 2-9-1
   - Tel. : +8610 653 25494
   - 월~금 (9:00~18:00, 점심시간 : 12:00~14:00)
2. 사증 발급 구비서류
   - 사증신청서(영어로 작성, 신청자 서명), 여권, 컬러사진 2장(3x4), 초청장(몰도바 이민국 확인, 여행시 몰도바 소재 여행사로부터 초청장 발급가능)
   - 호텔 예약 증명서류(개인 초청시 초청자 주소가 기입된 신원보증서–공증 불필요), 항공권 예약 사본 등 심사를 위해 추가서류를 팩스로 요청할 수 있음.
3. 사증 수수료
   - 단수사증(1회 입국, 1달) – $40 • 단수사증(2회 입국, 1달) – $50
   - 복수사증 : 1달 – $70, 2달 – $100, 3달 – $120〈transit visa fee(10시간 이내) : 1회 – $20, 2회 – $40〉

   ※비자 수수료는 달러로 은행에 지불
4. 사증발급 소요기간
   - 통상 3~5일, 급행비자 3일(비자 수수료의 50% 추가 지불해야 함)
5. 몰도바 내 체류연장(90일 이상)
   - 몰도바 내 이민국에서 연장 가능 – 외국인 등록 카드 취득

국가명	사증필요 여부	통과여객(TWOV)의 조건	여권잔여 유효기간	비고
벨기에	사증면제협정 - 외교관 · 관용 · 일반(90일)		6개월 이상	베네룩스 3국(벨기에, 네덜란드, 룩셈부르크) 합산 무사 중 체류가능 일수가 90일임.
벨라루스	• 일반여권(사증 필요)* • 도착사증 : 사전에 공항 출입국사무소에 초청장 등 서류 제출 - 단, 러시아 출발 항공편을 이용하여 입국 시 공항도착비자 발급불가 • 외교관 · 관용여권 - 사증면제협정(90일) * 2017.2.12부터 우리국민 일방적 무사증 입국 허용(5일간, 연간합산 최대 90일-민스크국제공항 통해 입국 시)	• 통과비자 발급(48시간 유효) - 공항(단, 러시아 출발 항공편으로 입국시 불가) 및 재외벨라루스공관에서 발급 • 필요서류 및 증명 - 여권 및 비자신청서(사진부착) - 최종 목적지 국가 비자(단, 최종목적지 국가가 무비자 입국 가능한 경우 항공권 및 기차표 사본 등 여행증명 자료) - 여행자 보험증 사본	출국예정일 +90일 이상	* '17.1.4일자 주한대사관 공한으로 비자수수료 변경(1.1.부터) 통보 - 개인비자 : 60유로 - 단체비자 : 10유로/1인당
보스니아 · 헤르체고비나*	• 외교관 · 관용 · 일반여권 - 최초입국일로부터 6개월 범위 내 90일간 무사증 체류 가능	통과사증 불요	체류 만료일(출국예정일)보다 3개월 이상 여권 유효기간 필요	• 체류경비 지불능력이 없거나 입국 목적이 불명확할 경우 입국 불허 • 단수여권, 여행증명서로 무사증입국 불가(출국만 가능)
불가리아	사증면제협정 - 외교관 · 관용 · 일반(90일)	Transit 비자 필요 없음	체류예정기간 6개월 이상 (사증신청 시)	

*벨라루스

- 사전에 공항 출입국사무소에 사증 발급 구비서류 제출(단기/장기 비자 모두 입국 최소 2일 전(근무일 기준) 신청)
- 위급한 환자 방문 등 긴급 비자 발급(병원진단서 및 가족관계증명서 번역본 등을 1일 전(근무일 기준) 제출)
- 유학 비자는 초청장 원본을 입국 2일 전(근무일 기준)에 제출(입국 시 공항에 초청학교 관계자 대기 필수)
- 사증 수수료 (단위 : 유로화)

	단기 1회	단기 2회	복수 3개월	복수 1년
벨라루스 발급 (민스크 공항)	180	270	360	450

*보스니아 · 헤르체고비나

- 입국 후 48시간 이내에 체류지 관할 외국인서비스사무소(Service for Foreigners' Affairs)에 거소신고 필요(숙박업소 이용시 업주가 신고 대행)
- 18세 미만 미성년자의 경우, 부모 또는 법적보호자의 여행동의서 필요(14세 미만 아동의 경우 부모 또는 법적보호자가 반드시 동행)

국가명	사증필요 여부	통과여객(TWOV)의 조건	여권잔여 유효기간	비고
사이프러스 (키프로스)	• 사증면제협정(90일) – 외교관 · 관용여권 • 무사증(90일) – 일반여권	통과비자 불필요	6개월 이상	• 쉥겐이행협약 미가입국임에도 불구하고 동협약 체류조항(180일 중 90일) 적용 • 여행증명서는 입국심사 시 불인정(출국은 가능)
산마리노	무사증(90일)		3개월 이상	이탈리아 영토 내 국가로 이탈리아에 정상적으로 입국한 외국인은 심사없이 출입국 허용
세르비아	무사증(90일) – 외교관, 관용, 일반		체류예정기간 6개월 이상	입출국 시 유로 10,000 이상 신고 의무
스웨덴	사증면제협정(90일) – 외교관 · 관용 · 일반여권	별도의 통과 비자(Transit Visa) 불필요 – 확정된 항공권 및 여권 소지	체류예정기간 +3개월	입국 시 간단한 인터뷰 실시 – 여행계획, 체재비, 귀국 항공권 소지 여부 등 확인
스위스	사증면제협정(90일) – 외교관 · 관용 · 일반여권	• 확정된 연결편 항공권과 유효한 여권 소지(필요 시 최종목적지 사증) • 48시간 이내 출국	체류예정기간 +3개월	
스페인*	사증면제협정 – 외교관 · 관용 · 일반여권 (90일) – 선원수첩(15일) ※선원수첩의 경우 항공편 이용 입국 시 불인정	유효 여권 및 항공권(경유국 또는 목적국) 소지	쉥겐 출국 예정일 이후 3개월 이상	• 여행증명서는 스페인 또는 EU 거주증 소지자에 한해 인정 • 쉥겐협정보다 양자 사증면제협정을 우선 적용하는 것이 원칙이나, 출입국심사관에 따라 쉥겐협정을 엄격히 적용하는 경우도 발생하고 있어 주의 필요
슬로베니아	쉥겐지역 (180일 기간 내 90일)	유효한 여권	출국 시 유효한 여권 예정체류기간 +3개월 권고	

*스페인
- 입국 시 체류 목적을 입증하는 서류를 제시할 것을 요구받을 수 있으므로 관련 서류 지참 권고
- 여행 또는 사적 목적 : 숙소 예약증(개인 주택 체류시 관할 경찰서가 발급한 초청장), 패키지 여행 예약증, 현금 또는 체류경비 지불능력 증빙 서류(1일 64.53유로) 등
- 비즈니스 또는 국제행사참석 목적 : 초청장, 사업관계증빙서류, 회의 참석자 입증 서류 등
- 유학 등 학업 목적 : 교육기관 등록증 등
- http://www.interior.gob.es 참조

국가명	사증필요 여부	통과여객(TWOV)의 조건	여권잔여 유효기간	비고
슬로바키아 *	사증면제협정 – 외교관 · 관용 · 일반여권 (90일)	o 여권 및 항공권 소지 o 통과여객 Zone에 체류	출국예정일자 +1일	단, 아래사항 유의
아르메니아	• 사증면제협정 – 외교관 · 관용여권(90일) • 일반여권 – 사증 필요	제3국행 예약항공권 및 유효한 여권 소지 시 환승구역 내에서 48시간 이내 체류 가능	출국예정일자 +1일	• 입국 예정 공항에서 입국 사증 발급 가능 – 수수료 : 체류기간별 차등(21일 이하 미화 7달러, 120일 이하 미화 37달러) (미취학아동 면제) * 환율에 따라 수수료 변동 • 도착 전에 인터넷을 통한 전자사증(e-visa)발급 신청 가능 http://mfa.am/eVisa
아이슬란드 *	사증면제협정(180일 중 90일) – 외교관 · 관용 · 일반여권	특이조건 없음	체류예정기간 또는 사증만료일 +3개월 이상	단, 아래사항 유의
아일랜드	사증면제협정(관광 및 상용 목적 90일 이하 체류) – 외교관, 관용, 일반여권	아일랜드와 영국은 공동여행구역으로 지정되어 있어 영국 입국을 위한 아일랜드 경유 시 아일랜드 입국에 준하여 입국심사	6개월 이상	입국심사 시 왕복항공권, 초청장, 출장명령서, 체류지 상세정보, 체제비용입증 등 증빙서류 제출 요구
아제르바이잔	• 외교관 · 관용여권 – 사증면제협정(30일) • 일반여권 – 사증 필요 – '16.2.1.부터 입국공항 도착사증(30일 단수) 발급 (여권, 사진2매, 수수료(US$50) 필요) (1회 30일 초과 체류 시는 사증 발급 필요) (주한아제르바이잔대사관에 문의 또는 www.mfa.gov.az 참조) – '17.1.10.부터 단수단기 입국사증(1회 최대 30일) e-VISA(www.evisa.gov.az)도 시행 (수수료 : US$20)	• 확정된 티켓을 소지, 도착 후 24시간 이내 제3국으로 출국 • 공항 환승구역 내 체류 • 통과사증 – 차항지 비자 및 항공권 소지 시 발급 가능 – 기간은 5일	체류예정기간 (최소 6개월)	아제르바이잔 정부지정 여행사에 신청하여, e-visa로 관광비자 발급 (여행사 명단은 아제르바이잔 외교부 홈페이지 http://www.mfa.gov.az/?language=en&options=contest&id=749를 통해 확인)

국가명	사증필요 여부	통과여객(TWOV)의 조건	여권잔여 유효기간	비고
안도라	무사증 입국(90일)	유효 여권 및 항공권(경유국 또는 목적국) 소지	6개월 이상	
알바니아*	무사증(90일) – 외교관 · 관용 · 일반여권	통과비자 불필요	6개월 이상	여행증명서는 입국심사 시 불인정(출국은 가능)
영국*	• 무사증 (최대 6개월) – 신분(학생/직장)증명서, 귀국 항공권, 숙소정보, 충분한 여행경비(현금과 여행자수표, 〈신용카드는 확인이 어렵다는 이유로 불인정〉), 여행계획 등 필히 지참 ※무허가 숙박업소를 이용할 경우, 입국심사관의 추가 확인 시 어려움을 당하는 경우도 있으니 주의요망	• 48시간 이내 출국(출국항공권 및 목적지 국가 입국요건 구비) • 영국과 아일랜드는 공동여행구역으로 지정되어 있어 영국 경유 아일랜드로 여행 시에는 영국 입국 시와 동일한 입국심사	6개월 이상	영국은 입국심사 시 서류 심사 및 인터뷰를 까다롭게 실시하므로, 제출자료 준비 철저 요망

슬로바키아*
- 주재국은 쉥겐협정 우선 적용국
- 쉥겐협정국가 중에서 슬로바키아를 최초로 입국한 경우에는 입국일로부터 최장 90일 체류 가능
- 그러나, 1개의 쉥겐협정국에서 최종 출국하는 날짜를 기준으로 역산하여 지난 180일 이내에서 총90일만 1개의 쉥겐협정국가에서 타 쉥겐 협정 국가들로의 무비자여행 허가 방식으로 체류기간을 정하는 기준이 변경되었음.
- 변경된 기준은 최초 입국일이 아니라 최종 출국일을 기점으로 역산하여 지난 180일 동안에 총 90일 체류를 허가하는 방식이므로, 여러 쉥겐협정국가를 계속하여 여행하는 경우에는 최종 출국일을 미리 계산하여 출국일로부터 지난 180일간 쉥겐협정 국가들에서 체류한 기간들을 모두 합산하여야 하며 합산한 체류일수가 90일이 넘지 않아야 함

*아이슬란드
- 쉥겐조약 당사국(영국, 아일랜드 등 일부 제외 대다수 유럽국가) 어디를 통해서든지 최초 입국일로부터 180일 내에서 쉥겐조약 모든 당사국 체류일자를 합산하여 총 90일 범위 내에서만 무사증 체류 가능

*알바니아
1. 쉥겐이행협약 미체약국이나 동협약 체류조항(180일 중 90일) 적용
2. 입국심사시 여행증명서 불인정
3. 공항입국시 입국세 : 10유로

*영국
- 상세사항 주영국대사관 홈페이지 여행정보 참조
  (http://gbr.mofat.go.kr/kor/eu/gbr/information/travel.index.jsp)
1. 무사증 입국 시 여권에 날인된 체류허가는 일반비자와 달리 영국출국과 동시에 그 효력이 상실되므로 다른 국가를 여행한 후 영국 재입국시 다시 엄격하게 입국심사를 함(즉, 기존 체류허가 기간 만료 전이라고 해서 입국이 보장되는 것이 아님.)
2. 단기간 내에 무비자 입국을 여러 번 시도한 기록이 있는 경우, 이민당국이 편법적인 체류기간 연장으로 간주하여 입국을 거부하는 사례가 다수 발생
3. 쉥겐국가에서 무사증 체류기간(90일)을 거의 소진한 후에 영국(비쉥겐국가)을 입국하는 경우, 입국심사를 까다롭게 하는 경우가 있음
4. 미성년자(만 18세 미만)가 보호자 없이 영국에 입국하는 경우, 입국심사가 매우 까다로우므로 (입국거부되는 경우도 있음), 가급적 부모 동반 요망

국가명	사증필요 여부	통과여객(TWOV)의 조건	여권잔여 유효기간	비고
에스토니아	쉥겐협정(180일 기간 내 90일) – 외교관 · 관용 · 일반 – 90일은 쉥겐국가 내 체류 누적일 – 기산 시점은 입출국 심사일 기준 과거 180일 기간 내 90일임	항공권에 명시되어 있는 대로 입국 및 출국 가능	체류예정기간 +3개월	여행자 보험증서 소지 필요
오스트리아	사증면제협정 – 외교 · 관용여권(180일) – 일반여권(90일)	• 쉥겐지역(180일 기간 내 90일) • 유효한 여권 • 주재국 체류와 귀국을 위한 충분한 재정수단 • 경우에 따라 출입국 심사 시 여행사유를 증명할 수 있어야 함.	(쉥겐지역) 체류예정기간 +3개월	
우즈베키스탄	• 사증면제 협정 – 외교관 여권(60일) • 관용여권은 일반여권과 동일하게 사증필요	• 통과비자 사전 필요 • 공항 통과비자를 받을 수는 있으나, 사전에 신청한 텔렉스번호가 필요 • 공항 환승구역 내에는 비자없이 체류 가능	여권만료일 +3개월 이상	수수료 –단수 : $40~160 –복수 : $150~250 –통과 : $40~50
우크라이나	• 일반여권 – 무사증(90일) • 사증면제협정 – 외교관 · 관용 · 공무여권(90일)		체류예정기간	최초 입국일로부터 180일 내 90일(합산) 체류 가능
이탈리아	사증면제협정 – 외교관 · 관용 · 일반(90일)	확정된 항공권과 여권 소지	3개월 이상	입국 시 간단한 인터뷰 실시(여행계획, 귀국항공권 소지 여부 등 확인)
조지아	무사증(1년)		3개월 이상	
체코*	사증면제협정 – 외교관 · 관용 · 일반(90일)		3개월 이상	
카자흐스탄*	• 외교관 · 관용여권 – 사증면제협정(90일) • 일반여권 – 사증면제협정(30일) ※ 180일 이내 총 60일 초과 불가 ※ 근로 · 거주 · 유학 목적의 경우 사증 필요 ※ 2017.1.1.부터 한시적으로 1회 최대 30일 일방적 복수 무사증 입국 가능 45개국에 한국 포함		6개월 이상	

국가명	사증필요 여부	통과여객(TWOV)의 조건	여권잔여 유효기간	비고
크로아티아 *	외교관 · 관용여권 – 사증면제협정(90일) 일반여권 – 최초입국일로부터 6개월 범위 내 90일간 무사증 체류 가능	통과사증 불요	체류 만료일(출국예정일)보다 3개월 이상 여권 유효기간 필요	• 체류경비 지불능력이 없거나 입국목적이 불명확할 경우 입국불허 • 단수여권은 무사증 입국가능(여행증명서는 출국만 가능)
키르기즈*	• 일반여권(무사증 60일) • 외교관 · 관용여권 – 사증면제협정(30일)		체류예정기간 +6개월 이상	관광 외 목적 방문은 주한공관 또는 주재국 공항에서 비자 발급 필요
타지키스탄 *	• 외교관 · 관용여권 : 사증면제(90일) • 일반여권(사증 필요) – 도착사증 : 사전 공항 영사과에 초청장 등 접수 필요	• 통과사증 필요 • 공항여건상 환승구역이 없음	체류예정기간 +6개월 이상	• '17.1.1부터 전재외공관 대상, 인터넷 사증신청사이트(www.visa.gov.tj) 시행 – 필요 시 영사 면담요청 또는 보완서류 이메일 안내 – 공항도착 사증도 동일, 사증확인서 발급 휴대 제시 – 기존 e-Visa 사이트와 별개(https:://www.evisa.tj)

***체코**

- 입국 이후 호텔 등 숙박시설이 아닌 개인집 등에 체류하는 경우, 집 주인이 방문객 도착 이후 근무일 3일 이내 외국인 경찰서를 방문하여 체류예정 기간 및 장소 등을 신고(호텔 등 숙박시설의 경우, 숙박시설 운영자가 근무일 5일 이내 신고)

***카자흐스탄**

- 무비자로 입국하는 모든 한국인은 입국 후 5일 이내에 이민국에 거주등록을 하여야 함.(호텔에서 외국인 거주 등록을 요청하면 대행함)
- (외교관-A1, A2, 관용-B1, B2, 비즈니스-D1, 사적-G1 의 단수비자 및 관광비자(F1)의 단수 및 복수 비자) 이외의 비자소지자는 거주등록을 하여야 함
- 입국일로부터 5일 내 출국하는 경우는 거주등록이 필요 없음

***크로아티아**

- 입국 후 48시간 이내에 체류지 관할 경찰관서에 거소신고 필요(숙박업소 이용 시 업주가 신고 대행)
- 18세 미만 미성년자의 경우, 부모 또는 법적보호자의 여행동의서 필요

***키르기즈**

- 관광 목적으로 무사증 60일 입국 가능. 거주 등록 불필요. 단, 60일 이후 체류 연장 불가함.
- 장기 체류 목적 입국 시에는 주한공관 또는 주재국 공항에서 도착비자를 발급받은 후, 비자청에서 체류 목적에 맞는 비자 연장 및 거주 등록을 해야 함. 공항 도착비자 수수료는 $70임(1개월 한도, 1회)임

국가명	사증필요 여부	통과여객(TWOV)의 조건	여권잔여 유효기간	비고
터키*	사증면제협정 – 외교관 · 관용 · 일반여권(90일) – 단, 180일 기간 중 90일을 초과 하지 못함		90일 이상(*2015.1.1.부터는 유효한 체류허가기간 만료일보다 60일 이상 잔여 유효 필요)	사증발급신청www.visa.gov.tr에서만 접수(16.1.5~) 및 유효한 건강보험(16.1.5.부터 시작) 소지 필요
투르크메니스탄*	• 외교관여권 – 사증면제협정(30일) ※ 당지 주재 외교관의 경우에는 근무기간 중 면제 • 관용 · 일반여권(사증 필요) – 도착사증 발급 가능	• 공항 환승구역 내 대기시에도 통과사증 필요 • 아쉬하바드 국제공항에서 사증 발급(수수료 $35)	3개월 이상	
포르투갈	사증면제협정 – 외교관 · 관용 · 일반(60일) – 선원수첩(15일)	• 별도의 통과비자(transit visa) 필요 없음 • 확정된 항공권 및 여권 소지	체류예정기간 +3개월 이상	
폴란드*	사증면제협정 – 외교관 · 관용 · 일반(90일)		체류예정기간 +3개월 이상	여권 서명란에 친필 서명 필요
프랑스*	사증면제협정 – 외교관 · 관용 · 일반(90일)		체류예정기간	
핀란드	쉥겐협정(180일 기간 내 90일) – 외교관 · 관용 · 일반 – 90일은 쉥겐국가 내 체류 누적일 – 기산 시점은 입출국 심사일 기준 과거 180일 기간 내 90일임	항공권에 명시되어 있는 대로 입국 및 출국 가능	체류예정기간 +3개월	
헝가리	사증면제협정 – 외교관 · 관용 · 일반(90일)	별도 통과비자(transit visa) 불요	출국일 기준 +3개월	여권 서명란에 친필 서명 필요
코소보	무사증 90일	유효한 여권 – 코소보를 통해 세르비아 출입국 불가능	출국일 +최소 3개월	

***타지키스탄**

- 타지키스탄 인근 주우즈베키스탄, 카자흐스탄, 키르기즈스탄, 러시아 등 타지키스탄대사관에 사증 신청 시 초청장 등 서류 제출 후 사증발급(1주 이상 소요)
- 타지키스탄 내에서 초청장 작업을 할 경우 초청자가 초청장 등 서류를 외교부에 제출하면 외교부에서 심사하여 확인서 발급(2주 이상 소요)
- 공항 영사과에 초청장, 사증발급신청서, 여권사본 등을 제출 시 입국사증 또는 단수사증 획득 가능
- 모든 외국인은 근무일기준 3일 이상 체류 시 이민국 등에 거주등록을 해야 하며, 호텔 체류 시 호텔이 대행하여 등록
- 공항 입국 시 작성한 입국신고서(반쪽)를 출국 시 제출해야 하므로 반드시 잘 보관하여야 하며, 분실 시 벌금을 납부한 후 출국 가
- 기타사항은 타지키스탄 외교부 홈페이지(www.mfa.tj) 참조

***터키**

- 훼손여권은 무조건 입국 거부되며(여행증명서로 입국 불가), 여권사진의 모습이 실물과 상이한 경우에도 입국이 거부되는 사례가 많음
- 2012.2.1부로 외국인의 무사증 체류 기간이 종전의 90일로부터 '180일 기간 중 최장 90일'로 변경

***투르크메니스탄**

1. 투르크메니스탄 입국 시 공항(수도 아쉬하바드 국제공항)에서 사증을 발급 받는 경우(기본 수수료)
   - 단수 사증 : 10일($85), 20일($95), 1개월($105)

   ※ 사증 기본 수수료 외에 기타 수수료 17미불을 추가로 지불해야 함

   ※ 지방 소재 국제공항이나 육로, 해로 등을 통해 입국할 경우 사증수수료가 달라짐(보다 저렴함)
2. 주한투르크메니스탄대사관이 사증발급을 하지 않고 있어 투르크메니스탄 이민청으로부터 초청장을 발급받아 항공기 탑승시 부터 휴대해야 하며 공항에 도착하여 사증을 발급 받아야 함
3. 모든 외국인은 입국 후 근무일 기준 3일 이내에 이민청에 체류 등록을 하여야 함(사진 4매 필요)

***폴란드** - 폴란드사증 신청 시 : 체류예정기간+3개월 이상 여권잔여 유효기간 필요, 여권 서명란에 필히 서명

***프랑스** - 한 · 프랑스 사증면제에 관한 각서교환(67.2.11) 및 사증면제협정의 개정을 위한 각서교환(89.9.22)에 의거, 일방 체약국 국민이 관광 등의 목적을 위해 타방국 영토에 입국 시 최대 90일간 무비자 체류 가능

3. 중동지역

국가명	사증필요 여부	통과여객(TWOV)의 조건	여권잔여 유효기간	비고
레바논	사증 필요 - 관광 목적의 경우, 30일 입국비자 공항 도착 시 취득 가능	• 확정된 티켓 및 차항지에서 요구하는 서류 소지 • 48시간 공항 대기 가능	6개월 이상	
리비아	사증 필요	• 경유지행 항공권 및 관련 서류 필요 • 공항 내 체류 • 24시간 이내 출국	6개월 이상	지역 민병대 간 무력 충돌이 잦으므로, 신변 안전에 극히 유의 필요
모로코	사증면제협정 - 외교관 · 관용 · 일반(90일) - 선원수첩(15일)	• 확정된 티켓과 차항지 입국 서류 소지 • 동일 또는 연결항공편을 이용 당일 제3국으로 출국 • 공항 내 체류	6개월 이상	
모리타니아	사증 필요		6개월 이상	• 도쿄, 파리, 라바트, 다카르 등 모리타니아대사관에서 사증 취득 필요 • 모리타니아 누악쇼트, 누아디부를 제외한 전지역은 철수권고지역으로 여행하기 적합하지 않음
바레인	• 도착비자 발급 - 2주비자 : 수수료 25디나르(US$66.81), 동 기간내 체류연장 신청을 할 수 있음(2주 연장 시 25디나르, 1개월 연장 시 30디나르) - 72시간비자 : 수수료 15디나르(US$40), 1주 연장 시 30디나르, 1주 이상 연장 시 50디나르 - 환승비자 : 2디나르(US$5.34) • 전자비자(E-Visa) : 입국 사전에 인터넷으로 신청하여 발급하는 비자 (https://www.evisa.gov.bh) - 2주비자 : 29디나르(US$77.49, 이중 4디나르는 수수료), 2주 연장 시 25디나르, 1개월 연장 시 30디나르, 신청 후 72시간 이내 발급, 발급 후 30일 이내 사용해야 함 • 국경비자 : Causeway 다리를 통해 사우디에서 입국하는 경우 - 2주비자 : 4디나르(입국, 출국 시 각각 2디나르)	• 확정된 항공권과 최종 도착지에서 필요한 서류 소지 • 공항 환승구역 내 체류	6개월 이상	

국가명	사증필요 여부	통과여객(TWOV)의 조건	여권잔여 유효기간	비고
사우디 아라비아	사증 필요 – 사증발급센터를 통해 사증 신청 접수https://www.vfstasheel.com – 외교관/관용 여권 소지자 및 정부 공식 방문단은 주한사우디아라비아대사관으로 직접 사증 신청 ※ '16.10.2.(일)부터 비자발급수수료 인상 적용 단수 : 2,000리얄, 복수(6개월 : 3,000리얄, 1년 : 5,000리얄, 2년 : 8,000리얄 등)	• 확정된 항공권과 최종 도착지에서 필요한 서류(사증 등) 소지 • 공항 환승구역 내 체류	6개월 이상	• 여권에 이스라엘 출입국 관련 기록이 있는 경우 입국 불허 • 여행증명서는 출국 시에만 인정(입국 시 불인정)
시리아	사증필요(수수료 $33) – 도착사증(관광)	• 확정된 티켓과 차항지에서 요구하는 서류 소지 • 동일 또는 첫 연결항공편을 이용 • 환승구역 내 체류, 48시간 이내 제3국으로 출국	6개월 이상	• 시리아 내전으로 인한 우리 정부의 여행금지국 지정 (~2017.1.31까지) ※향후 사태 추이에 따라 여행금지국 지정 재연장 예정
아랍에미리트*	사증면제협정 – 외교관 · 관용 · 일반 여권(90일)		6개월 이상	단수여권, 여행증명서로 입국 불가 원칙
예멘	사증필요 ① 주일본예멘대사관 또는 그 외 재외공관에서 사증 발급, 수령 ② 예멘 내 초청자를 통하여, 사증에 준하는 허가서를 예멘 이민청으로부터 사전에 발급받아 입국장에서 제시(사본)하고, 원본은 도착공항에서 초청자가 비자 창구에 제출 ※도착사증제도 폐지(2012년 말 이후)	확정된 티켓과 차항지에서 요구하는 서류 소지 ㅇ공항 환승구역 내 체류	6개월 이상	여행증명서는 출국 시에만 인정(입국 시는 불인정) ※외국인 납치 성행 등 치안 불안으로 여행금지국 지정 (~2017.1.31까지) ※향후 사태 추이에 따라 여행금지국 지정 재연장 검토

*수단
- 모든 여권 소지자가 사증 필요(무비자 입국 불가능). 다만 사전에 주재국에서 발급한 엔트리 퍼밋(미화 50불 정도) 사본을 소지한 경우에는 공항에서 엔트리 비자(미화 100불 정도) 발급 가능(엔트리 퍼밋 원본은 입국 전에 공항사무소에 별도로 제출해야 함)

*아랍에미리트
- 현지취업 등의 목적으로 아랍에미리트로 입국하는 우리나라 근로자들이 현지지사를 통해 비자신청을 하고 입국허가증을 발급받기 전에 무사증입국을 시도할 경우 입국이 거부된 사례가 있었음.
- 따라서 사전 비자신청시는 반드시 고용허가증(Pink slip)을 지참하고 입국하여야 하며, 이 경우 무사증입국은 허용되지 않음에 유의

국가명	사증필요 여부	통과여객(TWOV)의 조건	여권잔여 유효기간	비고
오만	• 사증면제협정 – 외교관 · 관용(90일) • 무사증(30일) – 공식적으로 관광 · 통과 목적에 한하나, 실제로는 입국목적에 제한 없음. ※ 주재국 업무 체류를 위해서는 사전에 오만 내 스폰서를 통해 취업 사증 수속을 받은 후 입국하여야 함.		6개월 이상	• 여행증명서는 출국시에만 인정(입국 시는 공식적으로 불인정) • 이스라엘 출입국 심사인이 있는 경우 입국 불허
요르단*	사증필요 – 도착사증 가능(단수 30일) – 수수료 : 40JD(약 $56.5) – 복수 사증은 공항 발급 불가능	통과여객 가능 – 확정된 항공권 – 환승구역 내 체류 또는 입국비자를 받아 시내관광 가능	6개월 이상	여행증명서는 출국 시에만 인정 (입국 시는 불인정)
이라크*	• 사증필요 – 도착(공항)사증 불허 – 상용, 공무, 외교 비자발급 (예외적 여권사용허가 필요) – 단수비자(3개월, $40) – 복수비자(12개월 이내, $100) • 비자체류기간에도 불구하고 10일을 초과하여 체류할 경우에는 입국 후 10일 이내 지역 이민국에 입국 및 출국 예정일 신고 필수(미신고 10일 초과 체류 후 출국시 지역 이민국을 방문하여 벌금 $400 이상 납부 후 출국 가능하니 각별히 유념)	통과여객 가능 – 공항 환승구역 내에서만 체류	6개월 이상	외교부 장관의 "예외적 여권사용 허가" 필요
이란*	• 외교관 · 관용여권 – 사증면제 협정(90일) • 일반 여권 – 주한이란대사관에서 사증을 받아오는 것이 원칙 – 공항입국비자(도착사증)로도 입국 가능 • 방문목적 및 일정에 따라서 3일~3개월 이내 유효기한으로 발급 ※수수료 : 약 30유로 또는 그에 상당하는 달러화 및 리얄화 ※ 초청인의 초청장 또는 호텔 예약 등 관련 서류 준비가 바람직 – 체류기한 연장 가능(30일 연장시 수수료 약 30만리얄)	• 연결편 항공권 및 제3국 비자 소지 • 수수료 없음. • 공항 보세구역 내 최대 12시간 체류 가능	6개월 이상	단수여권 및 여행증명서로는 출국만 허용 (EXIT VISA 필요)하고, 입국은 불허함.

국가명	사증필요 여부	통과여객(TWOV)의 조건	여권잔여 유효기간	비고
이스라엘*	사증면제협정 – 외교관 · 관용 · 일반(90일)		체류예정기간 +6개월 이상	여행증명서는 인정되지 않고, 단수여권 이상만 인정
카타르*	무사증 – 외교관 · 관용 · 일반(30일)		6개월 이상	단수여권 및 여행증명서는 입국불가
쿠웨이트	• 외교관, 관용여권 – 사증면제 협정(90일) • 일반여권 – 도착사증 가능(90일) – 수수료 : 3KD(약$11), 단, 방문 및 여행 목적 시(single entry) 수수료 면제(15.6.1.~) *E-visa 수수료 면제	• 확정된 티켓과 차항지에서 요구하는 서류 소지 • 공항 환승구역 내 체류	6개월 이상	우리나라를 비롯 52개국 입국 전 주재국 내무부 웹사이트를 통해 방문(관관) 비자 사전 신청 후 이메일 통해 승인여부확인_의무사항 아님. http://evisa.moi.gov.kw/evisa/home_e.do

*요르단
- 사증은 주한요르단대사관에서 발급받거나, 공항 또는 국경에서 도착 사증(단수 30일) 발급
- 사증 수수료 : 단수 78,300원, 2회 113,100원, 복수 217,500원(주한요르단대사관 발급 기준)
- 공항 또는 국경에서 도착 사증(30일)을 받아 입국 후 인근 경찰서에서 2개월 체류 연장 가능(총 90일까지 체류 가능)
- 3개월 이상 체류 연장 시 채혈 및 지문 등록

※이스라엘과 접경한 킹 후세인 브릿지(알랜비 보더)에서는 도착사증 발급이 불가능한 바 사전 사증 취득 요망.

*이라크
- 여행금지(여권사용, 방문 및 체류 금지)국가임, 다만, 영주, 취재보도, 국가이익 및 기업활동 등의 경우 여권사용, 방문 및 체류허가를 외교부(재외국민보호과)에 신청하여 허가를 득한 후 방문 가능(여권법 제26조 : 여행금지국에 허가를 받지 않고 해당국가나 지역에서 여권을 사용하거나 방문, 체류한 사람은 1년 이하의 징역 또는 1천만 원 이하의 벌금에 처한다)

*이란
- 3~3개월의 유효기간으로 발급하는 공항입국비자는 △이란초청자 또는 현지여행사에서 이란 외교부에 사전 통보 후 이민국에 신청 시 3개월 유효기간 이내의 원하는 체류 날짜를 받을 수 있으나, △사전 통보없이 방문 시 체류 목적 및 일정에 따라 3~3개월 유효기간중 임의의 날짜를 부여받게 됨.

*이스라엘
- 취업 목적으로 입국하는 경우 취업사증(B-1)을 사전에 취득해야 하며, 입국 후 공항에서 간단한 절차를 거쳐 내무부가 발급하는 고용허가서를 취득하게 됨.
- 유학생 신분으로 입국하는 경우 사전에 국내에서 학생 비자를 취득해야 함
- 입국 목적에 부합되는 서류 등을 휴대하지 않는 경우, 복잡하고 까다로운 입국 심사 과정에서 입국이 거부되는 사례가 종종 발생하고 있으므로 입국 목적을 증빙할 수 있는 서류를 반드시 소지하기 바람.

*카타르
- 비자 취득절차상 스폰서(현지 개인 또는 법인)가 있어야 비자취득이 가능한 비자와 무비자 입국으로 구분할 수 있음. 전자는 방문(visiting), 취업(working)비자 등이며, 후자는 상용(business), 관광(tourist)이 해당됨.
- 수속방법
  1. 상용, 관광비자는 카타르측 무사증조치(2014.11)에 따라 30일 간 무비자 입국 가능(단, 출입국법규에는 왕복티켓 소지가 명시되어 있지 않으나 때에 따라 요구할 수도 있음).
     • 체류기간 1개월, 1회 연장가능
  2. 방문, 취업비자는 연고자가 카타르인 스폰서의 동의하에 카타르 이민국에 입국비자 신청 및 허가를 받아 입국예정자에게 송부(FAX 가능), 카타르 입국 시 동 허가서를 소지해야 함.
     • 체류기간은 1개월에서 1년간, 연장도 가능

4. 아프리카지역

국가명	사증필요 여부	통과여객(TWOV)의 조건	여권잔여 유효기간	비고
가나*	사증 필요 – 황열병 예방접종 증명카드 필수	• 공항 밖으로 나갈 수 없음 – 허가 신청 시 대사관 공한 제출 요 • 입국 후 48시간 이내 출국해야 함 • 항공일정표 및 여행목적지의 사증 제시(사증이 필요한 국가 여행 시)	6개월 이상	2014년 4월 이후 도착비자 폐지
가봉*	사증 필요 (외교관 · 관용 여권은 사증 면제)	• 확정된 티켓과 차항지에서 요구하는 서류 소지 • 동일 또는 첫 연결항공기를 이용, 24시간 이내 제3국으로 출국	6개월 이상	
감비아*	사증 필요 – 도착 사증 가능	통과비자 필요 (공항에서 발급, 공항체류 시 불필요)	6개월 이상	주세네갈감비아대사관에서 신청(아시아에 한국 관할 대사관 없음) ((+221) 33 820 11 98)
기니*	사증 필요 – 도착 사증 가능	통과비자 필요 (공항에서 발급, 공항체류 시 불필요)	6개월 이상	• 주일본기니대사관 : 한국인 비자발급 관할 ((+81) 3-3770-4640, ambagui-tokyo @gol.com) • 주세네갈기니대사관 ((+221) 33 824 86 06)
기니비사우*	사증 필요 – 도착사증 발급 가능	통과비자 필요(공항에서 발급, 공항체류 시 불필요) → 연결항공편을 기다리는 시간이 적을 경우 통과비자 발급이 필요 없을 수도 있음	6개월 이상	주세네갈기니비사우대사관에서 신청(아시아에 한국 관할 대사관 없음) ((+221) 33 824 59 22)
나미비아*	사증 필요	차항지로 여행을 증명하는 확정된 항공티켓 또는 초청장	6개월 이상	황열병 예방접종증명서(Yellow card) 필요
나이지리아	사증 필요	• 최종 목적지 확정 항공권 소지 • 최종 목적지 유효비자 소지 • 48시간 이내 연결 항공편을 이용, 제3국 출국 • 충분한 경비 소지 • 황혈병 예방접종증서(증서 제시 요구하는 경우 있음)	6개월 이상	

국가명	사증필요 여부	통과여객(TWOV)의 조건	여권잔여 유효기간	비고
남아프리카 공화국	무사증(30일)	통과사증 필요 없음	6개월 이상	황열병지역 국가 입출국 여행자에 대해 황열병 예방접종증명서(Yellow card) 필요
남수단*	인근국 남수단대사관(북경, 나이로비, 캄팔라등)에서 비자 취득후 입국 또는 입국허가서 소지 시 1개월 유효 도착사증 가능하나 입국허가서를 발급받기 위해서는 남수단 내 대리인이 남수단 이민국을 사전에 접촉하여 허가서를 발부받아 입국자에게 미리 보내 주어야 함. • 단수비자 수수료 : $100 입국허가서 수수료: $45 복수비자 : $125 (남수단 방문 유경험자에 한해 발급)	• 확정 티켓 소지 시 공항 내 체류 후 환승 가능. • 17:00PM 이후 항공편은 없으며, 17:00PM 이후 공항 내 체류는 불가능	6개월 이상	황열병 예방접종증명서(Yellow card) 필요

*가봉
- 사증신청 구비서류(사증신청서, 여권사진 2매, 호텔예약 또는 숙박예정지 확인서, 항공일정서 사본, 초청장, 입국 시 황열병 예방접종 증명서 필요)

*감비아
- 사증 수수료 : 단수 35,000 FCFA
- 환율 : US$1 = 500 FCFA
- 예방접종 증명 휴대 불필요, 말라리아 예방약 복용

*기니
- 사증수수료 : 단수 35,000 FCFA (주세네갈기니대사관 발급 기준)
- 기니 주재 초청자(혹은 영사협력원)에게 여권사본을 송부하여, 초청자가 이민국에서 피초청자의 사증을 발급. 피초청자는 사증사본을 발급받아 입국한 후 이민국으로부터 체류사증 획득
- 초청정 발급수수료 : 180,000 기니프랑, 사증수수료 : 3개월(280,000 기니프랑), 6개월(400,000 기니프랑) 1년(800,000 기니프랑)
- 환율 : US$1 = 5,000기니프랑
- 황열병 예방접종 필수(접종증명 휴대), 그 외 추천예방접종 : 디프테리아, 파상풍, 척수회백질염, 결핵, 간염B, 뇌막염, 장티푸스
- 말라리아 예방약 : 클로로킨 150mg을 주2회 복용, 본국으로 귀국 후 4주까지 계속 복용

*기니비사우
- 황열병 예방접종 필수(접종증명 휴대), 그 외 추천예방접종 : 디프테리아, 파상풍, 척수회백질염, 결핵, 간염B, 뇌막염, 장티푸스
- 사증수수료: 단수 45,000 FCFA

*나미비아
- 사증신청 구비서류(사증신청서, 여권사진 2매, 호텔예약 또는 숙박예정지 확인서, 항공일정서 사본, 초청장, 입국 시 황열병 예방접종증명서)

*남수단
- 외교관여권 및 관용여권 소지자는 공항에서 도착비자 가능, 일반여권 소지자는 사증 필요. 다만 사전에 주재국에서 발급한 엔트리 퍼밋(미화 50불 정도) 사본을 소지한 경우에는 공항에서 엔트리 비자(미화 100불 정도) 발급 가능

국가명	사증필요 여부	통과여객(TWOV)의 조건	여권잔여 유효기간	비고
니제르*	사증 필요 - 도착사증 불가능 - 황열병 예방접종 증명카드 필수	무사증 시 통과여객 가능하나 공항 밖으로는 나갈 수 없음	6개월 이상	도착사증발급 불가
라이베리아	사증면제협정 - 외교관 · 관용 · 일반여권 (90일) - 선원수첩(15일)		6개월 이상	
레소토	사증면제협정(60일) - 외교관 · 관용 · 일반여권	통과사증 필요 없음	6개월 이상	
르완다	• 사증 필요 • 도착비자(30일) - 단수만 가능 - 입국 전 르완다 이민국 홈페이지에서 신청 후 허가를 받아야 입국 가능 - 단수 : 30 $	• 르완다 도착 후 72시간 내 제 3국으로 출국하는 연결 항공권 소지 • 르완다대사관 또는 영사관, 이민국 홈페이지에서 신청 가능	6개월	• 르완다 이민국 홈페이지(www.migration.gov.kr) • 주한 르완다대사관 - 주소 : 서울특별시 용산구 한남대로20길 13 수영빌딩 5F - 비자업무 시간: 월요일~금요일, 오전 9시~11시 30분, 오후 1시~4시 30분
마다가스카르	• 사증 필요 • 공항 도착 시 1개월 내 관광비자 취득 가능 - 1개월까지는 무료이지만 1개월 경과될 경우 $60 지급	• 통과사증 필요 - 20시간 기준 연결 항공권 소지	6개월 이상	• 한국 명예영사 사무실에서 비자 취득 가능 - 여의도 김윤식 명예영사 사무실 : 02 752 6530 • 황열병지역 국가 입출국 여행자에 대해 황열병 예방접종증명서(Yellow card) 필요
말라위	• 사증 필요 - 주일본말라위대사관 또는 주아프리카지역 말라위 대사관에 사증 신청 (미화 100불) • 이민국에서 연장 가능 (20~30미불 상당) - 30일 연장 시 : 5,000콰차 - 60일 연장 시 : 10,000콰차	• 연결 항공권 소지 • 공항 내에서 최대 24시간 체류 가능	6개월	• 말라위 이민국 발급 공문(VISA Letter)을 소지했을 경우 도착비자 가능(공항에서 70미불 지불) - VISA Letter는 말라위 현지 거주자(영사협력원 또는 한인동포, 국내 비자 대행사, 여행사)를 통해 말라위 이민국에 신청하여 도착 비자발급

*니제르
- 경유국(중국/일본) 주재 니제르 공관에 사증 발급 신청

국가명	사증필요 여부	통과여객(TWOV)의 조건	여권잔여 유효기간	비고
말리*	해당 국가에 말리대사관이 없는 경우에 한해 도착 사증 가능 – 사증 필요	BAMAKO-SENOU 공항에 체류하거나, 시간이 충분히 많은 경우, 공항 경찰이 통과 비자 발급	6개월 이상	• 주세네갈말리대사관 ((+221) 33 825 17 16) • 주일본말리대사관 http://www.ambamali.jp/visa-issuance.php ((+81) 3-5447-6881, info@ambamali-jp.org)
모리셔스*	• 무사증 입국(16일) • 16일 초과 체류 시 사증 필요 – 연장 가능(3개월까지, 수수료 없음)	확정된 티켓과 차항지에서 요구하는 서류소지	6개월 이상	
모잠비크	• 사전 입국사증 취득은 필수임 – 주일본 주재 모잠비크대사관(한국겸임)에서 사증 발급 담당(http://www.embamoc.jp) • 다만, 한시적이고 임시로 공항 또는 국경 도착 시 도착사증을 발급해주고 있으나 출입국의 심사 결과에 따라 도착사증 발급이 거부될 가능성도 있어 사전 입국사증 취득을 권고함. – 도착사증(30일 단수사증, 수수료 $78) 취득을 위한 구비서류 : 모잠비크 거주자 또는 주재 회사가 발행한 유효한 초청장, 숙박지 주소 및 연락처 정보 ※ 공항 도착, 출입국 심사관과 도착사증 발급 인터뷰시 초청장, 숙박지 주소, 연락처 정보, 방문목적을 요구하는바, 사전 준비바람. • 도착사증 취득 · 입국 후 이민국에서 연장이 가능함. – 도착사증은 단수로서, 30일 이전 출국 시 무효가 되며, 입국사증을 재취득해야 함. 도착 사증은 1회 추가연장(30일) 가능함.	• 공항 밖으로 출국하지 않는 한 통과사증 불필요. 공항 밖으로 나갈 경우 경유비자(F)를 받아야 함. • 단, 목적지 국가의 유효한 입국사증 및 연결편 항공권을 소지하여야 하며, 공항 내에서 다음편 항공기 탑승시까지의 최소한의 시간만 체류 가능.	6개월 이상	• 2013.10 공관 창설 이래 외교관 · 관용여권 소지자 사증 면제, 모잠비크 명예영사를 통한 서울에서의 사증 발급 추진 중. • 도착사증 발급시 현지 금품 요구에 주의 요망 *우리 국민이 인근국(스와질랜드)에서 사전 사증을 발급받아 입국하는 경우에도 주일모잠비크대사관에서 사증을 받지 않았다면서 입국을 거부하고 과다한 금품을 요구한 사례도 있음.

*말리
- 사증수수료 : 단수 25,000 FCFA
- 황열병 예방접종 필수(접종증명 휴대), 그 외 추천예방접종 : 디프테리아, 파상풍, 척수회백질염, 결핵, 간염B, 뇌막염, 장티프스
- 말라리아 예방약 : 클로로킨 150mg을 주2회 복용, 본국으로 귀국 후 4주까지 계속 복용

국가명	사증필요 여부	통과여객(TWOV)의 조건	여권잔여 유효기간	비고
베냉*	1. 외교관, 관용여권 : 사증면제협정(90일) 2. 일반여권 : 사증 필요 – 주일본 또는 아프리카 내 베냉 대사관에서 사증발급 – 황열병 예방접종 증명카드 필수	1. 차항지에서 요구하는 서류 및 확정된 티켓을 소지 2. 24시간 이내에 제3국으로 출국 3. 공항 내에서 체류	1개월 이상	
보츠와나	무사증(90일)	통과사증 필요 없음	6개월 이상	*2016.10.1. 주재국 국경 통과 미성년자(18세미만)의 경우 여권과 공증된 출생증명서를 소지해야 하며, 한쪽 부모만 동반시 미동반 부모의 여행동의서 소지해야 한다는 출입국 규정 적용 중 – 출생증명서는 우리 해외공관(영사부) 발급 가족관계증명서 및 영문 공증으로 갈음 가능
부룬디	• 사증 필요 • 도착사증 발급 중지 (2015.10.15. 이후)	연결 항공권 소지	1개월 이상	주중국부룬디대사관에서 대한민국 겸임
부르기나파소*	사증 필요 – 도착사증 가능 – 수수료 : 94,000CFA(단수, $100) 122,000 CFA(복수,$250) – 황열병 예방접종 증명카드 필수	무사증 시 통과여객 가능하나 공항 밖으로는 나갈 수 없음	6개월 이상	도착사증발급 – 사진 2매 – 사증발급신청서 – 수수료 – 황열병예방접종카드
세네갈*	무사증		3개월 이상	〈 필수 준비 서류 〉 ① 왕복 항공권, 제3국향발 항공권 등 복귀 확인을 위한 서류(동 증빙서류가 없을 경우 입국이 거부될 수 있음) ② 황열병 접종 증명서

***베냉** – 일반여권 소지자 도착사증 발급요건 : △베냉에 거주 중인 자의 초청을 받은 경우 이민국에 사전입국 승인요청, △베냉 내 체류지역, 기간 및 목적(필요 시 관련서류)이 분명하여야 함. △베냉 내 거주 초청인이 없거나 방문 목적이 불분명한 경우 강제 추방가능

***부르키나파소** – 경유국(대만/일본) 주재 부르키나파소 공관에 사증 발급 신청

***세네갈**

– 황열병 예방접종 필수(접종증명 휴대), 그 외 추천예방접종 : 디프테리아, 파상풍, 척수회백질염, 결핵, 간염B, 뇌막염, 장티푸스

– 말라리아 예방약 : 클로로킨 150mg을 주2회 복용, 본국으로 귀국 후 4주까지 계속 복용

국가명	사증필요 여부	통과여객(TWOV)의 조건	여권잔여 유효기간	비고
상투메 프린시페*	사증필요	• 공항 밖으로 나갈 수 있음 • 입국 후 최단시간 내 출국해야 함 • 항공일정표 및 여행목적지의 사증 제시(사증이 필요한 국가 여행 시)	6개월 이상	
세이쉘	• 무사증 입국(30일) • 3개월 연장가능(최대 12개월 연장) – 3개월 초과 체류 시 수수료 : Rs 5,000루피(약 $415 상당)	공항 환승구역 내 체류	6개월 이상	
스와질랜드	무사증(60일)	통과사증 필요없음	3개월 이상	
소말리아*	사증 필요 – 수수료 : $50(3개월, 단수)	경유 시 최종 도착지를 증명하는 항공 티켓 및 사증 제시	6개월 이상	
수단*	사증 필요	• 확정된 티켓 • 동일 또는 첫 연결항공편을 이용하여 제3국으로 출국 • 공항 환승구역 내 체류	6개월 이상	• 여권은 경찰이 보관하며 출발 시 돌려줌 • 단수여권, 여행증명서로 입국 불가
시에라리온	사증 필요	• 24시간 이내 동일 또는 연결항공기를 이용, 제3국으로 출국 • 공항 환승구역 내 체류	3개월 이상	
앙골라*	• 외교관 · 관용여권 – 사증면제협정(30일) • 일반여권 – 사증 필요	Transport 비자 필요(15일 비자)	6개월 이상	황열병 예방접종증명서(Yellow card) 필요

***상투메프린시페**
- 사증신청 방법은 TAIWAN 소재 대사관에 신청하거나 online 신청(www.smf.st/virtualvisa) 가능

***소말리아**
- 1991년 이후 사실상 무정부상태에 있어 여행시 신변안전을 보장할 수 없는 상태로 현재 여행금지국가로 지정
- 황열병 예방접종증명서(Yellow card)는 요구하지 않으나 예방 접종 권장

***수단**
- 모든 여권 소지자가 사증 필요(무비자 입국 불가능). 다만 사전에 주재국에서 발급한 엔트리 퍼밋(미화 50불 정도) 사본을 소지한 경우에는 공항에서 엔트리 비자(미화 100불 정도) 발급 가능(엔트리 퍼밋 원본은 입국 전에 공항사무소에 별도로 제출해야 함).

*** 앙골라**
- 사증신청 구비서류(사증신청서, 여권사진 2매, 호텔예약 또는 숙박예정지 확인서, 항공일정서 사본, 초청장, 입국 시 황열병 예방접종증명서)

국가명	사증필요 여부	통과여객(TWOV)의 조건	여권잔여 유효기간	비고
알제리	• 외교관 · 관용여권 – 사증면제협정(90일) • 일반여권 – 사증 필요	• 24시간 내 연결되는 항공기를 이용, 제3국으로 출국 • 차항지에서 요구하는 필요한 서류 및 왕복 또는 연결편 항공권 소지 • 공항 환승구역 내 체류	6개월 이상	• 여권 소지인 서명 필수(누락 시 위조여권으로 오인) • 출국 시 외환반출에 대한 규제 엄격 적용(입국당시 향후 출국시를 대비하여 외환반입신고를 꼭 해야 함) – 출국 시에는 입국 당시 신고했던 외환만 반출할 수 있으며, 입국 당시 신고했던 외환신고서를 제출해야 함 – 알제리국 내에서 환전했던 증명서도 함께 제출해야 함
에리트리아 *	사증 필요	• 현재 에리트레아 경유 항공은 없음 • 외국인 입국에 대해 상당히 부정적인 태도 견지	6개월 이상	우리국민에 대한 비자 발급 거부사례 다수
우간다	• 도착사증 가능(1~3개월) – 수수료: 일반여권은 $50, 외교관 · 관용여권은 면제 – 도착사증은 관공용이며 단수임 • 이민국에서 체류목적에 따라 연장 가능	• 확정 티켓 소지, 24시간 내 제3국으로 출국 시 공항 내 체류 • 24시간 내 연결 항공편이 없는 경우 항공사 주선으로 공항 밖 호텔 체류 후 다음 항공편으로 출국	6개월 이상	황열병 예방접종증명서(Yellow card) 필요
에티오피아	사증 필요 – 도착사증가능(최대 90일) – 수수료 : $50, USD현금 납부	1. 확정 티켓 소지, 24시간 내 제3국으로 출국 시 공항 내 체류 2. 24시간 내 연결 항공편이 없는 경우, 항공사 주선으로 공항 밖 호텔 체류 후 다음 항공편으로 출국	6개월 이상	관광 이외 상용(비지니스, 취재 등)입국 시 서울 주재 주한에티오피아대사관 등에서 비자 받은 후 입국해야 함
이집트	• 외교관, 관용여권 – 사증면제협정(90일) • 일반 여권(사증 필요) – 도착사증가능(30일, 수수료 : $25)	• 확정된 티켓 소지 • 24시간 이내 제3국으로 출국	6개월 이상	• 여행증명서는 출국 시에만 인정되며, 입국 시 원칙적으로는 허용되지 않음 • 2012년 12월부터 입출국 시 미화 1만 불 이상 소지 금지

*에리트레아
- 모든 여권 소지자가 사증 필요(무비자 입국 불가능).
- 원칙적으로 주수단 에리트레아 대사관에서 비자를 발급하고 있으나 단순 관광객의 경우 비자발급을 거절하고 있음.
- 황열병 발병 위험지역으로부터 입국 시 황열병 예방접종증명서(Yellow card) 필요.

국가명	사증필요 여부	통과여객(TWOV)의 조건	여권잔여 유효기간	비고
잠비아	• 도착사증 가능 – 단수 : 50미불 – 일반 3개월, 상무 1개월 체류기간 • 이민국에서 연장 가능 – 취득한 사증 유효기간 내 무료 연장 • Univisa 시행(15.6.4) : 짐바브웨–잠비아 간 통합관광사증 50미불, 30일간, 양국 간 자유 왕래 가능	• 연결 항공권 소지 • 공항 내에서 최대 24시간 체류 가능	6개월 이상	주한잠비아대사관 개설(2014.9)
적도기니*	사증 필요	• 동일 또는 첫 연결항공기를 이용 출국 • 적도기니 공항이나 항구의 국제 통행 구역을 통해 통과하거나 적도기니 영토를 횡단하는 것을 허용	6개월 이상	
중앙 아프리카 공화국	사증 필요	• 확정된 티켓과 차항지에서 요구하는 서류를 소지하고 공항 내 체류 • 예방접종(황열) 증명서	6개월 이상	주한프랑스대사관에서 비자발급
지부티	사증 필요 – 도착사증가능(30일) – 수수료: $90	1. 확정 티켓 소지, 짧은 시간(2~3시간 등)은 공항 내 체류 2. 장시간 대기필요 시에는 공항 외부 호텔에 체류 후 다음 항공편으로 출발	6개월 이상	
짐바브웨	• 도착사증 가능 – 단수 : 30미불, 30일 • 이민국에서 연장 가능 – 1회(무료) : 30일(일반), 7일(상무) • Univisa 시행(15.6.4) : 짐바브웨–잠비아 간 통합관광사증 50미불, 30일간, 양국 간 자유 왕래 가능	• 연결 항공권 소지 • 공항 내에서만 최대 3일까지 체류 가능	1개월 이상	주한짐바브웨명예영사관에서 입국 비자 발급 가능

*적도기니
- 사증신청 구비서류 : 여권, 비자발급신청서(사진1매), 적도기니 외교부 공한, 적도기니주재 한국기업 등의 초청장, 수수료RMB 2,000위안(USD약340)
  상세내용 블로그(http://blog.naver.com/sompat/220206462665)참조
- 사증발급 지역 : 대한민국 국적자는 원칙적으로 주중국 적도기니 대사관을 제외한 다른 국가 대사관이나 영사관에 비자 신청을 할 수 없으나, 가봉, 프랑스, 스페인, 미국에서 비자발급 사례 있음

국가명	사증필요 여부	통과여객(TWOV)의 조건	여권잔여 유효기간	비고
차드	사증필요	• 경유 항공권, 도착국가의 입국비자 등을 소지 • 정해진 항공일정에 따라 차항지로 출국 • 예방접종(황열) 증명서	3개월 이상	주한차드명예영사관에서 비자 발급
카메룬	• 사증 필요 – 도착사증(수수료: $100) – 대사관 및 영사관이 없는 국가에서 출국한 여행자만 도착사증 가능	• 확정된 티켓 소지 또는 여행 관련 증명 서류 • 도착지 비자 또는 도착지 입국서류 소지 • 예방접종(황열) 증명서	6개월 이상	주한카메룬명예영사관에서 비자 발급
카보베르데*	• 외교관 · 관용여권 소지자 : 무사증입국 가능(90일) • 사증 필요(일반여권 소지자) – 도착사증 발급 가능		6개월 이상	주세네갈카보베르데대사관 신청(아시아에 한국 관할 대사관 없음) ((+221) 33 860 85 87)
케냐*	사증 필요(수수료 $50)	경유 시 공항 환승구역 내 체류	6개월 이상	• 단수방문비자 신청을 e-visa로 전환 • 2015.9.1.자로 공항만 발급 도착단수비자 및 경유비자 업무 중지하였으나 e-visa 사용 불만 제기로 한시적으로 주한대사관, 공항만 도착비자 발급 시행 중
코모로*	• 사증 필요(수수료 $50) • 도착 사증(24시간)	경유 시 transit 비자 신청(비자신청서 작성, 수수료 $20, 다른 서류 필요치 않음.)	6개월 이상	
코트디부아르*	사증 필요 – 일반적 도착사증 불가능 – 황열병 예방접종 증명카드 필수	• 확정된 티켓 및 입국서류를 소지 • 계속 동일 항공기 또는 첫 연결 항공기를 이용해 제3국으로 출국할 경우 최소한만 가능	6개월 이상	출발 전 이민국에 사증 신청서 등 서류를 먼저 제출하면, 공항 도착 시 도착사증 발급 가능(도착사증 승인/불가 여부를 통보하지 않기 때문에 공항도착 시 불가될 위험이 있음)
튀니지	사증면제협정(30일) – 외교관 · 관용 · 일반여권	통과사증 필요 없음	6개월 이상	통상 90일까지 무비자 체류 허용, 외국여행객 출국 시 출국세 납부(30TND) 요함. 출국 시 외환반출(3,000미불 이상)에 대한 규제 있음

국가명	사증필요 여부	통과여객(TWOV)의 조건	여권잔여 유효기간	비고
콩고공화국*	사증필요	• 확정된 항공권과 최종목적지 비자 소지 • 연결항공편 이용자는 공항 내 통과여객 대기장소에만 머물러야 함. - 동 장소를 벗어나는 경우, 콩고공화국대사관에서 일반사증을 발급받아야 함.	6개월 이상	• 일반사증(체류기간: 1개월, 수수료: 약 9만원) • 입국심사 시 황열병 예방접종 증명서 소지 필수
콩고민주공화국*	사증필요	• 확정된 항공권과 최종목적지 비자 소지 • 연결항공편 이용자는 공항 내 통과여객 대기장소에만 머물러야 함. - 동 장소를 벗어나는 경우, 여행자의 합법적 거주지 내 DR콩고대사관에서 일반사증을 발급받아야 함.	6개월 이상	• 일반사증(체류기간 : 1개월, 수수료 : 12만원/체류기간 : 3개월, 수수료: 35만 원) • 입국심사 시 황열병 예방접종증명서 소지 필수
탄자니아	사증 필요 - 황열병 예방접종증명서 (Yellow card) 요구	• 확정된 티켓 소지 또는 여행 관련 증명 서류 • 도착지 비자 또는 도착지 입국서류 소지 • 체류기간 내 충분한 경비 소지	6개월 이상	• 일반사증(체류기간 : 3개월, 사증수수료 7만 원) • 도착사증(체류기간 : 3개월, 사증수수료 $50)
토고*	사증 필요 - 주일본토고대사관 또는 아프리카 내 토고대사관에서 사증 발급 - 황열병 예방접종 증명카드 필수	여권사진 3매를 지참하여 통과 비자를 받은 경우, 공항 밖으로 나갈 수 있음(이민국 직원에 따라 규정 적용이 달라질 수 있음)	1개월 이상	도착사증, 통과사증 - 수수료 $20 (CFA 10,000)

***카보베르데** - 비자 신청 시 여행목적 증빙서류(출장명령서 등) 첨부 필요, 사증수수료 : 단수 약 30,000FCFA

***케냐** - 주한 케냐대사관(서울 용산구 이태원동 243-36, tel:02-3785-2903)에서 3개월 유효 방문비자 발급가능(비자신청서, 여권용 사진1매, 항공권 또는 예약증명서, 수수료)
(사업 목적 방문시 반드시 상용비자를 신청할 것)

*** 코모로**
- 입국 시 공항에서 24시간 무료비자 받을 수 있으나 다음날 Morono에 있는 이민국에서 비자 변경 필요
- 수수료는 체류기간에 따라 차이가 있으며, 주케냐 코모로명예영사관에서 비자를 받을 경우 신청서(여권사진1매), 수수료 $50 필요

***코트디부아르** - 사증신청 구비서류(여권용 증명사진 3장, 유효한 여권 및 첫페이지 사본, 사증발급신청서 3장, 항공 왕복 예약권, 황열병 예방접종카드 사본, 출장명령서/호텔예약확인서/방문초대장원본 등)

*콩고공화국

- 사증신청 구비서류 : 사증신청서, 초청장(콩고공화국 영토안보국 DGST(Direction Generale de la Securite du Territoire에서 인증한 초청장) 및 재직증명서, 출장명령서 등 여행목적 소명서류, 황열병 예방접종 증명서, 사진 2장, 수수료 10,000엔(약 9만 원)
- 사증 발급처 : 한국의 경우, 주일본콩고공화국대사관(81-36-427-7858)에서 겸임

* 콩고민주공화국

- DR콩고 외교사절이 주재하고 있는 대한민국 국민의 경우 : 출발 전 비자발급 필수 (예를 들어, 거주지가 아닌 여행국 또는 일시체류중인 국가 내 소재한 DR콩고대사관을 통해 비자를 발급받는 경우, 입국 시 비자취소 및 입국거부됨)
- DR콩고 외교사절이 주재하지 않는 제3국에 합법적으로 체류중인(체류증소지자) 경우 : 주변 국가에 주재하고 있는 DR콩고대사관에서 일반사증을 발급받거나, 주재국 DGM을 통해 도착비자(visa volant : 사전신청 필수, 최장 7일 체류가능, 수수료 40$ 단, DR콩고에 거주중인 지인이(현지인 혹은 외국인) 초청장을 작성해 신청해야함)로 입국가능
- 사증신청 구비서류 : 사증신청서, 초청장(시청 공증실(Service de notariat에서 인증한 초청장) 및 재직증명서, 출장명령서 등 여행목적 소명서류, 재정능력증명서류(은행잔고확인서 등), 황열병 예방접종 증명서, 사진 2장, 수수료

* 토고

- 도착사증 발급조건 : △토고에 거주중인 자의 초청을 받은 경우 토고 이민국에 사전 입국 승인 요청, △토고내 체류지역, 기간 및 목적(필요 시 관련서류)이 분명하여야 함. 토고 내 거주 초청인이 없거나 방문목적이 불분명한 경우 강제 추방가능 △ 토고에 1주일 이상 체류 시 이민국에 신고해야 1달 체류 도장을 받을 수 있음(초기 입국 시 1주일 체류 허가) △ 8일가량 체류 시, 이민국 도장 없으면 출국 시 문제가 될 수 있음 △ 황열병 카드 없을 시 공항에서 바로 접종 가능 하나, 절차가 까다롭고 복잡함

부록10

인천국제공항 이용안내 Q&A

■보안검색

☞ 액체 및 젤류에 관한 기내소지 제한규정

인천국제공항에서 출발하는 국제선 모든 편을 대상으로 액체 및 젤류에 해당하는 제품에 대하여 기내반입을 제한하고 있다.

액체 및 젤류에 해당하는 제품을 기내로 가지고 가려면 용기당 100ml 이하(잔여량에 관계없이 용기사이즈를 기준으로 함)를 투명한 지퍼백(20cmX20cm)에 넣으신 상태로 1인당 지퍼백 1개만 기내소지가 가능하다.

〈기내소지가 불가한 액체 및 젤류에 해당하는 제품〉

액체류 : 술, 생수, 음료수, 쥬스, 향수, 스킨, 로션, 김치

젤류 : 샴프, 린스, 치약, 헤어젤, 선크림, 립글로즈, 고추장, 된장 밑반찬의 경우 액체 및 젤 타입이 아니면 기내로 가지고 갈 수 있다.(예 : 오징어채, 마른멸치 등)

〈지퍼백을 준비하지 못했을 경우〉

미리 준비를 하지 못했다면, 공항 여객터미널 3층 중앙 편의점이나 공항 내 서점에서 구입이 가능하다.

〈어린아이가 사용할 우유, 이유식〉

어린아이 용품(우유, 물, 주스, 모유, 물티슈 등)은 항공여행 중 사용할 분량에 한하여 객실소지를 허용하고 있다.

☞ **(종합) 휴대반입 제한물품 안내**

출국 시 다음의 안내사항을 꼭 확인하여 주시기 바란다.

무기로 사용될 수 있는 도검류(칼 등), 공구류, 스포츠 용품 및 폭발성, 인화성 물품은 기내 반입이 금지된다.(단, 날길이 6cm 이하 가위, 총길이 10cm 이하 렌치, 스패너는 기내반입 가능)

맥가이버칼, 문구용 칼, 날길이 6cm 초과 가위 등은 휴대하여 기내에 반입할 수 없으니, 체크인카운터에서 부치는 짐(위탁수하물)으로 처리하기 바란다.

물, 음료수, 김치, 된장/고추장, 스킨/로션/크림, 치약, 젤, 샴푸, 스프레이 등의 액체, 젤, 에어로졸의 경우도 허용량 외에 휴대반입이 제한되니 꼭 미리 확인하고 짐을 챙기기 바란다.

☞ **향수, 스킨, 로션 등 화장품 및 개인위생용품(스프레이류)**

향수, 스킨, 로션 등 화장품 종류의 액체 및 젤류 기내 반입 시 다음 조건사항을 충족하는 경우에 한한다.

용기당 100ml 이하이며, 승객 1인당 한 개만 허용되는 1리터(L) 규격의 투명 지퍼락(Ziper lock) 비닐봉투(약 20cm×약 20cm) 안에 보관하여 지퍼가 잠겨져야 하며, 비닐이 완전히 잠겨있지 않으면 기내반입 불가하다.

보안검색받기 전 다른 짐과 분리하여 검색요원에게 제시해주면 됩니다. 또한, 스프레이로 된 개인위생용품은(헤어 스프레이, 산소 스프레이, 몸에 뿌리는 해충 기피제 등) 100ml 이하 경우 휴대수하물로 소지가 가능하며, 위탁수하물로는(부치는 짐) 2kg범위 내에서 종류당 한 개씩(500ml 이하) 처리 가능하다.

☞ **컴퓨터, MP3, 캠코더 등 전자제품(건전지 포함) 관한 검색**

컴퓨터(데스크탑, 노트북), MP3 등 항공기 안전에 무해한 전자제품은 휴대수하물 및 위탁수하물 처리가 가능하며, 노트북 소지 후 보안검색 시에는 사전에 분리하여 바구니에 담아주면 신속한 보안검색을 받을 수 있다.

알칼라인 종류의 배터리에 대해서는 휴대 수하물 및 위탁 수하물 처리 가능하나, 리튬배터리인 경우는 제품의 포함 된 것 외에 여유분 2개까지(100wh 이하)는 가능하다. 단, 습식배터리(전해액이 들어있는 축전지)는 항공기 탑재가 금지되는 점 유의하기 바란다.

☞ **한약, 홍삼 등 건강보조식품 및 음식물 반입 문의**

한약, 홍삼 등 건강보조식품류는 고체(알약, 가루포함)일 경우 휴대수하물 또는 위탁수하물 처리 시 용량 제한 없다. 다만, 액체일 경우 100ml 초과 시 액체 및 젤류 규정에 따라 위탁수하물로 처리 가능하다.

고체형태의 음식류는 위탁수하물(부치는 짐), 휴대수하물(가져가는 짐)로 처리 가능하다.

하지만, 액체 및 젤류 타입의 음식(고추장, 김치, 된장 등) 100ml 초과 시 위탁수하물로 처리해야 한다.

☞ **공항 내 면세물품 관한 문의**

공항 내 면세점에서 물품을 구입한 경우 공항 면세점에서 전달받은 주류, 화장품 등의 액체류는 아래 조건을 모두 준수하는 경우 액체 및 젤류에 대한 규정이 적용되지 않으며 기내 반입이 가능하다.

면세점에서 제공하는 투명봉인봉투 또는 국제표준방식으로 제조된 훼손탐지가능봉투(STEB : Security Tamper Evident Bag)로 포장된 상태로 면세품 구입당시 교부받은 영수증이 훼손탐지가능봉투 안에 동봉 또는 부착된 경우에 한하여 용량에 관계없이 반입 가능하다.

최종 목적지행 항공기 탑승 전까지 미개봉 상태를 유지하여야 하며 해외 공항 환승시, 보안규정이 상이하여 휴대한 액체류 물품에 대하여 포기/압수 절차를 따라야 할 경우가 발생할 수 있으니 해당국가의 환승객 보안규정에 대해 이용하시는 항공사 또는 여행사에 사전에 문의하여 주기 바란다.

☞ **국내선은 액체류 휴대가 가능한가요?**

액체류 기내반입 제한은 국제선에서만 규정을 적용하고 있으며, 국내선은 액체류 기내 반입 가능하다. 단, 인천-부산 내항기 환승 검색 시에는 국제선에 해당되므로 액체류 규정에 적용되어 기내반입을 제한하고 있다.'

☞ **보안검색 중 포기물품에 관한 문의**

기내반입 제한 물품뿐 아니라, 액체 및 젤류 등 제한 규정을 초과하여 물품을 포기한 경우 해당 물품을 찾는 것이 불가하다.

이점 꼭 유의하시기 바라며, 출국 시 기내반입 금지물품이 무엇인지 꼭 확인해 본 후 보안검색을 받으시기 바란다.

☞ 가발 착용, 임산부 등 보안검색절차 문의

인천국제공항의 검색장비(문형 금속탐지기 및 휴대용 금속탐지기)에서 발생되는 자기장은 극소량으로 인체에 무해하다.

가발 착용, 임산부, 심리적 요소 등으로 인한 문형탐지기 통과를 원하지 않을 경우 검색 전 별도의 검색방법으로 검색을 받을 수 있다. 또한, 수술 등의 이유로 신체 내부에 금속이 있을 경우 문형 탐지기 통과 시 경보가 울릴 수 있으며, 보안검색대를 통과하기 전에 미리 검색요원에게 수술 사실을 알려주면 감안하여 별도의 방법으로 검색을 받을 수 있다.

☞ 공항 내 촬영에 관한 문의

인천국제공항에서 촬영하기 위해서는 공항보안담당부서에서 사전에 촬영허가를 받고 소정의 촬영료를 납부해야 한다. 촬영허가에 관한 절차는 인천공항 출입증 발급소 홈페이지(http://pass.airport.kr)-게시판-자주하는 질문에서 확인할 수 있다.

☞ 폭죽, 가스 및 가스용기에 관한 문의

폭죽, 태권도 격파용 송판(폭죽 장착)의 경우 폭발물 및 인화성 물질로 분류되어 휴대(기내로 가지고 가는 짐) 및 위탁(부치는 짐)수하물 탑재가 모두 불가능하다. 또한, 가스 및 가스용기(부탄, 스프레이페인트, 에어로졸, 살충제 등), 딱성냥, 알코올 등을 포함한 인화성 물질은 휴대 및 위탁수하물이 모두 불가능하다.

소형안전성냥 또는 라이터는 1인당 1개만 소지가 허용되며, 딱성냥(마찰성냥), 대형 곽성냥은 휴대 및 위탁수하물 모두 반입 불가능하다.

☞ 인슐린과 주사기 및 약품에 관한 문의

주사기, 침류 등 의료용 물품(도구)은 객실 및 위탁수하물 모두 반입이 가능하다. 100ml를 초과하는 인슐린(액체 의약품)를 기내에 반입하려면 의사 소견서 또는 처방전(국문 또는 영문)을 지참하여야 한다.

또한 기내에서 사용하실 만큼의 양만을 휴대반입할 수 있고, 여분의 인슐린(액체 의약품)은 위탁수하물(부치는 짐)로 보내야 하므로 이점 꼭 유의하여야 한다.

처방전 등이 없는 경우에는 액체 및 젤류 반입제한 규정에 따라 100ml 이하만 기내반입이 가능하다. 일부 물품은 보호케이스에 담겨져있는 경우만 반입이 가능할 수도 있으며, 위험가능 물품은 반입이 제한될 수도 있다.

☞ 보안요원 채용에 관한 문의

인천국제공항 보안요원은 경비, 검색분야로 구분되어 있으며, 분야마다 보안전문업체에서 담당하고 있다. 보안전문업체마다 채용시기 및 채용방법이 상이하기에 담당회사로 직접 문의 하기 바란다.

☞ 전신검색장비

전신검색장비 기술 : 인천공항에서는 승객의 안전한 항공여행을 제공하기 위하여 Backscatter X-Ray 방식의 검증된 장비를 도입 운영하고 있으며, 기존 금속탐지장비에 의해 탐지가 불가능하거나 신체에 은닉한 위해물품(세라믹칼, 무기, 분말 · 액체 폭약 등)에 대한 탐지가 가능하여 테러 예방에 매우 효과적인 보안검색장비이다.

전신검색장비 안전성 : 인천공항에 도입된 전신검색장비는 미국 교통보안청(TSA)에서 도입 운영 중인 장비와 동일 모델로서 방사선에 대해 美식품의약국(FDA), 美국립표준기술연구소(NIST), 존스홉킨스대학 응용물리연구소(APL), 美의료기기 및 방사선보건센타(CDRH)로부터 안전성을 검증받았다.

사생활보호장치 : 승객이 전신검색장비에 의해 검색 받을지를 선택할 수 있으며, 인천국제공항에 설치된 전신검색장비는 검색 이미지를 보관 · 출력 · 전송 · 저장할 수 없다. 전신검색장비(AIT)를 통해 분석실 모니터에 나타나는 영상 얼굴은 차면(遮面) 처리되며 신체 주요부분은 희미하게 처리된다.

☞ 출입증 관련사항 문의(인원출입증/차량출입증/촬영허가증)

인천공항 출입증(인원출입증, 차량출입증, 촬영허가증)에 대한 상세한 내용은 인천공항 출입증 발급소 홈페이지(http://pass.airport.kr)-게시판-자주하는 질문에서 확인할 수 있다.

☞ **이유식, 분유 등 유아용품 관한 문의**

유아는 만 6세 미만의 취학 전 아동을 말한다.

이유식, 분유, 주스, 물티슈, 등은 액체 및 젤류 규정이 적용되지 않으며, 비행기 여정만큼의 분량만 허용된다. 또한, 1L 지퍼락 투명비닐 봉투에 넣을 필요 없이 보안 검색 시 보안 요원 확인 후 직접 휴대하여 기내 반입이 가능하다.

☞ **화학물질(실리콘 등)에 관한 문의**

실리콘 등의 경우는 유해성 물질로 분류되어 휴대(기내로 가지고 가는 짐) 및 위탁(부치는 짐)수하물로 반입이 일부 제한되고 있다.

화학물질의 경우 항공기에 탑재가 가능한지 여부는 해당 항공사 담당자가 판단하여 보내고 있다.

화학물질의 경우 안전보건공단에서 제공하는 물질안전보건자료(MSDS : Material Safety Data Sheets)를 보여주여야 하며, 안전성 확인 후 항공기 탑재가 가능한 것에 한하여 위탁수하물(부치는 짐)로 보내주고 있다.

☞ **고감도 필름은 어떻게 보안검색을 하나요?**

검색장비 등에 의하여 보안검색을 하는 경우 본래의 형질이 손상되거나 변질될 수 있는 것은 국토교통부장관의 허가를 받은 후 검색요원에게 공문을 제시하면 보안검색을 면제받을 수 있다.

■수하물 수치

☞ **포터 서비스 안내**

- 짐이 많은 여객을 위해 지정된 장소까지 수하물을 운반해주는 유료서비스를 제공하고 있다.
  - 출발 : 3층 승용차/버스 하차 장소에서 항공사 체크인 카운터까지
  - 도착 : 1층 수하물 수취대(세관지역)에서 1층 승용차/버스 탑승 장소까지
- 서비스 이용 시간 : 오전 7시~오후 7시
- 1회 1카트당 서비스 이용요금 : 5,000원
- 문의전화 : 032-743-2381

  예약은 단체여객에 한해 가능

☞ **위탁 수하물 파손 및 분실 시 신고절차 안내**

항공사는 수하물을 운송, 보관 및 관리하는 과정에서 회사의 고의 또는 과실로 수하물에 손해가 발생한 경우에 한하여 배상 책임을 진다. 배상의 근거는 바르샤바 협약(Warsaw Convention)에 따른다.

이에 따라, 위탁 수하물의 분실이나 파손 시 최대 배상액은 분실 무게 1kg당 미화 20불(또는 그 상당액), 몬트리올 협약이 적용되는 경우는 1인당 1,000 SDR(특별인출권)이 되며, 예외적으로 사전에 보다 높은 가격을 신고하고 종가 요금을 지불한 경우에 항공사의 책임 한도는 신고 가격을 근거로 한다.

수하물에 손상이 있었을 경우에는 수하물을 인도받은 날로부터 7일 내에 수하물이 지연 또는 분실된 경우에는 항공사에 수하물을 위탁하신 날로부터 21일 내에 해당 항공사에 서면으로 신고하여야 한다.

단, 다음의 경우는 배상에서 제외된다.

1. 회사가 손해 방지를 위하여 필요한 제반 조치를 취하였거나 또는 불가항력적인 사유로 인하여 조치를 취할 수 없었음이 입증될 경우
2. 고객의 사고 또는 과실로 손해가 발생한 경우
3. 또한, 아래의 경우는 파손 및 분실에 대해 보상에서 제외되니 수하물 위탁 시 유의하시기 바란다.

- 깨지기 쉬운 물품이거나 부패하기 쉬운 물품, 하드케이스에 넣지 않은 악기류 등
- 건강과 관련된 의약품
- 노트북 컴퓨터, 핸드폰, 캠코더, MP3 등 고가의 개인 전자제품 또는 데이터
- 현금, 보석이나 귀금속, 유가증권, 계약서, 논문과 같은 서류, 여권, 신분증, 견본(샘플), 골동품 등 가치를 따지기 어려운 귀중한 물건, 너무 무겁거나 가방 용량에 비해 무리하게 내용품을 넣은 경우
- 보안검색 과정에서 발생한 잠금장치 파손이나 X-ray 통과로 인한 필름 손상
- 일상적으로 수하물을 취급하는 과정에서 발생한 경미한 긁힘, 흠집, 얼룩이나 바퀴/손잡이/잠금장치 파손 혹은 스크랩, 추가 액세서리의 분실

☞ **수하물 파손에 대한 항공사 규정 안내**

수하물 파손의 경우

가장 좋은 방법은 도착지에서 확인하자마자 수하물 수취대 뒤편에 위치해 있는 분실수하물 안내카운터에 바로 신고하는 것이다. 해당 항공사의 직원에게 파손된 수화물의 실물을 보여주고 신고 접수를 하게 되면 항공사에서 처리가 가능하다.

수하물의 파손은 항공사의 책임으로 분류된다. 위탁수하물은 체크인 시 항공사에서 고유번호를 부여하며, 공항의 컨베이어벨트를 통해 지상으로 이동된 후, 지상에서 항공기에 싣기 위해 차량으로 옮기는 과정과 차량에서 다시 항공기에 싣는 과정을 거친다. 이때, 옮겨 싣는 과정을 항공사와 지상조업사가 담당하게 되는데 이 과정에서 수하물 파손의 위험이 있다. 따라서 수하물 파손은 항공사의 책임으로 각 항공사의 자체 배상약관에 따라 보상받을 수 있는 점을 양해 부탁한다.

그러나 이미 공항을 떠나 직접 접수가 어려운 경우에는 부득이하게도 해당 항공사에 직접 연락을 취하여 접수 및 조치 방법을 문의하여야 한다.

- 대한항공 : 032-742-5193
- 아시아나항공 : 032-744-6500~2
- 대한항공 외항사 : 032-742-5124
  (몽골리안항공, 우즈벡항공, 필리핀항공, 말레이시아항공, 남방항공, 가루다인도네시아항공, 중화항공, 만다린항공, 에어아스타나, 하문항공, 에어칼린, 홍콩엑스프레스항공, 심천항공, 러시아항공, 아르메니안항공, 에어프랑스, 케이엘엠네덜란드항공, 베트남항공, 중국국제항공)
- 아시아나항공 외항사 : 032-744-2210~1
  (동방항공, 상해항공, 타이항공, 에어마카오, 사할린항공, 에바항공, 유니항공, 카타르항공, 비즈니스에어, 산동항공, 에어캐나다, 싱가폴항공, 블라디보스톡항공, 에티하드항공, 사천항공, 에어인디아, 에어비쉬켁)

  ※ 기타 항공사의 개별 연락처는 인천공항 홈페이지〉항공편〉취항항공사에서 확인할 수 있다.

수하물 분실의 경우

앞서 말씀드린 것과 같이 수하물의 모든 정보는 저희 공항당국이 아닌 개별 항공사에서 관리하고 있으며, 보상규정 또한 항공사마다 다르기 때문에 공항당국에서는 고객님의 분실된 수하물을 추적하여 위치를 파악하는 도움을 주기 어렵다. 따라서 고객님께서 이용하신 항공사에 직접 문의하여야 한다.

또한, 일반적으로 인천공항 출발, 다른 공항 도착 편에서 분실된 물건은 인천공항으로 다시 돌아오는 경우가 매우 드문 실정이다. 따라서 도착 공항에 문의하여야 한다.

우리 인천공항에서는 고객의 위탁수하물을 신속, 정확하게 구축된 자동화 시설을 이용하여 운송하고 있으며, 항공사 및 지상조업사 등과 함께 고객의 수하물을 정성껏 관리토록 더욱 노력하겠다.

■세관 신고

☞ 면세통관(주류,담배, 농산물, 한약 등 세관신고 필요 여부) 안내

주류, 담배, 농산물, 한약 등 반입하고자 하는 물품에 대한 신고 필요여부(면세범위 정보)는 인천공항세관 홈페이지 '휴대품통관' 안내에서 자세히 확인해볼 수 있다.

인천공항세관 휴대품통관 안내

http://www.customs.go.kr/kcshome/main/content/ContentView.do?contentId=CONTENT_ID_000001231&layoutMenuNo=11887

☞ 세관검사는 어떻게 이루어지나요?

세관검사는 크게 두가지로 분류할 수 있다. 직접 소지하시고 기내로 반입한 물품(Handy Carry)인 경우에는 문형 게이트 옆에 설치된 X-ray 투시기를 통과해야 하며 여행객은 문형금속탐지기를 통해 신변검색을 받는다.

이때 귀하의 주머니 속에 들어있는 금속성 물질은 미리 문형게이트 앞에 설치된 빈 바구니에 넣어 준다. 문형금속탐지기에서 벨소리가 나는 경우 여행객의 신변을 휴대용 금속 탐지기로 검색할 수도 있으며, 직접 신변 수색을 할 수도 있다.(관세법 제301조)

기내에 들고 탑승하지 못한 짐(기탁화물)은 1층 입국장으로 내려와서 지정된 콘베이어벨트에서 찾아야 하며, 이때 "세관검사안내표시"가 부착된 수하물이 있는 경우에는 가까운 세관직원의 안내를 받아 검사대로 이동하여 정밀 검사를 받아야 한다.

☞ 여행자 휴대품 면세범위 및 예상세액 조회

면세점에서 판매되는 물품은 일반적으로 해외에서 사용, 소비되거나 해외친지의 선물용 등 외국으로 가지고 나가는 것을 조건으로 판매되는 것이다.

- 해외로 출국하는 내국인이 구입할 수 있는 면세물품의 총 한도액은 미화 3,000불까지
- 국내에 입국하는 내/외국인(시민권자 포함)의 면세범위는 미화 600불까지 이며, 출국 시 구입한 면세품과 해외구입물품을 포함하여 600불 초과 시에는 세관신고 후 세금을 납부해야 한다.
- 예상세액 조회서비스

인천공항세관에서는 여행자의 휴대품 예상 세액을 조회하는 서비스를 제공하고 있다.

아래 링크된 주소로 들어가면 확인할 수 있다.

http://www.customs.go.kr/kcshome/common/popup/ItemTaxCalculationPopup.do

http://www.customs.go.kr/kcshome/common/popup/ItemTaxCalculationPopup.do

☞ 여행자 휴대품신고서 작성은?

해외에서 우리나라로 입국하는 모든 여행자는 아래의 사항에 대해 여행자휴대품 신고서를 작성하여 세관에 제출해야 한다.

- 전체 구입 및 취득가격 합계약이 미화 600불을 초과하는 물품
- 미화 10,000불 상당을 초과하는 외화, 원화, 유가증권
- 마약, 총기류, 모의총포, 도검 등 국민건강과 사회안전을 해칠 우려가 있는 물품

휴대품신고서 작성 요령

- 가족과 함께 입국하는 경우에는 모든 가족을 대표하여 1장만 작성하면 된다.
- 기내에서 배부받은 세관휴대품신고서에 세관신고대상물품 및 인적사항(여행자의 이름, 생년월일 등)을 기재하면 된다.
- 허위신고나 불성실 신고한 경우 납부할 세액의 40%에 상당하는 금액의 가산세가 부과되며, 경우에 따라서는 관세법에 따라 처벌된다.

☞ 세금을 내고 통관하려면 어떻게(현장통관)?

여행자의 휴대물품 중 면세범위를 초과한 물품이나 반입제한물품 등은 세관에서 유치한다. 유치된 물품 중 "여행자휴대품"으로 인정되는 물품으로 당일통관을 원할 경우, 현장통관사무실에서 당일 통관이 가능하다.

입국검사장에서 받은 유치서를 가지고 입국장 안에 있는 현장통관사무실(A, B, C, D, E, F구역 6곳)에서 통관신청을 하면 된다. 반입금지 및 제한물품의 통관에 관한 요건확인(구비서류 검토)이 있는 경우에는 시간이 걸릴 수 있으며 제한물품의 요건을 구비하지 못하면 물품은 세관에서 보관한다.

과세가격을 결정하고 세금을 부과하면 납부고지서를 발부받아 입국장 내에 있는 은행에 세금을 납부한 후 영수증을 세관(현장통관 사무실)에 제출하면 물건을 수령할 수 있다.

- 현장통관 A, B, C, D, E, F(032-722-4513, 4523, 4533, 4543, 4553, 4563)

☞ 의약품, 건강보조식품(영양제) 반입 안내

해외에서 구입하거나 취득한 물품 중 의약품 및 건강보조식품을 반입하실 경우 일반적인 수준에서의 적정 복용량을 벗어나 장기복용 또는 타인에게 제공할 목적으로 다량의 복용량을 국내로 반입 시에는 반드시 국내의사의 처방전이 필수적이며, 타인에게 제공할 목적으로 반입 시에는 식품의약품안전청의 허가를 받아야 한다.

- 의약품의 경우 : 부작용이 있거나 기타 문제가 될 수 있어 식약청에서 엄격히 관리하므로 문의 필요
- 건강보조식품(영양제)의 경우 : 대략 3개월 복용분량(6통 정도) 통용

* 허용량 초과 반입 시 : 압수 또는 반송 조치

☞ **인천공항세관 홈페이지 및 세관신문고 안내**

인천공항 세관과 관련한 일반적인 사항은 아래 홈페이지를 통해 확인할 수 있다.

* 인천공항 세관 http://www.customs.go.kr/airport

휴대물품 반출입 등에 관한 세관관련 각종 문의는 고객지원센터를 이용해 주기 바란다.

* 관세청 고객지원센터 http://call.customs.go.kr/crmcc/index.jsp

유선문의 시 : 125

세관 업무처리에 대한 불편이나 개선할 사항이 있는 경우 세관신문고를 방문하시면 직접 답변을 받을 수 있다.

http://www.customs.go.kr/kcshome/main/content/ContentView.do?contentId=CONTENT_000000000383&layoutMenuNo=11926

☞ **인천공항에서 내국세 환급을 받으려면?**

내국세환급은 외국인 관광객 유치 차원에서 세무서장이 지정한 장소에서 외국인 관광객이 구입한 물품을 외국으로 반출하는 경우에 한하여 내국간접세(부가가치세, 특별소비세)를 환급받을 수 있도록 한 제도이며, 절차는 다음과 같다.

- 국내 지정 외국인관광객 물품판매장(Tax Free Shop)에서 물품을 구입한 외국인관광객은 판매장에서 물품확인서를 교부받아 출국 시(3개월 이내) 세관출국신고대에서 신고하여 확인 도장을 받아야 한다.
- 교부받은 영수증을 가지고 공항 내 환급코너에서 세금을 돌려받거나 차후에 해당 세액에 상당하는 금액을 차후에 송금받을 수 있다.

1. 창구에서 환급받는 위치

1) 큐브리펀드

- 영업시간 : 07:00~22:00
- 매장위치 : (면세지역) 4층 26~27번 Gate 부근
- 연락처 : 032- 743-7556

> 2. 자동화기기에서 환급받는 위치
> - 영업시간 : 24시간(안내직원 배치 : 06:30~21:00)
> - 매장위치 :
> (일반지역) 여객터미널 3층 1~4번 세관신고대 부근, 셀프백드랍 부근
> (면세지역) 여객터미널 4층 26~27번 Gate 부근, 세관반송대(28번 Gate 맞은편) 부근
> (탑 승 동) 중앙 약국 옆
> - 연락처 : 032-743-1009

☞ 휴대반출은 어디서?

우리나라에서 사용 중이던 고가 귀중품을 해외에 나가서도 사용하다가 재반입할 때에는 출국 시 세관에 신고를 해야 한다.

출국게이트 1~4로 들어오면 세관출국신고대가 있다. 그곳에 있는 세관직원에게 여권과 신고할 물품을 보여주고 확인증(휴대반출증)을 받아두었다가 입국 시 제출하여야 한다. 그리고 기내로 휴대반입할 수 없는 수하물인 경우 위탁 수하물로 맡겨야 한다. 위탁수하물카운터는 3층 출국장 D구역, J구역 앞에 있으며 화물을 보여준 후 휴대반출 신고를 해야 한다.

한번 신고한 동일물품은 재출국 시 세관신고절차가 생략된다.

☞ 입국 시 외환신고는?

미화 1만불 이내의 지급수단(대외지급수단, 내국통화, 원화표시 자기앞수표를 말함)을 소지한 경우에는 허가 및 신고가 필요 없다.

미화 1만불에 상당하는 금액을 초과하는 외화, 원화, 수표 등의 지급수단을 휴대한채 입국하는 경우에는 세관휴대품신고서에 외화반입신고를 하고 전산에 입력을 한 후 세관직원이 발급하는 외국환신고(확인)필증을 받으면 된다. 단, 내국통화와 여행자수표, 자기앞수표를 제외한 기타 내국지급수단의 수출입은 금액에 관계없이 허가를 받아야 한다.

■온라인 예약

☞ 짐은 어느 정도까지 무료로 가져갈 수 있나요?

미주지역을 제외한 다른 지역으로 여행 시 수하물의 무게가 기준이 된다.

미주지역은 수하물 개수가 기준이 되며, 탑승 CLASS별 무료 수하물 허용량은 다음과 같다.(단, 미주 출발 시 외국적 항공사의 경우 아래와 상이한 경우가 많으니 문의바란다.)

국적항공사 기준 : 대한항공, 아시아나항공

■미주 외의 지역

- First Class : 40kg(88lbs)
- Prestige Class : 30kg(66lbs)
- Economy Class : 20kg(50lbs)

■미국, 캐나다 등 미주지역

- First Class : 각 수하물의 무게가 32kg(70lbs) 이하이며 최대 세 변의 합이 158cm 이내에 수하물 2개
- Prestige Class : First Class와 동일
- Economy Class : 각 수하물의 무게가 23kg(50lbs) 이하이며 최대 세 변의 합이 158cm 이내에 수하물 2개 단 수하물 2개의 규격의 합이 273cm 이내

※ 주의 : 국적기 외의 외국적 항공사 이용 시 문의 바란다.

☞ 좌석배정은 언제 받을 수 있나요?

좌석 배정은 출발 당일 공항의 항공사 카운터에서 탑승권을 받을 때 배정되며 특별히 원하는 좌석이 있는 경우 선착순 배정 우선이기 때문에 당일 여유 있게 도착하여 항공사 직원에게 요청하면 최대한 고객의 편의를 고려하여 좌석배정이 되도록 도와줄 것이다.

☞ 여행 경비는 얼마정도 가져가야 할까요?

패키지 여행일 경우 대개 상품가에 식사나 공항세 등 포함되어 있지 않은 사항을 확인하여 여행일수별로 개인 경비를 준비하면 된다. 또 현지에서 상품가에

포함되어 있지 않은 선택관광이나 쇼핑을 하고자 할 경우 그 비용을 추가하여 준비하면 된다. 쇼핑의 경우에는 대부분 카드로 결제 가능하니 카드로 지불하는 것이 안전하고 편리한 방법일 수 있다.

☞ 해외에서 카드사용 시 환율은?

해외에서 카드를 사용할 경우 환율적용시점을 알아두면 유용하다.

삼성과 LG카드, BC카드 등은 거래명세가 해당 회사에 접수되는 날의 환율을 적용한다. 반면 현대카드는 거래일자의 환율을 적용하고 있다. 환율이 오르는 추세라면 현대카드가, 그 반대라면 삼성이나 LG카드, BC카드가 유리하다.

세계 어느 나라에서 사용하시더라도 모든 거래금액은 미 달러화로 전환 후 원화로 청구된다. 예를 들어 유럽에서 유로화로 결제할 경우 미화로 전환하여 청구된다.

해외에서 카드를 분실하면 최대한 빨리 해당 카드사에 신고하는 것이 중요하다. 이를 위해서는 출국 전에 미리 카드사의 긴급연락처를 메모해두는 것이 좋다. 또 장기체류자가 해외에서 카드를 분실하였을 경우 현지에서 긴급 대체카드 발급을 신청하면 이틀 내에 새로운 카드를 발급받을 수 있다.

☞ 항공권을 잃어버렸는데 어떻게 하나요?

종이 항공권 분실 시 절차가 복잡하고 분실에 따른 책임이 따르기 때문에 잃어버리지 않도록 각별히 주의하여야 한다. 항공권마다 규정이 다르지만 재발행이 가능한 경우에는 재발행 수수료를 지불하면 다시 발권이 가능하다. 하지만 차후에 다른 사람이 분실한 항공권을 이용하거나 환불받을 수 있어 이에 대한 배상 동의서를 작성하여야 한다. 이외에 재발행이 불가능한 경우에는 다시 항공권을 구입하고 분실 항공권은 분실 환불하여야 한다. 단 전자항공권(e-ticket)을 발권하였다면 항공권 분실에 대한 걱정은 하지 않아도 된다.

☞ 신용 불량자도 해외여행을 할 수 있나요?

신용 불량자는 금융 불량자이다. 그래서 단지 신용 불량자라고 해서 출국까지 금지되는 것은 아니다. 다만 신용 불량자가 되면서 거액으로 또는 민, 형사 고소가 남아 있든지 하는 관계로 상대자가 출금금지 요청을 했을 때는 제외 사항이다. 참고로, 출국금지 여부는 본인이 직접 가까운 출입국관리사무소를 방문하면 확인이 가능하다.

☞ 장거리 비행을 하려고 하는데 기내에서 어떤 운동을 하는 것이 좋을까요?

장시간 비행 시에는 가벼운 운동은 반드시 필요하다. 오랜 시간 앉아 있어야 하고 기압과 산소가 지상보다 부족한 기내에서는 혈액순환이 원활치 않아 자칫 혈전이 생기기 쉽기 때문이다. 이를 막기 위해서는 수분을 충분히 섭취하고 주기적으로 걸어 다니거나 여자 분인 경우 때로 탄력 있는 스타킹을 신는 것이 도움이 된다. 이외에도 좌석에 앉아서 발 뒷꿈치를 들어올리거나 어깨 들어 올리기, 허리 뒤틀기, 목운동 등의 운동을 해 주는 것이 혈액순환에 좋다.

☞ 하와이도 비자가 필요한가요?

하와이도 미국의 본토와 마찬가지로 50주 중에 하나이므로 비자가 필요하다. ESTA를 받거나, 예전대로 인터뷰를 받아야 입국이 가능하다.

관련내용참조 : http://getabout.hanatour.com/info/archives/10645

☞ 항공사 마일리지 적립이 안되었는데 어떻게 하나요?

항공사 마일리지의 적립은 여행을 다녀온 후에도 가능하다. 탑승권과 항공권을 버리지 말고 소지하여 여행 후 해당 항공사에 요청하면 된다. 단, 여행 출발 전 해당 항공사의 마일리지 적립 카드가 발급되어 있어야 한다.

☞ 항공예약을 했는데 다른 사람 이름으로 변경 가능한가요?

다른 사람 이름으로 변경을 할 수 없다. 변경 시에는 예약을 취소한 후 새로 예약을 하여야 하며, 예약 취소는 예약 시 지정한 여행 도우미를 통해 가능하다.

☞ 여행 중 몸이 아프면 어떻게 해야 하나요?

우선 가이드나 인솔자의 도움을 받아 재빨리 응급조치를 하고 난 뒤 현지 의료기관의 도움을 받는 것이 좋다. 여행지에서 받은 의료서비스의 경우 대개 여행자 보험에 의해 한국에 귀국 후 다시 돌려 받을 수 있다. 평소 지병이 있는 사람은 미리 필요한 약을 준비해 오는 편이 좋다.

☞ **애완동물을 기내에 데려갈 수 있나요?**

가능하다. 하지만 데려갈 수 있는 애완 동물의 종류가 제한되어 있으며, 보통 1인 1마리로 제한된다. 또, 항공기 종류나 입국하는 나라에 따라서 데려갈 수 없는 경우도 있다. 동반 가능한 애완동물은 집에서 키우는 개, 고양이, 새에 한정되어 광견병 예방 접종과 건강진단서 등 서류를 준비하여야 한다. 자세한 사항은 해당 항공사로 문의하거나 홈페이지 정보를 참고하기 바란다.

☞ **유류할증료(Fuel Surcharge)란 무엇인가요?**

건설교통부 승인하에 각 항공사들은 여객 유류할증제도를 도입하였다. 유류할증료란 기하급수적으로 증가되는 항공유가에 대한 부담을 운임인상 대신 세금처럼 추가 요금으로 지불하는 것을 말한다. 최근에 국제유가가 수시로 오르고 내리고 있다. 그때마다 항공요금을 변경할 수가 없기 때문에 '유류할증료(Fuel Surcharge)'를 신설하여 1개월 단위로 인상 또는 인하된 추가 유류대를 받는 것이다. 유류할증료는 통상적으로 편도당 얼마씩 달러($)로 정해지는데, 항공사마다 할증료가 다르며, 달러로 책정된 것을 입금 당시 환율에 따른 원화로 입금하기 때문에 환율 변동에 따라서도 약간씩 차이가 있다.

☞ **해외여행 시 국내에서 사용하는 전기제품을 가지고 가서 사용할 수 있나요?**

대부분의 국가가 상이한 전압 시스템을 사용하기 때문에 따로 어댑터가 필요하다. 또한 전압은 같으나 사용규격(크기 또는 모양)이 다른 경우도 많다. 인천공항에서는 대부분의 모든 어댑터를 판매하고 있으며, 한국인이 많이 방문하는 호텔의 경우 프런트에서 어댑터 대여가 가능하다. 상품예약 후 이용하고자 하는 전자제품의 사용 여부를 확인하여 준비한다.

☞ **임산부는 비행기를 탈 수 있나요?**

임산부의 경우도 국제선/국내선 공히 항공 여행이 가능하다. 단, 32주 이상된(탑승일 기준) 임산부의 경우 의사 소견서가 필요하며 항공편 예약 시 임신 일수 및 출산 예정일 등을 알아야 한다. 32주 미만의 경우는 일반인과 동일하게 간주된다.

• 진단서 2부 지참 - 일반 산부인과 의사가 발급한 의사 소견서로서 항공편

출발 전 72시간 이내에 발급된 것으로, 임신 일수(여행개시일 기준) 초산 여부 및 출산 예정일이 반드시 기재되어 있어야 한다.

• 서약서 2부 – 출발 전 공항에서 작성하면 된다.

위의 사항은 국적기 기준이며, 외항사들의 경우는 임산부 탑승 기준이 되는 주기가 국적기와 다를 수 있으므로 자세한 문의는 해당 항공사나 예약시 예약처에 확인바란다. 또한 외항사들의 경우 진단서(의사 소견서)가 영문으로 필요한 경우도 있다.

※ 유아의 경우는 국내선의 경우 생후 8일부터, 국제선은 생후 15일부터 항공기 탑승이 가능하다.

☞ 예약을 했는데 이름이나 출발일이나 출발 시간을 변경할 수 있나요?

발권 전이라면 취소료 없이 예약 변경이 가능하다. 예약 변경을 원하면 예약 시 지정한 여행 도우미로 연락주기 바란다.

☞ 유럽에서 쓰는 화폐(통화)는?

EU 회원국 중에 유로화를 사용하는 국가는 오스트리아, 벨기에, 키프로스, 에스토니아, 핀란드, 프랑스, 독일, 그리스, 아일랜드, 이탈리아, 룩셈부르크, 몰타, 네덜란드, 포르투갈, 슬로바키아, 슬로베니아, 스페인이다. 영국, 덴마크, 스웨덴은 유로화 사용 미참가국이다.

그 외의 국가에서도 자체 화폐 외에도 유로화와 달러가 모두 통용되고 있다. 단, 단체관광 시에는 추가 발생하는 액수가 적으므로 유로화로 환전을 한 후 현지에서 필요한 만큼의 화폐를 환전하여 사용하면 편하다. 그밖에 봉사료도 유로화로 지불하면 된다.

☞ 결제 후에도 예약을 변경할 수 있나요?

항공권 결제 후 발권 전이라면 취소료 없이 예약 변경이 가능하다. 예약 변경을 원하면 예약 시 고객의 여행 도우미에게 연락주기 바란다.

☞ 항공권 구매 시, 학생요금 적용 시 구비서류는 무엇인가요? 혹 나이 제한도 있나요?

학생요금을 적용 받으려면 여권 사본과 재학 중임을 증명할 수 있는 서류(사진이 있는 학생증 또는 재학증명서)가 있어야 한다. 휴학생의 경우에는 학생할인 적용이 되지 않는다. 학생요금의 적용나이는 26세 미만이며, 일부 항공사의 경우 만 30세 미만까지 허용되기도 한다. 또, 미주나 캐나다 지역의 경우 학생비자를 소지하고 있는 분은 나이제한 없이 비자만으로 학생증명이 되어 학생요금이 적용 가능하다.

☞ 항권권 구매 시, 아동요금과 유아요금은 어떤 기준으로 적용되나요?

항공사 규정에 따라 생후 15일 이상 만 2세 미만의 소아는 유아요금의 적용을 받아 성인 요금의 10%를 지불하게 된다. 그리고 만 2세 이상 12세 미만의 소아는 아동요금의 적용을 받아 성인요금의 75%를 지불하게 된다. 위의 두 가지 사항은 보호자가 동반하는 조건이며, 유아의 경우 좌석이 따로 배정되지 않는다.

☞ 항공권 예약 후에 취소하면 취소료가 따로 붙나요?

예약 후 취소할 경우 따로 취소료가 붙지는 않는다. 이미 예약하신 항공권을 발권한 후라면 해당 항공사 규정에 따라 일정의 취소료가 부과된다. 또, 특별 할인 항공권의 경우 취소료 부과 규정이 다르기 때문에 예약 시 요금 규정을 확인하기 바란다.

☞ 이미 발권한 항공권을 환불하고 싶은데 절차를 알려주세요

환불하실 항공권의 요금규정을 확인하시어 환불 가능한 조건의 항공권만 환불이 가능하다. 환불 시에는 환불할 항공권을 하나투어에게 보내 주면 일정의 환불 수수료를 차감한 나머지 금액이 환불되며 현금은 보통 1달가량 소요된다.(예외 사항으로 ATR 티켓, 민항 티켓인 경우는 항공사 사정에 따라 1달 이상 걸릴 수도 있다.) 카드는 카드사 또는 고객님 결재일 사정에 따라 자동 입금 처리된다. 또, 왕복 항공권에서 편도를 사용 후 나머지 편도 항공권만 환불할 때에는 할인된 요금의 편도가 아닌 정상 편도 운임으로 계산되기 때문에 할인 항공권의 경우 환불 불가이거나 환불금액이 적을 수 있다.

☞ 대기예약 시 언제쯤 확실한 예약여부를 알 수 있나요?

항공사로부터 예약 확정을 받아야 하기 때문에 정확한 시기는 알 수 없다. 하지만 예약 확정을 위해 항공사에 꾸준히 요청할 것이며, 예약 확정 시 여행 도우미를 통해 고객에게 예약 확정을 알려준다.

☞ **항공권요금에 추가로 붙는 세금(Tax)과 유료할증료란 무엇인가요?**

기본적으로 항공료에 부가되는 세금은 인천 출발 공항이용세와 목적도시 공항이용세, 전쟁보험료가 포함된 금액이다. 또한 항공사나 목적지에 따라서 검역세, 경유세 등 추가로 포함되는 세금이 있으며, 경유지와 목적지에 따라 5~20만 원가량 예상하면 된다. 또 출국 전 포함되지 않고 현지 공항에서 직접 지불하여야 하는 세금도 있다. 세금 금액은 예약완료화면에서 확인하여 주기 바란다.

☞ **미확정 요금으로 예약했는데 결제할 수 있나요?**

미확정 요금으로 예약 시 결제정보를 입력할 수는 있지만 요금이 확정될 때까지 실제 결제는 발생하지 않는다. 요금이 확정된 후 고객님께서 예약 시 지정한 여행 도우미를 통해 요금과 발권 확인 연락을 받은 후 결제할 수 있다.

☞ **항공권 유효기간 연장이 가능한가요?**

발권 후 유효기간 연장은 대부분의 항공사에서 불가하다. 이 경우 먼저 가지고 있는 항공권 환불 후 다시 구매하여야 한다.

참|고|문|헌 ›››

김선희, 국외여행인솔업무론, 대왕사, 2003

김성혁, 국외여행인솔업무, 백산출판사, 1998

김호철, 국외관광인솔자 역할이 관광자 만독과 여행사 재이용에 미치는 영향 연구 경기대 관광전문대학원, 석사학위논문, 2005

매일경제, "해외여행보험 이것만은 알아두세요, 2007년 8월 23일

미래서비스아카데미, 투어에스코트실무, 새로미, 2007

박시사, 투어에스코트 원론, 백산출판사, 1999.

박현철, "해외여행 경험만족도 제고를 위한 첨승원의 역할에 관한 연구", 동아대학교 석사학위논문, 1994

서학영, "국외 여행인솔자 역할이 여행객 만족에 미치는 영향에 관한 연구", 동아대학교 석사학위논문, 1999

신상준 · 이준호, 국외여행 인솔자실무, 형설출판사, 1998

연합뉴스, 인천공항 출입국심사 빨라진다., 2007년 10월 21일

우성근 · 최웅, 관광법규요해, 서학당, 2006

이광우 · 고종원, 국외여행인솔자업무론, 대왕사, 2002

이영미, "관광 인솔자의 리더십 유형이 여행자의 관광만족도에 미치는 영향에 관란 연구", 세종대학교 대학원 석사학위논문, 1999

이영식, 투어콘닥터업무, 기문사, 1995.

임용식 · 김재곤, 최신국외여행인솔업무론, 대왕사. 2006

임용식, 기본항공업무론, 대왕사, 2002

임헌국, 여행아틀라스, 백산출판사, 1998

정비동, 사람을 다루는 비결, 민중서관 , 1986

정석중 외 8인, 관광학, 제 3판, 백산출판사, 2002

정찬종, 국외여행인솔실무, 대왕사, 2004

정찬종 외 2인, 여행정보 서비스실무, 백산출판사, 2003.

조윤식, "만족고객의 불평행동에 관한 연구: 부산지역 특급호텔을 중심으로", 관광 · 레저 연구, 1995

주간한국, 시차적응, 2001년 6월 27일

중앙일보, 기내에서의 꼴불견, 2007년 6월 20일

최철수, "해외여행상품의 이용성향에 관한 연구", 경기대학교 대학원 석사학위논문, 1990

황진우, 인간관계론, 학문사, 1997.

외교부, 해외안전여행 가이드북, 2016.

국토교통부, 알아두면 편리한 항공정보, 2016.
국립인천공항검역소, 해외여행 건강정보 매뉴얼, 2017.
인천국제공항, 인천공항이용안내, 2016
외교부, 세계각국입국허가요건, 2017
국토교통부, 항공기반입금지물품안내, 2014
외교부, 해외안전여행가이드 2017

Besty Fay, Essentials Tour Managment, Prentice-Hall, 1992.
Cohen, E, "The Tourist Guide The Origins Structure and Dynamics of a Role", Annals Of Tourism Research..1995
Kathleen Lingle Pond, the Professional Guide, Van Norstrand Reinhold, 1993.
Marc Manncini, Conducting Tours, South Wesstern Publishing CO., 1990.
Gagnon, P. J, CTC & Karen Silva, M. A., Travel Career Development, Irwin Mirror Press, 1993.
Geva, A, Arieh Goldman, "Satisfaction Measurement In Guided Tours", Annals of Tourism Research., 1991.
Phillips, Ralph G. & Webster, Susan, "Group Travel Operating procedur

www.moj.go.kr, 법무부 홈페이지
http://www.moleg.go.kr, 법제처 홈페이지
www.mcst.go.kr, 문화체육관광부
www.customs.go.kr, 관세청 홈페이지
http://www.ktri.re.kr/home.htm, 한국문화관광연구원
www.tckorea.or.kr:7000 한국국외여행인솔자협회
http://www.mma.go.kr 병무청 홈페이지
http://lonelyplanet.com, 로니프레넷 홈페이지
http://www.hantour.co.kr, 하나투어 홈페이지
http://www.raileurope.com/us, 레일유럽 홈페이지
http://www.travelweb.com, 호도글로벌 홈페이지
http://www.koreanair.com, 대한항공 홈페이지
http://www.flyasiana.com, 아시아나항공 홈페이지
http://www.traveltimes.co.kr, 여행신문 홈페이지
http://www.gtn.co.kr, 세계여행신문 홈페이지
http://www.naver.com, 네이버 홈페이지
www.mt.co.kr 머니투데이

저|자|소|개 >>>

■하 인 수

- 세종대학교 호텔관광경영학과(학사, 석사, 박사)
- TTI, 'Cruise Operation' 디플로마(캐나다)
- (주)세방탑여행사 이사
- (주)백마항공여행사 창원지점장
- (주)여행나라 대표이사
- 창원문성대 · 진주보건대 겸임교수
- 세종대 · 경원대 · 극동대 · 경남대 · 위덕대 · 한국방송통신대 외래교수
- 창신대 호텔관광경영과 교수

현) 유한대학교 호텔관광학과 교수
한국호텔외식경영학회 부회장/한국호텔관광학회 부회장/한국호텔리조트학회 부회장
한국지식경영연구원 이사

■윤 종 운

- 경기대학교 대학원 관광학 석사
- 경기대학교 대학원 관광학 박사
- ㈜에벤에셀투어 대표이사 역임
- 경기대, 극동대, 청운대, 인하공전 외래교수
- 경민대 겸임교수
- 한국관광학회이사, 경기도 의료관광발전자문위원
- 인천 의료관광클러스터협의회 위원
- NCS 여행상담학습모듈개발위원 역임

현) 한국관광,레저학회이사, 한국관광산업학회이사
유한대학교 호텔, 외식조리학과 호텔관광전공 조교수

국외여행인솔 업무

2017년 9월 10일 초 판 인쇄
2017년 9월 20일 초 판 발행

저 자 하인수 · 윤종운
발행인 한 인 환
발행처 도서출판 **기 문 사**
등 록 1978. 8. 9. NO. 6-0637
주 소 서울시 동대문구 안암로 50-1(용두동) 홍신빌딩 3층
전 화 02) 2265-7214/922-8662~8663
팩 스 02) 922-8772

homepage : www.kimoonsa.co.kr
e-mail : book@kimoonsa.co.kr

ISBN : 978-89-7723-759-9 13300

정가 : 17,000원

●불법복사는 지적재산을 훔치는 범죄행위입니다.
저작권법 제 97조의 5(권리의 침해죄)에 따라 위반자는 5년 이하의 징역
또는 5천만원 이하의 벌금에 처하거나 이를 병과 할 수 있습니다.